北京市社会科学理论著作出版基金重点资助项目

吴晗全集

第10卷

吴晗 著　　常君实 编

中国人民大学出版社
· 北京 ·

浙江义乌吴晗的故居。

乌兰夫题写的“吴晗同志故居”。

廖沫沙为浙江义乌吴晗故居的题词。

廖沫沙为浙江义乌吴晗故居的题词。

1979 年 9 月 14 日，吴晗、袁震同志追悼会在北京八宝山革命烈士公墓隆重举行。这是追悼会现场。

吴晗建议建立的首都博物馆于 2008 年建成了，首都博物馆的同志题词深切怀念吴晗。

在清华大学校园特别为吴晗建立一座“晗亭”。“晗亭”二字是邓小平题写的。

在清华大学校内的吴晗雕像。

2007 年 8 月 13 日吴晗之子吴彰（左）与《吴晗全集》编者常君实的合影。（在常君实家中）

目　录

诗　歌

剧　作

书　信

工作报告

翻　　译

附　　录

诗　歌

无　题

(吴晗六岁作)

厨中无菜市上有，饮酒何必杏花村。
人人谓我读好书，吾谓耕者比我高。

(原载［美］马紫梅著，曾越麟等译校：《时代之子吴晗》，北京，中国社会科学出版社，1996)

方帽易戴，饭碗难找

碗铸黄金何处求，似从海市望蜃楼。
书生只道谋生易，毕业方知失业愁。
抢饭偏偏逢捷足，求人处处触霉头。
四年吃罢平安饭，怕听双亲问报酬。

（原载《清华周刊》第 35 卷第 7 期，1931）

感　事

阴风起地走黄砂，战士何曾有室家。
叱咤世惊狮梦醒，汤除人作国魂夸。
烦冤故鬼增新鬼，轩轾南衙又北衙。
翘首海东烽火赤，小朝廷远哭声遮。

将军雄武迈时贤，缓带轻裘事管弦。
马服有儿秦不帝，绍兴无桧宋开边。
江南喋血降书后，北地征歌虎帐前。
回首辽阳惊日暮，温柔乡里著鞭先。

（原载《清华周刊》第 37 卷第 5 期，1932）

登独石头*

独石山头树将旗，将军英名妇孺知。
我来已历沧桑劫，犹傍斜阳觅古碑。

---

* 这首诗录自云南大学李埏教授1989年为纪念吴晗而写作的《记吴晗先生的路南之游》一文。独石头是今云南省石林（1998年之前称“路南”）彝族自治县的一处风景名胜。1938年2月，时任云南大学教授的吴晗与施蛰存应李埏之邀到路南的石林、芝云洞、大叠水、狮山、长湖、独石头等名胜古迹旅游，吴晗登独石头山，听同游者讲“赵官”（赵发）的故事后而作此诗。这首诗当时由李埏的父亲李莲舟书写，并请石工镌刻于独石头上，留作纪念。题目是编者所加。——编者注

公社好

一

公社好，
好在大而公，
综合农林渔副牧，
群力夺天工。

二

公社好，
万众一心同，
工农商学兵协力，
旗帜满天红。

三

公社好，
积累逐年丰，
政社一身兼二任，
过渡道途通。

四

公社好，
组织作基层，
水利电气机械化，
生产与时增。

五

公社好，
地大便机耕，
尺五深翻加密植，
丰产庆群英。

六

公社好，
众志可成城，
水利大兴加绿化，
黄河指日清。

七

公社好，
果腹省经营，
食堂巧做千家饭，
妇女笑盈盈。

八

公社好，
劳力可平衡，
抢种救灾齐着力，
歉岁庆收成。

九

公社好，
敬老辟专堂，
几净窗明衣食足，
白发寿而康。

十

公社好，
育幼有专园，
蹈足唱歌学图画，
儿童笑语喧。

十一

公社好，
妇女再翻身，
领得工资告夫婿，
侬也是工人。

十二

公社好，
和睦处家庭，
收入增加忙储蓄，
婆媳关系新。

十三

公社好，
炼铁又炼钢，
开矿挖煤办工业，
差别变城乡。

十四

公社好，
训练有民兵，
武劳结合好传统，
有力保和平。

十五

公社好，
服务有中心，
我为人人人为我，
方便数如今。

十六

公社好，
城市变姿容，
街道工业大发展，
干劲把天冲。

（原载《人民日报》，1960年5月8日）

纸老虎歌

一、逐瘟神

美帝贪婪成性，自封世界宪兵，
一贯张牙舞爪，基地到处经营，
疯狂镇压民众，残酷屠杀妇婴，
满口“和平”“正义”，涂脂抹粉妖精，
明枪暗箭齐用，阴谋制造战争，
到处放烟点火，今朝恶贯满盈，
老鼠过街喊打，闭门滋味残羹，
我国打炮“迎送”，老虎现出原形，
纸糊竹扎野兽，泥塑木雕幽灵。
只要人民团结，是友是敌分明，
拧成一股力量，吼声响似雷霆，
铁拳下处粉碎，奔逃何处瘟神？
消灭帝国主义，保卫持久和平，
世界前途大好，奋勇前进不停，
斗争再接再厉，东风吹遍沧溟。

二、贼骨头

最高会议前朝，蓄意要把祸挑，
派出飞机U二，登堂入室逍遥，
空中摄影侦察，军事设备都要，

无声手枪毒药，外国钞票手表，
万一被人打下，杀人灭口赖掉。
苏联火箭真准，雷霆一击报销，
残机活人作证，世界公论难逃，
开头矢口撒谎，气象研究目标，
宣布铁证哑口，只好蛮横叫嚣：
特务间谍国策，总统定下规条，
惯贼不偷不抢，安坐岂非无聊？
都怪苏联保密，不是美国放刁，
派遣特务是我，这是自卫之道，
不但过去派遣，今后还来几遭，
做贼就是做贼，破案岂可讨饶？
贼性完全托出，恶形自己细描，
世界面前出丑，罪行一打便招，
全球共指战犯，掀起反帝高潮。

三、猢狲散

西方曼德列斯，东方有李承晚，
两个美国奴才，一般模样嘴脸，
奉承主子意图，尽力扩军备战，
搜刮民脂民膏，屠杀生灵千万，
镇压民主潮流，主权甘心奉献，
横行作恶多年，男女老幼愤怨，
团结一致示威，罢工罢市不断，
推翻卖国政权，断头流血何惮？
一浪一浪更高，全民要把账算，
风声鹤唳皆兵，主子心惊胆战，
事急各奔前程，撇下奴才不管，
一逃美国偷生，一在班房候判，
留得万世臭名，难逃人民刑宪！

枯树遭风动摇，未倒猢狲先散，
仓皇亲自抚安，凄凉临空长叹，
长梯百尺悬空，吓得奴才出汗，
石头拳头弹头，只好抱头鼠窜。

四、闭门羹

日本的岸信介，原是美国奴仆，
战犯赫赫有名，关在巢鸭监狱，
巴得主子欢心，订结美日条约，
卖国害民居心，那管苍生祸福，
拴上美帝战车，窥伺苏中大陆，
广岛疮疾未平，遗黎伤心触目，
何堪再起战争，工厂民居倾复。
举国一致力争，抗议示威追逐，
工农商学齐来，千万签名连幅，
包围国会高呼，木棍水龙相扑，
救亡那怕受伤，家哭何如国哭？
六百万人罢工，再接再厉不缩，
卖国约不废除，岸内阁倒不速，
哈格蒂触霉头，艾瘟神眉头蹙，
强装镇静东来，心事重重满腹，
欲行欲止踌躇，忐忑为难栗六，
卖国奴才发愁，万一坏了阿叔，
偷鸡不着蚀米，伤了主奴和睦，
咬紧牙关请求，不便接待惶恧，
闭门羹请吃之，瘟神胆丧魂落，
怒潮越起越高，奴才下堂穹蹙，
阴谋借尸还魂，难逃万众耳目，
人民力量无穷，乘胜再追遥祝！

五、“迎送”曲

炮轰金门马祖，反美武装示威，
“访问”来者不善，阴谋作恶为非，
事先发布文告，扰乱严惩勿违，
台澎爱国民众，深知分裂危机，
祖国蒸蒸日上，跃进当代所希，
团结一致拒敌，岂容强盗指挥？
美帝陈兵海峡，猖狂倒行逆施，
十年占我领土，罪恶举世皆知，
杜勒斯死艾继，妄想台澎分离，
识破阴谋诡计，“迎送”自有礼仪，
捣毁美国使馆，爱国纪录光辉，
百尺竿头进步，斗争坚决为宜，
日本朝鲜奋起，两者皆可为师，
鄙视蔑视美帝，打狗此正其时，
祖国人民后盾，放炮“迎送”支持，
命中山飞石烂，切莫自冒倾危，
反美宣传普遍，人人识破画皮，
美帝日子不久，欢迎父老来归，
多快好省建设，英雄舍我其谁？

六、东风劲

世界人民团结，斗争利害相同，
戳破纸糊老虎，东风长压西风。

（原载《人民日报》，1960 年 7 月 4 日）

史可法诞生三百六十周年纪念

一

四镇兵骄类溃疽，岁除犹自治军书。
“相公此卧真难得”，将佐庭参五鼓余。

二

马阮鸱张国已倾，独倡忠义守孤城。
时穷节见真男子，十日扬州共死生！

（原载《光明日报》，1962年7月19日）

剧　作

《海瑞罢官》序

我不懂戏，也不大看戏，特别是京戏，虽然住在北京多年，在大学学习的时候，却一次也没有看过。这些年来，看戏的机会较多了，但是总会有这个缘故、那个缘故，不能不放过机会。因此，可以说，对京戏是个地道的外行。有人笑话我文化水平低，我也欣然同意。恰恰是这样一个人，不但写了戏，而且还写的是京戏，岂不大可奇怪也乎！

说奇怪，确是奇怪，其实说穿了也不奇怪。

事情是这样发生的，1959 年我研究海瑞，写了几篇关于海瑞的文章。大约是这年年底吧，北京京剧团马连良先生和其他朋友找我，要我谈谈海瑞。谈完之后，他们要我写个提纲，准备编戏。在愉快地接受了任务之后，仔细一想，情况不妙，第一写什么，第二怎么写；破天荒第一遭的事，没个底。想了好久，动笔写了几次，都不大像提纲，自己想，这回可糟了，得打退堂鼓。踌躇了好久，觉得不好意思翻悔，答应了的事非硬着头皮做不可。提纲写不成，便试着写戏，写出个底子，请剧团的朋友修改，这样做，对他们会更方便些，于是乎便动起手来了。

不料一上马便下不来了。第一个本子经剧团和其他朋友看了之后，认为底子还可以。原来我是认为交了卷的，修改不是我的事，经过商谈之后，剧团的朋友鼓励我重写，提了不少的意见，就这样，写一遍，讨论一遍，重写一遍，前后一共改写了七次，小的改动还不算。印了一次油印本、两次铅印本，分送给懂戏的朋友请求指教。经过剧团几次彩排，许多专家提了很多意见，其中绝大部分都接受了，作为修改的根据。正式演出后，《北京文艺》发表了这个剧本。现在又根据有些朋友的意见，做了个别地方的修改。计算起来，从酝酿到第七次定稿，用了一年的时间，每重写一次都要用两三天的工夫。演出后到现在又快一年了，时间费得不少，写作也实在吃力，中间虽曾几度灰心，想洗手不干，但事已至此，非干到底不可，也就坚持下来了。

在动笔之前，决定了两条基本原则：第一，不写海瑞的一生，只写海瑞斗争生活中的一段。因为如写海瑞的传记，时间长，头绪多，人物多，很容易犯平淡、冗长的毛病，不容易突出。第二，已经有过的剧本不再重复，旧戏不必说了，新戏例如上海周信芳同志的《海瑞上疏》，虽然没有看过，但这件事既已搬上舞台，又何必再写？全国一盘棋是必须的，但全国都演同一题材的戏，我看就大可不必了。经过再三考虑，决定写1569年夏到1570年春这半年多中，海瑞任应天巡抚除霸退田的事迹。剧名原来就叫《海瑞》，后来有不少朋友提出，这个剧本写的只是海瑞生平的一部分，才改名为《海瑞罢官》。

七次重写的主要变化，归纳起来，大约有以下几个问题。

第一是主题思想。前四个本子的主题都是强调海瑞下令强迫乡官退还强占百姓的田，引起乡官的联合反对，被罢官回家。除霸只作为故事穿插，作为退田的陪衬。许多朋友指出，海瑞下令退田固然是历史事实，但在当时情况下，不可能也没有解决农民的问题。从历史发展来衡量，这种政治措施肯定是改良主义的。今天新写历史戏，宣传历史上的改良主义又有什么意义呢？这个问题经过多次反复，最后才改写为以除霸为主题，退田退居陪衬地位，这是一个很大的改变。

第二是故事情节。剧本是以农妇洪阿兰一家的遭遇来说明这个时代的阶级矛盾和统治阶级内部矛盾的。第二个本子铅印分发以后，许多朋友说有历史，但是没有戏，缺少曲折，高潮不突出，矛盾不尖锐。话说得很客气，其实就是说不是戏。因为我根本不是什么剧作家、文学家，朋友也就不便过于苛求了。第四个本子加上《见徐》一场，让海瑞先去拜访徐阶，徐阶站在乡官的立场，要海瑞惩办刁民，要执法持平，等到海瑞问起洪阿兰的案情，徐阶却一口抵赖，并说如有罪证，听凭依法处理。这样，到《求情》一场，海瑞便拿徐阶的话来顶，针锋相对，一句不让。通过这两场戏来刻画两个对立面人物的性格、作风。朋友看了，认为有点戏了，但是还不够。

洪阿兰的案情，原来写的是海瑞便服到任，在接官亭前和众乡民谈话时听到的。中间曾经改写为在海瑞见徐阶后，到横云山私访，得到案情真相。朋友却认为这样一来，又多了一个场面，增加了场次。最后又把这一场删去，回到原来的样子。

为了从旁人口中介绍海瑞过去的经历和当地人民对海瑞政绩的颂扬，中间几稿曾经加了《议接》和《元宵》两场。《议接》写海瑞到任前夕，苏、松等府官员很紧张，大家会同到织造太监黄锦处探听情况。黄锦是实有其人的，海瑞上疏后，嘉靖帝气得要死，准备杀海瑞，要派人看住海瑞，不让他逃走，黄锦这时正在嘉靖帝身边，说不必如此，听说海瑞早已和家人朋友诀别，备下后事，这个人很坚强，决不会逃走的。嘉靖帝一听这话，倒愣住了。《议接》这一场就用他作线索，上场时吩咐小太监，海瑞要来了，减去舆从人数一半，众官员来到后，又从他口中述说海瑞上疏下狱的经过。到《元宵》这一场，他已经得到海瑞罢官的消息，要出门看灯，小太监准备下四人大轿，他又说不行，要八人的。小太监问为什么？黄锦说，海瑞要走了。接着就是老百姓庆祝元宵佳节，在鳌山灯火气氛中，用歌舞场面，从各人口中唱出海瑞上任后这半年来的生活变化。另一稿《元宵》这一场的改本，内容是海瑞从吴淞江督工回来，准备酒肴，和母亲、妻子共度佳节，与家人谈话中说出这半年来的变化情况。饭没吃完，中军官送来邸报，奉圣旨海瑞以原官改督南京粮储，免去江南巡抚职务了。接着又送来第二份邸报，南京粮储不必设专门官员，改归南京户部兼管，没有免他的新职，却釜底抽薪，把新职裁撤了。通过两次读邸报的不同内容，刻画海瑞的思想情况。这两场戏，经过多次研究，为了减少人物、头绪，也都删去了。

第三是故事收场的改变。原来几稿最后一场是《送别》，写海瑞便服离任，老百姓都到接官亭送别，从老百姓口中歌唱对海瑞的怀念和惜别情绪，中间插入新任巡抚戴凤翔到任，徐阶和众官员迎接的场面。海瑞和戴凤翔见了面，知道他是新任巡抚，便要求他不要改变这半年来的新的政治措施，戴凤翔攻讦海瑞，正是因为你搞了这些名堂，虎狼百姓，鱼肉乡官，皇上才将你免职的。徐阶也从旁奚落。海瑞据理反驳，封建统治阶级的左右两派展开面对面的斗争，最后在人民愤怒声中，戴凤翔、徐阶仓皇鼠窜，海瑞一行人也就此离去。这场戏经过多次改写和彩排，大家都不满意，认为海瑞走得灰溜溜的，情绪很消沉，没劲头，弄得无法下台。剧团的朋友提出，如把这场戏改为公堂判斩，劲头便会大一些，也不至于灰溜溜。但是，在历史事实里，徐阶的儿子只曾被判充军，并未处死啊！这样处理，妥当不妥当呢？改了几次，最后才下了决心，把徐瑛处死，改写成现在的《罢官》。海瑞在和戴凤翔争论后，仍然不顾一切，判处徐瑛死刑，执行以后，才交印离任。这样写，不少朋友认为比较好一些了。但还有个别意见，以为假如再来一个变化，在判刑以后，皇帝又派什么人来特赦，人还是杀不了，会更曲折些。这个意见到现在为止，我还打不定主意，不杀人是好的，但仍不免有灰溜溜之感。到底该怎么办才对，只好等些时候，听取更多意见再做计较了。

在多次改写过程中，不止内容有了极大的变化，文字形式也是如此。开头几稿的韵脚，我是完全依据诗韵的，后来朋友说不必如此，可以放宽些，京剧的韵脚自有它的路数。其次，唱词基本上是四、八、十二句，但有时候，也有三、五句的，朋友说不妥，三、五句的唱词只有在特殊情况下才能使用。还有，下场诗有时候四句，有时两句，朋友们说以两句为好。听取了这些意见以后，都照改了。

回忆了两年来这个剧本的写作情况，深深感到学习的重要。我的写作过程，也就是学习过程，我向剧团的朋友学一点，向专家学一点，也向非专家的朋友学一点，总之，是向四面八方学习、请教。

虽然，这个剧本远不是成熟的，思想内容和形式都还很差。但是，就自己的写作过程来说，有一点却是可以肯定的，那便是对不懂的东西不必怕。只要不怕，肯钻进去，便可以多少懂一些，反之，越是怕，便越是不懂，以致永远不懂。通过写这个剧本的学习，我对京剧的知识，无论如何，比两年以前是多了一些了，文化水平提高了一些了。外行内行的界线不是不可逾越的，是可以打破的，从我的经验来说，不但可以，而且必须打破。

敢想，敢说，敢做，是“大跃进”以来的新风格。我写剧本，看来也属于“敢”的一流。假如不敢，那便什么事也做不成，只要敢，总可以多少做一点事，当然，成绩的大小以至成功或失败，那是另一回事。一部人类社会的发展史，也就是敢想敢说敢做的人们的历史。古人有“抛砖引玉”的成语，那就让这个本子当做一块砖，引起历史学界朋友的兴趣，大家来写点新历史剧吧！

也要声明，在《海瑞罢官》上演以后，有好些朋友劝我再写一点别的戏。于此，我要说，一之为甚，其可再乎？我绝没有成为戏剧家的雄心壮志，这是要再三声明的。

为了便于读者理解，这本书附加了两份材料，一份是海瑞的石刻画像和墨迹，一份是有关这个剧本的历史记载——本事。

画像用的是中国历史博物馆所陈列的，墨迹中有一份是天津卞慧新同志送的，一份是北京常任侠同志送的，并致谢意！

是为序。

1961年8月8日于北戴河

（原载《光明日报》，1961年8月17日）

海瑞罢官本事

一、《明史》卷二百二十六《海瑞传》

隆庆三年（1569年）夏，以右佥都御史巡抚应天十府，属吏惮其威，墨者多自免去。有势家朱丹其门，闻瑞至，黝之。中人监织造者为减舆从。瑞锐意兴革，请浚吴淞、白茆通流入海，民赖其利。素疾大户兼并，力摧豪强，抚穷弱，贫民田入于富室者，率夺还之。徐阶罢相里居，按问其家无少贷。下令飙发凌厉，所司惴惴奉行，豪有力至窜他郡以避。而奸民多乘机告讦故家大姓，时有被诬受屈者。又裁节邮传冗费，士大夫出其境，率不得供顿，由是怨颇兴。都给事中舒化论瑞迂滞不达政体，宜以南京清秩处之。帝犹优诏奖瑞。已而给事中戴凤翔劾瑞庇奸民，鱼肉搢绅，沽名乱政。遂改督南京粮储。瑞抚吴甫半岁，小民闻当去，号泣载道，家绘像祀之。将履新任，会高拱掌吏部，素衔瑞，并其职于南京户部。瑞遂谢病归。万历初，张居正当国，亦不乐瑞，令巡按御史廉察之，御史至山中视瑞，设鸡黍相对食，居舍萧然，御史叹息去。居正惮瑞峭直，中外交荐，卒不召。……瑞平生为学，以刚为主，因自号刚峰，天下称刚峰先生。尝言欲天下治安，必行井田，不得已而限田，又不得已而均税，尚可存古人遗意。故自为县以至巡抚，所至力行清丈，颁一条鞭法，意主于利民，而行事不能无偏云。

二、《明史》卷二百十三《徐阶传》

徐阶字子升，松江华亭人。……阶为人短小白晰，善容止，性颖敏，有权略而阴重不泄。……（嘉靖）帝服饵病躁，户部主事海瑞极陈帝失，帝恚甚，欲即杀之，阶力救得系。……同列高拱令御史齐康劾阶，言其二子多干请，及家人横里中状。阶疏辩乞休，九卿以下交章劾拱誉阶，拱遂引疾归。……阶因请归，……许之。……阶既行，……拱再出，扼阶不遗余力，郡邑有司希拱指，争龁龁阶，尽夺其田，戍其二子。会拱复为（张）居正所倾而罢，事乃解。……子璠以荫官太常卿。琨、瑛尚宝卿。

三、《明史》卷二百十三《高拱传》

拱之再出，专与阶修郤，所论皆欲以中阶，重其罪。……阶子弟颇横行乡里，拱以前知府蔡国熙为监司，簿录其诸子，皆编戍所，所以扼阶者无不至。逮拱去位，乃得解。

四、王宏诲《海忠介公传》

吴俗以贫富相倾，弱者率献田于其豪，以为奸利，输不得毕入。其俗日告讦无已。公廉得其主者名，断系无少贷，令受献者还其田，或许之赎，不使富家有侵夺名。由是吴赋无复逋负者。

五、李贽《海瑞传》

又其俗贫富相倾，弱者率献田于其豪，以为奸利，输不必入。公独卵翼穷民，而摧折士大夫之豪有力者。是时吴中贵人无逾华亭相（徐阶），按问其家无少贷。而（徐阶）弟侍郎陟武断残民，辄逮治如律，尽夺还其侵田。自是士大夫之名贪暴者多窜迹远郡以避，小民始忻忻有更生之望矣。

其令数邑，抚三吴，皆以清丈为急。而力行条鞭，一法令，额外征徭不重重困之，至今小民得保田业，相率绘公像而尸祝之，比比也。然公竟以夺富民田府怨，而议者亦以此中公，遂解官归，里居十余年。

六、谈迁《枣林杂俎·和集》

海忠介公巡抚江南。华亭徐文贞阶家居，子仆积横，讼牒山积。谋于珥笔，并不称意。昆山某年十九，最后至，见各案，俱不视，第曰："扬汤止沸，不如釜底抽薪。"文贞闻而喜之，询其策，对曰："相公柄国久，愿假尺一之书，走长安故人足矣，勿与此曹子角胜也。"即如其言，致书冯保，又贿给事嘉兴戴凤翔等，劾罢中丞（海瑞），徐氏之讼息。操缦既熟，其后凡异彼者俱以孔方挠之。乌程董氏亦然。

海瑞罢官

海瑞（1515—1587），号刚峰，广东琼州（今海南岛）人。生活朴素，性格刚直、耿介，是明朝著名的清官、好官。

他反对贪污，反对浪费，主张用重刑严惩贪污，以建立廉洁的清明的政治局面；主张节约财力，严格执行政府规定的制度，抑制豪强地主；主张举办减轻贫民力役的一条鞭法；还大力兴修水利，减轻苛捐杂税；重视审判案件，平反冤狱。他反对为非作恶的贪官污吏、恶霸乡官。但是，他又是忠于封建统治阶级的忠臣，他的一切政治作为都是为了巩固封建统治阶级的长远利益。虽然骂过皇帝，因此坐牢，几乎被杀，皇帝死了，却又大哭。

当时人民喜欢他，歌颂他。大官僚、大地主、乡官反对他，骂他，排挤他。但也有一小部分有正义感的官僚和青年知识分子支持他。

这个戏写的是他作应天巡抚（当时通称江南巡抚）任上的一部分事情。时间在 1569 年 6 月到 1570 年 1 月，共七个月。这年海瑞五十四岁。

地点在苏州，当时应天巡抚驻地。应天巡抚管应天（南京）、苏州、常州、镇江、松江、徽州、太平、宁国、安庆、池州十府及广德州，还兼管浙西杭、嘉、湖三府税粮。巡抚职权：一、管理民政；二、总理粮饷；三、提督军务；四、弹劾官吏。

正面主角是海瑞。对立面是退休宰相徐阶和他所代表的官僚地主集团。这个集团明朝称为乡官。（明朝称在朝作过官、罢官后在家闲住的叫乡官，这种人都是大地主，有钱有势，也叫乡绅、绅富、绅衿等等，一句话，都是官僚地主。）

故事的情节：通过徐阶的第三子徐瑛，仗势霸占民田，气死农民赵玉山的独子，又在清明节抢走赵玉山的孙女赵小兰，毒打赵玉山，赵小兰的母亲洪阿兰到县衙告状，县官王明友庇护徐家，不予受理。徐瑛用贿赂买通王明友和松江知府，叫家人徐富上堂作证，证明清明节徐瑛并未出城，王明友当堂杖杀赵玉山，斥逐洪阿兰结案。描写封建时代政治的黑暗腐败，乡官的豪横，人民被压迫被奴役的惨状。

海瑞便服到任，在路上从洪阿兰和众乡民口中，知道徐瑛的案情和当地人民被乡官霸占土地的情况。

海瑞拜访徐阶，徐阶教他要严厉执法，王子庶人一般看待，主要意思要他用重法制裁“刁民”顽讼，保护乡官利益。海瑞提出洪阿兰一案，徐阶矢口抵赖，并且指使徐瑛叫徐富伪装秀才上堂作证。

海瑞决心平反冤狱，命令乡官退还所强占平民的田地。和家人商量，他母亲极力赞成，更坚定了决心。

《断案》一场，海瑞揭穿徐瑛家奴的伪证，依法判罪，当堂处理了一批贪官污吏。

徐瑛被判死罪，徐阶亲访海瑞，讲过去交情，要求从宽处理。海瑞不顾情面，据理驳斥，展开正面的斗争。徐阶提出交田赎罪，海瑞严正指出，强占民田要退，徐瑛犯法要办。徐阶又恫吓这样做犯众怒会丢官，海瑞仍不为所动。最后声明绝交，徐阶发怒而去。

徐阶不甘心失败，和亲友密议反攻，派人上京城买通宫里太监和朝官，罢免海瑞。新抚戴凤翔赶来上任，海瑞已得秋审朝旨，处决徐瑛、王明友二犯。戴凤翔多方阻挠，海瑞不为所动，下令处决，再交巡抚印信，罢官归田。

戏中的戴凤翔是弹劾海瑞罢官的人，是江南乡官在朝的代言人，这里为方便起见，就让他代海瑞作应天巡抚。

这个戏着重写海瑞的刚直不阿，不为强暴所屈，不为失败所吓倒，失败了再干的坚强意志。表现的是封建统治阶级的内部斗争，左派海瑞和以徐阶为首的右派——官僚地主集团之间的斗争。海瑞是封建统治阶级的忠臣，但是他比较有远见，比较接近人民，他为了本阶级的长远利益，主张办一些对当时人民有利的好事，限制乡官的非法剥削，触犯了本阶级右派的利益，双方展开了激烈的斗争。在这场斗争中，海瑞丢了官，但他并不屈服，不丧气。当时人民因为他做了好事，拥护他，歌颂他。海瑞的地位在历史上是应该肯定的，他的一些好的品德，也是值得我们今天学习的。

1960年11月13日七稿

1961年8月8日改定于北戴河

※　　※　　※

一、民　愤

时　间　1569年清明节。

地　点　松江府华亭县横云山下。

人　物　徐阶的三子徐瑛，四十岁左右，大少爷，恶霸。

农民赵玉山，六十五岁。

赵儿媳洪阿兰，三十一岁。

赵小兰，十六岁，赵玉山的孙女。

华亭知县王明友，四十岁，贪官。

徐府奴仆多人，华亭县衙役多人，告状百姓多人。

众乡民。

〔徐瑛骑马，奴仆多人簇拥上。〕

徐　瑛　（念）春色满城郊，遥逍，

忙将金镫敲，飞跑，

且看花多少，哎哟，

远处有姣姣，盯梢！

我徐瑛，徐三少爷，借着上坟为名，来此玩耍，一路放鹰逐狗，好不快活。忽然看见前面坟地里两个女子，妖妖娆娆，甚是风致，何不往前打趣一番。小的们，快跑！（下）

〔洪阿兰、赵小兰持香纸上。〕

洪阿兰　（唱）清明节扫新坟烧化纸钱，

痛夫君含冤死转眼一年，
花簇簇柳绵绵无心赏玩，
翁年迈女弱小谁肯相怜。

小兰啊，点上香，烧了纸，与你爹爹多拜几拜。（母女拜、哭）小兰的爹啊！

（接唱）一家人只靠你作稼耕田，
晨披星夜戴月早起晚眠，
养牛羊种桑麻终年劳苦，
完苛税苦度日备受熬煎，
忽然间平地里祸从天降，
徐府里假田契年月倒填，
占产业还要我完粮纳税，
告官府求绅士草鞋蹈穿，
气得你口吐血愤恨成病，
只几月便死去葬在山前。

啊哟，小兰的爹啊，我母女的日子怎么过呀！你的冤枉哪一年得申呀！

赵小兰　母亲不要哭了，那边有人来了。

〔母女收拾祭奠筐碗，准备离开。徐瑛一伙人拥上。〕

徐瑛调戏赵小兰，小兰躲避，洪阿兰拦阻。

徐　瑛　走开，走开！我要的是她，不是你。

洪阿兰　少爷放尊重些，她是我的女儿。

徐　瑛　好极了，索性连你一起都到我家去。

洪阿兰　这也忒奇怪了，非亲非故，到你家做什么？

徐　瑛　都做我的小老婆，管你娘儿俩吃着不尽。

洪阿兰　岂有此理，小兰，我们快走。

〔徐瑛指挥家人拦阻。〕

洪阿兰　青天白日，调戏良家妇女，乡亲们，救命啊！

徐　瑛　休得大惊小怪，我徐三少爷不会亏待你娘儿俩的。

洪阿兰　啊！徐三少爷是我杀夫仇人！救命啊！救命啊！

〔众乡民闻声上，洪阿兰母女趁机逃走。〕

众乡民　又是徐家这坏蛋在害人！天老爷要睁开眼，治治这坏蛋呀！唉！

徐　瑛　快追！

〔众乡民被驱散，徐瑛和奴仆多人追下。过场。

洪阿兰、赵小兰和赵玉山分上，相遇，徐瑛和众奴仆追来，赵玉山上前拦阻。

徐　瑛　别走，有话好说。

赵玉山　什么好说！徐三少爷，你家霸占了我家田地，气死我独养儿子，还要逼老汉替你完粮当差，这还不够，又来欺侮我家寡妇孤女，真不让人活了！

徐　瑛　赵玉山，放识相些。谅你这穷老头儿也养不活她们，不如依顺少爷，穿绸着缎，呼奴唤婢，有她们福享的。也赏你老头儿一口饭吃。

赵玉山　哇！住口！徐瑛，我人穷志不穷，我不贩卖人口。快走，滚！

徐　瑛　真是不识抬举！小的们，抢！

〔徐富和众奴仆拉赵小兰，赵玉山、洪阿兰左右拦阻。〕

徐　瑛　打，打这老不死的。

〔徐家奴仆痛打赵玉山，洪阿兰、赵小兰救护，赵玉山被打昏死，徐瑛率奴仆抢小兰下。

众乡民闻声赶到。〕

众乡民　青天白日抢劫良家妇女，打死人命，这是什么世界？王法何在？天理何在？

〔洪阿兰痛哭，众乡民救护赵玉山，赵渐苏醒。〕

赵玉山　媳妇啊，这不是哭的时候，快去县衙告状，救回孙女要紧。

（唱）恶霸欺人赛虎狼，
申冤诉告上公堂，
朝廷王法三尺在，
要与冤民作主张。

洪阿兰　公公伤重，无人伺候，媳妇去不得。

众乡民　娘子只管去告状，你公公有我等照看，放心去吧！

洪阿兰　如此只好谢过了。公公，媳妇去了。

赵玉山　快去快回，救回孙女。

洪阿兰　是。（下）

〔众乡民扶赵玉山下。

公堂，众衙役拥华亭知县王明友上，告状百姓亦随上。〕

王明友　（念）区区七品正堂，

做官何用文章？

看见金银心痒，

管他周吴郑王，

只要铜钿送到，

赛过自己爹娘，

道理尽管十足，

无钱不必商量！

喂！下面的都是告状的？

告状百姓　都是告状的。（送状纸上）

王明友　告谁呀？你们说说。

告状百姓甲　告徐太师家强占民地。

告状百姓乙　告徐太师家霸占田产。

告状百姓丙　告徐三少爷强占民房。

王明友　怪了，老爷到任以来，天天有告徐家的。今儿个又全都是告徐家的。都告这一家，连告的由头都一个样，都是霸占民产。真胡闹，太师爷也是你们告得的。久闻此地民风刁悍，当真，果然！真是刁民，真是刁民哪！左右，把这些刁民轰下去！

〔衙役赶告状百姓下。

洪阿兰上，击鼓，衙役引入下跪。〕

王明友　又来一个告状的。我猜，一准是告徐家的。喂，这妇人，你告谁？

洪阿兰　青天大老爷，民妇告徐三少爷抢走民女，殴打公公重伤，大老爷要与民妇申冤啊！（哭）

王明友　老爷料事如神，果然一分也不差。喂！你女儿呢？

洪阿兰　徐三少爷抢走了。

王明友　有谁作证？

洪阿兰　有众乡亲亲眼看见。

王明友　证人何在？

洪阿兰　公公被打重伤，众乡亲在家照看，没有来到。

王明友　我早知道你这一着，一无凭，二无证，谁抢你的女儿来？你公公呢？

洪阿兰　受伤沉重，动弹不得。

王明友　哇！告伤要验伤，天下公理。你公公不来验伤，我老爷怎知道他是有伤无伤。你来告状，一无状纸，二无中证，三无伤证，显是刁民诬告，念你是妇道人家，又系初犯，不予重究。来人，把她轰下去。

洪阿兰　民妇果然冤枉，大老爷开恩申冤。

王明友　有冤就申，诬告要办。告状要有人证物证，只凭你一张嘴说，我老爷又不是偏听偏信的糊涂官。

洪阿兰　大老爷是清官，要与民妇申冤。

王明友　自然是清官，何消你说，你要不服，下次带人证物证再来。退堂。

〔衙役下。洪阿兰哭下。〕

王明友　这个案子不好办，又抢人，又打人，照王法办，我豆大的官儿，惹得起徐太师？拖着不办，这妇人会天天来告，麻烦死人。这便怎处？（寻思）有了，待我当面禀过李平度知府大人，他见识多，自有计较，正是：

　　刁民日夜兴风浪，
　　烦恼何时有尽头？（下）

二、审　　案

时　间　前场后一个月。

地　点　华亭知县衙门。

人　物　徐瑛、徐富。

农民赵玉山、洪阿兰。

华亭知县王明友，衙役多人。

众乡民。

〔徐瑛、徐富上。〕

徐　瑛　（念）送了黄金，赔了小心，

锦囊妙计，官司打赢。

好赵玉山，居然敢到县衙告我三少爷。兵来将挡，三少爷眉头一皱，计上心来。派徐富送了二百两黄金给知县，三百两黄金给知府，买通了上上下下。那王明友倒也识相，说是刁民诬告乡官，成何体统，一定要重重惩办。哼！这场官司，赵玉山啊，赵玉山，看你横到哪里去！徐富！

徐　富　有。

徐　瑛　到堂上县太爷问起那日情况，你要着实小心，不可露出马脚。

徐　富　这个自然，少爷放心。（同下）

〔王明友上，衙役上，升座。〕

王明友　（念）这些天来财运好，油水知多少？

官司出入但论钱，名誉输包老。

真是有趣，有趣！从前只知道刮穷人，干巴巴有甚油水？如今连徐太师家都送大把金子来了，真是不枉做官一场。这案子今天得好歹结案了，不然，人家会说我是糊涂官，连这点事也办不了。衙役，传洪阿兰一案人犯上堂。

〔衙役传话，洪阿兰、赵玉山、众乡民上。〕

众乡民　民妇、小民等参见大老爷。

王明友　站过一边。这些天来，本县为了洪阿兰一案，四处查访，今日升堂，你等须要说实话，不许节外生枝。洪阿兰。

洪阿兰　民妇在。

王明友　你告徐瑛抢你女儿，是哪天抢的？

洪阿兰　是清明节那天抢的。

王明友　有无眼见证人？

众乡民　小民等亲眼看见。

王明友　洪阿兰，你告徐瑛打你公公，你公公来了没有？

赵玉山　小民在。

王明友　打伤何处？

赵玉山　拳打脚踢，遍身是伤。

王明友　有无眼见证人？

众乡民　小民等亲眼看见。

王明友　仵作验伤。

〔仵作脱赵玉山上衣验伤。〕

仵　作　禀老爷，四肢完整，无有疮疤，无伤。

王明友　哇！大胆刁民，造谣诬告，拿板子来，给我重打。

赵玉山　哎呀，大老爷！小民身有伤痕，怎说无伤？请老爷重验。

众乡民　大老爷，赵玉山被徐瑛毒打，我等亲眼看见，如有虚假，甘愿反坐。

王明友　这也奇怪了。明明没有伤，偏说有伤，仵作再去验来。

仵　作　似有自行跌倒之伤，并无打伤痕迹。

王明友　衙役，传徐瑛上堂。

〔徐瑛和徐富上。〕

徐　瑛　荫官徐瑛参见大人。

王明友　少礼，一旁站过。徐瑛，现有人告你抢劫妇女，毒打良民，这事可是有的？

徐　瑛　荫官宰相门庭，熟读诗书，深明大义，岂肯抢劫妇女，毒打良民，大人明鉴。请问大人，这是哪一天的事？

王明友　原告指实是清明节。

徐　瑛　清明节？这一天我上哪里去来？哦，是了！这一天我正在张生员家中讲论诗书，不曾出城。

王明友　可有人证？

徐　瑛　家奴徐富随侍在侧，可以作证。

王明友 徐富，徐瑛清明节那天，到什么地方去了？

徐　富 回禀老爷，三少爷清明节那天，确是在同城秀才家读书，不曾出城。家奴随侍在旁，一刻也不曾离开，可以作证。

王明友 这就是了。徐瑛清明节那天整天在同城秀才家读书，如何又能分身出城去抢人打人？这显然是刁民诬告乡官，真是岂有此理！来人，重打洪阿兰！

洪阿兰 青天大老爷呀！抢人打人之事，千真万确，有邻里乡民作证。大老爷要为民妇申冤，小女现在徐府，求大老爷断还，骨肉团聚。

王明友 哇，大胆泼妇！你有干证，人家就没有干证？偏偏你的干证是真的，人家的干证就是假的？我老爷兼听则明，偏听则暗，不听乡官的话，难道反而听穷人的话，来，拉下重打！

赵玉山 大老爷宽恩，小民虽然是务农的，是穷人，但是人穷志不穷，虽不读书，也还明理。小民祖传一点田产，一家靠此为生，徐三少爷假造契据，倒填年月，强占归已，小民独生一子，因此发气身亡。留下寡妇孤儿，产去税存，还要完粮当差，冤枉无处可诉。清明节那天徐三少爷又倚势抢走孙女，把小民毒打成伤，重重冤枉，上有天日，下有乡邻，俱可作证。大老爷不替小民做主，反而偏信一面之词，要打原告，天理何在？良心何在？大老爷，你不可如此，要与小民做主啊！

王明友 大胆刁民，明明无伤却说有伤。明明人家在朋友家读书，不曾出门，你却诬告他下乡打人、抢人。这是天理？这是良心？你人穷志也穷，穷得没法，竟然胆敢诬告乡官，真是穷凶极恶！来人，拉下重打！

赵玉山 大老爷，打不得，你真要打，我就要告。

王明友 到哪里告？

赵玉山 到府里告，到苏州告，到京里告，

（唱）我老汉负冤屈上有皇天，

身遭打女被抢两泪涟涟，
你为官不为民秉公而断，
进京去控告你卖法赃官。

王明友　大胆！
（唱）无知刁民真大胆，
诬告乡官胡乱言，
人来重责八十板！
与我重重地打！
〔衙役拉赵玉山重打，赵被打死。〕

衙　役　禀老爷，犯人打死了。

洪阿兰　哎呀！
（接唱）满腔悲愤唤苍天，
女儿被抢未脱险，
公爹杖毙在堂前，
人间难把是非辨。天哪天！
（扫一句）

王明友　（惊，变色，俄而镇定）抬出去，轰下堂去。
〔众乡民抬赵玉山尸，洪阿兰痛哭下。
徐瑛笑下，徐富随下，做鬼脸。〕

王明友　这倒是大意了，不想这老头儿这般不经打。（沉思）也没有什么了不起，没有什么了不起！
〔衙役送邸报上。〕

衙　役　禀老爷，有紧急公文一角在此，老爷请看。

王明友　（拆阅，惊惶失措）哎呀！海瑞着以都察院右佥都御史巡抚应天十府！呀！这老儿不去别的地方，偏要到江南来，这便如何是好！（邸报堕地，又拣起，沉吟。）

衙　役　怎么，海青天要来了？这可不得了！

王明友　准备行装，即刻动身到苏州。
〔衙役随王明友同下。〕

三、上　　任

时　间　1569年6月上旬。

地　点　苏州阊门外接官亭。

人　物　苏州知府郑愉，年五十五岁，肯实心办事，官声尚好。

吴县知县萧岩，年四十五岁，贪官。

松江知府李平度，年五十岁左右，逢迎乡官，贪财枉法，有名的李剥皮。

华亭知县王明友。

洪阿兰和众乡民。

海瑞，年五十四岁，须已半白，便服。

海瑞母谢氏，年七十一岁，性格严厉正直，从年轻时便死了丈夫，亲自教育海瑞成人，海瑞很孝敬她。

海瑞妻王氏，系续弦。年三十岁。性格温柔怕事，很尊重海瑞，但又怕海瑞刚直取祸，时常劝谏，等道理说清，又完全支持海瑞。

海朋，海家老苍头，耿介，忠实，生怕海瑞得罪人，遇事劝谏，爱护主人，而又常闹矛盾，最后总是被海瑞说服。

校尉、兵士多人。

〔众官员、校尉、兵士、旗伞呵殿上。〕

郑　愉　列位大人请了，海都堂早已从南京启程，至今还不见到来，怕我等又空接一趟了。

萧　岩　听说海都堂要来，织造太监黄锦老公公的大轿，从八人减到四人了。

李平度　是啊，我们那里有些乡官，连夜把大红门涂黑，省得惹事。

王明友　列位大人，都说海都堂为官清正刚直，到底他为人如何？

郑　愉　下官当年在京，颇知海都堂为人，且为列位大人叙述一番：

（唱）他为人最刚直自号刚峰，

嘉靖末上本章冒犯九重，

劝皇上莫求仙长生无用，

古今来哪里有不死神翁？
费钱财营斋醮庶政堵壅，
万民怨刀兵起四海困穷，
嘉靖号民间说家家皆净，
再不改危社稷难对祖宗。

把皇上骂苦了，皇上大怒，要问他斩罪，叫人把他看住，不让逃跑。后来知道他早已预备下后事，倒愣住了，没有主意。海瑞关在天牢，受尽了刑罚。到皇上驾崩，才被赦出狱。如今到江南，列位大人，要多加检点才是哪！

〔萧岩、李平度、王明友变色惊慌。〕

郑　愉　天气炎热，我等且到接官亭休息，前站到来，再出来迎接，也不为迟。来，打道接官亭。（众同下）

海　瑞　（内）趱行者。

〔海瑞、谢氏、王氏、海朋同上。〕

海　瑞　（唱）奉钦差巡十府直走金阊，
展宏图施抱负扶弱锄强，
江南地鱼米乡多交粮饷，
常言道上天堂下有苏杭，
恶乡官贪残吏摧残乡党，
害得那苦百姓逃亡他乡，
民已穷财已尽国脉斫丧，
我海瑞报圣上要作主张。

王　氏　汗流似雨透衣裳，路旁景色懒观赏。

谢　氏　儿啊，此处离苏州城还有多远？

海　瑞　前面不远就是苏州城了。天气炎热，母亲，歇息片刻再走如何？

谢　氏　就依我儿。

海　瑞　看前面有一树林，请母亲在那里歇息。海朋，带路。

〔谢氏、王氏、海朋下。
洪阿兰、众乡民同上。〕

乡民丙　天气炎热，我等歇息歇息再走吧。这位娘子，你哭哭啼啼，有甚冤屈？

洪阿兰　我到苏州抚台衙门告状。

乡民丙　你状告何人？

洪阿兰　状告华亭县徐三公子和华亭知县，夺田抢女，打杀人命。

乡民丙　请你说一说详情。

洪阿兰　哎呀！天哪！

（唱）恶徐瑛仗权势霸占田产，
翁杖死女被抢穷极呼天，
华亭县祖被告将人倾陷，
奔苏州告抚院心似油煎。

〔海瑞倾听，点头。〕

乡民丙　有这等冤枉事，可是当真？

乡民甲　怎么不真！我等亲眼看见。

（唱）新旧坟埋下了冤枉人父子两代，
子气死父打死女被抢三世冤埋。

海　瑞　为何不去告官？

乡民乙　老客官请了，你哪里知道，怎么不告，告了，把苦主活活打死了。

海　瑞　有这等事，凭的是哪条王法？

乡民甲　说是诬告，诬告乡官。

海　瑞　为何是诬告，可有见证？

乡民甲　有哪，他家管家徐富作证。

海　瑞　呀！家奴岂能为本主作证！也罢，证明什么？

乡民乙　说是徐三少爷清明节那天整天在同城秀才家读书，并未出城。

海　瑞　是哪个徐三少爷？

乡民甲　徐太师家徐三少爷，还有哪个？

海　瑞　那就是了。徐三少爷既未出城，如何又能在乡下抢人打人？

乡民甲　呸！白天见鬼，我等亲眼看见他抢人打人。

海　瑞　那就是你们的不是了。既然亲眼看见，为何不去作证？

乡民乙　客官哪！

　　（唱）我等上堂去作证，

　　　　县官受贿为富人，

　　　　乡官说话他相信，

　　　　穷人眼见难作真。

海　瑞　乡官说话便是真，穷人作证便是假。

众乡民　正是。

海　瑞　乡官只是一个人，你们人多，说了也不相信？

乡民甲　客官哪里知道穷人的苦处，我等都是徐家佃户，哪里敢多说一句。

海　瑞　哦！你们都是徐家佃户。

众乡民　田地都被徐家霸占，还要交租当差，我们好苦呀！

海　瑞　这又是你们的不是了，为何不告？

乡民甲
乡民乙　客官你不是本地人，也是难怪。知府是有名的李剥皮，知县是个大大的赃官，我等如何敢告。

　　（唱）官府衙门八字开，

　　　　有理无钱莫进来，

　　　　上下都是官世界，

　　　　只怪穷人命不该。

海　瑞　唔！府县不能告，如今你们到哪里？

乡民丙　到苏州抚台衙门去告。

海　瑞　苏州抚台，他就不要钱，能替你们做主？

乡民丙　正是，新任抚台海青天，一定能替我们做主。且听我道来。

　　（唱）我老汉多年前卖米淳安，

　　　　都传说海青天公正为官，

　　　　减驿递行条鞭口碑颂满，

　　　　裁里甲除常例美政多端，

　　　　课桑麻勤抚字逃亡尽返，

　　　　衣大布食蔬菜难上加难，

　　　　缚恶少除奸贼明断公案，

调官去赢得了百姓心酸。

海　瑞　你们当真相信他能替你们做主？

乡民丙　自然，他还未到任，就有布告，要老百姓申冤诉苦。他如不替我们做主，那还叫什么青天！

海　瑞　哦！哦！领教了。

〔内鼓乐声。〕

乡民乙　接海青天的官员来了。我等看看海青天。

〔洪阿兰、众乡民拥挤向前，正与众官员、校尉、军士相遇。军士撞倒乡民丙，海瑞扶起，又与李平度相撞。〕

李平度　瞎了眼的老东西，老爷也是你撞得的。打这老东西！

〔军士挥鞭，郑愉劝解，众官员、校尉、军士下。
洪阿兰、众乡民惊惶下。〕

海　瑞　小小官儿，这等威风，平日鱼肉百姓，也就可想而知了。

（唱）百姓纷纷来告状，
扶老携幼奔外乡，
都只为吏贪残狐群狗党，
追欠赋贪贿赂专把民伤，
这官儿逞威风把人推撞，
可见他平日里何等嚣张，
我海瑞抚江南黎民子养，
恶官吏都扫尽抑恶扶良。

正是：

（念）纪纲整顿摧强梁，
要使生平素愿偿。（下）

四、见　　徐

时　间　前场十日后。

地　点　华亭县徐阶府第。

人　物　海瑞，纱帽红袍。

海朋。

徐阶，年七十五岁，胡须斑白，身材短小，白皙，容止可观。便服。

徐府家丁。

〔徐阶上，家丁随侍。〕

徐　阶　（唱）手秉朝纲二十年，

调和鼎鼐画凌烟，

乞休始识田园乐，

笑傲王侯不羡仙。

老夫徐阶，两朝首相，一代名流，因年老乞休，庄园产业，遍布三吴，奴仆家丁，食指万数，既富且贵，又有何求？月前读到邸报，海刚峰改官江南巡抚，多年不见，他来此地，必有一番作为也。

（唱）喜故交持旌节来抚此邦，

他为人有骨气老而弥刚，

温旧雨谈诗文后生向往，

施仁政惠苍生千载名扬。

啊呀，且住。老夫在朝多年，儿孙辈居乡，也难免有些欺侮乡民的事，刚峰这人古板得很，倘若追问起来，这便如何是好！（寻思）有了，不免对儿孙们多加训导，严加管束，不让他们惹是生非。他若追问，只要没有把柄落在他手里，便好应付。真是一则以喜，一则以惧也。

〔家丁上。〕

家　丁　启禀太师爷，海都老爷来拜。

徐　阶　快请，鼓乐相迎。

〔鼓乐，海瑞上，海朋随上。〕

海　瑞　老太师。

徐　阶　刚峰。

海　瑞　上任以来，公务繁忙，今日才来拜见，恕罪，恕罪。

徐　阶　刚峰说哪里话来，皇上特派刚峰，来抚此邦，一方蒙福。

老夫年老力衰，未曾远迎，也望海涵。请。

海　瑞　老太师请。

〔揖让就座。〕

海　瑞　几年不见，老太师越发健朗了。

徐　阶　托福，托福，老了，不中用了。牙齿还好，还吃得肉。刚峰宝眷想是一同上任？

海　瑞　家母年高，也还健朗，拙荆随侍。

徐　阶　好，好。迟日当令儿媳辈拜见。

海　瑞　岂敢，岂敢。

徐　阶　刚峰今日光临，有何见教？

海　瑞　专为拜候老太师万福，二来也要向老太师讨教。

徐　阶　老夫如有所知，自当竭诚奉告。

海　瑞　老太师朝廷重臣，地方长老，吴中政治利弊，一定深知。下官初到，为政以何者为先，还望赐教。

徐　阶　哈哈，刚峰啊，你也忒谦虚了，既然要老夫说说，老夫也就不揣冒昧，对老友直言了。

（唱）吴下刁民性凶顽，
　　告官健讼案如山，
　　刑清政简须大胆，
　　执法持平济时艰。

海　瑞　承教，承教。刁民顽讼，自当执法持平。乡官不法，鱼肉良民呢？

徐　阶　刚峰哪，你一生刚直，对先帝都尽言直谏，流芳史册，何况乡官！

（唱）朝廷大法四海颁，
　　王子庶人是一般，
　　豺狼当道要驱散，
　　尚方宝剑莫投闲。

海　瑞　多谢老太师指教。老太师哪！

（唱）想当年为朝廷废寝忘餐，

谏先皇改弊政直上金銮，
到如今居乡里一方共盼，
教后辈严执法长治久安。

还有一事请教。

徐　阶　请说。

海　瑞　华亭县农妇洪阿兰状告贵府霸占民田，抢劫民女，毒打良民一案，应该如何处理？

徐　阶　（变色）喔！有这等事，告的是哪一个？

海　瑞　徐瑛。

徐　阶　是第三小儿。刚峰，老夫为人，想来深知。有些田产，都是价买的，何来霸占之说？小儿徐瑛循规守矩，抢人、打人，断不至于如此胡作非为。刚才说过，吴下刁民诬告成性，刚峰啊，你切切不可为其所欺。

海　瑞　断无此事？

徐　阶　断无此事！

海　瑞　如有此事呢？

徐　阶　如有此事？万不可能！

海　瑞　万一罪证确凿？

徐　阶　如有罪证，听凭依法处理。

海　瑞　好！好！好一个依法处理。既然如此，下官告辞了。

徐　阶　请。

海　瑞　请。

〔鼓乐，徐阶揖送，海瑞下。〕

徐　阶　哎呀！刚峰适才所说之事，一步逼紧一步，甚是厉害。待老夫唤徐瑛出来，问个明白。家人，唤三少爷出来。

家　丁　请三少爷。

〔徐瑛上。〕

徐　瑛　拜见爹爹。唤孩儿出来，何事？

徐　阶　有人告你，抢人打人，这事可是有的？

徐　瑛　这个，这个，嘿！有的，不过已经结案。

徐　阶　哪里结的案？

徐　瑛　华亭县结的案。

徐　阶　怎样结的案？

徐　瑛　县官教孩儿说是那天在同城秀才家读书，不曾出城。将原告公爹当堂打死，逐出原告结的案。

徐　阶　（变色）哎呀，打死了人了！打死人了！你说不曾出城，何人为证？

徐　瑛　徐富为证。

徐　阶　是我家徐富。（问徐富）是你作证？

徐　富　启禀太师爷，正是奴才。

徐　阶　不妥，不妥，家奴岂能作证。（对徐瑛）唉！这案子如今告到巡抚衙门去了，奴才啊，看你如何下场？

徐　瑛　爹爹，这有什么了不起，大不了再花一把银子。如今做官的岂有不爱银子的。

徐　阶　哇！奴才！你知道巡抚是谁？

徐　瑛　管他是谁？大不了是个巡抚。

徐　阶　呸！奴才呵！你闯下祸来了，这个巡抚不比别人，乃是当今第一清官海瑞，清正廉洁，刚直无私，他若依法而断，你便休想活命了。

徐　瑛　（惊惶）啊呀！海瑞！爹爹，这便怎处？

徐　阶　这便怎处？这便怎处？

徐　瑛　爹爹，是孩儿做下不是，要想法子才好。

徐　阶　唉！别无他法可想。唉！打死了人，又是奴才作证。这便怎处。有了，君子可欺以方！徐瑛附耳过来。

徐　瑛　是。（父子接耳，徐瑛喜形于色。）

徐　阶　儿啊，要吩咐家人，再不可惹是生非了。

徐　瑛　是。

徐　阶　唉！还不下去。

徐　瑛　是，孩儿告退。（下）

徐　阶　哎呀呀！果然有抢人打人之事。适才交谈，不曾留心，话也说得过了一些，刚峰万一板起脸孔，倒也不好对付。唔！话说回来，老夫当年有恩于他，想他是个至诚君子，知恩报恩，量他不致翻脸。想来我儿性命，还可以得救。唉！也想不得许多，将错就错，也就只好如此应付了。且看他如何处理，再作安排。正是：

不谋国事谋家事，
甘为儿孙作马牛。

唉！唉！（下）

五、母　训

时　间　前场三日后。

地　点　苏州巡抚衙门内堂。

人　物　海瑞、海朋、谢氏、王氏。

〔谢氏、王氏上，丫环随侍。〕

谢　氏　（唱）我儿升堂把案问，
忘眠废食效忠勤。

王　氏　（唱）贪官酷吏都除尽，
黄童白叟齐欢欣。

谢　氏　媳妇啊！这几日海朋来说，大街小巷纷纷议论，有说天开了眼的，有说确是青天，万家生佛的。有的说一上任就治水救灾，海龙王出世的。吴淞江久雨成灾，也已经开工疏浚，他还亲自到江上督工，灾民欢天喜地，都去上工。此外，清丈田地，举办条鞭良法，老百姓口碑载道。听到这些话头，老身着实欢喜。有儿如此，也不枉老身教养一场也。

（唱）想当年抚孤子夜半含悲，
课诗书教忠孝非礼勿窥，

请严师勤学问高举乡魁，
任知县除民害整顿纲维，
今日里抚江南官居高位，
权任重人共望济困扶危。

王　氏　婆婆啊！

（唱）我媳妇相夫子，十年随宦历艰辛，
他为官守直道，忠心赤胆触龙鳞，
下天牢遭廷杖，险一些儿丧了命，
刚直性难劝解，还望婆婆德教训。

谢　氏　媳妇啊，你丈夫为官清正，刚直知名，纵然罢官坐牢，还是行其故素，心口如一，百折不磨，这正是他的好处哪。媳妇不必过于忧虑才好。

王　氏　是。

〔海瑞便服上，海朋随上。〕

海　瑞　（唱）乡官恶吏食民膏，
民怨沸腾恨难消，
临阵射人先射马，
江南庶政费推敲。

王　氏　老爷。

海　瑞　夫人。参见母亲。

谢　氏　罢了，一旁坐下。

海　瑞　谢坐。唉！

谢　氏　儿啊，你到任以来，茶饭不思，多日不曾安眠，为官当得勤劳，却也不可过于劳累。

海　瑞　多谢母亲教诲，孩儿遵命。只是……

谢　氏　只是什么？

海　瑞　唉！

谢　氏　我儿为何长叹？

海　瑞　母亲有所不知，自孩儿到任以来，众百姓纷纷状告徐太师霸占田产，纵子行凶，鱼肉小民，包庇乡官，实实为富不仁。他第三个儿子徐瑛占了赵家田产，抢了赵家孤女，气死赵家独子，还买通赃官，打死赵家苦主。当年徐太师在朝官声还好，也曾救过孩儿性命，如今看来，此人啊！

（唱）装道学谈礼义宵小胸怀，

纵子弟害百姓聚敛钱财，

高放债强占田真真市侩，

假仁义真乡愿一点不差。

谢　氏　我儿，知人不易，往者不可谏，来者犹可追。他于你有恩，却结怨于百姓。你是报私恩？还是申国法？我儿啊！

（唱）五十年勤苦读孔孟诗书，

汉朝人埋车轮恶类诛锄，

本朝有况太守平反冤狱，

古今人是榜样何必踌躇？

海　瑞　孩儿主意正是如此。母亲啊！孩儿明日升堂，一要法办徐瑛，二要徐家退还强占民田，三要出布告，凡是乡官强占民田的一律退还原主。特请母亲训示。

海　朋　老爷啊，恕老奴直言。

（唱）普天下做官的欺侮穷人，

老百姓受苦楚无处去申，

徐太师势力大性情阴狠，

老爷啊莫操切引火烧身。

海　瑞　老人家此言差矣，徐家势力大，我就怕他不成！

（唱）老人家经世故何出此言，

我海瑞受折磨壮志弥坚，

除豪强平民愤男儿志愿，

哪怕他势力大要与周旋。

王　氏　相公啊，海朋之言，也有道理，还望三思。

（唱）几年来蒙圣恩不断升迁，

守名邦临大事计出万全，

杀徐瑛申国法不顾情面，

人道你忘故旧忍把恩捐，
更何况徐太师神通方便，
连乡党结宫禁气势焰焰，
这桩事非小可从长打算，
莫落得遭报复忧患相缠。

海　瑞　夫人，你说到哪里去了？那徐阶纵子行凶，我海瑞如顾私恩而忘国法，何以对慈母，对皇上，对百姓！

（唱）徐太师纵子弟抢女行凶，
夺田产逃税役百姓困穷，
顾私恩忘国法读书何用？
守封疆抚黎庶要秉至公。

谢　氏　儿啊，媳妇啊，海朋啊！读圣贤书，行圣贤事，国法要申，民困要救，我儿只管依法秉公而行，上答圣明，下安百姓。

（唱）喜我儿勤民政执法当先，
锄豪强扶弱小希圣希贤，
徐太师经世故志虑不浅，
他的儿犯国法治罪当然，
我婆媳为内助官高不羡，
粗茶饭布衣履乐比神仙，
纵使你有蹉跌被人倾陷，
回琼岛饱看那绿水青山。

海　瑞　多谢母亲训诲。夫人，母亲疲乏了，侍奉到后堂休息去吧。

〔王氏扶谢氏下。〕

海　瑞　海朋，吩咐下去，明日升堂，传洪阿兰一案有关人犯对质，苏州、松江两府官员同审，不可有误。

海　朋　是。（下）

海　瑞　正是：

要申三尺皇家法，
杀尽贪官污吏头。（下）

六、断　案

时　间　前场次日。

地　点　苏州巡抚衙门大堂。

人　物　海瑞。

苏、松等府官员。

洪阿兰和众乡民。

徐瑛、徐富（穿生员衣冠）。

华亭县学教谕。

旗牌官、校尉、军士、衙役多人。

〔苏、松等府官员上。〕

郑　愉　（念）每日辕门候见，

李平度　心中忐忑不安，

萧　岩　为何不来传唤，

王明友　日夜如坐针毡。

萧　岩　列位大人，海都堂便服到任，我等不曾接到。如今闭门不出，文武官员概不接见，每日只到江上督工，传贫苦农民工商下户问话，不知是何缘故？

郑　愉　迎接不到，是他自己便服进城，想来不致见怪。只是到任以来，还不开印升堂，百废待举，他不出头做主，实在令人着急。

李平度　确也可怪！令我在此候见，来了几日，却又不蒙传唤，不知是何道理？

王明友　每日到辕门候见，却又毫无动静，实实令人焦急。

〔旗牌官上。〕

旗牌官　都老爷传令，开门，升堂。

〔众官员下。

鼓乐，校尉、军士、衙役上，海瑞纱帽红袍上。〕

海　瑞　（念）整顿纪纲，替黎民，申雪冤枉。

民苦贪残已不支，

乡官横暴逞非为，

杀蛟射虎男儿事，

报国何须德政碑。

本院应天巡抚海瑞，到任以来，查得乡官富户横行不法，贪官污吏欺压百姓，有关人等，罪证确凿，除恶务尽，国有常刑，今日升堂，定要整顿纪纲，为民除害。左右，传众官员进见。

旗牌官　苏、松等府官员进见。

〔众官员上，报门进见。〕

众官员　报，苏州、松江等府官员参见都堂大人。大人到任，卑职等迎接失时，千望恕罪。

海　瑞　有劳迎候。迎接不到，是本院不用驿马，便服到任，何罪之有？况且已曾见面，何必多礼！

李平度　敢问都堂大人，曾在何处见面？

海　瑞　就在接官亭前，请抬头相认。

〔众官员惊愕仰视，李平度惊惶失措，无地自容。〕

海　瑞　有事商谈，一旁坐下。

众官员　谢坐。

郑　愉　都堂大人，卑职斗胆敢问定在哪一天开印、放告？

海　瑞　何必选择日期，就是今天开印、放告。旗牌官，传令开印、放告。

旗牌官　得令。

〔旗牌官举印印放告牌，军士抬放告牌下。〕

海　瑞　列位大人。

众官员　都堂大人。

海　瑞　你等为官如何？

众官员　卑职等为官清白，小心谨慎，上为朝廷办事，下替黎民分忧。

海　瑞　怎么？真是上为朝廷办事，下替黎民分忧么？

众官员　正是。

海　瑞　哈哈！……既然都是清白为官，有桩案件，请列位大人同审同问。华亭县何在？

王明友　卑职在。

海　瑞　我来问你，洪阿兰一案你是怎样判处的？

王明友　这个案子，这个案子，卑职秉公处理，已经结案。

海　瑞　你是怎样秉公结案的？

王明友　洪阿兰控告徐瑛清明节那天抢走她女儿，打伤她公公，卑职传讯被告，徐瑛清明节那天在同城张生员家读书，并未出城，显然是刁民诬告，理应当堂斥逐，不予受理。

海　瑞　徐瑛清明节那天不曾出城，何人为证？

王明友　徐家总管徐富随侍在侧，当堂作证。

海　瑞　唔！有人证！是徐家家奴作证！好！我再问你，赵玉山是怎样死的？

王明友　这个，这个……是卑职轻轻打他几下，谁知他年纪大了，突然死去。

海　瑞　哈哈！哈哈！好一个突然死去！好一个秉公处理！
旗牌官，传洪阿兰和有关干证人犯上堂。
〔旗牌官传令，洪阿兰、众乡民、徐瑛、徐富上。〕

洪阿兰　（号哭）青天大老爷！为民妇申冤啊！

海　瑞　不必啼哭，你且从实说来。

洪阿兰　青天大老爷啊！
（唱）小妇人遭冤枉，含冤茹苦到如今，
被恶霸强占地，丈夫气死命归阴，
清明节抢娇女，毒打公公皮肉损，
王知县凭假证，打死苦主为何因？

海　瑞　田地被占，丈夫气死，女儿被抢，公公打死，可怜！可怜！可气！可气！可恨哪可恨！徐瑛！

徐　瑛　荫官在。

海　瑞　洪阿兰告你霸地抢人打人，可有此事？

徐　瑛　荫官相门子弟，家传诗礼，岂肯为此非法之事？况且，清明节那日荫官确实并未出城，有同城张生员为证。此案已蒙华亭县王老爷明断结案，还望都堂大人勿听刁民一面之词，也看家大人薄面，秉公结案。

海　瑞　既有人证，便好结案。

徐　瑛　凭中凭证，天下通理，如有虚诬，甘愿反坐。

海　瑞　好一个如有虚诬，甘愿反坐。张生员。

徐　富　生员在。

海　瑞　你要从实说来，徐瑛清明节那天确在你家读书？

徐　富　千真万确，一点也不差。那天徐三少爷不但读书，还写文章哪！

海　瑞　写什么文章？

徐　富　（张口结舌）写《千字文》，不对，写的是《百家姓》。

〔徐瑛失色，顿足。〕

海　瑞　（拍桌）哇！大胆奴才，假冒生员，该当何罪！

徐　富　不敢。奴才的帽子是真的，不是假的。

海　瑞　真的，不是假的。也好。我来问你，你是哪一年入的学？

徐　富　这个，这个……

徐　瑛　启禀老大人，他确是县学生员，荫官可以作证。

海　瑞　住口。华亭教谕可在？

华亭教谕　卑职在。

海　瑞　贵学可有这个生员？

华亭教谕　从来未见，本学并无此人。

〔徐瑛发抖，徐富跪地下。〕

海　瑞　哇！大胆棍徒，假冒斯文，充当假证，诬害良民。左右，拿下去，立毙杖下。

徐　富　（叩头）青天大老爷饶命，奴才从实招供。

海　瑞　从实招来，免你一死。你是何人？

徐　富　奴才徐富，是徐三少爷家人。

海　瑞　既是家人，如何又冒充生员？

徐　富　奴才死罪，奉命冒充，概不由己。

海　瑞　大胆奴才，我再问你，清明节那天徐瑛到底去哪里了？

徐　富　到横云山上坟，玩耍。

海　瑞　赵小兰可是徐瑛抢的，现在何处？

徐　富　是少爷叫奴才抢的，百般拷打，不肯从顺，现在还关在府中。

海　瑞　为何又打赵玉山？

徐　富　我们抢人，赵玉山拦阻，是少爷叫打的。

海　瑞　伤势可重？

徐　富　遍体伤痕，甚是沉重。

海　瑞　华亭县验伤，为何又说无伤？

徐　富　奴才奉少爷之命，把知府、知县、仵作都买通了，仵作受了贿，所以说无伤。

〔李平度、王明友发抖起立。〕

海　瑞　行贿多少？何人见证？从实招供。

徐　富　知府黄金三百两，知县黄金二百两。

〔王明友、李平度、徐瑛下跪，发抖。〕

海　瑞　是你亲手交付的？

徐　富　是奴才亲手交付的。

海　瑞　赵玉山是怎样死的？

徐　富　是华亭县知县打死的，官司就这么打赢了。

海　瑞　是你亲眼看见？

徐　富　奴才目见。

〔王明友、李平度、徐瑛叩头认罪乞哀。〕

海　瑞　（唱）贪官污吏无心肝，
　　　　枉把朝廷命服穿，
　　　　今日定要平民怨，
　　　　法无宽恕重如山。

听判：徐瑛抢夺民女，毒打平民，行贿官府，假证杀人，依律当绞。家产除发还被害人外，其余充公。赵小兰发还洪阿兰团聚。王明友受贿枉法，杖杀原告，依律应斩。李平度外号剥皮，贪赃不法，革职囚禁，听候朝命。徐富假冒生员，纳贿伪证，念其身不由己，况已据实招供，从宽论处，依律杖一百，徒三年。仵作受赃伪证，斥革差役，依律杖一百，徒二年。列位大人，判得可公？

郑　愉　都堂大人为民除害，卑职心服。

徐　瑛　（叩头）都堂大老爷，请看家父薄面，饶我一命。

海　瑞　住口，王子犯法，庶人同罪。带下去。

〔军士缚王明友、李平度、徐瑛、徐富下。〕

海　瑞　洪阿兰，你还有什么话说？

洪阿兰　青天大老爷为民雪恨，公侯万代。（叩头）

海　瑞　父老们，前日交谈，多谢指教。此案已结，你等还有什么话说？

乡民甲　大老爷判得极公！只是我等田产被徐家和各家乡官霸占，产去税存，民生困苦，还望大老爷做主。

乡民乙
乡民丙　大老爷与我等做主。

海　瑞　旗牌官，传我号令，发出榜文，限令各家乡官，十日内把一应霸占良民田产，如数归还，不得有误，如违依法惩处。

旗牌官　得令。

众乡民　（叩头）大老爷为民做主，江南贫民今后有好日子过了！感恩戴德，我等回去，要图画大老爷尊容，朝夕礼拜！

（同唱）今日里见到青天，
勤耕稼重整田园，
有土地何愁衣饭，
好光景就在眼前。

叩谢大老爷！

海　瑞　不必如此，你等回去吧。

〔洪阿兰、众乡民拜谢下。〕

郑　愉
萧　岩　卑职等告辞。

海　瑞　且慢。吴县知县。

萧　岩　卑职在。

海　瑞　你贪污浪费，官声不好，你可知罪？

萧　岩　卑职知罪。

海　瑞　革职回家。旗牌官，取下纱帽。

〔旗牌官取下萧岩纱帽，萧岩下。〕

海　瑞　苏州知府。

郑　愉　卑职在。

海　瑞　传谕一应官员，安心供职，不可心存疑惧。

郑　愉　是。卑职告退。

〔郑愉下。〕

海　瑞　呀哈，十多日来才办了这件案子，吴淞江水利正在兴修，白茆河也要疏浚，条鞭良法也要推广，一件件做了，百姓们也可以喘一口气了。正是：

力除贪污行新政，

要为生民作主张。（下）

〔旗牌官、军士持榜文上，鸣锣，宣读。〕

旗牌官　众乡官、百姓们听着：

都察院右佥都御史巡抚应天十府海为退田事，榜谕周知：乡官恶霸，强占民田，良民失业，困苦颠连，依照国法，一律退还，如敢故违，自取罪愆。

〔民众静听，欣喜鼓舞下。

旗牌官、军士下。〕

七、求　情

时　间　前场后第三日。

地　点　苏州巡抚衙门。

人　物　海瑞、海朋。

徐阶、徐府家丁。

〔徐阶便服乘轿上，家丁随侍。〕

徐　阶　（唱）悔不该，离朝堂，失去宠信。

无奈何，守田园，为儿孙，立家业，费尽苦心。恨只恨，不肖子，胡乱为，犯刑法，罪重情真，风烛年，眼看得，孙儿女，哀哀哭，心头怎忍？拼着这，老脸皮，求故友，高抬手，屈法徇情。

唉！事情已到这步田地，还顾得什么脸面，只要求得瑛儿不死，其他都不必计较了！唉！

（接唱）但祈望，海都院，念旧谊，伸援手，放他活命，我这里，咬牙根，舍产业，罚重款，都可遵循。

来此已是巡抚衙门，家丁，上前通报。

家　丁　门上哪位？

衙　役　何事？

家　丁　徐老太师前来回拜海都老爷。

衙　役　待我通报。有请都老爷，徐老太师来回拜。

〔海瑞上。〕

海　瑞　徐老太师回拜？果然来了，有请。

徐　阶　刚峰，前日屈驾，今日特来回拜。

海　瑞　岂敢，岂敢！请。

徐　阶　请。

海　瑞　老太师气色有些不安？

徐　阶　正是。刚峰哪！

（唱）老朽残年桑榆景，

豚儿犯法是徐瑛，

敢求曲念为子隐，

从轻论罪慰余生。

海　瑞　老太师哪！

（唱）占田抢女情罪真，

公然行贿杀贫民，

皇朝法令你不问，

三尺岂能任屈伸？

徐　阶　海大人哪，老夫长子、次子都已去世，膝下只此一子，还望俯念残年，从宽发落。

（唱）残年爱子侍昏晨，
老牛舐犊乐天伦，
还求垂念赐怜悯，
感恩报德永书绅。

海　瑞　徐太师，你知道爱你的儿子，可知道洪阿兰的女儿何在？丈夫何在？公公何在？不只是洪阿兰，还有许多孤儿寡妇，难道她们都是没有父母，没有儿女的吆？

（唱）宪纲三尺重如山，
太师指教警愚顽，
犯法不论人贵贱，
王子庶人是一般。

徐　阶　哦！哦，海大人说得不错，老夫是曾这般说来。只是当年海大人囚在天牢，老夫也曾在先皇面前，婉言救解，有此一段交情，还求细想。海大人哪！

（唱）当年得罪犯王章，
老夫救解岂相忘？
攀鳞折槛求圣上，
今日才能抚此邦。

海　瑞　徐太师，当年海瑞触怒先皇，确是蒙太师解救。但是海瑞上本直谏，忠君爱国，何曾犯罪？徐瑛打人行贿，触犯刑章，法在不赦，两件事明明不同，如何能相提并论哪！

（唱）海瑞忠君姓名香，
徐瑛强暴犯王章，
持平执法太师讲，
除害先除当道狼。

徐　阶　不错！不错！老夫确也说过要持平执法的话。既然如此，老夫情愿交出一批田产，为小儿赎罪。

（唱）豚儿犯法面无光，
交田赎罪充军粮，
纳粟载明律例上，
救人持法两无妨。

海　瑞　交田，这又是一件事，本院已经榜谕，凡乡官强占民田一律退还原主。你家强占民田二十万亩，自当依法交回百姓。

（唱）乡官残暴过虎狼，
强占民田逃税粮，
江南困苦凄凉相，
不退占田不久长。

徐　阶　（背供）二十万亩！二十万亩！田也要退，人也要杀！气死老夫也。海瑞呀海瑞，你也忒猖狂了！（向海瑞）嘿，嘿，海大人，请听老夫一言：

（唱）你为人耿介性一意坚刚，
顾片面忘大体祸害潜藏，
得罪了众乡官同心较量，
只怕你乌纱帽戴不久长。

海　瑞　哼！哼！哈哈，哈哈！乌纱帽吗？海瑞死都不怕，何况区区一顶乌纱帽！喏！喏！（取下乌纱帽）

（唱）二十年寒窗下苦学文章，
说孔孟谈诗书取法先王，
满朝人都为你迷失方向，
学乡愿讲圆融愧对吾皇。

徐太师，纱帽在此，纱帽在此！海瑞不只做官，还要做一个顶天立地的人。朝旨一下，立刻归田！

徐　阶　海大人，你当真不念故旧之情？

海　瑞　皇朝大法，海瑞不敢以私废公！

徐　阶　徐瑛不能减刑？

海　瑞　徐太师说过，要执法持平，王子庶人一体！如有罪证，依法处理。

徐　阶　田是非退不可？

海　瑞　强占民田，情理难容，自然要退！

徐　阶　一点也不能通融？

海　瑞　执法如山，一丝一毫也不能通融！

徐　阶　好！好！好哇！海瑞，你不要后悔！

海　瑞　生死荣辱，早置度外，决不后悔！

徐　阶　如此说来，我们的交情断了？

海　瑞　断了！

徐　阶　呀哈哈！海瑞！

（唱）沽名钓誉太猖狂，
敢把乡官一起伤，
不听老夫良言讲，
看你将来怎下场？

海　瑞　（唱）太师不必多言讲，
海瑞精忠对圣皇，
纵然丢官不见谅，
清名千古永流芳。

请了。

〔徐阶气愤下。〕

海　瑞　早料到此老必来吵闹，果然如此。看来他必然不肯善罢甘休。江南庶政，除霸、清丈、条鞭、治水、退田五件大事，必须早日办好，多为百万生民办一点好事，也就为皇上减少一分隐忧。正是：

老来傲骨犹然在，
岂肯折腰媚权臣？

（持纱帽）这顶纱帽呀！这顶纱帽呀！哈哈！哈哈！

（下）

八、反　攻

时　间　前场次日。
地　点　华亭县徐阶府第。
人　物　徐阶。
　　徐家亲友甲、乙。
　　徐家师爷。

〔徐家亲友甲、乙上。〕

亲友甲　（念）心似油煎，猛地里来了海青天。
亲友乙　要作打算，光棍亏呵不吃眼前。
亲友甲　亲翁，海都堂下榜退田，如何是好？
亲友乙　我家也接到榜文，口气十分厉害，看来非退不可。
亲友甲　一生辛苦，怎么舍得？
亲友乙　唉！谁能舍得。
亲友甲　你到哪里去？
亲友乙　我去找徐亲翁。
亲友甲　我也是去找他商量的。他家三郎被判死罪，徐亲翁到抚院面求海大人去了。等他回来，必有消息。
亲友乙　如此，我们一同前往。
亲友甲　来此已是。门上哪位？

〔家丁上。〕

家　丁　原来是你们两位，太师爷尚未回府，且请后堂小坐。
亲友甲　就请师爷一谈。
家　丁　有请师爷。

〔师爷上。〕

亲友甲　太师尚未回府，我等在此稍候。
亲友乙　海都堂下令退田，各府县乡官十分气愤，大家商量，要老太师出个主意。

师　爷　他下的榜文，要退的是强占之田，这个题目是驳不倒的，太师爷也十分为难。

亲友甲　他还出放告牌，刁民成千上万，诬告我等乡官，以下反上，简直不成事体！

师　爷　江南百姓本来就爱打官司，经他这一鼓动，便越发不像话了。

亲友乙　师爷，你看，徐瑛的案子可能重审？

师　爷　海大人和太师爷有多年交情，前几日还来拜访，这回太师爷亲自回拜，想来，海大人看在交情分上，从轻发落，也未可知。

亲友甲　这个自然。太师爷两朝首相，海大人总得看他的情面。

〔徐阶、家丁上。〕

亲友甲
亲友乙
师　爷　太师爷回来了。

徐　阶　回来了。气死我也！

亲友甲
亲友乙
师　爷　怎么？海都堂不看太师爷金面！

徐　阶　什么金面！田也要退，人也要杀。

亲友甲
亲友乙　哎呀，连太师爷都顶不住，我等休矣。

徐　阶　且慢惊慌，大家从长商量，出个主意。

亲友甲　我等和各府县乡官，都曾商议，只要老太师有主意，破些钱财，大家分担。

徐　阶　釜底抽薪，非把这瘟官去掉不可。目前暂且吃点眼前亏，换了新官，还不又是我们的天下。

亲友乙　着！着！我有一计，我等纠合乡官，联名上本，告他纵容刁民，以下反上，鱼肉乡官，败坏风纪。

徐　阶　不好。奏本上去，一交外廷议论，成年累月，远水不救近火。

亲友甲　我有一计，花大钱买刺客刺他，永除祸根。

徐　阶　越发不好。一来他有兵权，护卫严密，下不得手。二来呢，万一破案，杀害封疆大员，这罪名非同小可！

亲友甲
亲友乙　这也不好，那也不好，这等说来，我们只好认输了。

徐　阶　怎么便输！大家再想想主意。

师　爷　老太师，我有一计。

亲友甲
亲友乙　快说。

师　爷　告他鱼肉乡官，当然要告。要办得快当，必须走内线。老太师在宫里有熟人，写封亲笔信，送一份重礼，求他奏本一上去就批。拉上这根线，再买上几个同乡京官，上本告他。内外夹攻，双管齐下，只要他离开此地，便万事大吉了。

徐　阶　此计甚妙，釜底抽薪，立竿见影。不过，单是调官，还不解恨，要弄得他做不成官儿才好。

亲友甲
亲友乙　果然好计，就请老太师主张。

徐　阶　（唱）众亲友保身家议论真多，
集众思合众力布就网罗，
派人去联内线写信有我，
那时候海刚峰看你如何！

亲友甲
亲友乙　既然如此，事不宜迟，送礼费用，众乡官均摊，立刻派人连夜进京为是。

徐　阶　亲友公议，老夫立刻写信。公筹黄金三千两，二千两送宫里老公公，一千两送同乡京官。列位商量找哪个京官为好。

亲友乙　给事中嘉兴戴凤翔是我亲戚，他家也被迫退田，必定可以为我们出力。

徐　阶　戴凤翔是我门生，必可出力。就请亲翁进京，快马赶去，如何？

亲友乙　就是。要准备行装，告辞了。

〔亲友甲、乙，师爷下。〕

徐　阶　哈哈！哈哈！

一骑进京通内线，
不逐刚峰誓不休。（下）

九、罢　官

时　间　前场五个月后某日。
地　点　苏州巡抚衙门大堂。
人　物　海瑞。
戴凤翔，年五十岁，新任应天巡抚。
徐阶。
徐瑛、王明友。
戴凤翔的旗牌官、校尉、军士、衙役。
旗牌官、校尉、军士、衙役。

〔戴凤翔纱帽红袍，旗牌官、校尉、军士、衙役、旗伞上。〕
戴凤翔　（念）呵拥到江南，加官，
十万贯腰缠，何难？
不得罪巨室，装蒜，
要随波逐澜，平安。
下官新任应天巡抚戴凤翔，目前徐老太师来信，要我飞速前去，就此快马趱行者。
〔戴凤翔一行下。
徐阶上。〕
徐　阶　（念）快马迎新抚，
苦心救我儿。
抚院刑房书吏来报，秋审朝旨日内就要到了。新抚戴凤翔也早已动身，为了抢救我儿性命，快马来迎新任巡抚，就此趱行者。
〔徐阶快马加鞭下。
旗牌官上。〕

旗牌官　都老爷传令，升堂。

〔众官员、军士、衙役上。海瑞纱帽红袍上。〕

海　瑞　（念）奉朝旨明正刑章，
　　　　除奸贼整顿纲常。

左右，带上徐瑛、王明友两名死囚，到时处决者。

〔军士缚徐瑛、王明友上。〕

海　瑞　徐瑛、王明友，秋审朝旨已下，将你等即时处决。

（判斩牌）你们啊！

（念）违国纪自婴法网，
　　　　警贪残易辙更张。

徐　瑛
王明友　大老爷饶命。（叩头）

海　瑞　带下去，到时处决。

〔军士缚徐瑛、王明友下。

戴凤翔的旗牌官上。〕

旗牌官　圣旨到。

〔鼓乐。戴凤翔、徐阶一行上。〕

戴凤翔　奉天承运皇帝圣旨，应天巡抚海瑞罢职，放归田里。应天巡抚着戴凤翔去，钦此。

海　瑞　皇上万万岁。请问钦差大人，海瑞犯了什么过错，罢职放归田里？

戴凤翔　朝官劾奏你虎狼百姓，鱼肉乡官。

海　瑞　呀哈！

（唱）乡官强暴百姓穷，
　　　　如狼似虎田野空，
　　　　鱼肉乡官真说梦，
　　　　将我罢职理不公！

请问钦差大人，新任巡抚何日到任？

戴凤翔　下官便是戴凤翔，海大人请了。

海　瑞　戴大人请了。大人既来到任，海瑞有一言奉告。

戴凤翔　请讲。

海　瑞 （唱）江南大害是乡官，

强占民田稼穑难，

冤狱重重要平反，

退田才能使民安。

戴凤翔 住口！正因为你强迫乡官退田，虎狼百姓，鱼肉乡官，皇上才将你罢职。

（唱）尊卑贫富命安排，

愚民受苦理应该，

劳心劳力分好歹，

圣人之书读过来，

你虎狼百姓把人害，

鱼肉乡官太不该。

海　瑞 哪个不该？

戴凤翔 就是你。

海　瑞 住口！

（唱）你说百姓是虎狼，

可知乡官把民伤？

鱼肉乡官满朝嚷，

可知百姓吃糟糠？

民为邦本口头讲，

袒官虐民好人装，

为虎作伥欺皇上，

昼行愧影夜愧床。

戴凤翔 怎么开口骂人，气死我也。

徐　阶 两位大人，休得伤了和气。刚峰，前者我也曾良言相劝，众怒不可犯，乡官不可欺，是你执迷不听。如今罢官而去，老夫有一言奉赠。你呀：

（唱）中年气盛性情刚，

几十年来艰苦尝，

矫枉过正张法网，

过偏过激把人伤，
上次相谈言不畅，
这回蹉跌阅沧桑，
奉劝今后多修养，
为官莫再露锋芒。

海　瑞　徐太师呀！
（唱）太师之言欠思量，
海瑞罢官姓名香，
为人表里要一样，
阴谋倾陷理不当。

徐　阶　是哪个阴谋倾陷？

海　瑞　是你！
（唱）你在朝也曾经燮理阴阳，
谈道学讲孔孟称述先王，
居乡里纵子弟田产豪攘，
抢民女行贿赂丧尽天良，
你纵然使奸计欺君罔上，
诬蔑那老百姓如虎如狼，
说乡官如鱼肉有话难讲，
却难逃万民恨何处潜藏？
我海瑞丢乌纱心胸开朗，
有一日再居官重整纪纲。

徐　阶　执迷不悟，不必多言。

旗牌官　时刻已到，请令箭行刑。

戴凤翔
徐　阶　（惊惶）什么行刑？

海　瑞　已奉朝旨，徐瑛、王明友即时处决。

徐　阶　啊！（惊惶变色，发抖）

戴凤翔　传令停刑。

海　瑞　传令处决。

戴凤翔　新任巡抚传令停刑。

海　瑞　现任巡抚传令处决。

戴凤翔　海大人，杀不得。

海　瑞　为何？

戴凤翔　下官面奉李阁老和司礼监冯公公传谕，徐太师年高，于国有功，徐瑛缓刑，听候朝旨。

海　瑞　朝旨何在？

戴凤翔　朝旨随后到达。

海　瑞　目前？

戴凤翔　目前下官传令，依阁老和公公传谕缓刑。

海　瑞　你下不得令。

戴凤翔　为何？

海　瑞　尚未交代，大印和令箭都在我手里，你如何下令！

戴凤翔　如此，便请交代。

海　瑞　万万不能，我奉有秋审朝旨，处决后再交代。

戴凤翔　啊！海大人哪！

（唱）违抗谕旨罪不浅，
　　　丧身灭族在眼前，
　　　太师年高要顾念，
　　　莫逞意气悔难堪。

海　瑞　哈哈！

（唱）我奉朝旨把罪断，
　　　即时处决理当然，
　　　居官岂能顾情面，
　　　纵有罪责也听便。

戴凤翔　你不怕杀身之祸？

海　瑞　大丈夫顶天立地，岂可怕杀身之祸，便徇情枉法，做个没廉鲜耻之人。（持令箭）旗牌官，传令行刑。

旗牌官　（接令箭）是。

〔旗牌官下，三声炮响。徐阶昏倒在地下，戴凤翔惊惶失措。

海瑞举大印。〕

海　瑞　戴大人，大印在此，就此交代。海瑞告辞了。

〔戴凤翔错愕木立，海瑞仍举印。幕闭。〕

幕后合唱　天寒地冻风萧萧，
去思牵心千万条，
海父南归留不住，
万家生佛把香烧。

——剧　终

（原载《北京文艺》第1期，1961年）

附录

"史"和"戏"
——贺吴晗的《海瑞罢官》演出

廖沫沙

吴晗老弟：

这样称呼你，论年岁，是反映历史的"真实"，想你不会见怪。如果按前人的规矩，"兄弟"之称，并不都是代表年岁，它也代表身份、地位以至学问。我现在称你为"老弟"，就很不符合历史传统的习惯了。可见单是一个"兄"和"弟"的称谓，研究历史的时候，也得仔细分析它们所代表的"真实"意义。何况历史和戏剧，是两个行业，更不容易分辨它们两家所追求的"真实"呢！

可是你不用紧张。我认为你写的《海瑞罢官》，总算开始打破"史"和"戏"这两家的门户，从姓"史"的一家踏进姓"戏"的一家去了。这就很难得，是个创造性的工作。

政治、经济、哲学、历史、文学……我们现代人把它们分成很多学科，隔行如隔山，真所谓彼此互不干涉。可是我们的古人（无论中外）似乎不管这一套，向来是"一锅煮"。比如我们的先师孔夫子，不但删诗（文艺）书（政治文献），而且像你一样，也编历史（《春秋》）；他还比你多一个行业，算卦。并且为卦书（《周易》）编"讲义"（《易传》）。这也算是他研究"哲学"吧。可惜后人不肯把《周易》这部书列在"哲学"著作之内。足见门户的界限，是多么不易打破。

而你却开始“破门而出”了，历史家，却来写“戏”。所以我说：这真是难能可贵。就为这一点，我得向你致贺，以便鼓舞干劲。

研究“史”的人，也要懂得“戏”，甚至写戏，正和写戏的人应该懂得“史”、研究“史”是一样必要的。研究“史”的为什么该懂得“戏”呢？因为“戏”（或其他文艺）是分析和表现人物“典型”，也就是“捕捉”人物的阶级本质的；不懂得这个，也就不可能真正认识历史人物。为什么写“戏”或演“戏”的该懂得历史呢？因为不懂历史，也就不会懂得典型的环境（社会斗争、阶级矛盾），因此也就不能真正懂得人物的典型性格。历史学家除懂得历史唯物主义之外，还该懂得唯物辩证法（矛盾、斗争）；戏剧创作者除懂得唯物辩证法之外，还该懂得历史唯物主义。典型环境和典型性格，这是“史”和“戏”必须分工而合作的一件大事。

你知道，我们最优秀的一位历史学家司马迁，同时也是一位最能干的文学家。他写的《项羽本纪》和《高祖本纪》，简直把这两人写成了活人。原因是他既懂得历史，也懂得文学。两者缺一，就既不能成为良史，也不能成为优秀的文艺创作家。

我这些肤浅之见，当然对你的《海瑞罢官》关系不大，我讲的不过是废话一篇。可是你该知道，一场戏的演出，累坏的人不只是你这位写戏的，还有演戏的和看戏的。看戏的为什么也累坏了？看完一场戏，如果头脑里什么都不剩下，出了戏场，自己骂一声“倒霉”就算完成他的“历史任务”，那不过说明他看的不是好戏。如果是好戏呢，即使看一看，也得累坏人：他要奔走于买戏票、赶戏场、挑座位，然后全神贯注地把一场戏从头看到尾，而且一面看，一面脑子转个不停，不但动思想，甚至还动感情，有时动肝火，有时掉眼泪，捶椅顿脚，唉声叹气。戏完了，还得议论不止，说不定和不同意见的人吵一场。你说这累不累人？

我呢，看你写的戏，买票、赶戏场、挑座位，都由你包了，我只看看。但因为是新鲜好戏，出了戏场，我的脑子也转个不休不止。想些什么，那就不用细说了。这里我只是提几个问题，另找机会向你请教：

一、历史的“真实”和戏剧的“真实”，该不该有个区别，如何区别？

二、写历史书中的人物和写历史戏中的人物，如何区别又如何统一？

三、写历史和写戏，都得讲究发展过程。不但情节（其事）有发展过程，人物（其人）也得有发展过程。而你是怎样来写这两种过程的？

所有这些问题，又都是我从“历史戏”和“非历史戏”（用历史上的人物或讲历史上的故事）到底该怎么区别想出来的。就我来说，是越想越糊涂。大概你是很有一番见解的吧？所以我得向你请教。

这些问题，只好咱们私下去讨论，这里就不谈了。要不然读者会把我们的讨论当戏看，以为你刚写过《海瑞罢官》，又写出一场“海瑞辩理”或“海瑞争鸣”来了。所以就此打住。祝贺你再写一个“海瑞”！

（原载《北京晚报》，1961 年 2 月 16 日）

重看《海瑞罢官》的杂感

廖沫沙

前些日子，我应邀去重看了吴晗同志编的京剧《海瑞罢官》的演出，心潮起伏，感慨万端。

看戏和休息的时候，遇到许多旧相识。故友重逢，分外亲切。我当时心里想到的一句话就是，可惜作者吴晗同志不能再来看这次演出了。

一

吴晗同志的《海瑞罢官》在 1961 年第一次演出的时候，我曾写过一篇短评，发表在《北京晚报》，题目是《“史”和“戏”》。在那篇短评中，我主要是称赞他“打破‘史’和‘戏’这两家的门户，从姓‘史’的一家踏进姓‘戏’的一家去了”，对《海瑞罢官》这个戏的本身却说得很少。我在那篇短文的末尾，虽然提出了几个问题，但是并没有做答复，而且向吴晗同志说：“这些问题，只好咱们私下去讨论，这里就不谈了。”这就是说，我对他写的新剧本是有一些保留意见的。不过，后来没有机会同他直接面谈。我所保留的意见中，有一条就是我觉得这个戏许多地方没有脱出前人的清官戏的窠臼，例如微服私访，公堂对质，等等；可是，到这一次重看的时候，我发现这些窠臼大有新意，把我过去的保留意见推翻了。

比如微服私访吧，在封建时代虽然是很少有的事情，但毕竟是有过这样的事实，人们很赞美这种事实，所以一写清官戏，都写这么一段，成了清官戏的公式或“程式”之一。1961 年时，我很讨厌这种公式，说它是前人的“窠臼”；经过这十几年来的经历和所了解到的社会情况，我感到无论是在古代或还是在现代，“微服私访”，以普通老百姓身份深入群众、调查研究、解决问题的作风是值得大大提倡的。前人的清官戏中之所以总要写上微服私访这个“程式”，正是说明群众有这样一种热望，是无可非议的。

在重看《海瑞罢官》中间，发现戏中的新的意义，推翻我过去的所谓“窠臼”的地方还很多，我不想在这里多说了。

二

我在那篇《“史”和“戏”》中，对这个戏的本身谈得很少，谈的是另外一个问题，就是说作者“‘破门而出’了，历史学家，却来写‘戏’”。我说：“这真是难能可贵。”我为什么大为称赞他“打破‘史’和‘戏’这两家的门户”呢？这是因为我当时刚刚读完恩格斯的《自然辩证法》的《导言》部分。恩格斯对欧洲文艺复兴时代所出现的许多“巨人”，说过这样一段话：

> 这是人类以往从来没有经历过的一次最伟大的、进步的变革，是一个需要巨人而且产生了巨人——在思维能力、激情和性格方面，在多才多艺和学识渊博方面的巨人的时代……那时，差不多没有一个著名人物不曾作过长途的旅行，不会说四五种语言，不在好几个专业上放射出光芒。莱奥纳多·达·芬奇不仅是大画家，而且也是大数学家、力学家和工程师，他在物理学的各种不同分支中都有重要的发现。阿尔布雷希特·丢勒是画家、铜板雕刻家、雕塑家、建筑师，此外还发明了一种筑城学体系……马基雅弗利是政治家、历史编纂学家、诗人，同时又是第一个值得一提的近代军事著作家……那时的英雄们还没有成为分工的奴隶，而分工所具有的限制人的、使人片面化的影响，在他们的后继者那里我们是常常看到的。

我深为恩格斯的这段话所感动。他说的虽然是资产阶级兴起的时代出现的历史现象，但是我想，在无产阶级进行“人类以往从来没有经历过的一次最伟大的、进步的变革”的时候，也同样需要恩格斯所说的那样的“巨人”，“在好几个专业上放射出光芒”，打破“分工所具有的限制人的、使人片面化的影响”，不成为“分工的奴隶”。我把恩格斯的这种思想同马克思所说的“全面发展的人”联系在一起，看作共产主义社会人类的理想。正因为我有这么一些想法，所以我对吴晗同志从史学的专业进入文艺界写剧本大为兴奋，就写出了那篇《“史”和“戏”》。我在文中所提出的“破门而出”的口语，意义不过如此。可是，没有想到，这并无其他意义的四个字，在十年浩劫中，竟成了我和吴晗同志、邓拓同志的“大罪状”。

三

我同吴晗、邓拓两位有同村之“谊”，都是“三家村”的。我同吴晗同志除了同村以外，还有同台之“谊”，就是同在一个台上挨批挨斗，达一年半之久。人们大概以为，我们这三个人或者两个人之间一定有什么特殊的交谊，实际上如果说有什么交谊的话，倒真只是在同台挨批挨斗之际。在此之前，我们除开工作、开会的时候见面以外，却很少彼此往来，即使有往来，也不过屈指可数的几次。我同吴晗虽在1949年就相识了，但是真正认识他，是在同台的时候，因为在这种时候，两人交谈的机会虽然很少，但是相互交换一次眼光，也就等于做了一次谈心，我同吴晗就是在这样的默谈中互相理解的。

这里，我记起一个也算有趣的“故事”：

大约在1967年的夏秋间，一次我同吴晗被揪往京西矿的一个矿里批斗，在等候开批斗会的时间，我们两人被关在一间职工宿舍里，房间里有两张床，一张书桌，房门下了锁，房内除我们两人外，没有旁人，这是很少有的机会。看管我们的人离开房间时，温和地对我们说："你们困了，就躺一躺吧。"可是他走了以后，我们谁也没有睡意，默默地坐在那里。坐了一阵，我看见吴晗同志愁眉苦脸地低着头，心里很同情他，但又不知道怎样安慰他。为了稍解他的烦恼，我低声地对他说："咱们现在成了'名角'了，像梅兰芳、程砚秋似的，如果一台戏没有我们出场，那就唱不成了。"他一听到我这些话，脸上立刻轻松起来，抬起头带着微笑问我："那我们唱的是什么戏呢？"我想了一想，随口说"我们唱的戏叫《五斗米折腰》"，他立刻懂了：这是指陶渊明不为五斗米折腰的故事。他自己是北京市副市长，算是个地方长官，现在挨批斗的时候，总是被人扭着胳膊，低头弯腰，做喷气式——折腰。他听到这个新奇的剧名，恢复了他平时的天真的姿态，而且冲口而出地质问我："五斗米？我这个工资能买多少个五斗米呀？你算一算。"我一时算不出来，我叫他算，他也算不出来。于是，我又想出一个折中的办法，说："那就去掉'五斗米'这几个字，简称《折腰》，行不行？"他笑着直点头，就像他平时点头一样：鸡吃米。

就因为这一段对话，使两个人的心情大为轻松，而且也谈了一些别的事。在回城的火车上，我回想起这段对话，觉得有趣，在默想中凑成了一首歪诗：

书生自喜投文网，高士如今爱折腰。
扭臂栽头喷气舞，满场争看斗风骚。

第一句是说我们写文章招祸，是自作自受；第二句他这个高士陶渊明如今每天去挨斗折腰，好像是爱上这个折腰似的；第三、四句是当时的实况记录。

我做完这首诗，自己觉得很有趣，但身旁坐着许多人，不敢笑出声来，只能在肚子里抽搐几下，也不敢当面告诉吴晗。

从此以后，虽然还多次同吴晗一块出去挨斗，但是两人再也没有机会谈私话了。所以这首歪诗始终没有告诉他，这真是一件憾事。

但是，经过这次有趣的对话，我也看到了吴晗同志的天真：第一，他对这次运动比我还了解得更差，所以他那样愁眉苦脸，心情沉痛；第二，尽管他是那样忧心忡忡，但只要稍稍开个小玩笑，他就能恢复他的天真。可见吴晗同志是心怀坦荡，胸无宿物的。

四

从1968年3月，我就没有再同吴晗同志见面，直到1973年年初，才听到他已逝世的消息。回想起和他相识以后的许多情景和他送给我的几本著作，在悲痛的时候，我把他生平的经历概括为一首七律，作为我对他的怀念：

《罢官》容易折腰难，忆昔《投枪》梦一般。
《灯下集》中勤考据，《三家村》里错帮闲。
低眉四改《元璋传》，举眼千回未过关。
夫妇双双飞去也，只留鸿爪在人间！

（原载《北京日报》，1979年11月19日）

吴晗和《海瑞罢官》

苑兴华 陈予伶

英国哲学家培根讲过这样一段话：

> 在人类历史的长河中，真理因为像黄金一样重，总是沉于河底而很难被人发现；相反的，那些牛粪一样轻的谬误倒漂浮在上面到处泛滥！

社会现象也正是这样的复杂，它有时会出现黑白颠倒，是非不分，甚至邪恶压制正义，谬误驾驭真理，但是历史的辩证法总是无情的，它运用其特有的方式，惩罚邪恶、伸张正义，推倒谬误、显示真理。历史终究是公正的。

“四人帮”曾经一度横行无忌。在江青、张春桥具体策划下，由姚文元首先发难，一手制造了旷古未有的《海瑞罢官》的大冤案，开“文化大革命”以来“文字狱”之先。从此株连网织，冤狱遍于国内。这一奇冤，不仅使吴晗同志身死家破，而且使我国文化艺术领域也遭空前浩劫。许多文学家、艺术家、历史学家以及其他知识分子，惨遭迫害。

今天，“四害”已除。《海瑞罢官》这件长期悬而存疑的大冤案，平反昭雪了。含冤饮恨十三载的吴晗同志被恢复了名誉。但是这件浸透了血和泪的冤案，人们记忆犹新。人们在思考、在总结，要求前进。曾经繁衍了中华民族和哺育了光辉灿烂的文明的伟大土地上，人们再也不许重演这样的悲剧了。

一

《海瑞罢官》是怎样写起来的？对吴晗同志来说，完全是凑巧的机会促成的。

1958年，世称“大跃进”的年代。整个民族好像处于极度的亢奋状态之中。人们“解放思想”，但因生产力低下而产生了非科学的对未来的憧憬和追求，恨不得一夜之间进入他们所简单理解的共产主义。当时，“人有多大胆，地有多大产”，“不怕做不到，就怕想不到”等都是流行的时髦口号。特别是一些负有领导责任的同志，也在“热气”中飘飘然起来，为了追求高标数字——放“卫星”，不惜弄虚作假，唯浮夸是荣。有些同志目睹现状，明知虚假浮夸会给党的事业造成严重损失，但是怕犯右倾错误，不敢坚持实事求是精神，不肯讲真话。1959年初，毛主席在上海召开中央工作会议期间，对不敢讲实话、真话的不良思想作风提出了批评，说：应当提倡魏徵精神和海瑞精神。海瑞敢讲真话。一次毛主席在看《生死牌》时，又讲要宣传海瑞的刚直不阿的精神，找几个历史学家研究一下。事后，一位领导同志把这个意思讲给了吴晗同志，鼓励他写些这方面的文章。吴晗是著名历史学家，对于明史又素有研究，自然欣然应命。他很快就写出《海瑞骂皇帝》一文，用“刘勉之”的笔名，发表在1959年6月16日《人民日报》上。

同年9月，吴晗同志又写了《论海瑞》。时值庐山会议闭幕，会议通过了《关于以彭德怀为首的反党集团的决议》。八届八中全会公报指出：“当前的主要危险是在某些干部中滋长着右倾机会主义思想。”吴晗与彭德怀同志既无工作关系，也素无私人往来。由于知识分子小心谨慎和对政治运动不可测的恐惧心理，吴晗在《论海瑞》一文的尾梢上加上几段骂“右倾机会主义分子”的话，以此表示自己提倡的是真海瑞精神，并与彭德怀同志“假冒”海瑞问题划清界限。虽然这些外加的话用在彭德怀同志身上显然是不公平的，但在当年特定条件下，吴晗同志实为一篇又一篇的“海瑞”文章避嫌，为自己挖了条防空壕。后来被批判的时候，吴晗和他的家属，就不止一次地用这几段话来证明吴晗写海瑞与彭德怀同志是无关的。继《论海瑞》之后，吴晗同志还写了《海瑞的故事》等几篇，很受读者的好评。吴晗始终认为，海瑞是个历史的存在，他的精神值得提倡，从现实而言，海瑞精神是早为人所倡导的。

1959 年下半年，北京京剧团马连良先生和一些朋友，因为读到吴晗关于海瑞的几篇文章，就来找吴晗，请他讲海瑞。谈完之后，又请吴晗同志搞个提纲，准备编戏。吴晗同志愉快地允诺下来。但是写什么，怎样写？破天荒第一遭的事，没个底。写了几次，吴晗同志都自己予以否定了。就在正费踌躇时，马连良先生又不断托人转告，要他一定写出来。吴晗同志尚信义，重然诺，凡是答应人家的事，他从不翻悔的。提纲未成，吴晗索性试着写戏，想写出个底子，剧团的朋友修改时，也更方便些。

吴晗同志毕竟是历史学家，写起戏来不如写历史论文那样顺手，费了不少力气，才搞出个底稿，可见要掌握一定文艺形式，也非一件易事。交了底稿，吴晗同志如释重负。但不料剧团的朋友看过之后，提了一些意见，鼓励他重写。于是，与吴晗同志愿望相反，不仅不能下马，反而要跑下去了。

吴晗同志自己说：“我不懂戏，也不大看戏，特别是京戏，虽然住在北京多年，在大学学习的时候，却一次也没有看过。这些年来，看戏的机会比较多了，但是总会有这个缘故、那个缘故，不能不放过机会。因此，可以说，对京戏是个地道的外行。”但是，吴晗同志没有被“难”字吓倒，他认为外行内行的界线是可以打破的，“只要敢，总可以多少做一点事，当然，成绩的大小以至成功或失败，那是另一回事。”这位历史学家终于“破门而出”，一脚踏进戏剧界的门槛。

《海瑞罢官》原稿名《海瑞》。在创作时，吴晗想取海瑞生平的一段，但为避免与已往海瑞戏有重复，就选定了海瑞五十四岁那年，任应天巡抚七个月中除霸退田的事迹。剧本创作从 1959 年年底到

1960年11月13日第七稿完成，花去了近一年的时间。这中间从主题、故事情节以及收尾，前后变动很大。每一稿写好都是普遍征求懂戏的朋友和其他同志意见，边听边改，到后来是边排边改。如1960年3月的第二稿，许多人认为有历史事实，但没有戏味，缺少曲折，高潮不突出，矛盾不尖锐。直到第四稿，吴晗同志加上了《见徐》一场，深化海瑞和徐阶的矛盾，人物性格得以细致刻画，大家认为有点戏了。在主题思想上，第四稿前，即1960年5月的稿本，主题是强调退田，引起乡官们联合反对，被罢官回家。除霸线索只是作为故事穿插，作为退田的陪衬。对于这种安排，一些同志认为，尽管这是历史事实，但是海瑞改良主义的政治措施，也没有多少意义。吴晗同志接受了同志们的建议，从第五稿改为以除霸为主题，把退田作为陪衬。从这个剧本主题确定过程中可以看见，这里没有任何企图影射现实的丝毫影子。

剧本原来构思的结尾，是让海瑞罢官之后，再复官，重新穿上大红袍，人们认为这样落了俗套，于是改了几次，写成处死徐瑛，海瑞举印离任的收场。这个稿本送到了吴晗的知友、植物学家蔡希陶手上，他看了后，认为剧本写的是海瑞一件事，并非一生，剧名叫《海瑞》显然不贴切，于是大笔一挥，在封面上“海瑞”旁边又添上了“罢官”两字。

《海瑞罢官》经过剧团几次彩排，听取了许多专家的意见，1961年年初于北京工人俱乐部正式演出，由马连良饰海瑞，裘盛戎饰徐阶，李多奎饰海瑞母亲。同年，《北京文艺》一月号全文刊载《海瑞罢官》剧本。廖沫沙同志以“繁星”笔名发表致吴晗的公开信，他欢迎吴晗同志“破门而出”，并提出一个理论问题请教吴晗：历史真实与戏剧真实之间的关系如何？吴晗同志回答以《关于历史剧的一些问题》一文。当时历史学家侯外庐同志，也以“常谈”笔名，发表自己的历史剧观。由于历史学家动手写戏，引起了史学界、文艺界的注意。报刊上很快展开了关于历史剧问题的讨论，也引起了对清官问题的热烈争鸣，学术领域一时也活跃起来。吴晗同志曾把自己的剧本比作一块砖头，说可以抛砖引玉，倒是激起了在一些学术问题上的各家争鸣。

但是，当人们在热烈地争论那些学术问题的时候，江青等人却是磨刀霍霍，暗中有组织、有计划地准备在吴晗和《海瑞罢官》上打开一个缺口。

二

早在 1962 年，江青找到中宣部、文化部四位正副部长，提出要批判《海瑞罢官》，遭到拒绝。但是江青未能甘心。1964 年上半年，江青插手京剧现代戏会演，企图抢夺“京剧革命”的旗帜；下半年，江青找李希凡同志，授意批判《海瑞罢官》，李希凡表示不能接受。毛泽东同志曾经对江青说“要保护几个历史学家”。但是，江青执意违抗，依然胆大妄为，蠢蠢欲动，尔后竟然得以一逞。

用江青的话说，在北京是攻不开《海瑞罢官》的。因此江青潜行蹑踪于京沪道上，借用上海攻打北京。1965 年初，江青与张春桥在上海拍板成交，开始策划炮制批判吴晗的文章。为掩人耳目，他们以上海京剧院为密谋策划的主要据点。然而，张春桥装得好像他与姚文元是从听到反映、看了剧本……而自己出来“批”吴晗的样子。他说：“看了剧本、评价文章，读了《海瑞集》，感到问题严重，非评不可。”这里隐瞒了江青从中拉线搭桥的真相。这个隐瞒，与姚文元不惜篡改史实，歪曲剧本，一口咬定《海瑞罢官》的主题是“退田”有关。因为定下这个主意，是江青的主意。他们以为只要硬按上这个主题，自然就会与所谓“单干风”、“翻案风”联系起来，就能证明《海瑞罢官》是影射现实，理所当然地成为一种阶级斗争的反映。他们就很有“理由”地能“抓”了。但是，吴晗同志的《海瑞罢官》写于 1959 年年底到 1960 年 11 月，怎么能“影射”1961 年的现状呢？这个显而易见的漏洞，江青等人居然“视而不见”，可以说明他们批吴晗至少是另有企图的。正是在这种政治企图驱使下，张、姚等人发疯一般地向吴晗同志泼出污秽，加紧炮制诬陷文章。1965年8月底，定下初稿；11月10日，在上海《文汇报》抛出用姚文元署名的《评新编历史剧〈海瑞罢官〉》，已是第十次稿本了。在整个炮制黑文的过程中，从内容到形式都具有阴谋的特点。姚文元九易其稿，每一稿都由张春桥把它夹在《智取威虎山》的录音带内，用飞机送到北京。江青自供说，张春桥每次来，都装着为的是搞戏，听录音带，修改音乐，而“暗中藏着评《海瑞罢官》这篇文章”。他们鬼鬼祟祟，这样“保密了七八个月”，并且约定对周恩来同志封锁消息。江青恶狠狠地说过：“不叫周恩来看。”但是，后来周恩来同志看到载有反映这一问题讨论的《文汇情况》时，张春桥十分惊慌，马上命令改出不编号的《记者简报》，限印十二份，直送张春桥，由他控制分发，对周恩来同志和中央政治局其他同志继续封锁消息。

这篇黑文出笼后，在全国激起不同的强烈反应。当时彭真同志主持下的北京市委，坚决予以抵制。北京市委曾经调查了吴晗同志的政治历史，证明吴晗历史清白，为保护吴晗同志作了政治准备。由于北京市报刊十九天不予转载，发难者要出版小册子，以扩大、加强攻势。1965年11月30日，《人民日报》被迫转载姚文元的署名文章，并加了“编者按”。这个“按”语，是经周恩来同志修改过的，其中大段引用了毛泽东同志《在中国共产党全国宣传工作会议上的讲话》，强调贯彻“双百”方针，讨论问题应“采取说理方法，实事求是，以理服人”。周恩来同志曾经对吴晗说：“吴晗老，我给你换个工作怎么样?”然而由于形势向险恶发展，这种保护没有能得以实现。

在姚文元的黑文抛出一个多月以后，吴晗同志迫于形势，发表了一个关于《海瑞罢官》的自我批评。文中除了一些违心的承认错误之外，大量是引用史料同姚文元据理力争，并用肯定的语言申述自己“二十多年来一直在党的教育、培养、关怀下，政治上的阶级立场是站稳了的”。但是，江青、张春桥一伙极力使批吴晗“升级”。他们密令关锋、戚本禹等悄悄赴沪。关锋其时窃踞着《红旗》杂志编委职务，读了姚文，表示竭力支持，说“不要怕孤立”，甚至表示

“要是干起来，我们一定支持姚文元”。戚本禹则时刻准备赤膊上阵，表示“若有人攻姚，我们就出来反攻”。关、戚等人一到上海，姚文元多次密谈，张春桥亲自接见，进行政治勾结。返回北京后，关、戚又向那个与江青关系极深的号称“反修理论家”的人作了详细汇报；关、戚于 1966 年 4 月抛出两篇比姚文定调还要高的黑文，也是经那个“理论家”审定的。戚本禹的《〈海瑞骂皇帝〉和〈海瑞罢官〉的反动实质》（《人民日报》1966 年 4 月 2 日）认为：“《海瑞罢官》实际上是借着古人的躯壳，为一小撮被人民‘罢’了‘官’的右倾机会主义分子鸣冤叫屈，它的真正主题是号召被人民‘罢官’而去的右倾机会主义分子东山再起。”关锋、林杰的《〈海瑞骂皇帝〉和〈海瑞罢官〉是反党反社会主义的两株大毒草》（《红旗》第 5 期，1966 年 4 月 5 日出版）讲得更直接：“庐山会议前夕，吴晗写了《海瑞骂皇帝》；庐山会议后，我们党罢了右倾机会主义分子的官，吴晗同志又‘破门而出’（挺身而出也）写《海瑞罢官》……实质上都是配合右倾机会主义分子反党反社会主义的政治活动。吴晗同志的问题的要害就在这里。”这两篇黑文比起姚文，更为老谋深算，阴鸷恶毒。吴晗同志无论于庐山会议前或后写的作品，都被与彭德怀同志罢官一事硬联挂起来，《海瑞罢官》的主题从“退田”突变为“罢官”，吴晗同志的“问题”，立即具有“反党”性质。据最近有人揭发，最早指摘《海瑞罢官》的要害是“罢官”，正是那个“反修理论家”的发明。这样，不仅完成了对吴晗同志进行南北夹击的态势，而且，对曾经保护过吴晗同志的北京市委进行全力打击，就有了一个突破口。

江青一伙所谓批判吴晗，是一个有组织、有计划选择的一个反党乱国的突破口。因为紧接着，1966 年 5 月 8 日《解放军报》以显著位置刊载了江青“写作班子”署名为“高炬”的《向反党反社会主义黑线开火》文章；同日，《光明日报》也以显著位置刊载了署名为“何明”即关锋的《擦亮眼睛，辨别真假》文章。仅隔两天，姚文元在上海《解放日报》、《文汇报》抛出又长又臭的《评“三家村”》，戚本禹则在《红旗》杂志（第 7 期，1966 年 5 月 11 日出版）

抛出《评〈前线〉〈北京日报〉的资产阶级立场》，这几篇文章，交织成一张猛烈的火力网，矛头直指北京市委。尔后，由江青、陈伯达一伙插手的那个文件批判了《文化革命五人小组关于当前学术讨论的汇报提纲》，认为这个“提纲”主要错误：不提吴晗《海瑞罢官》的要害是“罢官”问题；“模糊了这场大斗争的目的是对吴晗及其他一大批反党反社会主义的资产阶级代表人物（中央和中央各机关，各省、市、自治区，都有这样一批资产阶级代表人物）的批判”。这就由组织从政治上给吴晗同志定了性。《红旗》杂志、《人民日报》联名以编辑部名义发表题为《伟大的历史文件》的社论，说：这个文件“揭露了彭真反革命修正主义集团，使这个集团破产了。这是一个突破口”。所以，组织姚文元的《评新编历史剧〈海瑞罢官〉》时，“斗争”目标，早有预定，而吴晗同志不过是一系列突破口中的第一个突破口而已。至于《海瑞罢官》的要害问题，完全是由“斗争”目标需要而定的。江青曾经踌躇满志地说：“一个吴晗挖出来，以后就是一堆啊!”林彪在中国共产党第九次全国代表大会上的报告中说：“对《海瑞罢官》等大毒草的批判，锋芒所向，直指修正主义集团的巢穴——刘少奇控制下的那个针插不进、水泼不进的‘独立王国’，即旧北京市委。”只要达到这个既定目标，就可以不择任何手段。这就是林彪、江青等人批判《海瑞罢官》所做的一切。

但是，天理昭昭，众目睽睽，江、张、姚等人岂能一手掩尽天下耳目？姚文元的黑文抛出后，元史研究专家翁独健教授曾经仗义执言：“姚文最后一段议论提出《海瑞罢官》影射现实，过了头，超过了学术范围。姚文元给吴晗下‘反党反社会主义’结论，这是莫须有的罪，和秦桧陷害岳飞时的理由一样。你姚文元把海瑞的平冤狱、退田同现实类比，请问你是什么存心？你故意这样套，是不是存心反党反社会主义?”著名历史学家翦伯赞说：“思想批评，要联系个人历史，要看他是什么样人。吴晗早在抗日时期就参加了民主革命。”“如果整吴晗，所有进步的知识分子都会寒心。”单上海《文汇报》编辑部，就收到三千多件来信来稿，批驳姚文元的黑文。即使吴晗同志被迫作了“自我批评”后，还有同志（钟杰《〈海瑞罢官〉不是毒草》，载《人民日报》1966 年 1 月 19 日）公正地认为：吴晗所以这样做自我批评，“是因为，最近许多报刊接二连三地登载了批评和指责他的文章”，是“不得已而为之”的。可见批判《海瑞罢官》之不服人心，到了何等程度。而这种强烈的民愤，使江青等人想把《海瑞罢官》顺理成章地造成一个突破口的企图受到威胁，因此，他们设计诱捕残酷打击持不同意见者，施行“钳口术”，而知识分子首先撞网。

江青、张春桥一伙用“钓鱼”术。

且看江青关于名为展开《海瑞罢官》问题讨论的“指示”：

“姚文发表后，意见很多，但均在地下，要引到上面来。”

“要采取‘诱敌深入’的办法，要使敌人感到你‘不堪一击’，这样，他就回击，出场。这样反复搞，他们非上马不可。”

“前一时期《海罢》太过了些，敌人不出来。”

“总之，要调动敌人兵力。”

“采取‘围而不歼’的战术，环绕此周围，辟战场。”

这里“指示”大量使用军事术语，完全是对待敌人一套的东西。持有不同意见者自然是“敌人”了。

张春桥对《文汇报》报社说：“要放手贯彻‘放’的方针，要让反面意见放一个够。”于是相继发表马捷、蔡成和、芜人、林丙义、张家驹、羽白、郝昺衡等同志批驳姚文元的文章。1965 年 12 月 31 日，张春桥亲自策划，由《文汇报》报社出面召开上海史学界、文艺界座谈会，邀请一些知名人士参加。会前说明：内部谈谈，听听意见，不算账。但在会议结束时，却突然宣布要整理成文，公开发表，与会者目瞪口呆，惊呼“上当”。张春桥看到座谈记录狰狞地狂笑，竟说是“引蛇出洞”了。

同时，张春桥指令报社把“放”出来的各种论点排队归案，凡不同意姚文元论点的，都被列入“右派言论”，发言者和文章作者都被视为“右派”，成为打击对象。

当时还是一个中学生的马捷，写了一篇题为《也谈〈海瑞罢官〉》，对姚文作了针锋相对的批驳，他被逼在校内承认自己有“反党反社会主义的思想”，因而成为“反动学生”。北京一个青年徒工遇罗克写了《和机械唯物论进行斗争的时候到了》（《文汇报》1966年2月13日），受到迫害，因他非常鄙视姚文元的文痞作风，在日记里写了“姚文元诸君只是跳梁小丑”之类的话，遂致死难，其年才二十七岁。西安市的米曦亭，当时仅二十多岁，写了一篇批判姚文元的文章寄给《文汇报》，因此在“万人大会”上被打成“现行反革命”，严刑拷问，定时逼供，家庭遭到破坏，本人受摧残而双目失明。老教授翁独健横遭迫害，蒯伯赞则含冤而死。李平心被姚文元化名为“劲松”、“伍丁”猛打不舍，以致饮恨而逝，他曾恨恨地说：“现在问题很难说，很可能今天没有问题的人，明天有了大问题。（吴晗）哪里会打着红旗反红旗呢？现在反正就是一顶帽子戴上去。”

在对吴晗同志进行政治陷害的同时，江青、张春桥一伙制造了擢发难数的冤案，被投入他们设置的陷阱的，大致有如下几种情况：

第一种，不同意姚文元观点，为吴晗鸣冤叫不平的，如上述的马捷、李平心、羽白（张习孔）、蒯伯赞、遇罗克、米曦亭等等，不是被整死，就是遭到令人发指的残害。

第二种，虽然批判了吴晗同志，但没有按照姚文元调子唱，也被打成假批判、真包庇，也成了“反革命”。

第三种，曾经在舞台上演过海瑞的，编过其他海瑞戏的，也被罗织牵连，遭受迫害，株连家属，甚至为编剧提供一本参考书的，也被跪斗浇墨水。

第四种，看过《海瑞罢官》这出戏，说过几句好话，如常谈、方三、繁星、曲六乙等，被诬蔑为“破门而出”、“称兄道弟”的“牛鬼蛇神”。

第五种，和吴晗同志合作写过文章，或只在文章体裁、风格上和吴晗等人的文章相似，也被说成是“三家村”、“四家店”，一批一批被揪斗。

第六种，不同意吴晗同志某些学术观点，曾写文章和吴晗同志进行过学术讨论，虽然是多年以前的事，也被扣上“折中主义”等帽子。

在现实中，由批判吴晗同志开始，不仅大批大批无辜者被投入地狱，而且对社会科学各个领域进行了拉网式扫荡，什么“清官问题”、“让步政策”、“道德继承问题”、“民族英雄史可法”、“好皇帝朱元璋”，除秦始皇外，几乎所有值得研究探讨的学术问题和历史人物，都被株连批判。难怪周予同教授痛心疾首地呼喊：“五千年祖国优秀文化从此将被淹没了！”从此后，抓辫子、打棍子、扣帽子如恶风卷地，说假话、搞迷信、打砸抢愈演愈烈。“黑线专政”论肆虐横行，文化专制主义毒雾滚滚。国力衰惫，民气戕伤。张春桥、姚文元一伙曾经叫喊过：“要高举批判《海瑞罢官》的旗帜！”历史证明，这面旗帜，是他们反党夺权、亡国灭种的黑幡，它造成了新中国成立以来的空前浩劫。应该从根上拔掉它。

三

吴晗遭到江青等人陷害，直到 1966 年初，北京市委还没有在机关发动批判吴晗。同年 3 月，市委要求吴晗同志下乡搞社教运动，化名李明光。下乡后，社会上批判吴晗同志的声势日壮，上纲也猛。吴晗同志日益困惑，思想包袱沉重。他的秘书劝慰说：你要相信群众，相信党，总有一天会弄明真相的。吴晗同志也坚定了信心，说：对，要相信群众相信党，我想事实真相总会大白于天下的。但是，吴晗下乡不到一个月，就被调回北京，在民盟接受批判，主要是批吴晗同志的政治思想和学术思想。

尔后，北京各大专院校里运动兴起，吴晗同志如被横扫的“四旧”一样，被各院校、单位揪来斗去。

吴晗同志被揪斗间隙，意志没有消沉，他对女儿说：“我只要不死，要与姚文元斗争到底的。”他还尽量抽时间阅读被抄家剩下没有人拿走的马列著作，尽可能在残剩的史籍里搜集有用的史料，还准备与姚文元进行“文斗”。

然而，吴晗同志的《海瑞罢官》，在江青等人看来，还不足以置于死地。于是，江青等人施展更卑鄙的阴谋。1968 年 3 月，当时任公安部部长的那人，以“叛徒”罪名，下令将吴晗逮捕审查，从此吴晗锒铛入狱。但是由于北京市委早已做了调查，以确凿证据，证明吴晗同志没有历史问题。上海所提供的一个吴姓的叛变的材料，实际是另一个姓吴的人的问题，而非吴晗。就是江青等人一手控制的中央专案组，也无法“坐实”吴晗的“叛徒罪名”。然而，那个与江青关系极深的“反修理论家”，说：“吴晗没有叛徒问题，还有一个特务问题嘛，你们查去!”一言定罪，吴晗便由“叛徒”变为了“特务”。

吴晗同志入狱后，受到惨无人道的待遇。周总理得悉吴晗同志吐血后，立即指示要加以保护，采取措施抢救。但是周恩来同志越是保护，“四人帮”越加摧残，说：趁他没死，叫他供认。吴晗同志保持了刚正不折的气节，实事求是，决不苟且偷生。1969 年 10 月 11 日，吴晗同志被迫害致死。

在吴晗同志死前半年，即在 3 月，他的患难与共的妻子袁震同志早已先被迫害而死了。吴晗之女吴小彦，由于双亲惨遭变故而深受刺激，她说要跟姚文元拼。她写信给周总理，托周荣鑫同志转呈，后来周荣鑫告诉她，周总理要她们姐弟俩好好学习、好好工作。万里同志在北京市工作期间，尽可能给予她们照顾。即使是与吴晗家庭很少来往的袁熙之（袁震的堂妹），在经济上，每月都接济吴小彦。1975 年 3 月，吴小彦给中央专案组写了封信，提出三点要求：给吴晗作结论；要吴晗骨灰；发还抄家抄去的书籍。几天后，北京市某区公安分局奉上级命令，逮捕了吴小彦。吴小彦于狱中在纸条上写着：“我现在又一次想起爸爸说：‘彦，你大了，就知道爸爸是好人了。’爸爸真是好人，是最好最好的好人，我永远爱你——亲爱的爸爸。”“你和妈妈是：生前不能共罗帐，死后天上成双对”；“我敢大声说，我爸爸、妈妈是最好的，天底下再没有比我爸爸、妈妈更好的了，他们没有辜负‘爸爸’、‘妈妈’的尊称”。吴小彦在“犯人家属”送物收据单上，写着“胜利”，署名“吴晗”，但“晗”又给划去，写上自己名字。由于折磨、刺激而疯，以致自杀。吴小彦留下遗嘱：把她的骨灰与她母亲骨灰埋在一起。

“四人帮”被粉碎后，给吴晗同志作出正确的结论，理应不是件难事。但是出现了人们意料之外的曲折。审查吴晗同志的专案组，直到1978年2月，才给吴晗作出结论。又拖了七个月，“结论”才与唯一幸存的吴晗的儿子吴彰见面。而且这个“结论”，仍然维持那个“反修理论家”和姚文元对吴晗同志的诬陷。据吴晗的亲属说，那个关于吴晗同志的“结论”，第一条就是判定吴晗同志是“反党反社会主义制度”。“罪证”呢？几乎与姚文元、戚本禹和关锋等人的构陷文章所列举的“罪状”一模一样。如说吴晗同志于1959年6月炮制了《海瑞骂皇帝》，是“影射攻击毛主席，党中央”，1961年“抛出”的“反动剧本《海瑞罢官》”，是“为彭德怀翻案”；如说吴晗同志“伙同邓拓、廖沫沙等组成‘三家村’”，“攻击党的总路线、大跃进、人民公社，攻击党，攻击社会主义制度”……甚至说吴晗同志写的《读〈三字经〉》、《说道德》和《再说道德》等文章，是“反动”的，是“为复辟资本主义制造舆论”。“结论”的最后部分，据说是“遵照毛主席‘调研从严、处理从宽’的政策”，吴晗同志问题“作人民内部问题处理”，但是始终肯定“吴晗反党反社会主义的问题，性质严重”。

别的且不论，在“结论”里给吴晗同志戴上“反党反社会主义制度”的帽子，本身是莫须有的罪名，没有实事求是地进行调查核实，已经违背了“调研从严”的遗训。对于这种“结论”，吴彰拒绝承认，当即上书华主席、党中央，据实批驳了专案组对吴晗所作的组织结论，要求中央重新审查。1979年1月，三中全会后，北京市委组织部全部推翻了原专案组关于吴晗同志的“结论”。

时当新春，风和日丽。吴晗同志虽遭覆盆之冤，但毕竟得到了昭雪。吴晗曾经在《春天集》里说过一句话：

> 这是春天的诗。
>
> 我们生活在万紫千红的春天，让我们为春天而歌唱吧。

是的，吴晗歌唱的春天来了。

“四人帮”的魔杖，阻挡不住人民的春天的来临。谚语说：谁笑在最后，谁笑得最好。

1979年8月2日，经党中央批准，中共北京市委正式决定为林彪、“四人帮”和那个顾问制造的所谓“三家村反党集团”冤案彻底平反。吴晗和邓拓、廖沫沙三人所遭受的冤情才大白于天下。可惜的是，吴晗已被迫害死去了，邓拓也于1966年5月18日愤而自杀离开了我们，幸存的廖沫沙终于看到了林彪、“四人帮”的灭亡，并且，1980年12月11日，最高人民法院特别法庭公审江青和林彪反革命集团案的主犯，廖沫沙出庭作证，控告江青一伙犯下的滔天罪行，要求特别法庭对林彪、江青反革命集团案的主犯依法进行严厉惩办！

1990年12月27日中午，廖沫沙在北京家中猝死，终年84岁。

今天，我们的党和人民在胜利的笑声中，把“四人帮”钉到了历史的耻辱柱上。

我们要永远埋葬造成吴晗等许许多多同志冤狱的灾难。我们要坚持无产阶级专政和社会主义民主，坚持党的领导和人民的权利，为实现社会主义现代化的宏伟理想永远奋斗、永远前进。

附注：本文写作，参用了前一段报刊所载批判姚文元《评新编历史剧〈海瑞罢官〉》一些文章的材料，这里不细注出。

（原载周明主编：《历史在这里沉思：1966—1976年纪实》，北京，华夏出版社，1986）

评姚文元《评新编历史剧〈海瑞罢官〉》

苏双碧

《评新编历史剧〈海瑞罢官〉》(下称《评新编》) 是姚文元在1965年11月10日抛出来的。江青供认这篇文章是她“组织”的，在张春桥的参与下由姚文元炮制的。“四人帮”中的三人便以策划这篇文章为纽带，开始纠合起来了。江青说她“组织”这篇文章时是搞了“保密”的，是“暗中藏着”的。还说张春桥、姚文元“为了这个担了很大的风险”。姚文元也说：“那我就豁出去了。”显然，如果是光明正大的事，为什么要这样鬼鬼祟祟，为什么还有那么多的“风险”，而且必须“豁出去”才敢去干呢？可见，他们是心怀叵测的。江青在得意之余，曾把《评新编》说成是他们进行篡党夺权的“信号”。而对姚文元来说，《评新编》则是他飞黄腾达的“奠基石”。现在“四人帮”已经成为不齿于人类的狗屎堆，姚文元的其他黑文早已被批判，他的这块“奠基石”难道不该推倒吗？现在是把《评新编》拿出来示众的时候了。

《评新编》问题很多，有的问题还很大，本文不可能都涉及，只就如下几个问题进行批判。

实行法西斯思想独裁的反动“信号”

姚文元的《评新编》公开打的旗号是批判《海瑞罢官》。但是，这并不是他们唯一的目的。实际上，“四人帮”是经过精心策划才选择了“清官”海瑞作为他们挞伐的对象的。他们阴谋通过批判海瑞敢于说话的精神，既可以达到对人民群众禁锢思想、堵塞言路的目的，又可以把一批敢于谈海瑞说真话的精神的人打下去，杀鸡儆猴，一箭双雕。

历史人物海瑞，敢于向嘉靖皇帝进谏，敢于说真话，敢于挑剔当时朝廷的弊政，确实是有点敢说真话的精神的，因而被称为“刚直不阿”，后代人把他奉为“清官”，加以传颂。“四人帮”要控制舆论，就必须禁锢人民的思想，以便在中国实行法西斯统治。把有点敢说真话的精神的人打下去，就成了他们的既定方针。拿海瑞开刀，大兴文字狱，对他们来说，无疑是很合适的。

姚文元在《评新编》中，明确地叫嚷“刚直不阿”是“地主阶级提倡的”，并说凡是反对“乡愿”和“甘草”的，都是，“从地主资产阶级利益出发，敢于坚持错误到底，敢于做无产阶级专政的反对派”。瞧！姚文元说得多清楚，他是要让党的干部都成为“甘草”和“乡愿”的，并胡说那些具有“乡愿”和“甘草”特点的干部，是“从党和人民的最高利益出发”的，而具有敢说真话的精神的人，却成了敢于“坚持错误”，敢于“做无产阶级专政的反对派”。《评新编》公然打出鼓吹“甘草”和“乡愿”的黑旗，这不是要人们紧跟“四人帮”人云亦云，又是什么呢？

姚文元这个旨在禁锢思想、控制舆论的法西斯专政的“信号”一点燃，“四人帮”的帽子、棍子就都纷纷出动，集中围剿那些赞扬敢说真话的精神的人们。在姚文元之后，“四人帮”的打手戚本禹也对敢说真话的精神大加挞伐，说什么鼓励敢说真话的精神，就是鼓励“右倾机会主义分子向党进攻”。可是戚本禹到底有什么根据呢？看！他挖空心思，才找到这样一个蹩脚的例子。他说，当有人在提倡海瑞的敢说真话的精神时，四川有一个“家伙”，因为水稻受灾说了一句“人背时，天也背时”的话，被一个富农钻了空子，说这个“家伙”“像个张飞，敢说”。由此，戚本禹便断言，提倡海瑞敢说真话的精神，是和富农有“异曲同工之妙”。为什么一个富农说了一句“敢说”，就引起戚本禹这么大的惊慌呢？醉翁之意不在酒。姚文元、戚本禹之流不过是以批海瑞为名，达到打击那些有敢说真话的精神的革命者罢了。

继姚、戚之后，“四人帮”的另一名打手，以及被江青称为“他（指姚文元）组织的写作班子”，先后化名罗思鼎、丁学雷、康立、方延梁等纷纷出动，在全国范围内围剿海瑞的敢说真话的精神。《海瑞上疏》、《海瑞背纤》等等海瑞戏，全部被他们当做“反党反社会主义”的毒草加以批判。演过海瑞戏的，写过以海瑞为题材的剧本、剧评的，写过有关海瑞的文章的，甚至在课堂上讲过海瑞的，悉数被打入“反党反社会主义”的行列，加以挞伐。可见，姚文元之流，以批《海瑞罢官》为名，行法西斯思想独裁之实，其狼子野心是昭然若揭的。

我们党赞成过“乡愿”和“甘草”吗？不！这纯粹是诬蔑。“乡愿”和“甘草”都是和党的作风不相容的，因为这种人做事圆滑，见风使舵，凡事调停，自居中间。他们走一步要看三步，四平八稳，什么党的事业，民族的利益，都以自身的得失为行动的准绳。这种庸俗腐朽的作风，是腐蚀剂，是我们党历来所坚持反对的。姚文元把“乡愿”和“甘草”同党的“最高利益”划了等号，这是对中国共产党性质的恶意歪曲。

我们的党反对过敢说真话的精神吗？不！我们的党一贯提倡和鼓励敢说真话的精神。毛泽东同志指出：“放手让大家讲意见，使人们敢于说话，敢于批评，敢于争论”，“是有利于我们国家巩固和文化发展的方针。”（《在中国共产党全国宣传工作会议上的讲话》）他在《中国共产党在民族战争中的地位》一文中也说，共产党员和革命干部要“敢于和善于提出问题，发表意见，批评缺点”。在这里，毛泽东同志把敢说真话的精神看成是巩固国家和发展文化的条件，可见，敢说真话的精神是毛泽东思想体系中重要的一环。在民主革命时期，我们党就是靠这个敢说真话的精神，在白色恐怖下，发动了著名的八一南昌起义，建立了井冈山革命根据地；就是靠这个敢说真话的精神打败了日本帝国主义；就是靠这个敢说真话的精神打垮了蒋家王朝的八百万军队，建立起中华人民共和国。现在，我们也是靠了这个敢说真话的精神打垮了不可一世的“四人帮”；靠这个敢说真话的精神进行新的长征。可见，敢说真话的精神是我们党最可宝贵的精神之一。姚文元一伙别有用心地说什么敢说真话的精神就是“敢于坚持错误”，“敢于做无产阶级专政的反对派”，这同样纯粹是诬蔑。

显然“四人帮”反对敢说真话的精神完全是为了实行法西斯的思想独裁，他们一面在舆论上对敢说真话的精神进行围剿，一面对敢于顶撞他们的同志实行残酷镇压。姚文元《评新编》一出笼，尽管气势汹汹，还是引起正直人们的极大愤慨，纷纷写信对他们的反动观点进行批驳。姚文元一伙气急败坏，立刻兴师动众对这些人实行残酷打击。试问，你们这样做不是地地道道的恶霸作风、法西斯专制独裁又是什么呢?

应该指出，后来“四人帮”之所以能利用梁效、罗思鼎来控制舆论，任意发布对各级干部的讨伐令，确实是由批判海瑞的敢说真话的精神而收到的直接效果。兴海瑞的文字狱，是“四人帮”篡党夺权所走出的第一步。

开创影射史学的恶劣先例

“四人帮”是惯于“搞影射史学”的，他们捧女皇、批宰相，把史学当成他们篡党夺权的舆论工具，他们任意歪曲历史、伪造历史，把历史科学搞得乌烟瘴气。而这个“影射史学”的恶劣先例正是从姚文元《评新编》开始的。姚文元说写海瑞逼徐阶退田，就是“要人民公社退田”，而且是要把田退给地主。因此，他把“退田”当成政治“要害”来批。不难看出，姚文元怀着阴暗的心理来看历史上发生过的一切事件，把几百年前地主阶级内部一场兼并与反兼并的斗争，引申到我们现实生活中来，把海瑞逼徐阶退田影射为“要人民公社退田”，从而开始了他们搞“影射史学”的卑鄙勾当。

海瑞逼徐阶退田，本来是历史事实。但是，姚文元为论证“退田”就是“要人民公社退田”，并且是要人民公社把田退给地主这样一个影射史学的命题，他便公然歪曲历史，说什么“贫雇农既无田可‘献’，无钱可‘赎’，退田当然不会退到他们手中”。退田只能退到“中小地主和富农手中”。这个论调是不值一驳的，农村中不但贫农还有一部分土地，而人数比中小地主多得多的中农则是“有田”的。贪得无厌的大地主徐阶，他能不侵占农民的土地吗？姚文元所谓徐阶一类的大地主只兼并中小地主的土地，是毫无根据的。本来他想以此来说明“退田”是要害，却暴露了他伪造历史的拙劣伎俩。海瑞在《被论自陈不职疏》中说：“盖华亭乡官田宅之多，奴仆之众，小民詈怨而恨，两京十二省无有也。”又说：“臣于十二月内巡历松江，告乡官夺产者几万人。”在《复李石麓阁老》的信中也说，徐阶退田“若不退之过半，民风刁险，可得而止之耶!”难道这几万告乡官夺产的“小民”都是中小地主吗？难道被海瑞诬为“刁险”的“民”，不是指农民而是指地主吗？

姚文元声称：“《明史》及几个海瑞传记都写明，海瑞要求乡官退田是退出‘受献’的土地。”尽管姚文元摆出一副明史权威的架势，也无济于事。历史的真相无情地打了他的嘴巴。《明史·海瑞传》明明写着，海瑞为了打击豪强，反对兼并，凡“贫民田入富室者，率夺还之”。而黄秉石在《海忠介公传》中也明明写道，海瑞“令民各自实田，凡侵夺及受献者还原主”。海瑞在驳戴凤翔所谓“民为虎，乡官为肉”的谬论时指出：“今日乡官之肉，乃小民原有之肉，况先夺其十百，今仅偿其一乎。”“史”和“传”都说明退田除了“受献”的部分还有“侵夺”的部分，而且明确指出是“贫民田入富室者”。难道中小地主也称“贫民”吗？可见，姚文元所谓大地主只侵占中小地主的土地，退田只退“受献”部分的说法是毫无根据的。

兼并和反兼并的斗争，在封建社会里是一种历史现象，几乎每个朝代都出现过，这种历史现象向来都是史学工作者的研究课题之一。明中叶江南地区土地兼并是十分严重的。据《明嘉靖实录》记载，宰相严嵩占地“遍于江西数郡”，伍志萃的《林居漫录》记载，苏松地区的大地主徐阶占地竟达“二十四万亩”，由于“子弟家奴横暴乡里”，弄得民不聊生，“如坐水火”。海瑞就是在这种情况下逼徐阶退田的。至于海瑞逼徐阶退田的目的和动机，海瑞并没有掩盖他地主阶级的阶级本质，一方面他说“退田”是为了“止”民风；另一方面，他也说压制豪强是为了明王朝的“长治久安”。因此，海瑞站在地主阶级的立场，维护明王朝的利益，他忠于地主阶级也忠于皇帝，这是必然的，也没有人否认。姚文元指责海瑞“没有想从根本上解决农民同地主之间的矛盾”，简直是今古奇谈。在中国，农民和地主之间的矛盾，只有无产阶级革命才能解决，怎么能要求明朝的海瑞来解决呢？这不是滑天下之大稽吗？评价海瑞必须根据当时的历史条件，对他的所作所为做出历史唯物主义的评价。我们认为海瑞反对兼并，打击乡官大地主，以及修水利、平冤狱等实践活动，尽管收效不大，而且是从维护地主阶级利益出发的，但是对社会生产力的发展是起了一些作用的，应该给予适当的肯定。

海瑞逼徐阶“退田”，作为一个历史现象，它和现实生活并没有直接关系。但姚文元却偏偏要把它和人民公社拉在一块，来为他的影射史学服务。自从姚文元开创了这个影射史学的恶劣先例，江青妄想当女皇，就大捧吕后、武则天；为了攻击敬爱的周总理，他们就捏造了孔子是“端着胳膊”走路；为了攻击华国锋同志，他们就胡说什么孔子五十六岁当公安部长等等，这些罪恶的影射和攻击，就是始于姚文元的《评新编》。

为“四人帮”制造冤狱大造舆论

姚文元在《评新编》中对海瑞“平冤狱”特别反感。他断言海瑞“平冤狱”是假的，是为了“麻痹农民的觉悟”，是“掩盖阶级统治本质的工具”，一句话，“清官”比贪官还坏，平冤狱的人比造冤狱的人还坏。姚文元按照他搞影射史学的伎俩，在否定“清官”平冤狱之后笔锋一转，又转到我们今天的现实生活来了。他说：“我国是一个实现了无产阶级专政的国家”，“如果在今天再要去学什么

‘平冤狱’；那么请问：到底哪个阶级有‘冤’，他们的‘冤’怎么才能‘平’呢?”他提出这样的问题完全出于恶意。本来海瑞“平冤狱”和现在有没有冤狱完全是两回事。姚文元却硬是把海瑞“平冤狱”和无产阶级专政的国家联系起来。这样做的险恶用心是妄图把写“清官”、“平冤狱”的人都打成是要替地主富农平冤狱，达到政治陷害的目的；另一方面力图证明无产阶级专政的国家没有冤狱；借以售其奸。

无产阶级专政的国家有没有冤狱，这本来是个常识问题，只要有阶级斗争、路线斗争存在，也就可能出现冤狱。同时由于我们一部分工作人员的官僚主义，办案缺乏调查研究，也会出现冤狱。毛主席在《关于正确处理人民内部矛盾的问题》一文中指出：“我们的方针是‘有反必肃，有错必纠’。”这不是再明白不过地说明我们今天也可能出现错案、冤案吗？否则还有什么必要“纠”呢？不过，今天出现冤狱，我们有党的领导，有实事求是的精神，或早或迟总会得到平反和昭雪，这是和历史上的冤狱有本质区别的。

在封建社会里，“地主对农民有随意打骂甚至处死之权，农民是没有任何政治权利的。”(《中国革命和中国共产党》)在这种极端黑暗的社会中，冤狱遍天下，广大农民生活在死亡线上，他们投告无门，多少农民因为受到地主的逼迫含冤死去。正是因为这样，有些“清官”，如包拯、况钟、海瑞等，平了一些冤狱，哪怕只是极其个别的案例，也为民间加以传颂。姚文元却极力否认“清官”曾经平过“冤狱”，他说：“海瑞任应天巡抚时，苏松一带没有撤掉任何一个县以上的官。”因此，他断言“平冤狱”是假的。这是什么逻辑？撤官和“平冤狱”是一回事吗？没有撤官并不等于没有平冤狱。事实上，我们现在还可以查到海瑞“平冤狱”的有关案例，如在《淳安政事》中的《吴吉祥人命参语》、《徐继人命参语》，以及在兴国的《陈舜兴人命参语》等等。海瑞处理这些案件时，都没有撤过官。因为没有撤过官，就断言没有平过冤狱，这纯粹是姚文元的混账逻辑。

当然，海瑞虽然平了一些冤狱，但他和历史上其他“清官”一样，是不可能做到有冤必平的。海瑞自己也说：“每放告日，状动以三四千计，臣所准行二十分中之一而已。”（《被论自陈不职疏》）即使是这样，海瑞还是受到群众的欢迎的，一日放告，收状即达三四千件，一次“巡历”松江，告状者即达几万人，这说明，处在水深火热之中的封建社会的农民还是认为“清官”是比“贪官”好的。在历史上，贪官从来就是荼毒人民，阻碍社会生产力发展的，没有半点可以肯定的。“贪官”比“清官”好的谬论是“四人帮”别有用心制造出来的，因为，“四人帮”就是当代最大的“贪官”集团，他们目无法纪，胡作非为，到处敲剥，穷奢极欲，比起历史上任何贪官集团都是有过之而无不及的。

姚文元反对“平冤狱”，是有其政治阴谋的，是为了掩盖他们制造冤狱的罪恶勾当。在“四人帮”横行的时候，他们为了篡党夺权，在中国实行法西斯统治，对革命干部、知识分子、工农群众实行残酷镇压。霎时间，神州大地乌云滚滚，冤狱遍于国中，一次天安门广场悼念敬爱的周总理的活动，就把全国千百万优秀儿女打成了“反革命”；一场“评法批儒”的闹剧，又把全国千百万干部打成“复辟派”，凡此等等，举之不尽。还是以姚文元《评新编》一文为例吧，这是“四人帮”发迹时制造的最早的一桩大冤案。姚文元打着批判《海瑞罢官》的招牌，把和海瑞有一点“关系”的人统统打下去，仅是这么一个文字狱，就在全国制造了成千上万的冤案。著名的艺术家周信芳同志不就因为演过海瑞戏，被你们迫害致死的吗？试问，这难道也不算冤狱吗？姚文元自己就是在无产阶级专政的国家中制造了冤案的罪魁之一。但是，这个伪君子、两面派，却一面在大兴文字狱，大肆制造冤案；一面叫嚷无产阶级专政的国家没有冤案。这能骗得了人吗？冤案就是你们这些祸国殃民的“四人帮”制造的，今天我们就是要平冤狱，包括你姚文元《评新编》造成的以批海瑞为中心的文字狱，都必须一个一个地清算，一个一个地平反。只有这样才能彻底肃清“四人帮”的流毒和影响。冤狱不平反就不足以平民愤，冤案不昭雪就不足以快人心。

综上所述，我们清楚地看到，姚文元《评新编》的出笼本身就是一个政治大阴谋，是对知识分子的一次大浩劫。从此，无数的知识分子被“四人帮”以各种莫须有的罪名打入十八层地狱，几千年来的祖国文化被一笔勾销，人们的思想被禁锢，舆论被钳制，偌大的中国，只有“四人帮”的“全面专政”，没有人民的一点民主。中国的舆论权威只有梁效、罗思鼎；中国的文学艺术园地里只剩下八个“样板戏”；中国几千年的历史被歪曲成“儒法斗争史”；中国的老一辈无产阶级革命家被污蔑为“走资派”；中国的知识分子被攻击为“臭老九”等等，“四人帮”的一切罪恶都是从这个反革命“信号”开始的。《评新编》的影响极坏，流毒至广，必须对其进行深入的彻底的批判。

（原载《光明日报》，1978 年 11 月 15 日）

海瑞其人

宜 彬

明王朝嘉靖四十五年（1566年）二月的一天，京师北京城里，出了一件轰动性的新闻：户部的一名品级不高的官员，竟敢向皇帝上了一个奏疏，把皇帝尖锐地批评了一番。

当时的皇帝名叫朱厚熜，年号嘉靖。这个嘉靖皇帝已经有二十多年不上朝处理政事了，成天和方士们混在一起，追求长生不死的法术。国家的政治腐败到了极点。朝廷大小官员，极少有人敢于向他提意见；相反，许多身居高位的大臣，说的都是皇帝爱听的阿谀逢迎的话。所以，这时竟有人敢于站出来说真话，指出皇帝的错误，难怪要引起轰动了。

这位敢于直言切谏的官员，就是当时任户部主事的海瑞。

一、正直刚强，初显锋芒

海瑞是海南岛琼山县人，生于明正德九年（1514年）。

海瑞的父亲海翰，是个廪生（享受政府膳食补助的在学生员），在海瑞四岁时便去世了。海瑞的母亲谢氏，靠着仅有的十余亩祖田，加上自己做女红的一些收入，把海瑞抚养成人。谢氏个性坚强，对海瑞的教育很严格。这位母亲的个性，无疑对海瑞有着潜移默化的作用，使他在青年时便开始形成了正直刚强的性格。海瑞读书时，受王阳明学派影响很大。王阳明提倡“立诚”，反对伪君子式的“乡愿”作风，海瑞是完全接受了的。

这时的明王朝，已开始从全盛走向衰落。当时社会经济最严重的一个问题，就是土地的集中。在封建社会，如果广大农民有自己的土地耕种，赋役比较轻，生产积极性就比较高，经济就能向前发展，社会就相对地安定一些。而这时的明王朝，情况却不是这样。从皇帝开始，藩王、勋戚、大官、乡官，都贪婪地从农民以及没有权势的中小地主手中掠夺土地。他们的庄园越来越大，土地多的达到几万顷。全国百分之八九十的土地都集中到了他们手里。农民的土地越来越少。但是，国家的赋税（粮食、纺织品等实物税）和役税（按摊派的差役折成的银钱）却有增无减，绝大部分都压到土地已经少得可怜的农民头上。许多农民不堪这种沉重的压榨，抛弃土地，逃亡他乡，或者投到大地主名下做佃户、庄客，成为他们的奴隶。广大农民和地主阶级的矛盾日益尖锐，社会经济的发展陷于停滞。海瑞出身于小地主阶层，在下面的时间也比较长，对这些情况看得比较清楚，深知这些问题的严重性，认识到只有减轻农民的穷困疾苦才是办法。

海瑞三十四岁时中乡举，三十八岁时担任了福建南平县的儒学教谕（校长）。一次，延平府知府等上级官员到儒学视察，学校里的人都下跪迎接，但海瑞认为作为学校的老师，在学生面前应当保持自己的尊严，尽管站在他两旁的两个训导都跪下了，他还是稳稳地站着，仅作揖为礼。官员们很不满意，故意嘲笑道："哪来的'山'字笔架竖在这里?"由此，海瑞被钦佩他的人称为"笔架博士"。这虽然不是什么大事，但充分表现了海瑞刚正不阿的性格。

嘉靖三十七年（1558 年），四十三岁的海瑞被任命为浙江淳安县的知县，正式担任了地方行政官员。淳安是个贫苦山区。山下好田大部分被大族占去，老百姓的山地很瘠薄。但是，赋役的负担却很重。这里的土地，还是明朝开国初丈量的，很不准确，有的每亩只有八分，甚至五六分，但还得按一亩交税。有权势的富豪，土地虽多，却有许多办法逃避赋役，形成了"富豪享三四百之产，而户无分厘出税；贫者产无一粒之收，虚出百十亩之差"的极不合理现象。广大农民被压得喘不过气来。海瑞到任后，了解到这些情况，从重新丈量土地入手，按照实有土地计算赋役，使得负担比较合理了。

比田赋更沉重的负担是徭役，就是把官府的各种派差，折成银钱，分摊到老百姓头上。淳安是杭州府到徽州府的必经之处，过路的官员特别多，他们所用的人夫马匹以及一应招待，都由当地负担。一个官员经过，少的用二三十两银子，多的要达到一二百两。而且这种负担按户分摊，不分贫富，最吃亏的当然还是穷苦百姓。海瑞一方面改革这种按户分摊的不合理办法，一方面尽量减少这方面的开支，为此不惜得罪权贵。这时的浙江总督是宰相严嵩的党羽胡宗宪。一次，胡宗宪的儿子路过淳安，嫌驿吏招待不周，仗着自己是总督的公子，就把驿吏倒吊了起来。海瑞带人来到驿站，假装不相信来者就是胡公子，指着胡公子携带的几十个箱子说："记得胡公一再嘱咐我们，要我们招待过往官员，要节省驿费，真是一个体恤民力的好官。如今这个棍徒带了这么多行李，一定是坏人假冒胡公子，败坏总督官声。必须严办!"他叫人搜查，搜出了几千两银子，全部充公入了官库，并把事情经过报告胡宗宪。胡宗宪自知理屈，又知道海瑞不好惹，只好不声张算了。

还有一件事更是大快人心：严嵩的干儿子鄢懋卿以副都御史的身份来总理东南盐政，实际上是奉皇帝和严嵩之命来搜括钱财。他每到一地，敲诈勒索非常厉害。还大讲排场，吃饭要山珍海味，住处要张灯结彩。他坐的八人大轿，用轿夫一百多个；他老婆坐五彩轿子，用十二个女子抬。鄢懋卿将要路过淳安去福建严州，人们焦急得不知如何是好。海瑞抓住鄢懋卿在告示上自称"素性简朴，不喜承迎，凡饮食供帐，俱宜俭朴为尚，毋得过为华侈，靡费里甲"的漂亮话，给鄢懋卿打了一个禀帖，指出他说的和做的不一样，说：这使我们很为难，照正式通知办，深怕获简慢之罪；大肆招待，又怕违背了你体贴百姓的好意，究竟该怎么办？这一番义正词严的话，问得鄢懋卿无法回答，又知道海瑞性情刚直，只好批了个"照布告办"，不从淳安经过，严州也不去了。严州知府最初听到这件事，害怕因此得罪了鄢懋卿，十分生海瑞的气，拍桌子责备海瑞。事情过去以后，并没有出什么问题，这位知府过意不去，以称赞和感谢的口吻对海瑞说："好了淳安的老百姓，难为了你，难为了你！"

海瑞到淳安后，公布过一个判断和处理疑狱的办法，其中一条说道：打官司凡是牵涉到土地、房屋等产业的，与其冤屈老百姓，宁可冤屈乡官，以纠正当时社会上普遍存在的弊病。这个主张，他自己一直是身体力行的。

海瑞当了几年知县，一直穿的是布衣服，吃的是粗米饭，让家人在衙门的空地上种菜自给。一次他母亲过生日，买了二斤肉，被总督胡宗宪作为新闻告诉别人。

但是权贵们到底没有放过海瑞。鄢懋卿找了个机会，指使一个御史对海瑞进行弹劾，海瑞的淳安知县终于当不成了。后来经过别人的推荐，才又做了一年多的江西兴国县知县。嘉靖四十三年(1564年)，五十岁的海瑞被调到北京，担任户部云南司主事。

二、冒死陈词

开头讲到的海瑞上疏，就是在他调到北京后一年多的事情。

这时，国家的情况已经一团糟。皇帝忙着求神拜天，各级官员忙着贪污搜刮，人民怨声载道，整个社会潜伏着严重的危机。边境也很不安宁，西北方面有所谓"套寇"(河套地区的蒙古族)的不断骚扰，东南沿海多次遭到倭寇的入侵。海瑞深深感到忧虑，觉得不大声疾呼不行了。

嘉靖皇帝的昏暴，海瑞是知道的，所以上疏前已经做好了被杀头的思想准备。奏疏呈送上去以后，他找到了一个做京官的同乡，把自己身边的全部积蓄二十两银子交给他，把身后事也一一拜托。

正因为海瑞已经把生死置之度外，所以奏疏写得痛快淋漓，直截了当地批评了朱厚熜的过失，说：陛下的错是很多的，您以为真可以做到成仙上天，一心忙于修炼，耗尽了人民的血汗，滥兴土木(大规模兴建宫观寺院)，二十多年不管政事，使得官吏贪污横暴，民不聊生，水旱灾害经常发生，盗贼越来越多。朱厚熜一向以为自己比得上历史上一些贤明的皇帝，可是，海瑞尖锐地指出：您比汉文帝差得很远，天下的人不满意您已经很久了，您应当翻然悔悟，洗雪数十年积下的错误。

朱厚熜看了这个奏疏，气得像发了疯一样，把它摔在地上，对左右的人说："赶快把这个家伙抓起来，不要让他逃走了！"一个名叫黄锦的宦官，巧妙地帮海瑞说了几句话，他说："这个人一向是有名的书呆子，听说他呈上奏疏时，自己知道触犯陛下该得死罪，已经买了棺材，告别了妻子，仆人也走光了，他是不会逃的。"朱厚熜听到这些，总算没有马上把海瑞抓起来。但他绝对不会宽恕海瑞的，过了几个月，还是把海瑞投入了监狱，追查背后主使的人。最后，刑部把海瑞判了死刑，只等朱厚熜批准的命令下来就执行。但由于内阁首辅（内阁宰相中领头的）徐阶的从中转圜，朱厚熜也顾虑杀了海瑞太失人心，犹豫不决，没有下达执行死刑的命令。不久，这位一味追求长生不死的皇帝还是病死了。死前，在病中还把海瑞的奏疏拿出来看，气得唉声叹气。

朱厚熜死后，海瑞被释放，恢复了原来的官职。

海瑞没有突破"忠君"思想的局限，把解决危机的希望仍然寄托在皇帝身上，自然是不会有什么结果的。但是，他这种不顾个人安危，不怕杀头，敢讲真话，敢于反映人民疾苦的刚直不阿的精神，是极其宝贵的。

三、担任应天巡抚的七个月

隆庆三年（1569年），海瑞调升右佥都御史，钦差总督粮道巡抚应天十府，管辖今江苏和安徽两省南部的大片地区。巡抚衙门设在苏州。

海瑞担任应天巡抚的时间不长，只有七个月，但这是他一生最有作为的时期。

应天十府历来号称鱼米之乡。然而这里的农民负担最繁重，处境最痛苦，农民和地主的阶级矛盾很尖锐。封建王朝把这块地方作为重点压榨的对象。例如：苏州府耕地只占全国总耕地的百分之一点一，但规定应交纳的税粮却占全国税粮总额的百分之九点五。而这里的田地，绝大部分又被乡官（退休在家的官僚）夺去，农民自己有土地的只有十分之一，十分之九的人替大地主当佃户。宰相徐阶，是松江府华亭县最大的地主，他一家占有土地四十万亩，有奴仆几千人。农民田地虽少，粮差的负担却大部分要由他们承担。海瑞在一封信中是这样描写的：江南粮差的繁重，全国没有，古今也少有。我到这里，才知道富饶全是虚名，人民的痛苦不堪倒是特别突出。这中间，可为百姓痛哭的，可为百姓放声长叹的，难以用很少的话说清楚啊！

海瑞下决心改变这种局面。

海瑞的清廉刚正，这时已为人们所共知。他到任前，江南地区一些罪恶大的官吏吓得自动辞职而去。有权势的人家赶紧把红漆大门涂成黑色，免得显眼。管织造的太监把轿夫减少一半，平时的威风不得不有所收敛。海瑞到任后，首先就打击豪强，打击大地主，要他们把非法侵占的农民土地退出一部分给农民。华亭县乡官掠夺土地的现象最严重，海瑞在这里遇到农民控告地主“白夺”的，一概认真受理。徐阶这时已退休回华亭闲住，尽管徐阶对海瑞有过救命之恩，海瑞还是从这个最大的地主身上下手，命令徐阶和他的弟弟徐陟退田，还把他们家里的奴仆遣散了大部分。徐阶的弟弟、儿子一贯横行不法，都被海瑞逮捕，依法制裁。开始，徐阶企图敷衍了事，只退出了很少一点田，又请当时掌握大权的宰相张居正写信给海瑞，请求照顾徐阶的“体面”。但海瑞毫不通融，徐阶只得又退出了一些。共退了多少，没有留下确切数字。有人估计退了一半以上。其他地主见到这种情形，有的逃走，有的不得不依法退田。海瑞这个行动，大大打击了豪强地主的气焰。这是海瑞在应天巡抚任上做的第一件大事。可惜由于时间太短，退田只是开了个头。

第二件大事是大力推行一条鞭法。明朝的田赋和徭役名目繁多，征收方法也烦琐，官吏们有机会从中捣鬼，浮征中饱。而且派差、派粮的根据田亩图册和户口人丁册，经官吏的一再篡改，早已很不准确，豪富们乘机把负担转嫁到百姓头上。一条鞭法就是在弄清田亩和人口实数的基础上，实行比较合理的平均负担，并且把许多项目加以合并，简化征收方法，使老百姓知道自己一年该缴纳多少赋税，从而大力减少了官吏浑水摸鱼的机会，减轻了老百姓的不合理负担。这个办法一实行，有的县就初步扭转了百姓逃亡、田地荒芜的状况。海瑞推行一条鞭法时，决心很大，毫不顾及乡官和大地主的反对。《明史》上说他“下令飚发凌厉，所司惴惴奉行”。后来海瑞虽然罢官而去，但这个办法还是实行了很长一段时间，《江南通志》上说海瑞“行条鞭法，遂成永利”。

海瑞做的第三件大事是兴水利，疏浚吴淞江和白茆河。当时江苏南部常常闹水灾，主要是因为太湖通海的一些河流淤塞严重，太湖的水不容易宣泄入海，雨大时便泛滥成灾，严重危害农业生产。海瑞到任的这一年，正逢大水灾，直到冬至还有许多麦地被淹在水中。海瑞经过调查研究，决定首先对太湖通海的主流吴淞江加以疏浚。办法是以工代赈，既修了水利，又救济了灾民，一举两得。他坚决顶住了一些官员的反对，使工程很快动工。海瑞乘了一只小船，时常来往江面各处巡视。这是符合吴淞江两岸农民愿望的大好事，得到了广大农民的积极支持，工程进展很快，不到一个月就完工了。在这项工程还未结束时，海瑞又发起了疏浚白茆河的工程。工程开始后，进展也很快，但由于海瑞的被解职，没能完工。修水利，给太湖一带的百姓带来的好处是很大的，当时在群众中就流传开了一些带有神奇色彩的故事，有的说海瑞是“海龙王”。

海瑞做的这些事，触犯了官僚和大地主的利益，遭到这些人接二连三的攻击，许多人先后向皇帝告状，给海瑞捏造了好些罪名。隆庆三年冬（1570年初），海瑞终于被罢官。老百姓听到消息，许多人大声号哭，有的画了海瑞的像在家中供奉。海瑞调到南京以后，继续受到排挤和攻击，不久就告病回乡了。

四、闲住十六年后的东山再出

海瑞在家乡琼山，过了十六年的闲住生活。这中间，虽然有人不断向皇帝推荐海瑞，但朝中掌握大权的宰相张居正害怕海瑞的刚强，一直从中作梗。他还不放心，派巡按御史去琼山考察海瑞的行为。御史到海瑞家中，看见海瑞过的是简朴的生活，四壁萧然，叹息而去。

张居正死后，万历十三年（1585 年），海瑞又被皇帝起用，先是任命他为南京都察院都御史，很快又改任他为南京吏部右侍郎。这时海瑞已是七十二岁的老翁。他不愿在这样的高龄再出来做官，但又想到万历皇帝（朱翊钧）比嘉靖皇帝好像清醒一些，也许有机会说服他采取一些改革的措施。于是，他从海南岛启程，跋山涉水，路上走了两个多月，最后乘了一只普通小船，到了南京。

海瑞担任这个职务两年多。他的刚正不阿的精神，还是不减当年。他一到任就出了个布告，禁止朋友和下属向他送贺礼，已送来的坚决退了回去。他禁止一些衙门向街坊索取物品。吏部是主管官员任用升降的，海瑞想运用自己的职权，整顿吏治，制止官吏的贪污风气。他主张对犯了贪污罪的官吏实行严厉的制裁，认为有必要恢复明朝初期的“枉法赃八十，责绞律”这条法律。一些劣迹昭昭的官吏，急得团团转，决定“先下手为强”，对海瑞发起攻击。一个名叫房寰的御史，带头发难，采取捏造和歪曲事实的卑鄙手法，向皇帝告海瑞的状。万历皇帝虽然让海瑞继续任职，但对诬告的房寰也不加任何惩办，表现了明显的偏袒。一些青年进士出于义愤，起来为海瑞辩护，要求惩办房寰，也被皇帝压制下去。海瑞看清了，原来朱翊钧也并不比朱厚熜强多少。他心灰意懒，在给一位朋友的信中写道：“天下事看来只有这个样子了，我不离开还等什么呢!”他前后七次请求还乡，但一直未获批准。

万历十五年十月十四日（1587 年 11 月 13 日），七十四岁的海瑞病死于南京。

海瑞死后，佥都御史王用汲料理丧事，看到海瑞用的帷帐都很破旧，连一个寒士也不如，感动得流下了眼泪。海瑞身边的遗物，只有俸金十多两银子，绫、䌷、葛各一匹。[①] 丧事是一些御史凑钱办的。海瑞做了十八年官，除用薪俸买了一所值一百二十两银子的住宅外，未添置其他田产，家中还是那十余亩祖田。

海瑞去世的消息传出后，南京的百姓为之罢市。丧船过江，两岸站满了白衣白帽的人群。奠祭哭拜的人，百里不绝。

海瑞的事迹，在他在世时就已经流传开了。他死后十九年，第一本赞颂他平反冤狱、审理疑案的小说就刊行问世。以后，从明末到清末，歌颂海瑞的小说、戏剧、评弹等文艺作品相继不绝，在人民群众中流传很广。

海瑞是地主阶级的一员，而且做到了统治集团的高级官吏，不可能摆脱阶级和时代的局限。他考虑问题，主要是从地主阶级的利益出发，指望用缓和矛盾的办法来挽救危局，稳定明王朝的政权。这当然不会有什么成效。在他死后三十多年，以李自成、张献忠为代表的农民大起义终于爆发，并且最后埋葬了明王朝。但是，海瑞一生刚毅廉洁，不畏权贵，敢于与邪恶势力作斗争。他对劳动人民（主要是贫苦农民）的痛苦有较多的了解，有比较深切的同情，为减轻群众的痛苦，兴利除弊，执法持平，在局部地区，客观上确为人民做了一些好事，受到人民的称颂，俗有“南包公”、“海青天”之称。用历史唯物主义的观点，实事求是地分析，海瑞是封建统治阶级中少有的杰出的政治家之一，是值得肯定的一个历史人物。

（原载《吴晗和〈海瑞罢官〉》，北京，人民出版社，1979）

① 《金陵琐事》记载海瑞死时，行囊中仅“俸金八两，葛布一端，旧衣数件而已”。

书　信

说明：

本来吴晗从年轻到年老，写给家人、老师、朋友、工作的同志等各方面的书信，应该是很多的，但在“文化大革命”中，他的家多次被抄，他保存的各方面写给他的信及他写给各方面的信件底件及他的图书、字画等几乎都被抄走。现今，他的各方面的亲友也都散居各地，有的可能已不在人世，征集起来也很困难，现在这里收集到的书信，只能说是很少的一部分，特别在这里做些说明。

——编者注

致杨志冰（一）

（1930年×月×日）

志冰吾师：

前日附曦中转致一函，述《俗原》后联补书目及已交颉刚先生审阅事，想日内当可收到矣。

兹有数事拟烦吾师费神一为访查。

①义乌朱一新先生之《拙庵丛稿》，生前为颉刚师求得一部，此书于戊戌前后之思想界，关于经学之见解极精瞻有用，生与友人余君俱欲再得一部细读，未知家乡旧家尚有此书否？肯转让否？如无，恳代访朱氏家人此书原刻版现仍存在否？如在，生等拟集资为之重印以便流通，至版权则仍归朱氏。事关阐扬先哲，想朱氏当不致不允也。

②颉刚师与生拟为朱氏作一评传及年谱，朱家有关一新先生之文件，如宗谱中之传略，或所存手稿及其他杂件，暇时请为一查。

③明兰溪胡应麟著有《少室山房类稿笔丛》，思想纵横一代。其集中之《四部正伪》，颉刚已为标点，印单行本。胡氏生卒据王世贞《弇州史料》卷八之《胡元瑞传》，为生于明嘉靖三十年辛亥（1551年），十五岁举博弟子，二十四岁举孝廉，至三十八岁因病恐即死，后元美为作传，以后事迹遂即无考。翻遍《全集》，据江湛然序，只知死在万历戊午年以前，更不能其他一二琐碎事迹。义兰近在咫尺。胡氏后裔想有存。（此信似缺页——编者）

（原载《吴晗自传书信文集》，北京，中国人事出版社，1993）

致杨志冰（二）
（1930年×月23日）

志冰吾师道鉴：

此来因试事忙琐，师友惠书盈尺，均未能一一致复。

吾所尚原已间弥月，惭愧良深。

昨午由平返校，今晨即往谒颉刚先生，当即取得《礼俗》5册，内5册揭载吾师《俗原》之一部《礼俗》一卷，第二期编辑之后有按语云：

> 《俗原》是金华杨□先生所作，系顾颉刚先生转来，全书有6厚册之多，据顾先生说作者花了十几年工夫，才能完稿。本册先登载其凡例，下期登其书一部《礼俗类》……全书或者可以在本研究所出版。

云云，所谓或者似系恐受时的影响，不敢旨定之意。唯既如此说，当无不能出版之虑。风云扰攘，河朔又弥战云，后事如何，抚膺莫问。事非人力所能决，只能先烛其所以然，而不能必其必然，幸吾师谅之。

此期稿费，为数甚笺，据云系按字计算。师大研究所为研究机关，限于经费，不能多出稿费。现已由顾师私人书记冯君往为代领，一俟到后当即专函汇上。至于全书则云当须假以时日，倘能相容，则年内或可报命也。

曦弟于18日到平，得讯后当与成兄往迎，相偕返校。现拟令其报考师大附中及辅仁大学附中二校，师大附中为全国中学中之最有成绩者。每届取编级生只限10人，且须自觅夜舍，于外省人似觉不便。辅中较有把握（此校为罗马教皇所办，校长为新会陈垣，为学界泰斗，曾任教部次长，入校后如成绩优又免费，毕业后有校费留学希望），每年用费均须 300 元之谱，在最初二年此款须由生完全负担。二年后情形一熟，当可稍有收入，负担始能减轻。至于生自身用度，每年亦不下 300 元。家庭方面，亦拟年寄二三百元。综计每年收入须在八九百元上下，始可告无罪于父母兄弟。关于此项收入之详细计划总须在 8 月后始能完全解决。现时以方在进行中，不欲铺张扬厉，致贻刻鹄之诮。不过无论如何，在平二人生活，总可相当维持，所差者或为丰此歉彼之挹注而已。暇时如过见家严，恳代解释此意，免其系念为盼。幼妹浦月，此来时间共勉黾而上，欣悦无似，明年暑中，倘能回南，当帮其赴杭继续深造，否则即令其在，全年费不过为五六十元。负重之驼，稍加十一当亦不致顷踬，唯未悉家严慈之意为何如。

闲谈中曦偶及吾师近况，据谓食小事多，终日琐琐。生愚意，吾师垂矩门墙，焚膏继晷；揆之贤者多劳与孟子心力之喻，自无闲言；第恐尘事萦掌，有妨吾师述作之千秋大业，轻重相权，窃期之以为未可。

吾师明违，想不致以小生哓哓见责，千里驰书，率布胸臆，肃此。谨请

铎安！

《礼俗》5 册，另邮奉上。

生晗谨禀

廿三日

（原载《吴晗自传书信文集》，北京，中国人事出版社，1993）

致杨志冰（三）
（1930年×月3日）

志冰吾师讲席：

前日所发一禀，另邮《礼俗》5册及近影2帧，想已一一达帐石关，顾师颉刚昨交来《礼俗》稿费十元附函内奉上，希即检收，笺笺之费不足给纸墨，然新铏乍试即已奏捷，洛下之祝或足贵，重以此为他日不胫之券，敬为吾师贺！

近日检得《明史》一帧，朝夕讽诵，他又得钱大昕《潜揅堂全集》一部，内《弇州山人年谱》一卷已由曦弟分年录帙。以其叙事过简，及于其学术思想渊源选就之未及也，置《四部稿》及《玉剑尊闻》、《弇山堂集》、《太仓志》及当时人文集于案头，随所得补隶疏正于下，预计一月后当可补订成一初稿，稍加整正便可成书。他日有暇更拟合杨升庵、焦弱侯、胡元瑞三谱而一之，成《明正嘉隆万学术年谱》亦一大快也。南方月来淫雨为厉，吾乡亦有所失否？盼示知乡曲杂闻，亦恳时之附及一二，专此。谨请

铎安！

生春晗谨上

三日

（原载《吴晗自传书信文集》，北京，中国人事出版社，1993）

致杨志冰（四）

（1931 年×月 8 日）

志冰吾师道鉴：

前上数书及相片、汇款、《礼俗》想已陆续收到矣。春曦报考辅仁大学附中已录取，生今日偕其往辅仁办理一切手续，俱已完竣，月末即可入学，请勿置念。

生本届报考北大、清华二校，一摈一取，系 7 月 13 日至 15 北大考试，项目为党义、英、国、数、中外史地、博物等门，余项均佳，唯数学已抛荒久，致考零分，以是遂致被摧。清华自 16 考至 22 日，考生 1 780 人，史学系二年仅取 5 人，考目为党、国、英、中史、西史、伦理六门，幸终场于 8 日发榜录取，入学证亦已正式送来矣。

于此生遂处于极端为难进退狼狈之地位。盖生初愿在考入北大后觅一相当位置月约六七十元者，以供二人学业。此事已有成议，故敢飞函令曦来平。今忽此弃彼取，在学校地位上清华固属首屈一指，弟于生则多不合，盖因在清大校内谋事极为不易，即谋得亦属笺笺稿费，又不能有固定收入，如在城兼事固无不可，弟往返车资每次需一元之谱，益以膳宿，收入恐更不易维持。现虽由顾、胡（胡现住秦皇岛避暑，二十后始返）诸人没法并允为筹一长计，唯能谋成否尚不可料，即成恐亦不能适如。生所预算，盖生二人年费至少需 600 余元也。

清大在生意中恰如“食之无味，弃之可惜”之喻，犹记月前往适之师时，渠时适知生窘状，曾询生以需钱用否。如欲钱用，彼言时即手取钱袋欲以相授，生当时谢绝。其他如颉刚、以中诸师俱曾讽以彼等愿相资助之好意，生亦一一婉言谢绝。盖受人借予则可，受人赠给则绝对不可，胡、颉虽皆道义之交，但属师长。然生宁甘失学决不愿妄受人一钱，堕我气节也。且诸师予我以精神上之鼓励者已极多，庸可再受其物质上之施予乎？

以上所陈不过为“赠”与“借”之概别，与生对于二事之态度。处此情势下欲罢不可，欲进不能，虽筹划有人而自身则不能不预筹长计以备万一。生现拟借重吾师与则人父子一商其计划如下：

生在清大尚须 3 年，曦弟则大学毕业尚须 6 年，在此起始 3 年中每年二人平均费用共约 660 元之谱，3 年须洋 2 000 元。现生自计每年有准定收入者可 300 余元，如此则年欠约 330 元，3 年约须1 000元，以生现在大学未毕业时所工作之报酬月得 50 元计（如肯离平在广西七中当史学主任，月薪 240 元，已谢绝），则毕业后月薪至少当得百元，以月余 70 元计，则此千元之债款年余即可清偿。凡此皆就现在事实论，非括之空言也。生现拟托师向则人父子阅说以年 330 元相假，款分二期——春、秋——或四期寄来均可。利息则生属门外汉，则人父子如能体贴轻借固佳，否则即与普通一律相差无几。还款期定 3 年后之起始，二年内按期本利清还。借款人由生自行出面，担保以生之名誉及家中相等或全部不动产均可。盖以老父半生精力均已耗之生兄弟身上，际此时期，雅不愿其再向人喋喋陈言，受人轻诮也。此情此心，吾师当能见谅。

上策在则人父子方面款分 6 次或 12 次出借，事属易行；在生方面款于借满二年内偿还亦属轻而易举，则人与生相知有素，渠令尊亦与生家严感情不恶，又事属求学非浪费或钻营可比，故以敢托之。吾师未知能慨诺否？

又，上述不遏现时，防将来万一之计划，究竟清华方面有若干成就，此时尚未可卜，即所事不成或少有所成亦只此半年为难关，至明春及明秋则有若许日之筹划，前途断之不成问题。故此计划所着重此，只为第一年，第二、三年或无须。此率不堪入目，前此诿为事忙，今则诿为信多，虽属实情，然平日太少练习及懒习未除，要亦不可尽责为忙月多也。愢甚甚，草此达情，候复示，专此。谨请

铎安！

生吴晗上

八日晚十时

（原载《吴晗自传书信文集》，北京，中国人事出版社，1993）

致杨志冰（五）

（1931年×月27日）

志冰吾师道鉴：

月来连上数函及《礼俗》5册、《史学年报》1册、相片1帧，又另函附汇票1纸，均挂号寄递，至今迄未得一复字，不审已均收到否念念。

入学事近大有进展，可以无虑，前日往见适之先生，云已专函清大校长翁文灏、文学院长冯友兰及史学主任蒋廷黻诸先生，并生所撰之《胡应麟年谱》送交清大，嘱为生在清大觅一位置，已得答复，允为在史学系找一工作，名义为助教，或其他未定工作，为整理大内档案，报酬至少为维持生活云云。适之师又恐生钱不够用，另借40元为入学后购书之费，并嘱安心入学，一切事渠又设法。盛意深情令生愧怍无地。

乃天下事无独有偶，在燕大方面史学系教授顾颉刚、国文系主任马鉴、图书馆委员长洪煨莲，闻此讯后又语生以渠等已为生设法在哈佛燕京社找一位置，现时虽未定（因此社须在10月中开会，此事须在会中决定也），然可决其必成。倘即不成（渠等即主持此社，在万无不成），渠等集腋成裘亦可传衍过去，亦嘱以安心入学，万事有渠等在，决无问题，如有所需尽可启齿不必见外云云，并劝从明年转学燕京，一切手续均可代办，言下似有不满生之不考燕京而入清华，及入清华事由适之师独为布置之意。

似此情形固可欣幸，唯又似属左右做人难，因如一有去就，便示人以轩轾，易得罪人也，目下只得唯唯而已。倘日后两事俱成，如能兼固佳，如不能则只得谢云燕大一面，唯颇难于措辞耳。

辅仁已开学，定后日送曦入学。清大下月八九号报到，十四号开学，此间事成须至下月，入学前始能卸去穷措大，多得半月薪水因属佳事，唯如继任人届时不能到校，则又恐多费周折，□知□先此奉白，徐俟后详。专此。谨请
铎安！

生吴晗上
廿七日晚

（原载《吴晗自传书信文集》，北京，中国人事出版社，1993）

致杨志冰（六）

（1931 年×月 9 日）

志冰吾师赐鉴：

前读手示，当即将最近情形一一禀白，日来想已登记室矣。生于 7 日入学，住宿、交费、注册等手续俱于当日办妥。9 日晨晤教务长张子高先生及史学系主任蒋廷黻先生，俱以胡师曾函托关照，对生甚为青目。关于工读事，蒋氏已定于下周开教务会议时以史学系名义提出通过此（事），不过手续关系，其实毫无问题。办公处已定于新建图书馆中拨一室为生整理档案之用，至于工作时间及报酬多少则须于就事时始得分晓也。

选课已定明日，开课则在下星期一。清大环境之佳为国内第一，水木清华软红不起，自幸得处此仙境，此生差为不虚。3 年内已定专攻明史，秦汉史则以积习已深，暇中犹复不能忘情，然已降作附庸，要终不能与和尚皇朝有休踞峙矣。唯所用《明史》系向图书馆借来，非己所有，遇有关键及自己有新解释处，不能一一作眉批、夹注，依人作嫁，终非自备一部不可，然《明史》三百卅二卷，木刻本普通在百本左右，遍询诸书肆，时价均在三四十元上下，最劣时者亦须二十余元。如买一部图书集成公事本二十四史亦只须六七十元，以此踌躇不得一当。第如买二十四史价固廉矣，而版本不佳，但此款亦一时无所出；如单买《明史》则又觉未免太不上算；如俱不买则譬之匠工无刀亦何所施其斧凿？不知吾师于此亦有高见足破其惑否？至于鸿绪《明史稿》则承马季民先生雅意借用，其他如汤斌《明史》计 6 本，《明季南北略》，《文明通记》，皇明《大政记》，《大事记》，《明纪事本末》诸书则均可向图书馆借阅，他若《明列祖实录》以无刻本，非次第到平中各馆手录不可，明室档案则以存世不多，一见且难，更无论

传抄矣。日来奔波入学，倥偬一无暇晷，知注先此奉白。关于杨氏借款事，于致家严书中已详细说明用途，此不赘，专此。谨请
铎安！

生春晗谨禀

九日晚

（原载《吴晗自传书信文集》，北京，中国人事出版社，1993）

致杨志冰（七）
（1932 年×月 27 日）

志冰吾师赐鉴：

久未修函通问，缘日前忽患目病，经旬始愈。继以国是颓唐，校中忙于集会论议。几日无暇晷，以是未能捉笔，幸吾师恕之。

《童谣诠证》已于前日由云林先生递到，匆促中拜诵一过，齿颊流芳。唯第一首《击壤谣》首标唐尧年代与时下思潮不合，虽文中已辟其妄，为免除误会起见，生意不若删之为胜，不知吾师以为何如?

平中出版界能印行是项作品者，唯景山书店及师大研究院及燕大数处，一得暇晷当即赴一问津也。

本校同学愤于国是日非，日前组织赴京请愿团，已于 22 日南下，今日抵京。生以特种关系留校服务，昨日为本系草一对外宣言，已在印刷中，明后日当印寄上就正。生活极安定，无足置虑，唯心境不宜，不能安心作事，兼以月来精神疲敝终日，一无所为，恨甚!

南中对此间事或有种种谣啄，均不足置信，但军警防范极严，亦断无意外也。

余俟后罄。专此。诗颂

铎安!

生吴晗上

廿七日

（原载《吴晗自传书信文集》，北京，中国人事出版社，1993）

致杨志冰（八）

(1932年×月25日)

志冰吾师道鉴谨启者：

别后总忽忽，倏又易岁。迩来寥落，久未得师音问，念何如之？生数月来频疲疾痛，初则目疾，继以失眠。兼以所撰《胡少室年谱》未就，于为忙中为重草润饰一过，以付梓人，此稿才告杀青。校中大考又届，平日不读临时又不能不一抱佛脚庶免曳白。琐事扰攘数月，竟至无一暇晷得少休豫，是以于吾师处亦久疏问候，歉甚歉甚！

平中此来受外内种种堪为痛哭之恶现象所困，凡事都无生气，师大研究所前已决定为吾师印行《俗原》（见《礼俗》第四期编后），其计划亦已经校务会议通过，不意暑中易长风潮一起，继以东北事变，国款未发分文，3月前报载该校所存现款仅余14元6角，即拍电教部催款亦所不能，穷困一至于此，校长徐旭生不得已辞职，主持无人，益以经费无着，停课至今尚未开学。《俗原》印行之计划遂于无形打消，生次与颉刚先生设法请其与燕大研究所接洽，当即与偕往与该所代主任洪威廉先生（前燕大图书馆委员长）面晤。据云该所现已改组分隶研究院，所中二十、二十一年度经费早已预算经美董事会通过，如须加出印品须电美征求同意，在此二年中除已接洽之作品外，不能有所更改，此路又告绝望。至颉刚先生与友人所开之景山书社则以经费交出，近来颉刚自著书多由上海亚东等书局承印，故亦不能承受外来作品。至于其他书店则以牟利为目的，在此对期中纷纷印趋时之满蒙研究或救国计划等书，数与接洽均无结果。吾师后寄之《童谣诠证》其接洽之经过情形亦类似上述。世风日下，读书人只知读《性史》及海上无聊作家之黑幕小说，高文典册久已如吴稚晖所言置之粪厕中，一般维新人物已不知有汉唐宋元，遑论周秦，世运如此，亦复何言？

曦弟昨自城中来此小住，窃与熟计，以为不如取回自印，故乡生活程度低，印工较廉，纸张较贱，如能将二书稍加增删，集生等诸门人之力，集腋以成此举，亦非难事。一面先出广告预约，当亦可收得一部分印资，题签请胡适之先生，并挽颉刚先生为作一小序，生当竭首之力勉作一跋，并首出资20元为诸门人倡，期以一年告成厥事，庶不受书贾恶气并以传之万廪，不知吾师以为何如？如蒙赞许，则生在此间当即促胡、顾题就，并将二书寄回，并致函则仁兄请其就近设法也，如何？年中决回南一行。此事请于4月前决定办法示知，以便遵循为盼。

外附近作《绿野仙踪》之作者一文，呈正。专此。谨颂

铎安！

生吴晗叩

廿五日夜十时

（原载《吴晗自传书信文集》，北京，中国人事出版社，1993）

致胡适（一）
（1930年3月19日）

适之先生：

去年我做了一篇《中国古籍上之南洋诸国研究地名索引》，是预备做南洋诸国研究的初步工作材料，是把二十四史、稗史、唐人宋人笔记小说等等有关于南洋的图书汇集的分析起来，做成功一个索引。到今年开学的时候，我又找到几部书，预备把它重新编制一下。

上星期在整理《佛国记》的时候，忽然引起我研究法显的兴味，内中有几点：

1.《佛国记》称中天竺为中国（自称则为秦人、汉人）。

a.“乌苌国，北天竺也；尽作中天竺语。中天竺，所谓中国，俗人衣服饮食亦与中国同。”

b.“……从是以南，名为中国。中国寒暑调，无霜雪……”

c.“凡诸中国，以此国城邑为大。”

d.“中国寒暑均调，树木或数千岁，乃至万岁。”

e.“法显发长安六年，到中国停六年，还三年。”

2. 往返年月矛盾：据记言，法显于宏始二年发长安，往返十五年，则还年应为义熙九年（413 AD）。据《高僧传》，法显发于隆安三年（399 AD，即后秦宏始二年），往返十五年，则还年亦应为义熙九年。而据《佛国记》“统属刘家”，则还年当在刘裕篡晋之后。据跋言，“是岁甲寅，晋义熙十二年”，则不特不符往返十五年之旨，且甲寅为义熙十年，义熙十二年为丙辰（416 AD），亦参差。又考《隋书·经籍志》，“法显自长安游天竺，经三十余国，随有经律之处，学其书语，译而写之。还至金陵，与天竺禅师跋罗参共辨定，谓《僧祇律》，学者传之”，亦无年月明文可考。

第一点不过是引起研究兴味的动机，将来如能找到旁证，也许可以推翻几家前人对于“中国”二字的界说；第二点的年月问题，我现在预备做一篇法显《佛国记》考或研究，序目如下：

一、法显传略

a. 年表

b. 历史上的背景（根据《隋书·经籍志》）

c. 时代的背景（根据《南北史》、《晋书》）

d. 后代的影响

二、法显西行求法年月考

a. 地名今释

b. 西行所至年月表

三、西行求法的成绩与中土佛教

四、法显时代的南洋诸国与中土之关系

五、法显西行求法往返水陆路径图

关于法显出发时的年月已不成问题，至于回时年月则有一极有力之左证在：

《佛国记》：“僧中有一大德沙门，名达摩瞿缔……摩呵毗诃罗精舍有一高德沙门……国人咸疑是罗汉……法显至，不及见其生存，唯见葬时……”假能找到达摩瞿缔与高德沙门之生卒葬期，则法显回时之年月问题当不难解决了。因为先生现时正在研究佛教史料，所以我把我的疑问提出来，写信给先生，并且希在可能范围以内给予我下列几点帮助：

1. 达摩瞿缔与此高德沙门之事实（生卒葬）；

2. 关于研究法显所必须的资料的借与（如《高僧传》等书）或指导；

3. 我现所能根据的只是一篇《汉魏丛书》内的《佛国记》，版很坏，我想找到一部较好的版本，把它标点校对出来；另外再把《大唐西域记》、《南海寄归传》校对一过，订在一起或者把它出版。使研究的人可以得到许多方便。此议是否可行？如可，先生能否供给我必需的书籍或替我代借？

明知先生现在很忙，不过除了先生以外，我实在想不出一个比先生更能用科学的方法来解决和指导路径的人。希望先生能花几分钟的工夫给我一个回信。

学生吴春晗上

三月十九日

（原载《历史研究》，1966 年第 3 期）

致胡适（二）

（1930 年 6 月 29 日）

适之先生：

《胡适文存》二集卷四 P174《跋红楼梦考证》有这么一条：

> （3）曹雪芹的儿子先死了，雪芹感伤成病，不久也死了。据此，雪芹死后，似乎没有后人。

前几个月我做《西王母与昆仑山》的时候，翻了很多书，当中有一部清梁恭辰《北东园杂录》（道光癸卯，1843 AD），内中有一条提及此事，当时把它抄下来，预备你来中公的时候来问你，可是终于没有机会。今天翻读《胡适文存》的时候，又看见了这一条。连忙去找从前抄的来对照，又忘记夹在什么地方去了。现在把梁书提及的大意述之如下：

> ……《红楼梦》作者曹雪芹实有其人，曹为一老贡生，徒抱伯道之嗟！身后萧条零落，无人过问……

上文是说一位满洲朋友告诉他，《红楼梦》这部书诲淫的坏处，下文这么说似乎含有“报应”的意思。从这一条上看出来的是：

a. 纪元 1843 前后知识阶级对于《红楼梦》的态度。

b. 那时候人已经知道《红楼梦》是曹雪芹做的。

c. 曹雪芹是一个老贡生。

d. 无子。

e. 身后萧条，无人过问。

按曹死于 1764，距《北东园杂录》之成书不过七八十年，且此条所记满人谈话亦不必即为成书之年，当较成书为早。所以我想梁氏所说比较可信，且可证明先生所考之正确。唯 c、d 两项似有问题，先生以为何如?

学生吴春晗

六，二九

又，我下半年要转学到北平燕大去读历史系去，想请先生写一封介绍书，不知道可以吗?

（原载《历史研究》，1966年第3期）

致胡适（三）

（1930年×月28日）

适之先生：

先生的《红楼梦考证》页三十七，以敦诚兄弟的诗断定曹雪芹的生卒时代——生约1715—1720年，死乾隆三十年左右，约1765——这是一个极精确的论断，但是先生的话只是假设，并没有什么强硬的同时代的证据。

近几天在《延芬室稿》找到一些可以证实此问题的材料，特地抄了献给先生。

永忠的《延芬室稿》的一部分——《志学编》（删定本），二月前我曾替它作了一篇跋，最近燕大图书馆又陆续购得永忠手写的《延芬室稿》全部，约二十七册，这手稿是编年的，极有历史价值，在册十五有这么一条：

> 乾隆三十三年戊子（永忠）年三十四岁
>
> ……
>
> 因墨香得观《红楼梦》小说，吊雪芹三绝句（姓曹）：
>
> 传神文笔足千秋，不是情人不泪流。可恨同时不相识，几回掩卷哭曹侯。
>
> 颦颦宝玉两情痴，儿女闺房笑语私。三寸柔毫能写尽，欲呼才鬼一中之。
>
> 都来眼底复心头，辛苦才人用意搜。混沌一时七窍凿，争教天不赋穷愁。

书楣有批语：墨香曰："此三章诗极妙，第《红楼梦》非传世小说，余闻之久矣。终不欲一见，恐其中有碍语也。"

这一小册子的封面上写着："丙申（1776年）六月七日录。"（其他各册亦均有时日。）这诗是永忠三十四岁那年做的，做诗的时候，雪芹已死。诗题云吊，或雪芹即死在是年（1768年）或更前？这和先生所假定只差三年，总之雪芹之死在1768年以前，由此可以断定。由这三首诗和评语，至少可以推出下列事实：

（1）永忠由墨香处得读《红楼梦》，永忠和雪芹同时而不相识，因读《红楼梦》，适闻噩耗（?）为诗吊之。

（2）墨香和雪芹或有关系，在墨香的著作中，或可寻出关于雪芹的史料。（墨香待考，数日内或可报命。）

（3）《红楼梦》中有碍语（?）——故墨香虽"闻之久矣。终不欲一见"。——非传世小说，所谓碍语是当时旧礼教下的假道学者所加于男女事件的代名词，因其有这些事，所以不能为传世小说，这可以代表1768年前的士大夫阶级对于《红楼梦》的意见，反之，1768年后的流行，也足以窥见世风的变易，这原因多半可以归到宫廷和社会生活的变革，士大夫阶级的提倡上去。

（4）诗二以宝玉颦颦并举，自然是指前八十回。先生所说"书未完而曹雪芹死"的一假设，（《红楼梦序》页五三）似有商榷处。因在1768年或稍前，永忠已能读《红楼梦》，其非未完可知。在1768年时墨香已"闻之久矣"，其非成于1768左右可知。据此则书成当在1768年前五年至十年，我以为这可以有两种说法：（一）《红楼梦》在1760年前后，曹雪芹已把它写成完书，下场是悲剧的，黛玉、湘云、凤姐、香菱等都有结束，永忠所读的就是这本子，故有"不是情人不泪流"之句。（二）高氏所续的或抛了八十回后的一部分，加上自己的，成百二十回本。退一步讲，即使未完，全书也已预定下悲剧的下场，但不是书未完而雪芹死，是未完的书成于雪芹死前七八年，当时或已有刻本（?）；否则，雪芹之死，便当移前七八年，约在1760年左右了。

（5）雪芹晚年的生活是穷愁潦倒的。

据《延芬室稿·耆献类征》文艺九《宗室文昭附传·宗室王公世职章京爵秩袭次全表》圣祖皇帝位下：永忠字良甫，号臞仙，一字渠仙，自号延芬室主人，又号如幻居士、九华道人、敬轩主人。多罗恂勤郡王孙，多罗恭勤贝勒弘明次子，乾隆丙子（1756）考封三等辅国将军。生雍正十三年乙卯、卒乾隆五十八年五月（1735—1793），年五十九。他和敦诚、敦敏、敦诚……都有交情，《延芬室稿》约有诗七八百首，文若干首，里面很有一些和他们投赠的诗。

以上这些是因为我先做了《延芬室稿》中的《志学编》的跋，近几天重读先生的考证，见有引永忠的去处，便开始注意这部破稿本，果然找出这么一些来，高兴极了，立刻写信告诉先生。

据这书的内含而论，内中一定还有关于曹雪芹的诗，我明天还要细细的找去（因为纸已陈旧，只能慢慢地翻）。或者再有发现，亦未可知。

敦诚一辈人的生卒事迹，有否再考查的必要？假使先生要，我可以把一切永忠和他们投赠的诗抄奉。生卒也有查出的可能。

明陈文烛的《二酉园文集》有沔阳卢氏《湖北先正遗书》本，已请图书馆购得，附闻。专此。谨颂

康健！

学生吴春晗上

二十八日晚

（原载《历史研究》，1966年第3期）

致胡适（四）
（1931年5月5日）

适之先生：

在两个月以前，找到一篇《婺书》中吴之器撰的《胡应麟传》。撰者的时代稍后于胡氏，在这篇传中说胡氏的卒年是在万历三十年壬寅（1562），存年五十二岁。这可以把顾颉刚先生在《四部正讹序》中所提及的应麟卒年问题解决了（他在序中据江湛然的话推存年在六十以上）。恰巧前几天由燕大图书馆借来一部《少室山房全集》和《弇州四部稿》，就费了将近半个月的工夫在二书中辑出关于胡氏生平的事历，另外翻了一些和应麟同时代人的诗文集和地志，以及《明诗综》、《金华艺文志》、《全浙诗话》一类书，和中海图书馆所藏的《太函集》、《二酉园诗集》诸书，草成了一篇将近三四万字的《胡应麟年谱》。

似乎是胡氏的事迹在校点本《四部正讹》未出世以前，还没有人注意过，有些攻驳他的就只攻击他的依附王世贞（《明史・文苑传》），又或如钱牧斋之专攻他的《诗薮》，沈德符和四库诸臣之吹毛求疵，检他不留心的偶误加以抨策。反之替他说好话的如朱彝尊之流，也只空空洞洞地以"读书种子"四字了之。至于他的事迹，则似从未有人加以注意，即有之亦荒谬不足据。

现在我所能找到的材料，全已分系在各年之下，除开有矛盾的地方，我自己不参加什么意见，他的重要著作的自序，因为可以说明本书的旨趣和见解，也一起抄下，材料的引用是以应麟自撰的为主，其他可以参证者副之，例如王世贞的《胡元瑞传》是据应麟自撰的《石羊生小传》增减而成，《胡观察传》是据《家大人履历述》撰成。这样，除开王撰的有异同之外，便全据胡氏，间或两传合用。

他是明代名士气极重，到处结社、标榜，空疏浅薄的时代下的产儿，他自己也是长安社、白榆社中的人物，在他的出生前的五十年中的所谓“前后七子”的最盛期，和他的一生有极大的影响，我预备把年谱分成三段：（1）从正德元年到嘉靖二十九年，“七子”运动时期。（2）从嘉靖三十年到万历三十年，应麟年谱。（3）从万历三十一年到现在，（A）应麟著述的刊本编年（B）前人对于应麟的批评。

这做法不知道对不对？请先生能费一点工夫，多多指教。我所参考的书很有限，也希望先生能另外介绍一些给我。

因为没有和先生直接谈过话的缘故，最后要替我自己介绍一下：我是1929年进中国公学的学生，去年先生离开中公后，我也立刻到北平来转燕京大学，不料到北平后燕京又不许我入学，因为我在中公的英文成绩是C，虽然在转学时他们曾寄入学允许证来。后来颉刚先生介绍我到燕大图书馆中日文编考部作事。现在我又要想下半年到北京大学史学系插班，因为恐蹈去年的覆辙，就辞了燕大的职务，先时预备功课，所以现在有时间来写这篇年谱。

学生吴春晗

五月五日

附录：胡适致吴晗
（1931年5月6日）

春晗同学：

我记得你，并且知道你的工作。

你作《胡应麟年谱》，我听了很高兴。

前年我曾推断胡氏“死时年约五十岁”（见我的《文存》三集页六三〇），但我的根据很少，不过是一个假定而已。今得你寻出吴之器所作传，考定他死在万历三十年，年五十二岁，与我的假定相差甚微。

但你信上在万历三十年下注“1562”，是大错。不知何以有此误。此年是 1602。生年是 1551。

你的分段也甚好，写定时我很想看看。星期有暇请来谈。罗尔纲君住我家中。

胡适

廿，五，六

（以上两信原载《历史研究》，1966 年第 3 期）

致胡适（五）*

（1931年×月19日）

去年冬间，发心编一个《四史人名索引》——我以为研究古代史，应该从两汉倒溯，但是苦于事迹的不集中，无法整理，所以有编人名、地名和其他索引的必要——到现在已经写好了四五万片子，经过两三度的校对（底本用殿本，校本用百衲本的景祐本和金陵本）和排比，大约下半年如能入学，年底可以成功。可是困难的问题极多，现在举几个大的请你指教。

（1）索引本为便于检查而作，故篇幅应力求撙节，现在我定的体例是参《史姓韵编》而更详其所略，略其所详。姓名下具列籍贯、家系（如○○子，○○弟）、字、号、异名，而不著其仕履（仅列封爵），其所见亦仅举《史》几《汉》几卷，而不标明页数行数，此不第因无一标准版本可据，抑且太繁，恐不便用。不过师友人中亦有以为应群举页行者，其理由以为如不如此，仍不便检查，第如遵照此说，则四史中如汉高、汉武、光武、司马氏、曹氏及诸将相每人须各列举数十百条，即在同卷中亦须数十见，究竟应否标举页行？此其一。

（2）中国辞字诸书分类，向来依照《说文》部首分列，晚近四角号码分部亦复风行一时。此索引之分类编列，究宜从旧从新，二者以何为便？此其二。

（3）国人习尚相沿，称谓喜以字里别号相冠，其著者固尽人皆知，其微者则易滋淆乱，拟于索引后附异名表、封爵表。谱系之学，昔人所重，沿源溯流，亦可窥见思想渊源、社会地位，拟于索引后

* 此件残缺。——编者注

附世系表。其古帝（如三皇五帝三代）、列国（如秦）彼此不同者则具录所出，藉资探考。又如刘向、歆、德，韩信、周勃之流，两汉一代，姓名雷同者每以十数，往昔诸贤同姓名录之作，仅限有传者，多未详备，拟于索引后附同姓名录。

以上几条，不过是其荦荦大者，此外如去取、妇女、神仙之甄录，有名无姓或仅一字，匈奴、南蛮之氏族等等，在在均成问题。盼望你能简单地指示给我一条明路！

上次你所说的北大旁听生制度，我已去问明，据说现在没有这种制度了。现在我对于英文、西洋史、逻辑等尚有法可想——英文我现在能够看书，就是文法不了了——就是数学要抱佛脚，也来不及。这真是一个致命的打击！

又：我想找出钱牧斋批评胡应麟的话，这几天曾把四部丛刊本的《初学集》和《有学集》翻了一遍，不料竟找不出来。不知道是否在旁的书中？你能告诉我吗？

学生吴春晗上

十九日午

（原载《历史研究》，1966年第3期）

致胡适（六）
（1931年9月18日）

适之先生：

《婺书》八卷，经请托家乡的朋友向四处邻近各县大索，竟不能找到。此书《四库总目》及《浙江采集遗书总目》均未著录，晚近胡季樵氏著《金华经籍志》始引用之。前人如王崇炳之《金华征献略》亦于是书多所取材。不知道《金华丛书》和《续金华丛书》为什么不把它收入？

现在这个本子是向家乡的朋友借来的，尚有《婺书别录》四卷，臆其命名，似是著此书时所余之零章断句，别为一编，可惜也找不着，否则我想里面一定有些可贵的史料，足供引用。现在先把这四册寄上。

卷四的《胡应麟传》所叙述的也有错的地方，如“后司马（汪道昆）殁，而应麟愈重，诸词客裹粮入婺者踵相接，昔以事弇州伯玉者事之，莫敢异词。如是又十余年，万历壬寅卒”。据《太函集序》推，伯玉死只在应麟前三数年，大概是他把汪道昆的卒年误为伯玉的卒年，否则即是文笔上的夸张。

从尔纲兄处得到先生勉谕的话，非常感激，同时又惭恨自己过去的不长进，我不敢向先生说一些“道谢”的浮文，只是时时刻刻地警戒着自己，使他日不致辜负先生的期望和好意。谨祝

康健！

学生吴春晗上

十八日晚

（原载《历史研究》，1966年第3期）

致胡适（七）
（1931年9月26日）

适之先生：

凭着先生的好意，得入清大，一眨眼又是三星期了。上次先生所指示的几项，读后恍如在无边的旷野中，夜黑人孤，骤然得着一颗天际明星，光耀所及，四面八方都是坦途。在上星期已托人买了一部崇文本的《明史》，逐日点读，另外做了几千卡片装了几只匣子，分为（1）人名（2）书名（3）纪事三种，按类填写。比较复杂的就写上札记簿。准备先把《明史》念完后，再照先生所指示的逐步做去。

关于工作方面，上星期蒋先生说（在向他道谢的时候）校务会议已经规定："研究生欲在校内兼任工作者须得主任允许，工作时间每日不得过二小时，报酬月不得过二十五元。"生的工作范围已定整理档案，不过因为新图书馆内部布置尚未完工，须一月后方能开始工作。这事始终都是先生的力量，谨在此向先生致最恳挚的谢意！

关于胡应麟的，生前此曾陆续查出：

（1）《区大相持集》卷十七　壬寅闻两胡生亡 豫章胡比部汝焕 兰溪胡孝廉应麟

（2）《南谿寤歌》卷上　游唐氏可园，因怀王鹤潭兼吊胡少室 园为胡少室二酉山房旧址

（3）《人海记》记二酉藏书由来

（4）应麟晚年情景（见前信）

最近在清大图书馆又得一明万历甲寅良贵堂刻本《少室山房笔丛》，此本前有（1）殷城黄吉士序（2）兰溪赵承宠序（3）陈文烛序（他本俱无黄、赵二序），卷首题：

安定胡应麟明瑞撰

南阳赵世宠承甫校

婿赵三极一兼梓

从此题识和赵序的“余葭莩元瑞，得携孺子三极造二酉”，知良贵堂即赵家堂名，世宠和元瑞是两亲家，三极是应麟的女婿（此女即在潞河所生者）。更从黄序知道此书在明末至少有（1）元瑞生前自刻本（2）金华江湛然类稿刻本（3）金陵翻刻本（4）良贵堂刻本。

清大又另藏一附有《甲乙剩言》一卷本，此书虽然没有刊刻年月，不过它的款式和金华类稿本无别，纸色刊板，均不失毫发，可断其即金华本另行而益以《甲乙剩言》者。（《甲乙剩言》明刻有宝颜堂秘笈本。）通行《少室笔丛》都没有这一种附录，也可算是明刻《笔丛》的第五本。

颉刚先生校点《四部正讹》时，序中曾言文津本不可据，他所提到的也只有一个金华本和清广雅本，生发现此二本后，本来想立刻告诉他，可是跑去几次，都未见着，前星期匆匆见了一面，也不能把详细情形告诉他。生很希望能得顾先生的允许，把这几本子再来校勘一下，看有什么不同的地方没有？

《胡应麟年谱》的稿子，原只是一个极潦草的初稿，因为知道先生很注意他，所以才敢送给先生看。在写好后到现在又陆续找出这些材料，恐怕将来把这些东西丢了，或者竟会失去对他的兴趣，所以生现在预备把它再写一次，在写二稿前想请先生指示在初稿中的错误和应注意和简略及其他地方，不知道先生能够应许不？此稿现如在先生处，并请寄还，以便重写。

前寄给先生的《婺书》，无需寄回，就请先生替我们家乡永远保存着吧！

谨颂

康健！

学生吴春晗上

廿六日

附录：胡适致吴晗
（1931年9月12日）

春晗同学：

你的信使我很高兴。蒋、张诸公之厚意最可感谢，甚盼你见他们时为我道谢。

蒋先生期望你治明史，这是一个最好的劝告。秦汉时代材料太少，不是初学所能整理，可让成熟的学者去工作。材料少则有许多地方须用大胆的假设，而证实甚难。非有丰富的经验，最精密的方法，不能有功。

明代历史，材料较多，初看去似甚难，其实较易整理，因为处处脚踏实地，但肯勤劳，自然有功。凡立一说，进一解，皆容易证实，最可以训练方法。

你问的几项，大致可以解答如下：

（1）应先细细点读《明史》，同时先读《明史纪事本末》一遍或两遍。《实录》可在读《明史》后用来对勘。此是初步工作。于史传中之重要人的姓名、字、号、籍贯、谥法，随笔记出，列一表备查，将来读文集杂记等书便不感觉困难。读文集中之碑传，亦须用此法。

（2）满洲未入关以前的历史，有人专门研究，可先看孟森（心史）《清开国史》（商务）一类的书。你此时暂不必关心。此是另一专门之学。谢国桢君有此时期史料考，已由北平图书馆出版。（孟心史现在北大。）

（3）已读得一代全史之后，可以试作“专题研究”之小论文(Monographs)；题目越小越好，要在“小题大做”，可以得训练。千万不可作大题目。

（4）劄记最有用。逐条必须注明卷册页数，引用时可以复检。许多好“专题研究”皆是劄记的结果。

（5）明代外人记载尚少，但如“倭寇”问题，西洋通商问题，南洋问题，耶苏会教士东来问题，皆有日本及西洋著述可资参考。蒋廷黻先生必能指导你，我是全外行。

以上匆匆答复定不能满意。

胡适

廿，九，十二

请你记得：治明史不是要你做一部新明史，只是要你训练自己作一个能整理明代史料的学者。你不要误会蒋先生劝告的意思。

（以上两信原载《历史研究》，1966年第3期）

致胡适（八）
(1931年×月15日)

适之先生：

《清明上河图与〈金瓶梅〉的故事》一文，在暑假中仓促草成，本不想发表，因想买一部《明史纪事本末》，一时凑不起钱，所以只能送与本校周刊，拿到了十块钱，大概可以买一部了。

“文中不宜多用表字”，此意先生前已面示，此次仓促不及改正，以后当极力避免。

下篇正在搜辑材料中，拟将嘉隆间著作一律搜齐，翻阅一过后再下笔，恐非一时所可办到。

近日在点读《明史》，时时发现有极危险和可笑的错误，现将所抄札记摘录二条于下：

> 卷二八五《赵埙传》附《乌斯道传》：“傅恕字如心，鄞人。学通经史，与同郡乌斯道、郑真皆有文名……斯道字继善，慈溪人……子辑亦善诗文。洪武四年举乡试第一，授临淮教谕，入见赐之宴，赋诗称旨，除广信教授，自号荥阳外史。”检《明史稿》，“辑”作“熙”，“文”下“洪”上有“真字千之”四字，与《史》不同。按《史稿》与《明史》两皆失之。据张时徹《宁波府志·文学传》：“子熙光，字辑之，为国子监监丞，亦以诗文擅名。”《慈溪县志·文苑传》文同。是则斯道子名熙光，字辑之，《明史》作“辑”固误，《史稿》作“熙”亦误。《史稿》“真字千之”四字，乃承上文郑真而言，“洪”字下所述俱真事迹，《明史》落此四字，便尔张冠李戴，大误。
>
> 二八三《陈献章传》：“献章……久之复游太学，祭酒邢让

试和杨时《此日不再得》诗一篇，惊曰：'龟山不如也！'扬言于朝，以为真儒复出，由是名震京师。"一段文意不明，似和杨诗为邢让所作，与献章无与，按《明史稿》传一六〇，"篇"字下"惊"字上多"让得之"三字，则此诗为献章所和，让得之扬言于朝也。《史》、《稿》文两皆失之，据文意应作："久之复游太学，试和杨时《此日不再得》诗一篇，祭酒邢让得之，惊曰：'龟山不如也！'"事实始不颠倒。

《明史》经数十大儒之努力，积六十年之辛勤，乃纰谬如此，其他讹误尚不可枚举，此故生意以为清人深中古文之毒，及欧阳"文简事增"之言，只求有合于古，任意节落，初不计事实之背违，且官修之史，人自为政，为之主者虽博洽绝伦，亦未能发现类此之小误，不知先生以为然否？

《胡应麟年谱》早已收到，近日穷日夜之力，重加编正，已二易稿，将一年中事迹设法联成一起，小注另提出附于年后，整理结果，前稿弃去者十之五，增入者亦十之五，回顾前稿之纰陋矛盾，不禁汗下，追思前此之遽以是稿呈政于先生，益觉惭惶无地！重正稿约一月后可卒业，以苦于基本应用书如《明通纪》、《明鉴》、《四库总目》之非自备不可（《明史》已设法购得），届时拟仍呈政于先生，并为介绍发表（清大周刊千字只七角稿费），深知冒昧发表之非是，然意在易书，还祈先生谅之。谨颂

康健！

学生吴春晗上

十五日

（原载《历史研究》，1966年第3期）

致胡适（九）
（1932年1月30日）

适之先生：

有一疑难问题，数月来亘亘于胸，未能解决，盼望先生指示一个出路！

处在现今的时局中，党国领袖卖国，政府卖国，封疆大吏卖国，每日看报所能得到的是最初“镇静，镇静！”次之是“政府已有最后准备，下最大决心，请信任，信任！”现在是：“一切你们所要的都答应，只要不拆我们的台就感谢不尽，无条件的屈服，屈服！”

翻开任何国任何朝代的史来看，找不出这样一个卑鄙无耻丧心病狂的政府，也很难找到这样麻木不仁浑浑噩噩的国民。

学生不应离开学校去作无聊的举动！如发传单、喊打倒之类。但是应否作个别行动，为自己争人格，为国家争光荣？这行动是否有意义？学生一无可杀人的枪械，二无可凭借的势位，三无可号召的群众，空口说“救国”是否有用？（现在平津一带连“救国”都无人提起了。）假如不，看着人家大批出卖你的父母兄弟，听着若干千万同胞的被屠宰的哭声，成天所见到的消息又只是“屈服”、“退让”，假使自己还是个人，胸膛中还有一滴热血在着的时候，这苦痛如何能忍受？

自杀，是不负责任的卑鄙行为，但是假如自己是活人，又能比长眠人幸福多少？至少他们不致再受我们所受的苦痛。

过去四个月，无时无刻不被这种苦痛所蹂躏。最初的克制方法，是把自己深藏在图书馆中，但是一出了馆门，就仍被袭击，后来专写文章，冀图避免此项思虑，但是仍不成功……在就睡后仍陷于一种无可奈何的深思中，结果是成为照例的失眠。最近在历史系开始工作，整理咸同光三朝的《京报》，把它编一目录，起初几天，倒也感觉兴趣，可是后来渐渐有对外关系和军事种种的记载出现，不由地把它和现在的一一比较，结果只是使你愤怒、扼腕；假使可能的时候，情愿时光倒流，至少那几个皇帝和大臣只是无能、短见，而决不是卖国、屈服！

为着要知道现状的进展，不得不每天看报，但是看报的结果又只是使你气不得，笑不得，"不幸而为中国人"，这一天便也再不能沉下气去做一点什么事了。

这苦痛不能向有党籍的人吐露，也不能告诉根本没有主张的人，生在过去，备受先生的训诲指导，盼望此时先生也同样地予以解决的方法并指示一条应走的路。敬颂

康健！

学生吴春晗上

一月卅日

后附还汇票洋四十元，请检收为盼。

（原载《历史研究》，1966年第3期）

致胡适（十）
(1932年4月24日)

适之师：

先生的文章已经叫人抄好拿去付印了，现在把原稿先行挂号奉还。

今午同蒋廷黻先生谈话，他说他正在发愁，因为《独立周报》预备在下下星期出版，第一期稿件已齐，却还找不到一个合式的经理人。生因此想起五星期前同黎昔非君到协和来看先生的时候，先生曾提过此事，并问黎君愿否帮忙，就把这话告诉蒋先生，他很高兴，叫生即刻写信，请先生决定并征求昔非同意（他住银匣大丰公寓）。

这半年来读《明史》发生了无数的问题，其中最叫人疑心的一个是胡惟庸事件。据《明史》胡惟庸传、日本传、李善长传诸记载，是胡惟庸想造反，私使明州卫指挥林贤下海招倭，使元遗臣封绩往漠北请援，日本国良怀遣僧如瑶率四百人伪为贡献巨烛，中藏兵器，谋乘机为助，未至而惟庸败，至十七年（一作二十年七月，一作十五年）林贤事发，族之，乃绝日本，著祖训，列为不征之国。这事叙述非常可疑，关系非常重大，中日诸记载又均有矛盾，如：

（1）《纪事本末》载太监云奇事，说胡惟庸请太祖幸第谋行刺，被云奇阻，事发诛惟庸。此说本《列卿记》附录，雷礼又本之何孟春《云奇墓碑》。原碑未指明姓名，何氏臆断为惟庸。此事《皇明史窃》、《皇明泳化类编》、《明书》、《殊域周咨录》、《纪事本末补编》、《从信录》、《法传录》诸书皆笃信之。

（2）日使如瑶，中日诸书均以为良怀所遣，《资治通纪》及《苍霞草》则以为义满所遣。最后一次来华时代，《筹海图编》以为洪武二十年，《明史》以为十七年，诸书或作十五年。

（3）胡惟庸罪状《明史》所录系据《实录》，全载当时口供。不可信。（其价值与严世蕃口供等，王世贞笃信之，其子士骐则疑非是。）其被诛前过失，诸书亦所载不一，综为（一）毒死刘基，此有黄伯生《诚意伯行状》可据。疑即由太祖指使惟庸行毒，复中以罪图灭口，故史隐约其辞（二）壅蔽安南贡使（三）私没入宫妇女（四）其子死市中，惟庸杀挽人被罪（五）榜关吏为诸奸利（六）通倭（七）通朝鲜、三佛齐（八）通元（九）谋刺诸端，均矛盾可疑。

（4）惟庸大罪为通倭，诸书所记皆类儿戏，且《明史》言："十七年七月林贤事发……"不见《实录》及任何纪载。惟庸死后与日本之诏敕不及此事。日本记载亦无一字及之，即有，亦皆采自中籍。

（5）李善长之冤，王国用疏已及之。太祖猜忌，诸元勋宿将均遭非罪诛夷，胡文臣且初曾寄心腹，惧其泄青田死事，故借其平日不慊之行为陷以叛逆，不惜伪造口实，著之祖训，一面明知不能征服日本，而又无法阻其入寇，因曲为之引，借端绝交，诸家记载但凭《实录》，日人又凭中籍，适堕太祖计中，以致数百年来人均为所欺。

其余可疑之处极多。生打算在暑假前写一篇文章专论此事，以说明明代初叶之中日外交关系，一扫前人之说。不过还不敢十分自信，极盼先生能予以指教。

又异称《日本传》引涂山《明政统宗》七："永乐五年八月，敕陕西行都司都指挥陈敬等及巡按监察御史禁止外交。上曰：'臣无外交，古有明戒。太祖高皇帝申明此禁最为严切。如胡惟庸私往卜宠吉儿、通日本等处，祸及身家，天下后世晓然知也……'"文中卜宠吉儿疑即北边地名，但花了很多工夫都查不出在那儿，这条材料又仅见于此地，无所参证。不知先生能介绍一位专治元明西北史地的为解此疑否？

前在协和曾谈及《绿野仙踪》抄本事，先生当时说打算把它抄一部出来。生后又与振铎先生谈，亦极赞此举。假如先生认为此书有抄出之价值，生当嘱在燕京图书馆服务之友人设法买一部木刻本，

光抄它不同的所在。此友已允许完全尽义务代为校抄，一候示到，便可举行。专此。谨颂

康健!

学生吴春晗上

二十四日晚十二时

（原载《历史研究》，1966年第3期）

致胡适（十一）
(1932 年 5 月 13 日)

适之师：

《文史专号》已出版，兹奉上二册。

生有一北大友人×××君，此次在《文史号》撰《东印度公司之解散与鸦片战争》一文，他是用新的观点来作一个尝试，虽不能说是成功，却似乎比时下一般自命唯物观者之生吞活剥、削趾就履来得强一些。×君是一个比较肯用功看书的人，他从前曾写过一些文章，如在《平等》上发表之《抵制日货之史的考察及中国之工业化问题》、《中日外交关系之过去与现在》等文，都还有点新见。他是一个畸零人，自幼便见弃于旧官僚的父亲，凭着自己的努力，工读到现在，今年在北大经济系毕业了。他很想来见先生，不知可以否？

生本想暑假中在校多念一点书，不料一星期前接到家信说生父病势转重（一年前已病），嘱一放假便带弟一同回家，现定七月初动身回里。倘有不测，生家除生兄弟二人在平读书外，别无长丁，前途茫茫，真是不堪设想！

敬颂

康健！

学生吴春晗上

十三日

(原载《历史研究》，1966 年第 3 期)

致郑振铎
(1945年)

西谛先生：

一别便是十年，世界整个变了，我们也已经变了。

从《求书日录》和《蛰居散记》上知道你这八年来的情形，可是我却没有法子把所经历的告诉你，只好见面再谈。

我们的《民主》周刊出到一卷十七期了。最近读到你的《民主》周刊，极高兴，虽然隔了八年，相距这么远，想的说的还是不走样。

此地物价贵，周刊一期的成本，每份六七十元，赔累不堪。寄到上海卖是办不到。反之你的周刊却可以在昆明大卖特卖。敝社可以义务服务，批发给各书店。

我们希望两个刊物的文章可以互相转载。尤其是我们的，愿意弃版权，欢迎沪上一切刊物转载。这一期我们已经替你们登了广告了。

昆明有平津的三个大学底子，过去是相当热闹。最近沉寂一点，原因你大概可以体会得到。刊物除《民主》外，有《时代评论》、《妇女旬刊》、《人民大路》、《昆明新报》、《文革新报》、《独立周报》等等，执笔的大体都是三大学的人。（当然还有反动的吧儿狗刊物，如《自由论坛》周刊之类。）

物价贵得使胜利前的上海人吓死。一放爆竹，暴跌了一下，随后过节又涨回去。再一放枪，就又复原到原样了。一般生活情况以自己例，我的薪水可以拿十多万法币，足够维持二十天，其余的日子不靠卖稿，只好吃风。八年没有做衣服，穿的睡的一塌糊涂，上身下身全是线，勉强过了这几年，今天算是到了最后崩溃的关头了。

说回来，过得苦，却还活得好，而且还想活下去，这一点意义不能不说是这八年的锻炼所昵。

吴晗上

（原载上海《民主》周刊，1945年第10期）

致梅贻琦、潘光旦*
（1946年4月1日）

月涵、仲昂先生：

生因内人急需赴沪治疗，拟于本月廿日左右离昆北上。

九年困境，债台高筑，旅费、医药费及最少五个月之生活费，一无着落。预计：

①由昆飞沪（直飞或由重庆转）黑市票价至少一百万元；

②由沪至平暂拟二十万元；

③在沪住院二月及手术费预拟五十万元；

④个人生活费五个月至少四十万元。

总数约在二百万元以上。

如此巨款，个人绝对无法筹措，用特具函申请，希望能即日预支以下各款：

①四至七月份四个月薪金，约为五十余万元；

②政府所规定之还都费，似为卅万元；

③学校所规定两个人由昆明回至北平之旅费及其他应得之款项，估计或有六十万元之数。

此外并请求学校借予五十万元或六十万元，此款之保证为生私人存在北平之书籍（存新京畿道五号黄仕林家，中文书十六大箱）。到平后，或将书籍之一部分变卖现款，清还；或得学校需要上之同意，径以等值之一部分书籍作为偿款之用，均无不可。

又，生在宁、在沪约有四五个月之勾留，倘两地有学校需办事，

---

* 梅贻琦，字月涵，时任清华大学校长。抗战时任西南联合大学常务委员。潘光旦，字仲昂，时任清华大学教务长。——闻立树注

为生能力所胜者，极愿尽力，并候明示。

为病人之安全计，行期无法再缓，倘蒙矜恤，予以助力，上述款项并望能于十日内具领，以便进行旅行手续，为恳。专此。敬颂

教安！

生吴晗敬上

致梅贻琦
（1946年4月16日）

月涵校长先生钧鉴：

谨启者：生拟挈眷于本月二十日左右飞渝转沪就医后返平。闻仲昂师云先生赐寸笺为介绍沪上医院，铭感无似。窃以当前交通困难，在渝候机或有相当时日。无厌之求，倘蒙再赐片纸为介绍渝市医师或医院，使沿途留住皆得就医，实所感盼。行期在即，并望惠允借支之百万元迅饬出纳组支付具领，为恳。又目前时局变化不测，物价到处狂涨，旅行费用苦于无法预计。万一留沪时费用断绝，不能北返时，进退狼狈，并恳赐以助力，特别通融，届时贷予必须之款项。至归还方法，当如前函所言，以存平之中文书籍一部分作价或变款偿还也。琐琐奉渎，至乞鉴原。专此。并颂

教安！

学生吴晗谨上

致黄裳（一）

（1946年11月21日）

黄裳兄：

介绍清华同学史靖*君（笔名）替贵报贵栏写教育文化通讯。请拨冗汇函清华大学王康君接洽，如可能，并望稿到后即付稿费，稍补作者清苦的读书生活为感。

专此。敬颂

著安！

吴晗上

十一月廿一日

（手稿）

* 史靖，王康的笔名。——编者注

致黄裳（二）
（1946年11月24日）

黄裳兄：

静远从去年来快信说，已征得您的回复，在《文汇报》刊出“一二·一”纪念专页，要我自己和学生写纪念文字。

我自己的稿子，希望一两天内能有工夫写出寄上。

现在先把同学写的两篇稿子寄上。这位同学的通讯处还是上次介绍给您的那位。

祝

好！

吴晗

十一月廿四日

（手稿）

致黄裳（三）
（1946年12月4日）

黄裳我兄：

十一月廿五日信拜悉。

写文章是愿意的，困难的是别人不把你当作可以写文章的人，被安排做太多自己才力所不愿作的事，于是一方面疲精劳神做牛马，吃力不讨好；一方面又颇想偷闲动动笔墨，成天要接见许多生疏然而是热诚可爱的面孔，说太多自己也记不起来的话；有时候还得被牵上讲台，被挤上游行队伍的前排，如此如此，就永远写不出自己想写的东西，不能读自己该读的书，然而，又能怨谁，只怪自己是生在如此一个时代。

只要能动笔，一定遵嘱写教育文化方面的文字，而且，更愿续写《旧史新谈》，后者我一相情愿，想每个月写一两万字，几百字一则，每天抽半个钟头写，而且，希望一星期内就能寄上，但是，可没有把握写包票，做到那里是那里吧。

王康君很有前途，最近写的是有点凌乱，空洞，希望他以后能定心写好一点。

光旦先生处已面述尊意，日内当再与论谈。

此间同学将尽量为《文汇》写稿。

已托静远替我代订航寄《文汇报》一份，他大概是找你接头的。最近从上月十九号起没有读到贵报，颇有受不了之苦也。匆祝

编安！

弟晗上

十二月四日

（手稿）

致黄裳（四）
（1946 年 12 月×日）

黄裳我兄：

偷闲草《旧史新谈》四则应命。

刘恢之是最近一晌的笔名，假如非用本名不可，也只好算了。

《文汇报》从上月十九日起改用平寄寄来，要隔十几天才能看到，请将稿费交发行部作为航空寄费，使能快先睹，感谢感谢。

地址，北平清华大学西院十二号。

倘会用，以后可续写，乞示知。

即颂

编安！

弟晗上

（手稿）

致黄裳（五）
（1947 年 1 月 4 日）

黄裳弟：

我念一首诗给你听吧：

望门投止思张俭，忍死须臾待杜根。我欲横刀向天笑，去留肝胆两昆仑。

你猜是谁写的？

要的字，即托人写，纸还留得有。

《朱元璋》已写得一半，有两星期没有动笔了，明天起打算发愤把它赶完，了此债务。

话不必多说，你已经明白了，是不是？祝

安健！

辰

一月四日

（手稿）

致黄裳（六）
（1947 年 1 月 27 日）

黄裳我兄：

二信均收到。

过年这阵子真忙得可以，不要说作文，连执笔的机会也没有。

《旧史新谈》一周后可续写。

《文史图书周刊》事，我的意思是您自己来主编，我可以代您拉稿，当然更应该写稿。这边朋友可以帮忙的有向达、容肇祖、杨人楩诸兄。

教授群像已经告诉学生们，让他们写了寄上。

附稿一篇是清华的文书主任周久庵写的，此公会写字刻图章，也常写一点文章，以后他自己会直接寄稿来。

又得出去安排事情去了，苦不能多谈。

祝

好！

弟吴晗上

一月廿七日

徐达病危吃蒸鹅事，似出于徐祯卿《翦胜野闻》或枝山《野记》。明代的零碎掌故有沈节甫《纪录汇编》一书，所收笔记约有七八十种（商务有影印本）。

（手稿）

致黄裳（七）

（1947 年 2 月 22 日）

黄裳我兄：

示悉。

必得用原名，正好照办。另纸附上。

稿费请尽先付报纸航空费，不必寄来，有余者存尊处。

续稿三数日即奉上。

我记得在《周报》上曾读你的《关于美国》等多篇，非常喜欢，假如已印成单本，乞惠赐一册，先此致谢。专复。即颂

著安！

弟吴晗上

廿二日

（手稿）

致黄裳（八）
（1947年2月25日）

黄裳我兄：

前一信附题签想已收到。

续写六则寄上，倘有违碍处即请润饰，不必客气也。

拙著《明太祖传》已见及否？如未，即航奉一册。

稿费请拨作报纸航空寄费，因素懵于数目，弄不清到底月需多少航空费，无法寄，不如就稿费扣除之为简便也。

即颂

著安！

弟吴晗上

廿五日晚

（手稿）

航寄报纸尚未收到。

致黄裳（九）

（1947年×月21日）

黄裳我兄：

二月廿六日信拜读。

此间拂逆情况，已嘱学生记述奉上，另附《周刊》一份，内有一二文字或可供转载之用。

承嘱撰述，此时此地，能无此情怀非愿方命，实迫处此，心照不宣。

另由大陆银行奉上法币叁万元，请费神代订《文汇》航报一份，寄清华西园十二号袁震。原赠平寄报一份，请即停寄。万一平寄报仍可赐寄时，三万元即作为航费，又可多看一月矣。一切听尊裁。（平寄报要隔廿天，消息完全隔绝。）

《新思潮》最近方看到，甚为可喜。即颂

著安！

弟震上

廿一日

（手稿）

致黄裳（十）
（1947年×月21日）

鼎昌兄：

手教并书册均拜悉。

一拿到书，当晚一口气读完，痛快之至。

我也极喜欢你的《旧剧新谈》，虽然不懂戏，却很能领略谈的味道，奚若先生昨天还特地提出《新安天会》这一节，大讨论了一下。

纸打算请东荪、佩弦、奚若三人分写，这些人常见面可是总记不住交纸，稍迟即催写奉上。我自己是最不会写字的，也涂了一张，真是罪过，糟蹋这样好纸。

报纸事真是头痛，承催促甚感，仍乞代询每月航费数目，打算一次寄上半年或三四个月，省得太麻烦您也。

张的辛亥革命回忆，他说，话是他说的，文章可不是他写的，不愿签名掠美，属代达。

一多替我刻了三个图章，一石一牙，另一《时代评论》社章，只有一牙章在手头，迟日或草小文应命，只是一丝一毫也不懂金石，怕写不好耳。

有人说我钻进旧书堆，发掘新史料，其实，硬了头皮还是钻不进去，定不下心，只是站在书堆外转转圈子，叹叹气而已。成天作准备读书，准备拿笔状，读不下，写不出，话却说得不少，如此如此。谢谢！并颂

著安！

吴晗上

廿一日

（手稿）

致黄裳（十一）
（1947年4月26日）

黄裳我兄：

你真会出题目，只好赶了一晚，算是交卷了。

心境好一点，杂事少一点，《旧史新谈》是可以写下去的，例如《终南捷径》这一类题目就很好。

航报算是真正收到了，真是谢谢您！航费上次寄了三万元给你，我弄不清每月要多少，务请代为问一下，打算再寄一笔钱，保证这唯一的精神食粮不致中断。

你的《旧剧新谈》实在好，心平气和，而又能说得头头是道，佩服。

这篇文章的稿费就请先留作航费的一部分吧。

静远记潘春先生也很好，这孩子，我很喜欢。

附丁易写的一张纸。

匆上。即颂

著安！

弟晗上

四月廿六日

（手稿）

致黄裳（十二）
（1947年×月13日）

黄裳我兄：

稿费二十万元已分十万元给史靖了，他正在发愁交不出伙食费。

你在报馆中的情形，静远已经说过，得信后越发明白。

不料时代已经进步到今天，而居然还有人在玩旧的一套，排挤倾轧挑剔伐异一大串，真不禁为之慨然。

不过我劝你不必以此介意，有一分热，发一分光，用更积极的工作来答复这一些人。

至于我，《旧史新谈》原是挤出来的，本来就不怎么好，因为喜欢你的文章，你要我写，不能不挤。现在既然新编辑认为不好，那就落得藏拙，就此打住，万万用不着求人，自动挤出来送上门也。

专复。即颂

著安！

弟吴晗上

十三日

（手稿）

致黄裳（十三）

（1947 年 5 月 31 日）

黄裳兄：

报纸打烊，在意料中，此间同人极为悲观，以为非局面全变，不可能再开门，烟突全被闭塞，后果可知矣。

佩弦字日内即去取。

另奉上《谈往》一册，供参考。

此间筹办《进步周刊》，钱已集，稿已齐，而不能出，原因在无一处肯承印。统制，统制！

即颂

著安！

弟晗

五，卅一

（手稿）

致黄裳（十四）
（1947年6月20日）

昌兄：

还是停的好，不然，真犯不着。

半年用不了，一两个月吧，那时候开张，一定送礼！

园庆虽幽寂，仍苦于说话，有时想索性灌片子也好，不过，条件是情况不变。

三星期后就放假，希望能沉默一下，好好看一点书，写一点文章，也囤积一点材料，以供海上诸兄之驱使。

光旦字是当面押着写的，此公懒极，非如此不可。

佩公字允写，尚未取来。

平伯周前来，说已写过了。

觉明熟极，已嘱静远去要。

孝通下次来，当以对光旦之道待之。

匆复。即颂

著安！

弟敏上

六，廿

（手稿）

致黄裳（十五）

（1947 年 6 月 20 日）

黄裳先生并转诸友：

清华大学学生自治会主办的《清华周刊》决定在七月十五日出版“闻一多先生死难周年纪念特刊”（七月七日截稿），敬请费神特撰专文，航邮赐寄，特具函代为敦请，务乞惠然许诺，感荷！专此。

敬颂

著安！

吴晗

六，廿

（手稿）

致黄裳（十六）
（1947年6月22日）

黄裳我兄：

孝通不肯写，逼也逼不出。

国子吴史事，手头无书，只就所知列举：

一、《谈往》西谳翻案，韩城赐死，宜兴再召。痛史本。

二、林时对《荷锸丛诗》三：东林依草时木之徒。中山大学本。

三、计六奇《明季北略》4. 周延儒罪相，15. 吴昌时恨薛国观，17. 薛国观赐死，召周延儒，19. 周延儒（附吴昌时）、周延儒续记，审吴昌时，24. 周延儒。商务《国学丛书》本。

几月来，时时想写文，总不得工夫，最近决心要写一点了，可是一早起来，刚上书房坐定，就有人来，一直到深夜，弄得口干舌敝，精疲力竭，第二天还是如此，奈何！

很羡慕你的生活！

祝

好！

弟晗

廿二日

（手稿）

致黄裳（十七）

（1947 年 6 月 30 日）

裳兄：

孝通字附上。

佩弦处下次见到一定拿来。

文章收到，谢谢！

唐弢、柯灵处未发信，因为不知道他们的通讯处，承代乞，极感！

平伯再写一张小的，由无问题，已告静远，叫他去说，因我不常进城也。

在昆明你曾给我信，这事提起，还有点影子，不过，已记不清楚了。

在重庆，我是去年五月七日到的，住国府路三百号同盟代表团办事处，六月九日才离开，并未住联大招待所，所以错过了。

在昆明没有书，自己有几千卷书，六年前没饭吃，都卖掉了，曾贴春联："书归天禄阁，人在首阳山。"好几年未去掉，后来只凭借来的几本书，乱抄一点，谈不上什么。

《明太祖》这本书，我很生气，天可恼，这个夏天有时间，一定把它重写，重印。

现在，有的是书，只是没有细细读它的时间。

我极喜欢你的趣味情调，二十年前我们相熟，你的现在也许就是我的过去。那时代，我还喜欢写旧律呢。现在都是梦了，想一想，成天是政治，说的，看的，写的，谈的，连做梦都是，就是剁烂了也分析不出一丝丝趣味，情调澈头澈尾的俗。

不过，享受不能，喜欢还是喜欢的。

只要看你的信，用的纸墨，写的字，和我的一比，便是一个极有趣的例子。

吴束之文章值得写，并愿先睹为快。

静远也许告诉你了，搞了一个《自由文丛》，第一期昨天居然出来了，很好。我和另一些朋友们也许还可以弄一批钱，把这刊物办得更扎实，锋利。希望如此，更希望你多出力气。

几个月来，这本小册子是此地惟一的趣味，沙漠中的一朵红花。

常和静远说，来年后，也许有钱会能让你来北平久居。

这半年买了差不多百万之书，最近一部《资本论》十六万，书有了，可是肚子空了。

郑公的书，和你同感。好是也好，可是，买不起，奈何！祝著安！

晗　六，卅

我的二十四史也是百衲本，零星收至尽全，刻本，收了好久才搭齐，书品书相杂乱得莫明其妙，“七七”时寄回浙江几百包，战时在昆明买的吃掉了，存托北平的非中国字的被毁掉了，留下的是无法染色的烂线装书，足足十四大箱，是战前遗留下的一点小财富。可怜得很，可是，比之昆明是太富足了！假如能太平，十年后我相信会成为一个小藏家。欢迎你来享用！

（手稿）

致黄裳（十八）

（1947年×月5日）

裳兄：

月来正忙于写《朱元璋传》，又忙于见客说话。《元璋传》只写三万字，第一篇已寄西谛，在《文艺复兴》发表，第二篇第一段今天才完，打算给初报的《知识与生活》，以后写完一段即交一杂志发印，全得后再交《生活》。一来穷，想借此减少一点生活上的困难，二来也想画一个人的脸谱，结束这廿年来的研究段落。此书成后，打算转变方向，搞别的去了。

当涂此来大慨《观察》已有通讯，但不甚确。个人印象（一）嫌这个儿子太不争气，尽丢人，扶不起。（二）那个太可怕，惹不得。于是结论自然有了，修补修补，一分钱要有一分货。叫他做补缺人，决不会错。也有人在旁观以为他会另找新缺，我看，错了。

小刊物想都已见到压力已来，无处可印，近日风声紧，孩子们怕要回家去了。

佩弦字，今日送来，附上。容之胜明，当函促。

请告高足，条条路通罗马。我们为他的处境担心，但何不另求多福呢？

匆复。即颂

著安！

弟晗上

五日

（手稿）

致黄裳（十九）
（1947年9月23日）

裳兄：

奉上邓以蛰先生字二纸，邓老来借书，强拉去写，老花未戴眼镜，客气了半天。

今天早起50度，即日要生火炉了，煤价百万一吨，一冬要烧五六吨，煤球也卖八十万一吨，一月要用半吨。

转瞬冰天雪地，银装玉裹，无衣无火，何以卒岁？

有三星期未动笔，情况可想而知矣。

匆颂

著安！

弟辰上

廿三日

（手稿）

致黄裳（二十）

（1947 年 12 月 21 日）

裳兄：

示悉。奚若先生书一册，另邮奉上。

前得陈原兄信，云生活紧俏，尊著在考虑中。昨又函港柳于田先生，请生活印此书，得复即函告也。

乞转告巴金兄，前信介之书，作者为邵君，联大学生，原书弟实未见，冒昧介绍为歉。请退回四川泸县天主堂下惠克医生。

专上。即颂

著安！

弟敏上

廿一日

（手稿）

致黄裳（二十一）
（1948年4月5日）

裳兄：

来信都拜读。

静远已访过奚老，当已有信来。

费孝通兄答应辑他所写的人物志，如沈骊英、陶云逵、费金生等篇为一书，已写十有六篇，再凑三四篇即可成书。

研究会事此间最早看穿底细，班底49人，有30人为党团员，有23人曾任或现任官吏。老板是TV，大概不成问题。三大学学生刊物上已公开抨击，孝通也在内，他对我说是上了一次当了，只挂名，决不做事，也不写文，详情已嘱远写通讯矣。

匆复。即颂

著安！

弟辰上

学报出即寄奉一册。

（手稿）

致黄裳（二十二）

（1948年8月12日）

裳兄：

示悉。《史事与人物》已见广告两个月之久，迄今无一本寄来，想系空寄困难之故，已去信催寄，收到即奉寄一册，乞指正也。

憾此事自当如命，但苦于目前无文论，无合适题目。倘能命题，便容易多矣。

朱佩弦今午逝也，心境极不快，不多谈。即颂

著安！

弟晗上

八，十二

（手稿）

致黄裳（二十三）
（1948年9月×日）

黄裳兄：

六日到沪小住，因路径不熟，迄未奉谒。今晚倘有暇，乞过余庆路一八二号王宅一谈为快。

即颂

著安！

弟旧史上

奚老信想已收到，渠对兄书倾倒无已，你请教存，为作专评。又及。

（手稿）

致黄裳（二十四）

（1951年7月9日）

黄裳同志：

欣陶同志带来的书收到了，在百忙中还是抢先看了，很高兴得益不少。

这几年来简直没有写什么，偶尔写一点东西发表了，也没有兴趣把它剪贴起来。

你的好意不能不接受，让我有时间想一想，挑选一些送上。（还得费力量去找，写这信时脑子没有一点影像。）

大概二十五日左右我要到欧洲去一趟，一个多月可以回来。在这段期间可能写一点东西。

当然，时时不忘积习，老想有机会动动笔。但是，没有办法，时间很少，多半连报纸也看不完全。惟只是空想而已。很羡慕老朋友们，特别是你。

久不动笔，真是手生荆棘了。读了你的文字，还是那样萧洒有风趣，让我再说一句“虽不能去，心向往之”吧。

交稿期总在十一二月间，时间放长些也许不会是空头支票。

渴望拜读新著，谢谢！

敬礼！

吴晗

七，九

（手稿）

致黄裳（二十五）
(1962年3月12日)

黄裳同志：

几封信都收到。

编者和作者往往有对不上口径的地方，因为编者根据版面的意图，而作者则必须根据自己的能力和计划来进行工作。

最近我在读陈子龙等人《明经世文编》，中华要影印这部大书，要我写序，只好从头读起，一共十四大套，才读了一半。

此文完后，要重写《朱元璋传》，大概要半年时间。

看来今年内不可能有时间写别的专门东西了。

寄上《论历史知识的普及》一文，聊以塞责，请指教。

敬礼！

吴晗

三，十二

（手稿）

致黄裳（二十六）

（1962 年 4 月 7 日）

黄裳同志：

信收到已三个多星期。因一直开会，迟到今天才能复信。

最近很倒霉，尽碰见缠、夹二先生，你说的东，他说你错了是西，我说我没有说西，只说是东，他确硬说，你明明说的是东，而且西就是东，缠来缠去，实在缠之不清。

李希凡最近和我抢了一场，想来你已见到。我的文章大约这几天也可以刊出。

不过，实在搞腻烦了。

张居正在明代后期确是了不起的人物，不讲别的，只讲他励行法治，行条鞭法，清丈田土，用戚继光，这几件事就大大了不起。明代政治家没有一个能赶上他！

你说的对，和海瑞不对的人不一定是坏蛋。

蒋的文章发表否，我没有意见。不过，我却不想奉陪了，因为有涯之生，不能吵无聊之架。留这点时间办点正经事，多好！

原来要重写《朱元璋》的，隔了这一阵，天冷了。案头堆着尺多高读者来信，要回信答复，苦不可言。

偷闲写了点杂文，将在《人民日报》发表。用的是笔名，发表后你或许可以看出来。（五四后。）

匆复。致

敬礼！

吴晗

四，七

（手稿）

致黄裳（二十七）
（1962年11月7日）

黄裳同志：

我于三日回国，在仰光住了一星期。回昆明后又到大理看了一下。这几天正在准备给高级党校讲四次课（下星期内），边抄边卖，二十年没有养孩子了，如今逼得上台，倒绷孩儿，可能出笑话。

一星期后又要出国，去伊拉克，得一月左右回国。

回来后准备用两三个月时间改写《朱元璋传》，这稿子在五四年已经改写，油印了一百多份，书店等了多年，再不改写出版，对书店、读者都交代不过去了。

历史剧的讨论在我说来已经结束，要说的话都说了。文艺家、戏剧家们各有自己的看法，不好强同，各存其是，我在即将出版《学习集》中已说明了这个问题。

小丛书决定再搞大一些，每样出千种以上。这些天正在准备再搞一套《语文小丛书》，不怕事多，到处挂帅，头发白了，却不大肯服老，朋友们都以我为怪，其实我倒不怎样怪，他们有能力，却不肯为孩子们做一点事，那才真怪呢！

高级的丛书已列入《知识丛书》中，历史部分有三百几十种，你要写复社的长篇小说，好得很，双手赞成，我看何妨分期发表？

最近姚雪垠写《李自成》，光第一卷就有四十万字，我看了原稿，提了意见，并和他谈了一次，打了气，他十分兴奋，准备写完后再写李秀成、陈玉成，看来历史小说这条腿也在发展了，可喜可喜！

小文章想写，要写，但不是现在。等《朱元璋》改写完后，就自由了，那时候可能搞出一些东西来。

最近去昆明，和云大副校长寸树声同志闲谈，他对你的《旧戏新谈》十分喜欢，不料他的小孩把它送人了，找不回来，他十分生气。

周汝昌我也很想见，但目前不可能，明年一月份我回国后他任何时候来，我都欢迎。

匆复。致

敬礼！

吴晗

十一，七

（手稿）

致黄裳（二十八）
（1964年1月23日）

黄裳同志：

静脉炎虽愈，副产品却随之而来，因发炎而影响神经，每日需半天到医院治疗。加以家中大修暖气，搞得一塌糊涂，全家避居国际饭店，无书可读，恰得兄稿，读之，快意之至。（前日已返家。）

复社是明末大事，朝局士风互相呼应，前人未尝置意，兄稿以文艺出之，实则全为实录。到京皆会插话，必需之至，否则，十八罗汉登场，无一女性，未免令人发闷。

虎丘一会，极费笔墨，综观全书，如至弘光结束，恐非百万字不办。

稿中突出张天如，不知对张受先如何写法，此公刚劲，天如死后仍能不屈不挠，岂非凡人物，想必有所为处。

祝顾德写得很生动。

阅后印象，气魄很大，文字很流利，不足之处稍嫌描写过细，和气魄不甚相称。（周汝昌兄来谈了一次，他也有类似看法。）

从历史角度看，有一个问题值得提出，稿中几次说到大明帝国，这个名词，以不用为好，因为名从主人，明朝从未自称帝国，封以帝国，似甚无谓。卅年前我写论文，亦曾犯此误，近年来几经讨论，始发觉其非，曾列举理由，报中央批准，通告全国改正，此其一。

其次，稿中对所写人物，名、字、号杂用。忽而天如忽而张溥，忽而东张；居正、江陵，类此等等，对熟悉当时史事者无所谓，但对一般读者，则恐非所宜。又如写段宜兴之类，在对话中如不能不用，亦应加注，不知高明以为何如？

其三，稿子有几次描写用“呻吟”二字，细读上下文，似为

“沉吟”。

其四，（三）页十六兵备付使、统制、团练、都监一些武职官……统制、团练、都监不是明朝官名。

其五，巡按和巡抚是有区别的。明制，监察御史出巡地方称巡按御史，右佥都御史出抚地方称为巡抚。稿中（七）页二〇九“多少任苏松巡按，连周文意、海忠介不也都是这么过来了。”周忱、海瑞任的是巡抚，不是巡按。页二一一“掌握着三关民政的，其实并不是巡按，倒是他”，巡按的职权确不是掌握民政，他是监察官，是皇帝耳目，并非地方亲民之官。

这些小疵，稍加改削便可以了，提出来只是供你参考。稿子是寄回上海，还是交给周汝昌兄，请告知。

总之，我很喜欢读，希望能早日杀青，甚盼甚盼。

敬礼！

吴晗

一，廿三

（手稿）

致黄裳（二十九）
（1964年1月30日）

黄裳同志：

上次复你的信是在国际饭店写的，稿子也是在那里看的，因为家里正在修暖气。乱得一塌胡涂。最近搬回来了，拣到你的原信，才再写这封信。

全书的布局我很赞成。

一、东林、复社的成员，确是中小地主占大多数，他们和农民有矛盾，和大地主阶级也有矛盾，就今天的意义来划分，他们是地主阶级中中间偏左的。张天如、张受先、祁彪佳、陈子龙都应作为正面人物，但决不应该隐讳他们的阶级本质，与农民起义为敌，镇压奴吏等等。（史可法也是一样，正面是坚决抗清，反面是镇压农民起义，卢象昇亦然。）

二、卞、柳可以写，而且可以写得很生动。

三、一、二部分的划分很好。

四、写社会面很重要，资料只能采取明人笔记，如《研堂赋闻杂记》之类，细细搜集，这类书还是不少的。

五、线索不怕多，但要清楚，阮胡子这个脚色是非写不可的。

六、东来问题，张李问题，都用侧面写法，虚写，要不然，就会喧宾夺主，把统治阶级内部矛盾削弱了。

七、奉旨归娶就你已写的来看，就很可以了。其实当时只是一句话，规定的仪式是不会有的，正因为没有，你可以放手写，但也不必渲染过甚。

最后，上次信上提到的，既然写的是明末的史事，官名、地名一定要真实；其次，既然不用老写法，先叙所写人物的姓名、字、号、籍贯、年龄等等，为了使读者易于理解，每一人物最好固定一个称呼，不要名、字、号、地望并举。

原稿如何送还，乞告知。致

敬礼！

吴晗

一，卅

（手稿）

致陈梦家*
(194×年 10 月 6 日)

梦家兄：

五十万元已于上月卅日汇出，并已函思成兄请召集开会矣。匆复。即颂

大安！

弟吴晗

十，六

---

* 陈梦家，时为清华大学历史系教授。——闻立树注

致义乌县政府（一）

（1953 年 1 月 3 日）

县长同志：

有一件小事，请求你协助解决。

最近我弟春曦调到北京工作，交给我义乌西乡苦竹塘的土地房产所有证两张，其中一五七七七号里的是我个人的名字。

我离开家乡多年，关于吴店镇上这两处房子的情况一直不大清楚。

我提出请求，请求把吴店这两处房产收归政府或地方人民所有。

我自己是国家工作人员，在生活上有充分保证，既不需要住这些房子，也不需要这些房子的租金。保有它对我反而是一种麻烦。我请求献给政府，请您处理。

附上民字一五七七七号土地房产所有证一张，请查收。

我想，你一定能够接受我的请求的。

致以

敬礼！

吴晗

1 月 3 日

（原载《吴晗自传书信文集》，北京，中国人事出版社，1993）

致义乌县政府（二）

(1953年2月3日)

××同志：

浙江解放后，我曾写信给义乌县苦竹塘农会，请求把我家所有房产、田地、耕具、器物全数献还给人民，并收到村农会吴大弟同志1950年2月12日的复信，表示同意。(附件一)

以后家乡进行土地改革，我家里又分到一些土地房产，我弟春曦在51年10月1日将土地房产委托村农协会代管，声明全部收入除交付农业税和房屋修缮费用以外，所余全部永久供作本村福利事业基金，并经副乡长吴悦财同志同意，立有正式委任书。(附件二)

最近我弟春曦调京工作，带了土地房产所有证一五七七六号来。并得悉㈠房产原农场使用的，现农场已解散，房子已空出。㈡土地收入除支出外，尚有余谷十五六担要我们取用。㈢农会把房地所有证交回我们，要我们自己保管。

据情况判断，这些土地房产的收入，并未能作为村中福利专业之用，农会也似乎不很愿意继续代管了。这给了我们很大的困难，不得已只好写信请求您的帮助。

经过和家人充分商量，我们认为我们都是国家工作人员，自己生活和子女学习都有充分保证。家乡的土地房产对我们来说是完全不需要的。我们请求把土改后所分得的土地房产以及房产内部一切物品，连同土地房产所有证民字一五七七六号一纸，献给政府。农会代管的余谷十五六担亦请一并处理。

谢谢您。致以

敬礼！

吴晗　吴春曦

2月3日

（原载《吴晗自传书信文集》，北京，中国人事出版社，1993）

致郭沫若
（1955年10月13日）

郭老：

发掘长陵事，和各方面谈，都表示赞成。

拟一报国务院稿，可用否，请斟酌改正。

请你领衔，范文澜、沈雁冰、邓拓、张苏都会签名赞成的。

候复。即颂

敬礼！

吴晗

十，十三

（手稿）

致习仲勋

(1955 年 11 月 23 日)

习秘书长：

关于拟定明十三陵的长陵开发计划问题，我于十一月二十二日邀约中国科学院、中央文化部的有关同志，进行了初步研究，就以下几个问题，取得了一些意见：

一、组织长陵发掘委员会。拟由余心清（常务委员会副秘书长）、尹达、夏鼐（中国科学院考古研究所副所长）、王冶秋（中央文化部文物局局长）、张季纯（北京市文化局局长）、刘仲华（北京市园林局局长）、吴晗（北京市人民委员会）等七人组成，负责草拟具体开发计划。委员会由中国科学院召集。

二、鉴于长陵已经有六百余年的历史，地层很可能起了变化：发生土壤淤积、顶部下陷或流入地下水等现象。因此，在正式开发以前，应该进行一次科学的勘测工作，了解目前地下实际情况。商定在发掘委员会的领导下，由中国科学院考古研究所、中央文化部文化局各抽调两个有业务经验的干部，由北京市抽调一人，组成勘测小组，由北京市负责召集。组织人力，进行一次初步勘测，必要时，拟请中央有关业务部门协助进行，在年底提出勘测结果的书面报告。

三、根据勘测结果和我们所掌握的资料，先在永陵（规模比长陵小，一部分地下门道已露出地表）进行部分试掘，深入了解陵墓结构、地形和安全情况，取得经验，以便拟定开发长陵的详细计划和编制概算，经国务院批准后，再正式进行长陵的发掘工作。

四、今后进行发掘工作的具体分工是：业务技术领导工作由中国科学院和中央文化部负责，必要时，可请一些历史、考古和建筑工程方面的专家协助，提供意见；行政、保卫、日常联系工作，以及劳动力的安排，均由北京市负责；目前勘测用款也暂由北京市垫支，待正式预算报请国务院核拨专款后，再行归还。

拟即日起开始进行施工，特此报告。是否妥当，请指示！

吴晗

一九五五年十一月二十三日

抄送

中国科学院、中央文化部、北京市人民委员会

余心清、尹达、夏鼐、王冶秋、张季纯、刘仲华同志，刘仁同志，张友渔、薛子正副市长

关于发掘明定陵致郭沫若信
（1956年4月2日）

郭老：

遵照您的指示，我在廿八日约集了科学院秦力生、王崇武，考古所夏鼐，文化部陈滋德等同志及市文化局的负责同志研究开发长陵的具体计划。大家都同意所需科学技术专家，由科学院和考古所负责抽调，一般技术人员由各方面调派。但由于考古所的科学技术专家现不在京，须在七八月间方能回来，夏鼐同志不久也将公出，如最近施工，乃无人负责技术领导。同时没有挖掘古墓的经验，目前，虽仍提出具体计划，基于以上情况，大家意见是趁夏鼐同志在京期间，最近即先开发定陵。因为：定陵已显露在外，有洞能入，虽规模较小，但与长陵比较，估计构造大体相同，能为开发长陵取得一些经验。俟取得经验后，再细定开发长陵的具体计划。这样预计开发长陵工作需延至今年七八月间才能进行。可否这样办理，请决定。

专此。致以

敬礼！

吴晗

四月二日

（手稿）

附录：郭沫若致吴晗
（1956年4月12日）

吴晗市长：

你给我的信，我转给了习仲勋秘书长，他并请示了总理，得到同意，是很愉快的。习秘书长已有信给您，要您负责处理，今后就可以放手做了。我望您趁早再召集文化部和科学院有关同志商讨进一步的具体措施。祝

成功！

郭沫若

一九五六，四，十二

（手稿）

习仲勋致郭沫若
（1956年4月11日）

郭老：

四月二日来信敬悉。关于发掘明陵事，我已请示了总理。他同意您的意见。我已函请吴晗副市长办理。

谨致

敬礼！

习仲勋

1956年4月11日

（手稿）

习仲勋致吴晗
（1956 年 4 月 11 日）

吴晗副市长：

你四月二日给郭老的信，他已转来我处。关于发掘明陵事，我请示了总理，他同意在步骤上先发掘定陵，然且再发掘长陵。发掘明陵的组织工作和将来的陈列工作都由市文化局负责，现在郑振铎副部长兼考古所所长又不在京，所以有关发掘明陵工作会议的召集和主持，总理和郭老的意见还是由您担任为宜。除写信给你外，同时我将总理和郭老的意见也告诉了张友渔副市长。

敬礼！

习仲勋

1956 年 4 月 11 日

（手稿）

致廖沫沙
(1956年11月22日)

沫沙同志：

天津的经验，据我看是好处不多，造成了机构重叠、人员众多、领导多头、分工不明、事务繁杂的副作用。

北京的情况，我意应认真算账，作好安排，从编制人员说是精简，不是扩充；从工作说是事务下交到校，局、区集中力量搞教学，不搞区、局，但要加强区教育科；中学交区，应指定一位局长负责。教局人员编制至少减一半，多余的充实下层。局、区都应有专人管一些特殊工作，如校外教育机构、幼儿园、工读、聋哑、师范等等。

总的说来，中学下交后，局、区编制都不增加，区的任务增加所需人员由局下放调剂解决。

区的问题不是人员少，而是质量低，而是经常被抽调作其他工作，不能务本业。因此，必须下决心：（一）调配较强干部，（二）保证务本业。做到这两条，编制还可以紧缩。

此意已与孙国栋谈过。请考虑。

盼约期一谈。

吴晗

十一，廿二

（手稿）

致习仲勋
(1958年8月5日)

仲勋同志：

关于长陵发掘问题，有些意见前已当面请示。现再具体报告如下：

一、长陵发掘委员会原由各有关方面人士组成，决定原则，进行工作。现在定陵试点发掘工作已经结束，出土文物正在安排公开展览。下一步骤为定陵博物馆建馆及长陵发掘工作。

二、定陵发掘工作队提出跃进要求，利用原有人力、设备和展览收入，进行长陵发掘工作，不再向国家要求经费。

经研究，我建议：

一、长陵发掘委员会任务已经完成，应即撤消。今后定陵博物馆建馆及长陵发掘工作，请中央明确指示，交由中央文化部或北京市文化局负责领导，归口工作，以专责成。

二、同意照原来国务院批准方案，进行长陵发掘工作，经费由定陵工作队展览收入开支，如有不足部分，国家予以补贴。

三、今后定陵博物馆的经常开支，及长陵发掘和建馆领导统一由中央文化部或北京市文化局列入经常预算。

以上意见，如属可行，请即批准交中央文化部或北京市文化局执行。

敬礼！

吴晗

八，五

（手稿）

呈毛主席
(1958年10月6日)

主席：

关于标点“前四史”的工作，已遵示约同各方面有关同志讨论并布置，决定于明年十月前出书，作为国庆十周年献礼。其余二十一史及杨守敬历史地图改绘工作，也作了安排。（标点本为便于阅读，拟出一种平装薄本。）现将会议记录送上，妥否乞指示。

敬礼!

范文澜　吴晗

十，六

附录：标点“前四史”及改绘杨守敬地图工作会议记录*

时间：1958年9月13日下午

出席人：范文澜、吴晗、尹达、侯外庐、金灿然、张思俊

（一）吴晗报告标点“前四史”工作缘起。商订办法如下：

1.《史记》已有顾颉刚用金陵本为底本的标点底稿，由中国科

---

* 根据资料，1958年9月，毛主席指示吴晗、范文澜组织人员标点“前四史”（即《史记》、《汉书》、《后汉书》、《三国志》），9月13日，吴晗、范文澜邀请尹达、侯外庐、金灿然、张思俊开会商讨标点“前四史”及改绘杨守敬地图的具体工作。会后，10月6日，以范文澜、吴晗两人的名义给毛主席写信汇报这项工作，并将工作会议记录一并呈送毛主席。

“二十四史”是中国古代二十四部纪传体史书的统称。1977年11月，全部“二十四史”的点校整理出版工作已由中华书局组织人力完成。——编者注

学院历史研究所第三所负责复校。《前汉书》用王先谦补注本，由中国科学院历史研究所第一、二所负责组织人力标点。《后汉书》用王先谦集解本，金兆梓现正进行此书的标点工作，由中华书局负责督促完成。《三国志》的标点由中华书局编辑部负责。

2. “四史”的标点分段体例应予统一，以《资治通鉴》的标点体例为标准，由中华书局负责草拟印发。各书后附载历史地图。书装帧应力求简便。

3. 历代避讳字可制成对照表，作为附表，本文中一般不改。

4. “前四史”的标点、出版工作应在一年完成，争取明年国庆前陆续出齐。其中《史记》一书争取今年年底出版。

5. 其他廿史及《清史稿》的标点工作，亦即着手组织人力，由中华书局订出规划。

（二）关于改绘杨守敬地图工作的决议：

1. 此项工作已商请由国务院科学规划委员会领导。中国科学院三个历史研究所负责审图。

2. 改绘工作原由复旦大学历史系教授谭其骧负责，地图出版社派人协助。拟请科委与教育部联系将此工作列入复旦大学研究工作计划，由该校负责领导完成。

3. 改绘地图分幅陆续出版，限于明年国庆前出齐。

4. 改绘地图以今图为底图，应力求精确和统一。台湾及我国领海内的各岛屿必须绘入。

中华书局点校本二十四史书目：

《史记》	〔汉〕司马迁
《汉书》	〔汉〕班固
《后汉书》	〔南朝·宋〕范晔
《三国志》	〔晋〕陈寿
《晋书》	〔唐〕房玄龄等
《宋书》	〔梁〕沈约
《南齐书》	〔梁〕萧子显

《梁书》	〔唐〕姚思廉
《陈书》	〔唐〕姚思廉
《魏书》	〔北齐〕魏收
《北齐书》	〔唐〕李百药
《周书》	〔唐〕令狐德棻
《隋书》	〔唐〕魏徵
《南史》	〔唐〕李延寿
《北史》	〔唐〕李延寿
《旧唐书》	〔后晋〕刘昫
《新唐书》	〔宋〕欧阳修、宋祁
《旧五代史》	〔宋〕薛居正
《新五代史》	〔宋〕欧阳修
《宋史》	〔元〕脱脱等
《辽史》	〔元〕脱脱等
《金史》	〔元〕脱脱等
《元史》	〔明〕宋濂等
《明史》	〔清〕张廷玉等

致万里同志并总理、彭真同志

（1959 年 5 月 25 日）

万里同志并

总理、彭真同志：

关于人大会堂宴会厅楼梯上下两面墙上的艺术处理问题，遵总理指示，今日上午和美协蔡若虹、张诺同志研究，提出以下意见。

一、北面三块墙，中间用主席《沁园春》墨迹，西面画雪景、山水，衬托出江山如此多娇，不写人物。

拟约广州关山月、南京傅抱石画。

如能肯定，据说，一二个月可完稿（不是赶工）。

用纸地，将来可换别的。

二、南面楼梯上大墙面：

画历史画、人物画，有政治内容的有困难，也不容易画好。（原来北京画家起草的画，修改后用在主席处。）

索性画花卉，牡丹或荷花，可以画得富丽堂皇，有气派。也用纸地，将来可以换。如能肯定，拟约杭州潘天寿，采写意笔法，不用工笔。

另一种意见是用国徽，考虑到会场门上和大会堂内部都有了，此地再来一个，是否太多了？

我的意见，除花卉外，是否可以考虑画国家地图，和对面的《沁园春》结合。当然有未定界的问题，但是也不要紧，定了以后再改。

三、连带到大会堂几十个会议室的艺术处理，听说有些省市也打算用《沁园春》，如不及早统一安排，可能会有不少重复，建议由燕铭同志审核一下。

四、美协同志说，大会堂内也有部分浮雕，题材和艺术处理，也需要有人审核，以便工作，并请指定人选。

以上意见当否，请指示。

吴晗

五，廿五

（手稿）

致夏鼐（一）

（1959年9月23日）

作民同志：

示悉。

承教“时中”译文，甚是。这是我的疏忽，当在出集子时改正，谢谢。

一隔几十年，头发都白了，得兄信，恍如重温旧谊，极喜。

以后盼多指教。

敬礼！

吴晗

九，廿三

（手稿）

致夏鼐（二）
（1963年9月18日）

作民同志：

得信知已在疗养中，不日痊愈，甚为喜慰。

承指出背上着箭是指的野兽而非飞鸟，甚是。我确是只会钓鱼，不会打猎，有渔无猎，只能算个半个渔猎社会的人，不如你全面。

出院后，请你吃一次小饺子，吹吹牛，如何？祝

疗安！

吴晗

九月十八日

（手稿）

致赵万里

（1959年×月18日）

斐云先生教右：

廿多年前承你帮助，借抄了《李朝实录》的一部分，最近又重新核校了一下，交中华出版，并把高丽史中有关中国的史料抄出，作为前编，全书定名为《中朝关系史料》。

我抄《李朝实录》，只抄到四百九十八本，1649年止，以后便没有抄了。

现在打算把四九九本以后都抄一下，作为《中朝关系史料》下编。

因为我工作较忙，只能在休息时和深夜看一点书，写点东西，要到图书馆来看书是不可能。

回想廿多年前能承你支持，借出此书。现在因工作关系，你一定能够继续帮助我，将此书外借。

另外，正在校一部廿年来的散文集，搜集一些过去的东西，现缺：

一、《人民英烈：李公朴、闻一多遇难纪实》。

二、四八年夏天拒绝美国救济物资的宣言，佩弦曾经签字，这个稿子是我写的，大概在当时的《世界日报》或其他报纸可能找到。

借《李朝实录》办法，最好能一次借廿本，用完后再借。如获支持，手续一切由郭星华同志面洽。

谢！

敬礼！

吴晗

十八日上午九时

左荣同志均此不另。

（手稿，原载《百年文人墨迹》，上海，复旦大学出版社，2001）

致刘文秀
（1961年4月19日）

文秀同志：

信收到。我没有教过语文，没有语文教学的经验。关于《鸿门宴》这一课，我只能从历史的角度，提供一些意见。

一、《鸿门宴》的教学目的和思想性

目的是为了学生学习一点古代历史知识，和最优美的古代文学记载。这篇文章在叙事的扼要、生动、鲜明、倾向等方面都是很突出的，是司马迁写得最好的篇章之一。

主席教导我们要学点历史，不止要了解祖国的今天，也要熟悉祖国的昨天和前天。这篇文字既是历史记载，又是优美的文学作品。对于培养学生的历史知识和写作技能是有其积极意义的。

它的思想性表现在作者的叙述的倾向性上，作者用力刻画项羽和刘邦的性格，项羽虽然强大，在宴会上可以用舞剑杀害刘邦，但是他理屈，道理站不住脚，经过项伯的说明、刘邦的解释和樊哙的斥责，终于不敢下手。刘邦虽然弱小，项羽兵四十万，他只有十万。但是一、楚怀王有约先入关中者王。二、入关后封秦府库，约法三章，得到人民支持。三、在形式上并没有与项羽闹分裂。他有理，并且得到项伯、张良、樊哙多方面的支持，终于能够免于被杀害，脱身逃去，强大和弱小是相对的，而且是可以变的，项羽虽强大，但理屈；刘邦虽弱小，但道理却在他一边。这一点应该是文章的中心思想。

二、刘、项两个人物的评价

从整个历史发展说，统一是不可阻挠的时代要求。不但对当时有利，对后代也有利。从这一点出发，项羽是楚将，立楚怀王为号召，既然立了楚，相应也必然要立其他王国之后，在事前事后的措施，他是要恢复列国分立的局面的。这样他违反了时代要求，对人民的生产、物资、文化交流不利。六国并列，必然有战争，对当时人民更是严重的威胁。项羽是不应该肯定的。相反，刘邦非贵族出身，他没有这样思想。后来统一了全国，对当时有利，对后代有利，是应该肯定的。

就鸿门宴这一事件来说，项羽后到，因为刘邦先入关，在刘邦来请罪的时候，就要动手杀害，这是种阴谋残酷的行为，是不对的。刘邦先入关，灭了秦，却只因为兵力少，有了功还得向项羽请罪，只是由于项伯、张良、樊哙的保护才能幸免于死，从文章的叙述看，自然会使读者的同情，站在刘邦方面。

以上只是一些不成熟的看法，供你参考。

敬礼！

吴晗

四月十九日

附录：怎样理解《鸿门宴》

编辑同志：

《鸿门宴》一课，选在高中语文课本第五册里。关于这一课的教学目的和思想性问题以及对刘、项两个人物的评价问题，是聚讼较多的问题。见仁见智，各有不同。为了提高我们的认识，特请求名史学家吴晗同志解答。蒙吴晗同志在百忙中惠示指教，我们表示感谢。兹将原函附上，如贵报能予发表，不仅可供语文教师的参考，而且可供历史教师以及爱好文史的同志们借鉴。

此致

敬礼！

太原二中语文教员　刘文秀

九月二十日

（以上二信原载《山西日报》，1961 年 10 月 7 日）

致李锜
(1961年7月30日)

李锜同志：

这篇短文答复了你过去送给我看的那几篇文章的中心论点。

这是个有争论的问题。请打清样送邓、廖审阅，看是否妥当。

敬礼！

吴晗
七，卅

（手稿）

致金灿然

（1961 年 8 月 19 日）

灿然同志：

刻本《绿野仙踪》系删本，只有八十回。

我意最好用北大抄本和唐生同志所藏抄本合抄，再参照刻本勒定，成为全本。

序文最好请唐生同志写。他如不写，便用鲁迅《小说史略》照改。如何？

原书奉还。致

敬礼！

吴晗

八，十九

（手稿）

致竺柏岳
(1962年)

柏岳同志：

你的意见是正确的，目前戏剧界对历史剧的编写面确是不够广，题材也欠多样化。例如杨家将的戏，算一算已经有十几个了；其中绝大部分都是虚构的，不能算历史剧（这一点还有不同意见，戏剧界有些朋友说还是要算。不过，我还是要求求他们，别糟蹋历史，你算什么都可以，就是不要算历史剧）。至于辛弃疾，确是一个了不起的人物，值得写戏，但没有人写！

你说得很对，戏剧家们应该开拓历史剧创作的领域，从多方面表现我们中华民族的伟大历史人物。

你说的才子佳人的戏，我看也可以演，例如俞振飞、言慧珠演出的《墙头马上》就很好。问题是不要搞到清一色，光演才子佳人的戏。同样，我也不赞成清一色演历史剧。要各色各样都有一些，才好。

我对历史有兴趣，但可惜不懂戏。不过，喊喊叫叫，为戏剧家做点服务性工作，我还是愿意做的。

我也希望你能多喊喊叫叫，引起戏剧家的注意。首先我们来喊，杨家将的戏太多了，别再发展下去了，辛弃疾这个题材非常之好，你们为什么不写呢？

你看如何？

吴晗

附录：竺柏岳致吴晗
（1962 年）

吴晗同志：

拜读大作《论历史知识的普及》，对文中提及的《历史剧拟目》很受戏剧界欢迎这一件事，颇有所感。

我觉得目前戏剧界对历史剧的撰写面不够广，题材欠多样化，有些历史人物至今未曾给以舞台形象塑造。例如辛弃疾，他在青年时代经历了不平凡的斗争道路，最后壮志不得施展，忧愤而死。虽然他有过非正义的举动，即镇压湖南茶商起义；但他终生为国为民，清明廉正，实为一位北南宋之交的民族英雄。戏剧家们应当开拓历史剧创作的领域，从多方面表现我们中华民族的伟大历史人物。

我在浙江、广东两省的中小城市看过一些地方戏，其题材不外是才子佳人“合——离——合”的过程，间或寓寄讽喻之情，亦不过起陪衬作用而已，免得被观众斥责。至于表现有正史可查的历史人物的戏，所占比例极少；有的县一级剧团，这类剧目根本等于零。这里，我的意思并不是要一律演有正史上可查的历史人物戏；我认为应该在剧目方面确立一些大家公认的史剧（当然表现方式不要千篇一律，有碍于“百花齐放，百家争鸣”方针），以进行爱国主义思想教育；也可以防止陷入庸俗的低级趣味表现的泥坑。

你是历史学家，我希望你在历史剧方面出更大的力量。

浙江嵊县师范学校　竺柏岳

（以上二信原载《文汇报》，1962 年 5 月 9 日）

致杨春和*
（1962年）

春和先生：

学习理论和历史，我看完全可以齐头并进。

在旧时代，我们年青的时候，没有这个条件，因为那时候学习马克思列宁主义，是要坐班房以至杀头的。要学也只能偷偷地学，而且，找书也非常之难。至于今天，有充分的条件可以学习了，什么书都有译本，什么时候都可以学。

学的方法要学会抓主要的东西、根本的东西，理论如此，历史也如此。

开一个书目，自己规定每天学多少理论、多少历史，边学理论，运用理论来认识历史真相，抓住历史本质的东西，同时也用历史——过去人们的实践来检证理论是否正确，一切都经过自己的思考，这样，不但可以巩固记忆，也可以逐步提高认识。

没有什么经验，说的都是老生常谈，供你参考。

吴晗

---

* 本卷所收录的吴晗致竺柏岳、杨春和的信是1962年3月27日《文汇报》发表了《论历史知识的普及》一文后，竺柏岳、杨春和两位读者写信给吴晗提出了一些问题，请《文汇报》转给吴晗，请吴晗予以解答，吴晗随即写了这两封信。吴晗这两封信及竺柏岳、杨春和两位读者的信，《文汇报》于1962年5月9日一起发表。——编者注

附录：杨春和致吴晗
（1962 年）

吴晗先生：

在读您的《论历史知识的普及》一文时，正值我学习毛主席著作后感到有必要学历史的时候。因而，您的文章增强了我学好历史的愿望和信心。

可是，一开头学习历史，就碰到了这样的问题：学习历史是要以历史唯物主义观点去分析、考察的。那么，是先学会掌握历史唯物主义观点再去学习具体的历史呢，还是先学具体的历史然后去摸索正确的方法？（没有历史唯物主义的观点去看历史问题能行吗?）还是学一点历史唯物主义，再学一点具体历史，“齐头并进”？面临着这三条道路，我不知道到底走哪一条才好。

我想，您是精通历史的，在这方面一定有许多宝贵的经验。所以，向您提出上述问题，恳请指教！

江苏太仓师范学校　杨春和

（以上二信原载《文汇报》，1962 年 5 月 9 日）

致小林文男先生
(1963年7月8日)

亲爱的小林文男先生:

读到你的来信,十分高兴,也很感谢。

当然,我们从来没有见过面。但是,你读了我的一些文章,还把它译为日文,准备出版,如你来信所说的"为日本和中国人民的友好事业做出一些贡献",这正如我国古人的诗句:"海内存知己,天涯若比邻。"我们已经是文字上的知己,也是中日人民友好事业上的知己了。对你的努力,我怎能不高兴,不感谢?

你和你的同事佐久间重男先生译出的一些文章,都是我在1949年以后写的,也就是在我国史无前例的"大跃进"以后写的。关于这些文章为什么写出,我应该向日本朋友们讲几句话。

第一,在我国各个生产战线都"大跃进"的形势下,我也跃进了。我是研究历史的,做了多年大学教授。1949年冬天,人民征调我到政府工作,放弃了多年来的研究活动,从头学起,学习新的事物。一支笔闲置了十年。"大跃进"的号角一响,我被震动了,经过长时期的思索,工作尽管忙碌,头绪尽管纷繁,为什么不可以利用业余休息时间,化零为整,写些文章,以自己的一点很有限的历史知识,做一些历史知识的普及工作呢?文章是挤出来的,时间也是挤出来的,问题在于自己的决心和安排。有了这个认识,我重新拿起笔,恢复了写作生活,这几年我写了《灯下集》、《春天集》、《学习集》三本书,这全是"大跃进"的产物,是工、农业各个生产战线上给我以鼓励的产物。

第二,提高和普及并举的方针,是毛泽东同志在1942年就已明确提出的号召。就研究历史的我来说,思想上是拥护的,行动上却总觉得普及工作自然有别的人来做，不是自己分内的事。以此，过去虽然写了不少文章，却只是给少数人看的，根本没有为工、农、兵服务的认识。最近这十几年的工作实践，深深感觉到由于教育事业的发展，农村青年知识分子的大量增加，工人、士兵、机关干部对知识的渴望，越来越明白普及工作的重要意义。而且还进一步理解到在提高的指导下普及的深刻性、必要性。就研究工作来说，要做好普及工作。在表现方法上，深入浅出的要求上，往往比写专门学术论文还要多费精力。为了给自己以严格训练，先先后后写出这些文章，发表以后，吸收了读者的批评、意见，加以改正。同时，还和许多有共同认识的朋友们，编印了《中国历史小丛书》、《外国历史小丛书》、《地理小丛书》、《语文小丛书》一些通俗读物，组织各方面力量，来贯彻毛泽东同志所提出的方针。事实证明，人民是支持我们的工作的，他们欢迎、喜爱这些读物。

第三，毛泽东同志教导我们学习历史的重要意义，并且提出“从孔夫子到孙中山，我们应当给以总结，承继这一份珍贵的遗产”。用马克思主义的方法，给我国历史人物以批判的总结，是当前我们历史工作者的严肃任务。从我们勤劳、智慧、勇敢、坚强不屈、爱国卫民，对世界文化作出贡献的前人中，批判地学习他们某些优秀品质，扫除思想障碍，鼓励奋勇前进，自力更生，为建设社会主义祖国而贡献一切力量，不是教人们向后看，而是向前看，这是我们历史教育的目的之一，是任何历史工作者都必须为此努力的。我们刚刚开始做这一工作，试图以马克思主义联系中国历史实际，我自己呢，头发虽然花白了，在这方面，却还是个小学生，不过，也还有点自信，只要老老实实地学，认真用心地学，终归有一天可以到达目的地的。

这本书在日本的出版，假如如你来信所说，稍稍有助于“促进我们民主力量的壮大和团结”，那将是我国人民最大的喜悦，我个人最大的荣誉。同时，也希望、期待日本朋友们的批评和指教。

也请代替我向你的合作者佐久间重男先生表示谢意。

祝你们在中日人民友好事业、反对我们共同的敌人美帝国主义的斗争中取得进一步的成功！

中日人民的友好万岁！

吴晗

1963年7月8日于北京

（原载《吴晗史学论著选集》，第3卷，北京，人民出版社，1988）

致胡昭静

（19××年8月3日）

昭静同志：

熊廷弼案确是一个历史问题，错综复杂，一时搞不清楚。我对这问题也如你一样，怀疑，但并未深入研究，说不出什么道理。

我目前能说的，当时的党争，情况很复杂，变化多端。东林、齐、楚、浙，变来变去，有些人是固定的，但有些人并不是固定的。即使是东林，对某人事的看法，也不是所有的人都一致的。更重要的是当时的党，并不是现代的政党，要参加组织，交党费，守党章，而只是一些大体上有共同的意见的人组合，组织性、纪律性都谈不到，这一点看来必须弄清楚。

廷弼的守辽，从当时情况看，他的主张是正确的，是有贡献的。要不是阉户害了他，明末东北的情况不会闹到这地步。

廷弼攻东林是事实，但攻东林的人不一定就是楚党。东林有人攻廷弼，有人主张杀廷弼也是事实，但也不一定是有意制造。

从熊传看来，许多事实都是由战守意见不合造成的，不懂军事的人一味主战，而廷弼主守，主守是正确的，但熊对主战派的态度却过于生硬，讽刺甚至谩骂，得罪的人多了，他在政治上也就孤立了。从策略上看，熊是犯了错误的。

这问题值得深入研究，我希望你能花一些时间把它搞清楚。

专复。致

敬礼！

吴晗

八，三

致嵇直*
(19××年11月25日)

嵇直同志:

文件看过退还。

上次会议决定，各有关单位在月底以前把研究结果汇送你处，现在快到月底，可否请你司在月底以前向各单位催促一下，按时收齐。

收齐后，还请你司组织人力把材料整理汇总一下，搞成一个总的文件，送给我看一下，以便召集第二次会议提出问题讨论，取得一致意见。

文改会代拟的文件很好，一方面征求各地方意见，一方面请专家提意见，两方结合比较好。

敬礼!

吴晗

十一，廿五

---

* 吴晗时任北京市副市长、文字改革委员会地名审查修改小组组长。嵇直时任国务院内务部副司长、文字改革委员会地名审查修改小组组员。——闻立树注

工作报告

说明:

这里选录的是吴晗在 1950 年后担任北京市人民政府副市长及中国民主同盟北京市委员会主任委员期间向北京市历届人民代表大会、北京市政协及市领导所做的关于他分管的北京市文教卫生等方面的一部分工作报告和情况汇报。

这些报告选自北京市档案馆编印的《北京市重要文献选编》、《北京市人民代表大会文献资料汇编》及《北京日报》、《新华半月刊》等发表的报告。从这些工作报告、情况汇报中可以看到吴晗的杰出贡献。

——编者注

关于北京市推行人民胜利折实公债的报告*

（1950 年 2 月 26 日）

自从中央人民政府政务院颁布了推行人民胜利折实公债的指示并规定了北京市应担负的公债数目以后，我们随即于 1 月 6 日成立了全市推销公债的总会，接着工商业、职工、机关、教职员等均相继成立了分会。为了更顺利地在地方人士及退职文武官吏中间推行这一工作，于 1 月下旬又成立地方人士的推销公债分会，各区成立了支会，并聘请了许多热心公益的地方人士参加推销公债的重大任务。

由于广大人民特别是职工、战士、教职员及机关工作人员对于政府发行公债的重要性与必要性有清楚的认识，基于他们高度关心国家利益与国家建设事业，所以在很短的时间内便全部并超额完成了认购公债任务，原分配职工、教职员、机关、部队及摊贩行商、郊区工商业共 40 万分，截至 2 月 14 日止，据不精确的统计，已认购 543 492 分。

在工商业方面，由于工商业联合会筹委会及各同业公会的有力领导，积极动员，表现了热爱祖国的精神，进行了比较充分的酝酿，在各行业各户中分配数字时，由各行业根据各行各户收入的大小，进行多次的磋商，所以分配到各行业各户的公债数目，大体上各行业是认为合理的。现在工商业分会正协同政府干部对各行业各户进行有计划的检查，对分配过多过少者则将加以调整，截至本月 23 日

---

* 这是吴晗在北京市第二届第二次各界人民代表会议上的报告。

止，认购到户的占90.04%（原分配170万分，现已认购1 530 821分），交纳者占52.21%（887 623分）。

在地方人士与退职文武官吏的推销工作中，我们进行了比较多次的访问和磋商，截至本月23日，认购数达466 082分，占分配数的66.58%。在地方人士的推行公债中，个别的干部对个别户在动员方式上曾经发生过一些缺点，经政府与总会及时查出后，即行克服，我们对于工作中的缺点，要尽量防止与克服。

总计以上本市公债认购数字已达2 540 395分，占中央分配任务275万分的92.37%；交纳者达1 331 889分，占中央分配任务的48.43%。我们希望本市认购工作能于2月底基本上完成，交纳工作到2月底完成2/3，3月底应全部完成。为着圆满完成这一艰巨的任务，我们请求各位代表对于推销公债工作继续积极参加领导，广泛宣传，深入动员，保证按期完成这一光荣任务。

（原载《北京市重要文献选编》，第2册，北京，中国档案出版社，2001）

中国民主同盟北京市支部一年来（1949年5月至1950年5月21日）工作总结报告

（1950年5月21日）

北京市的盟务，随着解放战争的胜利，从地下活动的秘密组织形式，成为公开活动的党派。一年来由于中国共产党毛主席的正确领导，由于人民解放军的英勇善战，由于中国共产党北京市委会的帮助，由于总部的经常指示，以及由于其他民主党派的协助和全体同志的努力，我们的工作才有了相当的开展，并且顺利地克服了许多困难。在这里，我们首先要向各方面表示衷心的感谢。

北京解放后，为着展开本市的盟务工作，当时成立了一个临时工作委员会，它的主要任务是：整理组织和登记盟员，到1949年5月，召开第一次盟员大会，选举第一届支部委员，该时共有登记及新加入的盟员169人，现在增加到475人，其中在这一年内除原有盟员外，新发展的盟员计129人，从各地来京登记的盟员计177人。中途离京的盟员计99人，退盟的7人，现在留京的实有人数是369人。我们的盟员极大部分都有工作岗位，而且绝对多数参加了文教部门和政府工作，或在华大、人民大学，及中国新法学研究院学习，没有职业的盟员共15人。统计盟员的文化程度，计国外留学的60人，大学或相等于大学的238人，中等学校的69人，小学的2人。从性别来看，女盟员——占22.8%。我们盟员的年龄，全部都已经过了20岁，计20岁至30岁的82人，30岁至40岁的33人，40岁至50岁的112人，50岁以上的42人。

那么，我们这一年来做了些什么工作？获得了一些什么经验教训呢？

第一是基层组织的形式问题。是小组形式还是其他的形式？最先，我们是采取小组的形式，但经过长期的试验，小组生活常常感到很空虚，同时由于同志们工作太忙，小组人少，假如有两三个同志缺席，便会使小组会议不能举行，而我们市支部的领导也不够强，因此，就使整个组织显得自由散漫。直至总部召开四中全会以后，才改成了以区分部为基层组织的形式。我们根据总部的指示，将全市盟员按照地区及职业性质来建立区分部，业已成立了八个区分部和一个直属小组，区分部下面再按其具体情况划分小组，还有少数同志因为工作岗位及住址的变动，未能及时编入区分部或小组。这一组织形式，在现阶段看来，是比较适宜的。

第二是发展盟员问题。从上述这一年内发展新盟员的数字来看，我们感到主观上的努力是不够的。民盟在今天中国社会的具体条件下，负有很重要的使命，市支部应该有步骤、有重点和有计划地去发展盟员。但是，事实上我们没有把工作做好，我们的工作落在客观形势的后面。这主要由于在市支部成立的前半年当中，我们对于发展盟员的工作过分谨慎，以致造成了关门主义的倾向。四中全会修改了盟章，很明确地指出，本盟是人民民主统一战线的一个组成部分，是一个以知识分子为中心的政治联盟；今天民盟的任务是：团结中小资产阶级的知识分子，共同学习，走向进步，积极参加新民主主义的建设工作；凡是反帝反封建反官僚资本，拥护共同纲领，接受本盟盟章的，我们就应当欢迎他们来参加。有了这样明确的指示，因此，近半年来在发展组织上，我们的工作开展了许多，得到相当的收获。同时因为本盟盟员的成分，大多数是小资产阶级的知识分子，伴随着新盟员的发展，也就使组织工作遇到不少的困难，就是说：组织生活不能严格，造成了本盟的组织性不强和纪律性松弛的现象。市支部对于这一问题，经过多次研讨，凡是经常参加区分部活动的盟员，就透过区分部委员来加强他们的组织性和纪律性；对于极少数不能经常参加组织活动的盟员，则做个别的访问，或由市支部举行座谈会、联欢会来加强组织联系。可是，对于这些工作，我们还做得不够，我们组织中至今还多少存在着自由散漫的倾向，这种倾向如不及时纠正，是可能发生腐蚀作用的。因此，市支部在今后发展盟员的工作中，应该质量并重，并且要加强调查联系工作，使每个盟员都能够积极地走上正确的革命道路。对失业的盟员也要设法给予学习的机会，帮助他们一同前进。此外，我们过去在发展盟员工作上，也不免有些偏差，尤其对于工商界的从业员和中小学的教育工作者颇多忽视，今后应该很好地争取和团结他们。

第三是盟内外的团结问题。本市盟员的成分和盟的性质，在上面已经说过了。由于这样的成分和性质，也就说明了在统一战线的工作上，本盟的工作是很艰巨的，因此，在执行这一工作的时候，不能仅仅强调团结，而且要把团结提高到一定的政治原则上来，不仅盟内要团结得好，而且对于友党及各方面的人士，也要能团结得十分友善。市支部根据这一原则和方向，在盟内所有一切比较重要的措施，都经过多方面的商讨和考虑，或举行联席会议，使意见能够统一。但我们在这一工作上，做得非常不够。我们虽是接受了中国共产党总的政策的领导，并经常和其他的党派取得联系，可是我们在实际工作上没有和他们配合得很好，更没有很好地去学习共产党的工作方法，这是应该力图改进的。

第四是盟员学习问题。前面已经说过，本市盟员极大部分是有工作岗位的，在原工作岗位上都已参加了干部学习，要是市支部还来规定一套很严格的学习制度，一定会行不通，而且也不是从实际出发的。因此，我们把学习重点放在政治讲习会上面，请专家来做启发性的报告，这样，既可以配合有工作岗位同志的学习，同时也提高了没有工作岗位同志的学习兴趣。总计从今年1月份开始到现在为止，已举行了十次讲演，这十次讲演给听讲的同志们帮助很大，做报告的人有胡华、何戌双、沈志远、丁浩川、谢韬、柳湜、章伯钧、程今吾、史良等同志，报告关于“中国共产党斗争史”、“《论人民民主专政》引言”、“《新民主主义论》引言”、“批评与自我批评”、“辩证唯物论与历史唯物论”、“政治经济学引言”、“统一国家财经工作的意义”、“思想方法和工作方法”和“婚姻法”等，同时发动盟员学习了《论人民民主专政》、《政协共同纲领》、《评艾奇逊的白皮书》及有关国际主义与爱国主义的文件，这些文件的学习，使盟员一般地在政治思想上提高了一步，特别是对中苏问题，对共产党的领导，四个阶级的联盟，和国际主义与爱国主义，有了明确的认识。但这一工作，我们也深深地感觉不够，我们要想把本市几百个盟员的学习兴趣提高起来，确是一件不容易的事，然而这正是我们必须要做的事，如果忽视了整个盟员的学习问题，那就要使本市盟务前途遭受到不良的影响。

第五是宣传工作问题。本市现阶段的宣传工作主要的是：解释人民政协共同纲领，传达和阐明中央人民政府的各种政策和法令，我们想很好地贯彻这一工作的实现，曾编印了《盟讯》，把有关共同纲领和中央政策法令的重要文件，都刊载在《盟讯》里面，以便使每个盟员能更仔细和更方便的读到，这对于盟员经常的教育工作，曾起了相当的作用。但由于经费的限制，到目前为止，仅出了12期，而且内容还感觉得太单调和太枯燥，今后更需要把它充实和生动起来。此外，我们曾发动盟员在自己的工作岗位上，响应政府号召，宣传节约救灾，认购胜利折实公债，和支前、劳军、写慰劳信等等，亦均有相当的成绩。但这并不等于说我们的工作做得很够，相反的，我们实在惭愧得很，特别是在工商界方面，我们还没有很好地把中央关于维持和发展私营工商业的政策，向他们做普遍深入的宣传，这是我们过去宣传工作上的缺点，而应该加以批判和策勉的。

第六是妇女工作问题。本市女盟员的比例数，占全市盟员22.8%，已如前述。妇女盟员可分为三部分：（一）机关工作者，（二）中小学校教员，（三）家庭妇女。今天民盟在大城市内的妇女工作问题，原有它重要的意义。市支部针对这一工作，首先把我们的妇女盟员团结起来，配合北京市民主妇联工作，经常举行关于妇女问题的座谈会，同时筹备设立“新都托儿所”，来解决职业妇女盟员的孩子问题。虽则限于经济条件，我们不能很快地把这托儿所创办起来，但现已展开募捐运动，正在分途努力进行中。关于配合妇联工作方面，如参加亚洲妇代会、北京市妇代会，以及响应北京市的各种纪念会，市支部女盟员都能够表现出她们的积极性和热烈情绪。还有，我们为配合总部的政治号召，如拥护世界和平运动，参加北京市第一次妇女代表大会的筹备工作，以及出席北京市各界代表大会等，市支部女盟员都能够踊跃地积极参加。加以，市支部妇委会于 1949 年 10 月间始告成立，在这短短的半年当中，能有上面所举的成绩是更值得我们特别提出来的。但这是不是说，我们市支部的妇女工作已经做得很完满了呢？当然还没有。我们要想把妇女工作做好，必须“从群众中来，到群众中去”，北京市将近百万的妇女群众，我们市支部的妇委会是不是曾经很好地和她们发生联系了呢？比如在这些妇女群众中究有多少受过中等以上教育的呢？究有多少文盲呢？究有多少还是迷信鬼神，迷信礼教，迷信三从四德，而不知革命为何事的呢？究有多少在追求解放，而还受着封建家庭束缚的呢？究有多少想起来参加革命工作，而受油、盐、柴、米的熬煎，或为稚子幼女所羁绊，以致无法实现其革命志愿的呢？这些都是我们市支部妇委会应该调查了解的实际问题，以往没有实事求是地去做，今后应该朝着这个方向特别加以努力。总结一年来北京市支部的工作，在总的方面，由于中国共产党的正确领导和本盟总部的经常指示，在政治上起了一定的影响与号召，而且有了一定的成绩。这些成绩表现在我们内部对于重要问题认识的一致，盟员政治思想一般的提高，组织方法的随时改进，和盟员学习方法的灵活运用。但这并不是说，有了一定的成绩，就可以掩盖我们的缺点。我们的缺点是很多的，最显著的是，我们市的领导机构，一般的在执行工作中组织性和纪律性不够健全，这样在领导机构中就不能很好地掌握批评与自我批评的武器，因此我们希望全体同志，以后能注意本盟的组织性和纪律性，展开批评与自我批评，使今后的工作能够大大地提高一步，和更顺利地向前开展。

同志们，上面是北京市支部一年来的工作总结报告，希望同志们对于这一报告提出意见，这将给予市支部第二届委员在工作中一个很大的帮助。

（原载《中国民主同盟北京市委员会重要文件选编》，1991）

在作风、纪律检查动员大会上的报告
（1950年6月12日）

第一，为什么要检查作风和纪律？

北京市人民政府一年来的工作有很大成绩，但也有不少的缺点和错误。有许多宝贵的成功经验，但也有不少的失败的教训。一年来，工作中有许多干部都是积极负责，甚至因劳成疾带病从公，只知道埋头苦干做好工作，完全不计较个人地位名誉。这种作风，是值得我们表扬的，值得我们学习的。这种工作干部是值得引以为人民政府的光荣的。但也有一些干部在工作中犯了严重的官僚主义、强迫命令的错误，使人民政府的工作和威信受到相当影响，甚至影响人民政府与广大群众间的联系，这是值得我们警惕而必须坚决地加以改正的！还有少数干部入城后经不起大城市繁华生活的引诱，因而发生了贪污腐化，违法渎职，甚至有一部分干部自恃功臣骄傲自大，因而又发展了旧社会遗留给我们的军阀主义，打人骂人，欺压老百姓，违反政策法令做事，这更是大大的错误，更值得我们来检举，来制止的。

同志们，为什么人民政府的工作干部还有这些缺点和错误呢？

刘少奇副主席在“五一”劳动节干部大会上说得很明白：

“各项工作极其繁重而复杂，有经验的干部不够，大批新干部吸收进来，加上没有时间进行整训，因而工作中伴着伟大成绩而来的，就是发生了许多缺点和错误。”这段话，很确切地回答了这一问题。

同志们：我们一年多工作中是有很大成绩的，随便说几件摆在眼前可以看见的大事吧，譬如关于卫生工程方面，几十年来未挖过的“三海”已挖好了，几十年来未修过未疏浚的下水道已疏浚整理了一部分，去年把许多年积下来的二十多万吨垃圾拉出城去了；在治安方面，基本上已肃清了土匪特务；在财经工作方面，稳定了物价，保障全市人民生活必需品的供应；消灭封建制度方面，如封闭妓院，郊区实行了土改等各项工作都是众目所见，都有显著的成绩，这是谁也不能否认的！这些成绩都是我们的同志艰苦工作的结果，是在日伪时代、国民党时代所梦想不到的！

可是刘少奇副主席又告诉我们：

“我们必须全面看问题，工作中的成绩和工作中的缺点、错误，干部的艰苦努力和干部中发生的毛病，我们都应看到而不可对任何一面估计不足，全国人民都称赞我们的成绩，但同时要求我们改正已发生的错误，我们就应该正视这些缺点错误，并加以改正。”

如何才能做到“全面地看问题”呢？换句话说：如何才能达到“肯定成绩，发现错误与改正错误”呢？如何才能达到“发现与奖励好干部，教育批评工作中犯错误的干部呢？甚至处分犯法渎职的干部”呢？

唯一的办法，就只有检查工作，检查纪律和作风！

我们这次检查纪律、作风的一个方面就是检查领导，检查领导所决定的政策、办法和指示有无错误；检查各种政策法令和工作的执行情形如何？以达到群众与领导间、上级与下级间、市府首脑部与各局间、各局与其附属机关间的正确关系。关于检查领导这一问题，斯大林同志曾说过：“只靠领导者的经验，还不足以实行正确的领导。因此，还必须用群众的经验，补充领导者的经验。”他又说：“我们虽然是中央委员，或人民委员，但这还不是说，我们已具备有为实行正确领导所必要的一切知识。职位本身并不能给予知识和经验，称号就更不必说了……因此，必须仔细倾听群众意见，必须仔细倾听平常党员的意见，必须倾听所谓小人物的意见，必须仔细倾听人民的意见。这绝对不是说坐在办公室里发号施令。而是必须组织群众直接帮助，实行审查。我们领导者常是只从一方面，或者可以说只是从上面看见事物、事变和人；反之，群众却是从另一方面，从下面看见事物、事变和人，双方的视野都有限制。为要达到问题的正确解决，就必须把这两方面经验结合起来。”

斯大林同志这些话，真是金玉良言！市人民政府为了集思广益，收集意见，了解下情，从广泛的群众中、各级干部中来考验、来检查市人民政府本身和各局处的领导工作和作风有无错误与缺点，达到全面了解工作的目的！所以，我们必须来检查纪律和作风！

同志们，检查纪律和作风的唯一作用，就是全面地了解问题，以达到“改进工作，教育干部，发扬成绩，改正错误”的目的。此外，绝对没有其他任何目的！同志们关于这一点，千万不要误会！我还要明确指出这与精简整编工作更无关系，更不是在检查中来打击谁，挑谁的刺。同志们，我们对这次检查纪律和作风，必须要有这样正确认识，我们的工作才能积极起来，我们的缺点和错误才能纠正过来，我们的工作才能做得更好。

第二，我们主要检查什么呢？

上面说过，我们工作中的优点和成绩肯定是有的，检查时当然可以谈，但我在此要特别讲的，不是优点和成绩，而是目前工作中，所存在着的严重错误和缺点，是作风上的官僚主义和强迫命令，是部分干部中的欺压老百姓和贪污腐化的行为。前者虽是作风上的问题，后者有的是属于违法渎职，侵犯人权，是行政纪律上的问题，两者性质虽不同，但同样的是脱离群众，使人民政府在群众中印象不好。因之，我们这次检查纪律和作风，主要是检查官僚主义、强迫命令、欺压群众、贪污腐化四方面。

关于以上四方面，我分别报告于下：

1. 官僚主义

（1）首先谈谈什么是官僚主义：“官僚主义的本质，就是脱离实际，脱离群众。”有些人，把官僚主义理解为满清或国民党的那种官吏作威作福，欺侮人民，贪赃枉法，才是官僚主义，这种看法是不全面的，或者如贸易部门的一些同志说：“官僚主义只有上面的人才有，我们一不贪污，二不腐化，三不打骂人民，只是每天上班下班，卖货记账，因此，我们没有官僚主义，我们也没有检查的必要。”这种说法也是不对的。我们要明确认识：有无官僚主义不是决定于职位高低，工作岗位，而是决定于你工作的态度和作风，是全心全意为人民服务呢，还是站在人民之上；是从实际出发而工作呢，还是脱离实际。换句话说，凡是脱离群众而没有为人民服务的精神和态度，那就是官僚主义，譬如工作制度，办公时间只顾自己方便，在可能范围内也不照顾群众困难，那就是官僚主义。又譬如一个卖货的职员，当乡下的群众因不懂商情而向你问长问短，取这样看那样时，你就表示不耐心，甚至发脾气，要态度，那就没有为群众服务的精神，那就是不体贴农民群众实际困难，那就是一种官僚主义。至于领导同志不耐心倾听干部意见，不细心去考虑与分析一些宝贵意见，不去调查研究群众或干部所提出的问题，而只是往下一推，或置之不理，甚至还表示厌烦，那更是官僚主义了！

举例来说吧：《人民日报》从 6 月 4 日以后连续刊载的《黄松岭的火灾》故事连环画，就是由于所长存在着官僚主义作风，没有很好地考虑工人赵景林“防奸防火”的正确意见，结果是烧了大批木材房子以至森林，这是一个很好的例子；又如河南公营宜洛煤矿 2 月 27 日瓦斯爆炸，死亡工人 146 名；又如郑州路局水塔工程贪污案（3 月 18 日），16 座水塔共损失小麦 9 109 040 斤，因发觉尚早，但也损失小麦 64 万斤（约折人民币 3 亿元）。

以上这些是外省的事例。但是同志们，北京市这种例子也是有的。

譬如：市府去年对各公营工厂实施民主管理和私营工厂订集体合同这一政策性的重要工作，去年未抓紧执行与检查，结果，到今年 2 月市委党代会上有人提出，才知道公营工厂认为工人落后，不敢放手，未很好执行，甚至如被服厂等根本就未做，使生产任务受到很大影响。在私营矿厂中由于没有执行这一政策，工人未能发动起来，门头沟许多煤窑如民生宏记窑忽视劳动保险，酿成事故，死工人 13 人，伤 14 人，大□窑死工人 5 人，伤 4 人；又如市立第三医院接管一年来从未清点药库，以至造成换药、盗药、盗卖 X 光机械等重大损失；又如，传染病院副院长马相伯，去年 9 月到任到今年 1 月止，利用职权自该院药房私取吗啡 779 支，吗啡片、鸦片锭等共 650 片，折合伙地小米 533 斤，动用公款 95 万元，且经常吗啡瘾发时还要人给他按摩和用热水烫身上，这样的贪污腐化分子为什么经过四个多月才发现呢？为什么卫生局、市政府都不知道呢？这就是出于脱离群众的官僚主义所致。

又如六区各界人民代表会议上提出的几个问题：

税局职员不守上班时间，使商人上税时久等；警士巡逻时和人闲谈，甚至找地方睡觉，这都是脱离群众不负责任的一种官僚主义的表现。

同志们！从上面的引证中，可见官僚主义不仅上面有，下级也有，所差别的，只是责任愈大，对国家人民的损害也愈大罢了！又可见“官僚主义本质上是脱离群众”一语是万分正确的！同志们，官僚主义确是害死人的东西，上面许多例子即可证明，我们必须加倍警惕，特别我们政权工作的同志更要警惕！

（2）其次，官僚主义一般表现出哪几种类型？

（甲）“饱食终日无所用心”的官僚主义（旧官僚型的十足官僚主义）。

（乙）命令主义的官僚主义（即强迫命令，雷厉风行的官僚主义）。

（丙）事务主义的官僚主义（辛辛苦苦的官僚主义）。

以上三种，我们来替他们画出脸谱，看看我们自己有多少成分相像：

首先要谈谈最坏的一种官僚主义，就是“饱食终日无所用心”的十足官僚主义，习仲勋同志谈得很明白：“‘饱食终日无所用心’的官僚主义确实不多，因环境对他们不利，但这样一批标本懒汉，并不是不存在的。他们对工作是一味消极，‘当一天和尚撞一天钟’，‘不求有功，但求无过’，等因奉此，照例行事，不推不动，甚至推也不动，总之是从来没有主动地办好应办的事情。他们对陈旧腐朽的东西，恋恋不舍；对新鲜有益的意见，关在门外，避免麻烦；对各种恶劣现象，能有最大的容忍。他们对同志间的关系，是‘人不犯我，我不犯人’。对党内任何重大争论，都抱‘好好先生’态度。而对自己私人的事情却往往打算得很周到。不难想象，他们领导下的工作，是糟糕到极点的。对这种思想懒汉，在反官僚主义斗争中，决不应忘记。要帮助他们打开脑筋，开动机器，好好学习，改正错误，向前进步，否则他们是会从领导岗位上跌下来的。”

同志们！这种懒汉式的官僚主义者，往往发展下去就成为贪污腐化分子，如上面举的马相伯之类的人即一证明。

其次谈谈强迫命令的官僚主义，关于这方面，少奇同志谈得很明白：

“我们有相当多的一些干部，他们为完成国家和党给予他们的任务而斗争，但他们不是严格遵循国家和党的政策限度内去完成任务，而是采取粗暴的方法去进行工作，不注意具体情况，不顾及事实上是否可能，不肯虚心地和当地人民商量，只是简单地去完成任务，这种命令主义作风，在征粮、公债和税收中，已表现相当严重，已引起许多人不满，如不加以纠正，我们就会脱离群众。”

毛主席在《论联合政府》中也说过：“因为命令主义超过了群众觉悟程度，违反了群众自愿原则，害了急性病。我们同志，不要以为自己了解了的东西，广大群众也和自己一样一概了解了，群众是否已经了解并愿意行动起来，要到群众中去考查。”

北京市这种强迫命令作风也是相当普遍的。例如：

七区法华寺摊贩管理处：摊贩不买公债就不发牌照，而且态度很坏，或在买卖越忙时就开会越多，使他们不得不买公债（5 月 25 日）。

前税务五分局局长×××强迫命令作风也非常严重：

如关于征收 1949 年下半年度工商业税，市第二届各界人民代表会议决定分两期交款，并由市府在报上公布施行，但该分局则命令商户一次缴纳。如东坝福泰兴猪肉铺在 4 月 12 号没交上税，该分局便派人把他的猪没收卖掉，替交税款，按当时价格少卖 50 000 多元。又南小街永顺杂货铺到 4 月 11 号没交上税，税局便传去开会，要他自己说出交税日期，并叫打手印。

最后谈谈事务主义的官僚主义，又叫辛辛苦苦的官僚主义：今年 3 月 2 日《人民日报》短评中写得很明白，我只扼要的举几句：

“既然辛辛苦苦了为什么还是官僚主义呢？因为官僚主义本质是脱离实际与脱离群众；这种终日辛辛苦苦忙忙碌碌的人如果他陷于事务主义的深渊，对于实际工作中与群众生活中的基本问题毫无所知，盲目地、枝枝节节地工作，不管他如何辛苦，实质上仍然是官僚主义。这种官僚主义，不是不肯工作，而是很努力工作，不是闲，而是忙；不是一味追求个人享受，而往往是刻苦奋斗。”

为什么会形成这种官僚主义呢？

这种人是忙于日常琐事或整日埋在字纸堆里，啃公文，划大行，核稿子，足不出户，而形成十足的文牍主义者。他们不晓得抓当前最主要的工作，因而使他终日忙碌，结果脱离了群众，甚至脱离了主要干部，使下情不能上达，因而就形成耳聋、眼瞎，脱离了实际，抓住小事，忘记大事，也就是孟子所说的“明察秋毫而不见舆薪”，常常每天办公14小时以上，忙得要死，累得要死，做好了一千件甚至一万件小事，但最重要的一件错了，便出了大乱子。如东北黄松岭的火灾、郑州水塔大贪污案，和市府去年忽视了工厂中发动工人实施民主管理和订立集体合同两种政策，结果是死伤工人数十人，即可证明。

2. 欺压群众问题

关于这个问题，我不解释了，只举一个例来说明：

七区摊贩管理处干部关子厚，喝永祥店东兴号的酒不给钱，买灰市布一丈七尺和修表等都不给钱，强迫摊贩买了三分公债也不给公债券等等。

以上仅系已发现的例子，是否还有更多更大的例子，就值得大家来检查了。

3. 贪污腐化

贪污、变相贪污、揩油，须分别清楚：

贪污：凡利用职权或制度不健全，而从财政上、仓库中、货架上、钱柜内窃取公家财物供私人使用者即是，如吃缺额，浮报冒领，造假账、假收条，买物时勾结商人合伙多报分赃等是。

例如5月20日报载新生中学谢慈瑞贪污舞弊案，3月15日《人民日报》载京法院齐寿曜之利用职权对吸毒犯等的贪污舞弊案；和上面讲过的马相伯私自使用吗啡等药品动用公款等都是。

变相贪污：此事多发生于财经机关或会计管理人员，利用自己手边的公款或物资，在物价波动时或见某物有利可图时，用公款去买些物资，过几天又转卖出去，从中取利，但公款数目仍然不变，这样假公济私或借公营私与上述贪污虽有程度上性质上的区别，但是这样做必然会影响资金的流转或公家正当用款时无款可付，甚至造成物价波动，这就犯了严重错误，构成违法渎职的罪行。

揩油：也就是占公家小便宜，如公家买回的东西比市价贱，用原价分些自己用，又如有人自香港用多余公款顺便带回几只钢笔或表（不是业务上专门买来卖的），我们以原价买了它，公家虽受些损失，私人却占了大便宜。

第三，如何进行这一检查工作？

毛主席在中共第七届第三次中央全体会议上的报告中，指出今后应该做好的八项工作，其中第八项即明确指出："……全党在1950年夏秋冬三季在和各项工作任务密切地相结合，而不是相分离的条件之下，进行一次大规模的整风运动，用阅读若干指定文件，总结工作，分析情况，展开批评和自我批评等项方法，提高干部和一般党员的思想水平和政治水平，克服工作中所犯的错误，克服以功臣自居的骄傲和自满情绪，克服官僚主义和命令主义，改善党与人民的关系。"根据毛主席这一指示，我们认为在北京市范围内，进行作风、纪律的检查，应该采取以下的步骤：

1. 组织领导，专人负责

（1）根据过去经验，各局应组织作风纪律检查分会，其附属的大单位可组织支会，小单位可组织小组进行之。

（2）各局分会必须有专人负责收集意见，接汇报，谈话。

（3）支部动员党员展开批评同自我批评。

2. 阅读文件，打开脑筋，开动机器，考虑问题，打通思想

（1）检查工作是否深入和适当，关键在于思想是否打通，检查态度是否正确适当，因之，阅读与研究文件这一步骤是非常重要的。

（2）文件是尺度，是镜子，用文件（如已规定读的文件和习仲勋同志报告等）这面镜子来检查工作和作风。

3. 方针

（1）明确目标，重点进行，稳健步骤。

（2）首长负责，亲自动手，结合坚强的领导骨干。

（3）具体分析，调查研究，分别处理，配合群众监督。

（4）发动群众，展开批评和自我批评。

（5）目的要达到团结与改善工作。

4. 态度

（1）领导者的态度。既系首长负责，因而领导者应首先作自我检讨，凡属领导上决定问题有错误，或指示不明确而使下级犯错误者，领导者必须自我检讨，切不可把自己责任推在下级身上。其次领导者必须经得起批评，敢于让群众和下级干部来批评，而不要认为下级批评领导会影响威信，因而拒绝批评，甚至摆面孔，要态度，拒人于千里之外，须知革命者的威信是从勇于承认错误与改正错误中来建立的。总之，每个领导者的态度必须是虚心、诚恳、坦白和勇于责己。

（2）实事求是。分清是非轻重，错误性质，领导责任与执行责任，分别对待，肯定成绩，纠正错误，既不姑息任何错误行为，亦不可苛责一个不应责备的同志，正确的加以表扬鼓励，错误的加以教育批评或处分，惩办主义是错误的，单纯教育而不辅之以必要的纪律制裁也是不对的。

（3）民主作风。在批评和自我批评这一精神的指导下，必须抱着毛主席指示我们的态度："知无不言，言无不尽"，"言者无罪，闻者足戒"，"有则改之，无则加勉"。批评者应以与人为善的精神来耐心说服教育，被批评者应抱定虚心倾听群众意见的态度。

（4）检查作风和纪律，要结合中心工作进行。采取检查工作，总结工作，鉴定干部的方法，避免无原则的纠纷。

5. 至于建立汇报、会议制度等在此就不细谈了。

同志们！我相信我们经过这次检查后，我们的作风将会有大大的改善，同志们的思想也一定会有很大的进步，伴随着作风与思想的改进，今后工作一定有更大成绩。我想有党的保证，人民政府的领导，群众的监督和优秀干部的骨干作用，因之，我相信这次检查工作一定能成功。

（原载《北京市重要文献选编》，第 2 册，北京，中国档案出版社，2001）

关于执行1950年度文教卫生工作计划的报告*

(1950年8月8日)

各位代表：

前次代表会议关于文教卫生工作，曾通过了以“为生产服务，为劳动人民服务”为方针的工作计划。现在，我代表北京市人民政府向大会报告关于这个计划的执行情况。报告分四部分：第一部分是关于业余教育和社会教育，这是我们执行上述方针的一部分，半年来我们已经得到一些经验，作出初步的总结。其余第二部分是学校教育，第三部分是文艺工作，第四部分是公共卫生工作，这几项也是按照上述方针执行的。这几项工作的经验总结，须等以后再报告，现在，只把它们的工作情况说一说。

第一，关于业余教育和其他社会教育工作

根据本市第二届第一次各界人民代表会议的决议，在2月中旬，即成立了业余教育工作委员会，用大力筹办准备容纳30 000人的正规业余补习学校，3月中旬开始建校工作。第一期建校计划，原定4月底结束，但至今仍有很多单位陆续开办。现在已经开学的计有46校，入学的学员共30 156人。其中，产业工人23 388人，占入学总人数的77.6%；在职干部4 873人，占入学总人数的16.1%；勤杂人员1 895人，占入学总人数的6.3%。如果把文教局所办的成人补习学校和农民补习学校入学的21 079人以及市总工会所办的工人补习学校10 197人合计在内，那么，北京市的劳动人民现在有61 432

* 这是吴晗在北京市第二届第三次各界人民代表会议上的报告。

人在学习文化。这些劳动人民在反动统治时期，绝大部分是没有学习文化的机会的，现在得到过去所梦想不到的机会，都很高兴，很积极地学习。因此，业余学校开学以来，学员退学的不多，有些学校在开课之后，入学人数仍继续增加。各校缺课现象，虽有程度上的不同，但大体上有一个规律，一个单位单独办的业余学校缺课的比较少，各区办的业余学校缺课的比较多，如人民银行缺课的只有2%，清管局是7%，其余都在20%以下，而以行政区为单位联合举办的业余学校都在25%左右。总起来说，缺课并不十分严重，一般业余学校由于工厂加班或机关业务的繁忙等，缺课十分之二三是很平常的现象，要求完全消灭或大量减少缺课现象是不可能的，但尽可能地降低缺课率，是我们必须努力的。

现在，我想根据第一期建校工作的经验，就几个主要问题简要地说一下：

（一）业余学校教育方针

根据北京市第二届第一次各界人民代表会议的决议和业余教育实施纲要，执行了以下的几个主要方针：

（1）首先以产业工人和机关工作人员为对象。

（2）须有专任的教员和专用的教材。

（3）有条件地正规化。

（4）以学习文化课程为主。

（5）学习时间在生产时间以外。

对于业余学校有条件地正规化，曾引起一些干部们的异议，特别是对于以学习文化课程为主的方针，有不少的工厂和机关干部提出过异议，他们主张不采取正规的形式，课程中应设有政治课，经过反复商讨，才取得了一致的意见。就是：在条件许可下必须尽可能采取正规的教育形式；在条件不足或不可能正规化的地方，采取识字班、文化班等形式；已有的识字班等仍应继续保持；学员入学根据自愿原则，绝对不许强迫命令；准备采取学习互助的办法，从业余学校的学员中培养“小先生”去帮助不能入学的工人或干部进行识字教育。这样，使业余学校和一般的识字班分别进行，同时又互相结合，取得互助之效。在业余学校，国文和常识课本中都包含着政治的内容，而且各班每周上课3次，其余的时间仍可进行政治教育或其他活动，所以不专设政治课。至于学习时间，我们严格执行了在生产和业务的时间以外进行学习的方针，为了保证这一方针的贯彻，建立了点名、请假制度和教员补课及学生互助制度。

（二）组织与领导

业余学校的建立，有3种方式：有的是由1个单位（工厂或机关）单独建立，有的是由几个单位联合建立，也有的是以行政区为单位建立起来的。

各校都设有校务委员会，由各工厂机关或行政区的负责人兼任校长，在校务委员会之下设教务主任，领导全校的教学业务。各班有班主任，由专任教员兼任，领导全班的学习。各班学员按照工作部门和居住地区分编若干学习小组，各选组长1人，协助班主任进行学员学习互助。这样的组织形式和领导形式，好处是取得各有关方面的密切配合协助；教学业务由专任的教务主任和教员负主要责任，这是巩固学校的基本条件；参加学习的学员也都组织起来了，对坚持学习制度和提高学习情绪，也起了一定的保证作用。但是北京市的业余学校、工人补习学校、成人夜校，领导系统不统一，在具体工作上就不免重复或分散力量，而以行政区为单位所建立的正规业余学校，有的包含多至40多个的工厂和机关单位，缺乏领导中心。这就说明，需要由一个文教机关统一来领导，有从上到下的各级组织，才能把这些问题根本解决。

（三）教员、教学方法和教材

业余学校目前共有教员479人，其中，专任教员202人，占全数42%，由业余教育工作委员会统一登记、审查、训练、分配；担任的授课时数占总时数的2/3，对教学工作负有主要的责任，并起着决定的作用。兼任教员277人，占全数58%，由各学校自行聘请；其中，大部分是各工厂机关的在职干部，少数是中小学在职教员和大中学校学生。

在教学方法方面，我们还没有成熟的全面的经验，一般地说，历史课因与政治思想密切结合，所以都由干部兼任。国文课着重语文规律和知识教育，有些单位教文法、标点符号或注音字母等，很得学员的欢迎。成人教育应特别注意理论与实践相联系，因此，国文课应多教应用文，多作练习；自然课应从成人的生活经验基础上提高，多做实验，添置必要的挂图、仪器，不然，他们会干脆不来听。

在教材方面，是根据规定的学制课程标准，由中央人民政府教育部社教司和全国总工会文教部帮助组成的编委会，在两个月内，编成国文 9 册、算术 9 册、常识 6 册，共 24 册。据现在统计，三种课本共已发行 42 万余册。国语、算术都分编 9 册，是为了适合干部中程度不齐的特点，便于分班。

（四）经费与校舍

业余学校的经费按照规定是由工会文教费内支付一部分，工厂机关的行政上补助一部分，其余由政府补助。

根据 37 个学校的统计，工会文教费和工厂机关的行政补助每月共收 20 534 斤小米，占总开支 17%；政府补助每月共 99 034 斤小米，占总开支 83%。此外，并补助了 22 个学校的开办费，共 46 622 斤小米。

到 6 月底为止，业余教育工作委员会对各校经费的补助（包括开办费和经常费）共计 339 856 斤小米。补助费都是经过北京市业余教育工作委员会严格审查和个别协商，订出预算和决算，然后根据制度开支的。这笔开支，在政府目前财政困难的情形下，自然是一个不小的数目，但是工人是担负发展生产建设国家的重要支柱，在城市中，是我们国家的基本力量，国家仅仅用几十万斤小米的开支，就能使 60 000 多工人和其他劳动人民中的积极分子来开始提高文化程度，因而也就会连带提高他们的政治和技术业务水平，使我们国家的基本队伍能够补足文化上的缺陷，应该说，这是十分合算，也是完全必要的。

业余学校的校舍，在行政区和机关的学校，都借用所在区的一般中小学校校舍；在郊外或离市中心区较远的大工厂，有的借用食堂、宿舍、厂房和办公室。

（五）今后努力的方向

今后的主要任务，是巩固已建立的业余学校，稳步发展，我们准备从三方面努力：

（1）提高教员的政治水平与业务水平。这是巩固和发展业余学校的中心环节。因为目前业余学校的教员主要的缺点是政治水平低。而他们所教的学员，却是人民中政治觉悟较高的工人和干部，课程中的国文、史地也包含了许多政治的内容，教员们如果在这方面不能满足学员的要求，就很难达到教学的效果。因此，我们对教员的学习问题，已经拟定一个学习计划，准备同时组织教员的政治学习与业务学习，而以政治学习为主。这个学习正在开始进行。

（2）视导工作，采取一般的视导与重点视导，去检查并改进各业余学校的工作。同时，出版一种小型刊物，用来指导工作，交流经验，进行批评与鼓励。

（3）业余学校的课本，在教学当中，已经发现了许多缺点，我们准备陆续收集资料，加以修改。

社会教育工作，除以大力举办了业余学校之外，我们并协助中央人民政府教育部，创办了本市实验工农速成中学一所，以培养工农新型知识分子。

在城区，对成人补习学校，先选择工作较好的原五、六、九区三个区为重点，各建立了一个中心成人夜校，以为示范。对原有的成人补习学校则进行了整顿，截至6月底，计有成人夜校434班，学员13 922人；并举办过两次成人夜校和工人夜校师资训练，参加的共计142人。

在郊区280个行政村中，有253个行政村已设有农民补习学校共152所，计244班，学员7 157人。为提高教学效果，对城郊成人补习学校部分教员酌予生活补助，以安定其工作情绪。

整顿并适当发展儿童识字班。截至6月底，城区儿童识字班共有785班，学生24 919人。对部分工作积极、生活困难的教师也酌量给以补助。准备下半年再增设350班，计郊区196班，外城区94

班，内城区 60 班，尽可能地满足劳动人民子弟入学的要求。

此外，对一般社教机关于拨发书报费外，还添置了扩音器 3 部，收音机 20 架，并增设了 6 个书报阅览室；文化馆因为不能及时觅得适当的房舍，又缺乏有一定经验的社教工作干部，尚未增设，下半年当努力完成增设计划，决定举办社教工作干部讲习班，以应需要。对旧“小人书”取缔，因为是一般市民思想教育的问题，必须审慎从事，现正进行调查研究工作。

第二，关于学校教育工作

（一）中小学、幼稚教育的改进与改革

对原有的中小学和幼稚园进行了一些改进和改革。为提高师资于 4 月间成立了本市中小学教职员学习委员会。确定当前学习方针，以政治学习为主，结合研究业务，以提高教职员的政治水平，进一步树立为人民服务的思想，并改进教学方法。在学委会下设干事会，负责组织、推动与检查工作，现已按照上半年的学习计划作过一些专题报告，并举办了历史、国文观摩教学。

为了改善行政领导，对有些学校的负责人员进行了调整，结合民主评薪，进一步贯彻了市立中学教员专任制，基本上消灭了不合理的兼课现象。

为加强中等学校学生的政治教育，统一了政治教材和政治课的教学进度。为了扩充教学设备，上半年发给各市立中学图书费和仪器费 81.9 万余斤小米。并且根据本市各界人民代表会议提议建立科学馆的精神，有重点地分配给地点适中和条件较好的市立二中、四中、八中，女二中等校以较多的仪器；使设备不足的私立中学也能利用市立中学设备，下半年仍计划作可能的补充，以进一步充实教学设备。

对私立中小学，根据上次会议所决定的扶植改进方针，在寒假期间，对少数办理不善及因经费设备不足，或学生人数过少，申请停办或合并的私立中学，分别予以整顿。计：维新中学、世熙中学准予停办。新青女中准予接管，学生编入市立中学。准许近智中学和民国中学合并，改名新中中学。求实中学和进德中学合并，改名新知中学。并帮助奋斗中学迁往绥远。燕山中学并入回民学院。同时，补助办理较好而经济困难或因整顿需款的新生中学等 30 余校小米 50 万斤。我们鉴于私立中小学的经济困难，制订了私立中学校经费补助暂行办法，已于 6 月公布施行。

此外，并号召私立中小学在经济条件许可下，实行教员专任制和班主任制，以提高教学效果。同时，加强了对私立中小学校的视导工作，建立定期的会议、汇报制度，组织小型私立学校座谈会，及时予以帮助指导。

为改善学生的生活和健康状况，3 月间发动中等学校学生从事课余农业生产，参加生产者 72 校，计有学生 27 000 多人，学生的生产情绪普遍很高。现在，许多学校已经收获了早熟作物，伙食一般地得到改善。4 月 1 日成立了本市学校卫生委员会，并对市立中学发给卫生设备费 34 000 斤小米，购置必要的卫生器材，以加强学生的卫生保健工作。

（二）市立中小学的增班、增校问题

在小学方面，原计划上半年在城、郊区各增设 15 班，下半年再在城区增设 25 班。在城区，现已增设了 16 班，可容纳学生 890 人；在郊区，则截至 6 月底已增 10 校，计 23 班，招收学生 1 150 人。另外，十三区铁路检车段附设的小学，已由市府接办，改为市立小学，计有 4 班，学生 200 人（经费系追加郊区增班预算），总计郊区共增设了 27 班。

在中等学校方面，因为秋季始业，上半年没有增班，现已决定于暑期中，职业学校（技术学校）增设 13 班，计工业学校 9 班，并增设电机科。财经学校（原市立高商）4 班，并增设统计、工商管理 2 科。师范学校增设 5 至 6 班，计普通师范 2 班，幼稚师范班 2 班（其中，一班原应于本年寒假递增，为统一学制，改在今年暑期招生）及小学教职员轮训班 1 至 2 班。普通中学增设 31 班，计高中 9 班，初中 22 班。此外，并增设工农速成中学 1 所和普通中学 3 所（2 所在南城，男、女各 1；另 1 所在长辛店），班次将根据校舍另定。工农子弟有些程度较差，不能入普通班，则视需要另设几个预备班。

第三，关于文艺工作

在配合生产任务、广泛地开展文艺普及工作的总方针下，主要进行了以下各种工作：

（一）由文教局文艺处和总工会配合成立了工厂文艺工作委员会。又和学联配合，成立了学校文艺工作委员会。并通过文化馆、成人夜校等，展开了对群众性的文艺活动的辅导工作。

（二）为了改进戏曲，举办了戏曲讲习班，两期共毕业学员1 500余人，初步打下了戏曲界思想改造和业务改进的基础。毕业后，组织了业余艺术学校戏曲部，以便更进一步地提高旧艺人的政治水平和业务水平，共同推进戏曲改革运动。

（三）编辑通俗文艺读物 17 种，每版 3 000 册，文艺月刊《说说唱唱》一种，发行 28 000 份。帮助文艺创作研究会举办星期文艺讲座 23 次，听众累计约万余人，以推进文艺的普及工作。另外，对于优秀的符合于新民主主义教育方针的戏剧电影则减免税，以资奖励。并以批评或推荐的方法去提倡好戏和好电影。

5 月底，帮助文联召开了北京市文艺界代表大会，对于团结新旧文艺工作者，建立北京文艺界统一战线，推进人民的文艺运动，将有很大的推动作用。

第四，关于公共卫生工作

根据 1950 年度的工作计划，在预防为主的方针下，主要进行了以下的工作：

（一）防疫卫生。有重点地进行了伤寒、霍乱、白喉等预防注射和牛痘、卡介苗的预防接种工作，已著成效。如天花以今年 5 个月和去年同期相比，患者从 190 人，减至 11 人；死亡者从 90 人，减至 4 人。并解决了自来水与饮用水井的消毒问题；进行了春、夏两季的防疫宣传运动。

（二）妇幼卫生。为照顾贫苦产妇，享受科学助产，按区组织了开业的产科医师、助产士和公私医院，为贫苦的产妇免费接生，为难产者特约了公私医院 10 处，由政府按接生人数和住院次数予以补助。对旧有的接生婆，进行了登记和训练，已训练者计107人，对托儿所、幼稚园的儿童和保育人员进行了健康检查，并给以指导。配合“三八”节进行了城郊区的妇幼卫生展览。

（三）学校、工矿卫生。为改善学校卫生工作，如前所述，已成立学校卫生委员会，各区设分会，各校设支会，并组织卫生队，增聘医师、护士，现在对179校70 000多学生，已经作了初步的医疗卫生工作。工矿的卫生状况，一般是恶劣的，数月来调查了市内30人以上的公私营工厂（矿）162家，包括职工22 000余人；同时，对门头沟矿区和丹华火柴厂进行了重点检查，并已有局部的改善。在门头沟矿区计划设卫生院一处，并附设医院，已在城子村勘定地点，绘图估价，现正在进行中。在劳动人民比较集中的地方，已设置了五个工人诊疗所。此外，为照顾工人诊疗方便，在市立医院，凡持有厂方或工会负责人介绍信者，可先行诊治，缓交费用或由工会负责分期交付。应当说，我们关于工矿卫生工作，还做得非常不够，并且比较迟缓，这是我们今后需要注意的。

（四）为了照顾劳动人民的医疗便利，已指定免费公私医疗单位44处，免费住院单位10处，预定每天免费门诊976人，免费病床每月174张，由政府予以补助。补助郊区医药合作社4处。此外，在劳动人民聚居的地区大后仓、丰台各设立了卫生所1处；在崇外设立了妇幼保健所1处；并将长辛店的卫生院改组为卫生所，从而已开始将本市医院卫生机关分布的不平衡状况，陆续矫正。而市立第一、三医院，精神病防治院都增加了病床和门诊数量。

以上是半年来关于文教卫生工作方面的报告。在这中间着重地报告了业余教育工作，因为业余学校的创办，还是一个新的问题，有许多经验值得介绍，并且是第二届第一次代表会议的一个重要决议。对于公共卫生工作则报告得比较简单。

（原载《北京市重要文献选编》，第2册，北京，中国档案出版社，2001）

关于失业救济和普遍召开区各界人民代表会议两项工作的报告*

（1950年12月29日）

各位代表：

这次市各界人民代表会议主要是讨论时局问题和下届代表会议代表产生办法。因此，我不打算报告三个多月中间，市人民政府所做的一般工作，只是把上次会议特别作出决议，交给市人民政府办的两项重要工作——即失业救济和普遍召开区各界人民代表会议的进行情况，简要报告一下。（另外还有公安局罗局长关于一年来镇压反革命分子破坏活动的报告。）

首先，报告失业救济工作。

北京市解放以来，失业人口较解放前，是大大减少了，但失业问题并没有完全解决。据今年7月间的调查，失业工人和失业知识分子还有万余人。关于这个问题，在上次代表会议上，市协商委员会刘仁副主席曾做了详细报告，并提出了具体的救济方案，经大会决议，认为可以全部施行。三个多月来，执行的结果，已经获得初步成绩。

本来，在上次代表会议召开以前，我们就已根据政务院《关于救济失业工人的指示》和《救济失业工人暂行办法》，于7月22日，成立了失业工人救济委员会，从7月24日起，开始了分区登记失业工人的工作。（这种分区登记的方法，对于失业工人的联系、组织和教育都便于集中处理，是较好地完成登记任务的一条经验。）截至11

* 这是吴晗在北京市第二届第四次各界人民代表会议上的报告。

月底，共登记了9 410人，其中，失业工人（包括产业工人、手工业工人、店员、搬运工人）约占7/10，失业知识分子（包括教员、职员和一部分中等以上学生）约占3/10。如果除去在7月调查以后，因雨季淹窑而失业的矿工1 933人，那就只有7 478人，约为原调查的失业人数的73％。现在登记工作已近尾声，继续来登记的人已不多了。登记开始后，我们即一面登记，一面按照上次市代表会议通过的方案分别处理，或帮助其就业。进行情况如下：

（一）就业。据11月下旬的调查，已就业的达4 260人，约为登记总数的45％。其中，已经找到固定工作的3 122人，找到临时工作的1 138人。除去门头沟复工的矿工以外，据不完全统计，参加工矿企业的有1 100余人，参加机关学校的有850余人，参加商业的有490余人，参加交通运输事业的有200余人。

在介绍就业时最大的问题就是许多失业者还不能适应新的生产要求，一方面有许多失业的人，找不到工作；另一方面，又有许多工作需要人而找不到人。例如：机械工、电机工都十分缺乏，许多地方都找不到工人。工程技术人员、医务人员（包括医生、护士、司药）和成本会计人员，也都供不应求。又如，华北军区需要大批的文化教员，而投考的600个失业知识分子当中，合格的才不过106人。为了克服这个困难，一方面，要尽可能地办好转业训练；另一方面也需要失业的人本身作极大努力来提高就业能力。

（二）以工代赈。原核定参加以工代赈的共5 807人。而报到的只有3 616人。其中，因为有些人生活还有着落，或已找到职业，或临时工作，又陆续减少了2 040余人。目前，实际参加以工代赈的约1 570余人。以工代赈的工程，前一时期大半是修建道路，原来计划了21项，现已大部完工，仅以修筑各区土路一项计算，就已完成了800多条胡同的土路。今后，计划利用冬季进行掏挖下水道工程。在工程进行的过程中，工作的效率是逐渐提高的，特别是由计时工资制改为计件工资制后，工作效率的提高非常显著，如崇文门工地工人砸石头，在实行计件工资前，每人每日工资4 000元，工人情绪很低，改行计件工资后，工作效率大大提高，由最初每人每日平均砸石 0.1 方，迅速提高到 0.9 方，工人收入则由每日4 000 元增加到七八千元，而经费开支也大为减少，由每方 40 000 元减至 9 000 元。经验证明，利用以工代赈的方式去做一些公共工程是一个好办法，既有利于市政建设，满足了广大市民对公共福利的要求，同时又暂时解决了失业工人的生活问题。而要使以工代赈收到预期的效果，不仅要把组教工作做好，而且能够采取计件工资制的，最好采取计件工资制。

（三）转业训练。原核定参加转业训练的共 2 004 人。现已开办一所可容 600 人的训练班，先进行政治学习，以减少就业时的困难。参加学习的已有 390 余人。此外，并计划筹办技术训练。但举办技术训练，在设备、课程、教员等方面，都存在着客观困难。拟先和清河制呢厂等单位结合试办，俟取得经验后，再为推广。失业工人和失业知识分子参加过转业训练，特别是政治学习的，一般地觉悟是提高了，分别介绍职业时，也比较容易被录用。这说明介绍职业最好和转业训练适当结合起来。

（四）生产自救。原核定参加生产自救的 1 291 人。其中，绝大部分是仅作过辅助工作的女工，缺乏生产技能，组织生产非常困难。例如市合作总社曾组织 100 多人打毛袜，但打成的毛袜有 1/4 不合标准，需要返工，损失了 100 多万元。所以，在技术指导和检查方面，还需力求改进。现在有 500 余人已介绍到北京被服厂，做临时铺棉工作，生活特别困难的，已给予临时救济。

（五）还乡生产。经帮助还乡生产的，共 220 人。在进行这一工作时，我们是采取认真负责态度的，只有经过审查认为还乡后确有生产条件的，才动员其还乡。事实证明：动员失业的人还乡生产，在城市人口过度集中，暂时还有就业困难的情况下，基本上是对的，而且也是有成绩的。

此外，因患病、年老不能参加以工代赈、转业训练或生产自救的 157 人已给予单纯救济。还有原已核定参加上述各项救济而生产特别困难的 1 148 人，在实际参加前，都暂时发给了临时救济金。

关于救济金的征收工作，一般地说来，进行是顺利的。国营事业、机关生产及其他公共事业，已大部缴纳。私营工商业方面，由于得到工商联合会和工会的帮助，主要行业缴纳的已超过90%。征收救济金时，在得到工人的同意后，由厂方代为扣缴，是迅速、简便、有效的办法。

根据以上的情况，可以看出，在已经登记的9 411个失业工人和失业知识分子当中，已有4 260人就业或找到了临时工作。其余没有就业的人，也在政府的帮助之下，都已能够勉强渡过困难。

救济失业工人和失业知识分子是一件大事情，认真地做好这件事情，对于安定人民生活、稳定社会秩序是有重大意义的。由于我们认真地、有步骤地帮助失业的人就业和加以救济，结果得到帮助或救济的人普遍反映了对失业救济政策的拥护。有的已就业的人说："不走窗子，不钻门子，就可以找到职业，真是梦想不到的事。"一位失业的年老教员说："过去历届反动政府统治时期，失了业都没有人理会我，到了冬天，拼命去挤粥厂，只能喝到一碗粥，现在政府不但把救济金送上门来，而且干部还常来拜访我，只有人民的政府才这样关心我。"有些得到单纯救济的老年人领了救济金以后，感到不安，自动参加以工代赈工程，这些事实都说明实行失业救济政策是成功的，但是，由于救济工作是一件繁重的组织工作，而且目前还没有全面的总结，工作中的缺点在所难免，例如各区登记标准不完全一致，有些应该登记的没有让登记，但也有些不应该登记的反而让登记了。

至于本市前已实行的救济失业员工的办法，其主要目的是给一些工厂和大作坊为了改善经营而必要解雇一部分工人以便利条件，同时，又可以保障这些被解雇的工人的生活，所以暂仍继续执行。根据这个办法领取救济费的，还有201人，不包括在上述9 000多人以内。

此外，对于一般的贫苦市民，我们也进行了救济。根据今年7月间的调查，生活全无来源和需要暂时补助的贫苦户共6 800多户，18 900多人。其中在城区的4 200多户，12 700多人；在郊区的2 500多户，6 200多人。我们根据具体情况，分别采取了以工代赈、移民、发救济粮和收容等方法，进行了救济。计：参加以工代赈的3 000余人，每人每天平均可得到6斤多小米的工资。最近，因为有些工程已完工，在以工代赈过程中，有些人有了些积蓄，已另谋生计，故已减少到1 200多人。10月间，向察北移民两批，共374人。对于需要直接救济的贫苦户，已由各区于11月13日起，分别发放第一次救济粮。对于有劳动力而不能维持全家生活的劳苦市民、小商贩、小手工业者，给以一次救济，每户一人发小米25斤，二人发50斤，最多不超过100斤；对于老弱、残废、鳏寡孤独的贫苦市民，按月救济，每月每户一人发30斤，二人发60斤，最多不超过80斤；对于遭意外灾害而影响生活的，酌量情况，给以临时救济。到11月26日城区各区已发放完毕，计共发出小米21万斤，救济了3 868户，10 979人，郊区还正在进行。在工作中，有些区能够结合群众，深入宣传政策，并进行认真的审查，成绩就比较好，也做得比较公平及时；有些区做得较差，还需要改进。对于流落街头的乞丐、外来灾民或生活全无着落的贫民，从9月底起到12月15日共收容了1 287人，其中有老弱残废624名，占总数的49%，收养在安老所；青壮年428名，占总数的33%，暂时收容在习艺所，准备将来移民西北参加农业生产；童丐235名，占总数的18%，收容在育幼所，拟以半工半读方式进行长期教育。

中国历来没有过失业保险制度，这次对于失业工人和贫苦市民系统地进行救济还是一个创举。事实证明：进行这样的失业救济是必要的，也是可能的，上次代表会议所做的决议是完全正确的。

其次，报告普遍召开区各界人民代表会议的工作。

自上次市各界人民代表会议，根据市协商委员会钱端升副主席的报告，通过了普遍召开区各界人民代表会议的决议后，城内各区即先后召开。到8月底，各区第一次各界人民代表会议都已开完。事实证明，普遍召开区各界人民代表会议以后，进一步发扬了人民民主，更加巩固了人民民主专政，不仅使政府和人民有了更加密切的联系，使人民的意见可以更及时地反映上来，而且也使政府的政策经过区各界人民代表会议更深入地贯彻到群众中去。同时，经过了区各界人民的代表会议，人民政府及其干部在人民群众的监督和批评下，也改善了工作作风，提高了工作效率。

这些收获，主要表现在人民政府对决议案的执行上。全市 9 个区第一次各界人民代表会议共收到提案 21 410 件，其中除了批评干部作风的 1 132 件外，绝大部分都是有关公共福利的提案。这些提案经会议通过后，各区人民政府（即区公所）都抱着严肃认真负责的精神，努力执行。需要市人民政府做的，则转请市人民政府执行。截至现在，全部提案中凡是政府能办的，大部分都已经完成了，有些甚至超过了原提案的要求；一部分正在继续办理；少数不能办的，也都向代表和原提案人做了解释和说明。例如第三区第一次各界人民代表会议提案中，经决议要政府办理的 206 件，已经办理了 204 件。经决议转给各有关部门参考的，有 274 件，现在也办理了 146 件。执行有关公共福利的各种提案的结果，就修整道路来说：第七区 5 个多月来一共修整了土路 78 条，占全区全部道路的 27%。第三区原计划修整 96 条，结果修整了 121 条。就修缮房屋来说：仅第一、七两区即修缮了 5 622 间，占该两区应修缮房屋总数的 85.5%。在解决失学儿童入学方面：仅第四区今年秋季即增设正式小学二处，50 个班，学生 1 550 人。在其他市政建设方面：全市在偏僻地区添装路灯 2 000 盏，修建秽水池 401 座，修建公共厕所 108 所。并在没有自来水的地区安装了自来水管，修筑了自来水站，仅第七、九两区就安装了自来水管7 200 多公尺，修筑自来水站 52 处，改造私人水井 33 处。所有这些在短时期内便实现了的有关公共福利的市政建设，满足了广大市民的最迫切的要求，因而也就得到了广大人民的拥护，他们纷纷反映：“政府真是在不折不扣地执行决议”，“我们的话有效了，我们的要求实现了”，“我们真正当了家，做了主人”，“真是‘人民’‘民主’政府”。

获得以上的工作成绩，是和区各界人民代表会议的代表以及广大人民的积极的共同努力分不开的，也是和做好群众组织工作分不开的。例如在整修道路方面，各区都组织了以区街代表为主的修路委员会，去动员和组织各街道的市民亲自动手修整道路。仅第七区即前后发动了四五千人，修整了约 6 000 公尺的土路。在修缮房屋方面，各区都是通过房屋修缮委员会，召集房东、房客双方共同协商解决，收获很大。例如第六区房屋修缮委员会共受理了 1 700 余件房屋纠纷，经过调解，双方协商解决的就有 1 600 余件。如果不依靠群众来解决，单单依靠政府去进行调解，那就不会得到这样迅速的处理。在增设小学、成人夜校方面，区街代表纷纷热心协助政府找校舍，借桌椅。例如第四区的孝友小学，第五区的南河沿小学，都是在区街代表的努力帮助下，解决了校舍问题而成立起来的；在增设渗水井方面，区街代表也曾发动群众做了不少事情，例如第二区群众自己动手，添挖了简易渗水坑 730 个，解决了 3 500 多户无处倾倒污水的困难。其他如注射预防针等工作，也同样是依靠代表和广大人民的热烈支持所完成的。在镇压反革命分子的活动、巩固革命秩序的工作上，也经常地得到了人民的协助。这就证明：由各阶层人民推选出来的代表是能够代表各阶层人民的意见的；在区协商委员会之下，设立各种专门委员会，如房屋修缮委员会、卫生委员会、文教委员会、社会救济委员会等，通过这些委员会，吸收大批积极分子在自愿的基础上参加各项市政建设和公共福利工作，也是正确的、成功的。但有个别的区对于区协商委员会重视不够，没有把政府工作中的重要问题提到协商委员会来讨论研究，没有很好依靠协商委员会及其所属各种专门委员会去进行工作，这是今后应当注意纠正的。也有个别的区把代表当做一个行政干部来使用，过多地向他们布置工作，因而使得有些代表感到当代表是一个负担，这也是亟待纠正的。其次，有些代表和积极分子身兼数职，工作忙不过来，也影响和限制了更多的代表和积极分子来参加工作。因此，代表和积极分子以参加一个专门委员会为最好。

在各区的代表的会议上，对政府工作人员的作风所进行的检查和批评，对于纠正干部官僚主义和命令主义的作风是有很大作用的。各区第一次代表会议关于批评干部作风的提案已经分别处理；有的干部已在代表大会上向代表承认了错误；有的干部在事后认识了自己的错误，向群众公开进行了自我批评。其中，错误比较严重的，都已分别受到了处分；少数站在人民头上、欺压群众、贪污腐化的分子已分别撤职惩办；事出误会的，事后经过调查，也向群众做了解释和说明。通过区各界人民代表会议，采取批评和自我批评的方法，对于干部的教育和提高是有效的，一般干部都加强了对人民、对工作严肃负责、全心全意为人民服务的观点，比过去更加兢兢业业、勤勤恳恳地努力工作，使工作大大提高了一步，干部和群众的关系也更加改善了。因此，最近在各区召开的第二次区各界人民代表会议时，代表们纷纷反映干部的作风变好了。上次会议时各区关于批评干部作风的提案共有1 132件，而这次关于干部作风的提案仅有213件，其中，并有表扬干部的提案85件。代表们对干部冒雨抢救倒塌的房屋、努力帮助失业员工就业等模范事迹都进行了表扬。但也有少数的干部因受到了批评，而在工作中表现着不敢负责、放松工作的现象，这是一种错误。经过检讨与教育后，已逐步改正。

最近，各区都曾召开第二次区各界人民代表会议，除了解决适应各区自身情况和要求的具体问题外，一般是把下面三个问题作为中心议题：（1）搜集与讨论市民对于公共福利方面的意见，以便帮助市人民政府拟定明年的市政建设计划；（2）继续采取批评和自我批评的方法，来检讨与改善区人民政府的工作和干部作风；（3）讨论加强镇压反革命的工作，进一步巩固首都革命秩序。现已陆续开完，比上次会议有更好的表现、更多的收获。

各位代表！这就是我代表北京市人民政府关于失业救济和普遍召开区各界人民代表会议两项工作的报告，请大会审查与批评。

（原载《北京市重要文献选编》，第2册，北京，中国档案出版社，2001）

关于北京市第三届各界人民代表会议代表选举工作的报告*

（1951 年 2 月 26 日）

自北京市第二届第四次各界人民代表会议通过《北京市第三届各界人民代表会议代表产生办法》后，由第二届市协商委员会第 11 次会议，推定吴晗、钱端升、薛子正等 23 人，组织选举委员会，负责进行本届会议的代表选举工作。选举委员会于 1 月 26 日成立，并由全体委员分工组成党派、机关部队、人民团体、工商界、工会及公营工矿企业、专科以上学校、区域等 7 个选举小组，负责推动与指导有关单位的代表选举工作。自 1 月 27 日开始，各选举单位大部分按系统先后成立了选举委员会，展开选举工作，截至 2 月 16 日，除政府代表及邀请代表外，经由选民直接选举和由代表会选举产生的代表 431 名，已全部选出。

本届代表总数为 519 名。其中，由选民直接选举和代表会选举产生的 431 名，约占代表总数的 83%；直接选举产生的公营工矿企业职工代表及专科以上学校代表共 115 名，约占代表总数的 22%。这比第一、二两届代表会议代表的产生办法，在民主形式和内容的充实方面，又向前迈进了一步。这次参加直接选举的，是公营工矿企业和专科以上学校，这次经验证明他们现在即可实行直接选举。但有些较分散的小工厂和作坊的工人及其他各阶层人民，目前还很难由全体选民来直接选举。例如：有一部分工人代表、全部农民代表和工商界代表此次均系由选举代表大会所选出。此外，区域代表

* 这是吴晗在北京市第三届第一次各界人民代表会议上的报告。

则系由区各界人民代表会议所选出。这次选举之后有些当选的代表，就接到了选民的提案，有的选民要求代表开会回去要好好传达。这样就加强了群众对代表的监督，并使代表能更广泛地、更直接地联系群众，将群众的意见更迅速地集中起来，将代表会议的决议，更好地贯彻到各界人民中间去。

这次选举工作证明：经过民主协商提出候选人是很好的方式。它能够充分集中群众的意见，使提出的候选人具有广泛的代表性，关键是协商必须充分和民主，因为协商实际上就是选举的酝酿准备过程，一定要经过"从群众中来，到群众中去"，反复地、多方地协商，才能真正贯彻民主精神，使大家的意见达到真正的一致；反之，如果协商候选人时，没有在群众中进行酝酿，就会引起群众对选举工作的不满："不知道候选人是从哪里来的?"例如北京大学最初提出的候选人，没有经过广泛讨论，所以大家对选举表示冷淡。以后，从新自下而上地分组讨论候选人，然后将意见集中起来，再提出的候选人名单，就获得了大家一致的重视与拥护。又如市府秘书厅等部分机关在初选时，未提出候选人名单，结果使票数太分散，以致有的当选人，得票不及1/5，因此不得不重选。这都是值得记取的教训。这次选举中的协商工作，做得较好的，有区域、文教和教育工会及部分公营工矿企业和专科以上学校等单位。这些单位因为事前酝酿协商得较好，整个选举工作也都做得较好。

选举委员会由于缺乏经验，在工作过程中发生了一些缺点：

第一，开始时，强调了限期完成，而期限又只一个星期，且时当春节与寒假前后，没有照顾到各选举单位工作繁忙的情况和群众的生活习惯，又加有些单位负责人对选举工作不够重视，既未进行必要的宣传教育，又没有经过很好的酝酿协商，只图按期完成任务，因此，一部分代表选得比较草率。如清河制呢厂，只开了10多分钟的会议就进行选举。有若干单位或因学生正在考试或因春节关系，都使选举工作受了影响。选举委员会发觉这些情况后，当即按实际情况，延长了选举时间，使各单位能及时进行宣传教育和民主协商的工作。如工会及公营工矿企业在代表选出后，又进行了一周的民主建政的宣传，并召开座谈会，由当选代表直接向选民征集意见。新华印刷厂、清华大学等，选举前就进行了充分的宣传和协商，北大等单位，为慎重起见，且重新布置了选举工作，因而也做得较好。

第二，没有做有计划的有系统的宣传。除《人民日报》刊载了一篇社论之外，没有印发宣传材料，在报纸上的宣传做得很不够，因此，各单位负责选举工作的人员，一般感到缺乏宣传内容。这样，就不能在群众中展开广泛宣传。事实证明：凡在群众中进行过普遍而深入宣传教育的单位，选举工作就做得好。如人民印刷厂在讨论选举工作时，结合了历届各界人民代表会议和市人民政府的工作成绩，举出许多群众亲身受益的事实，如在该厂所在地白纸坊一带修路、安电灯、建厕所等实例，经过宣传后，有的工人就说："这可是大事，选举可得慎重点儿。"清华大学在选举前，由选举委员会吴晗主任向全校作了有关政府两年来的工作报告，使选民知道政府的具体工作成绩，代表会议的作用和代表的具体任务，加强了群众对政府的热爱与对代表会议的认识，选民对选举就非常重视。没有进行普遍而深入宣传的单位，则选举也就办得不好，参加选举的人数也较少。其次，选举的时间必须注意不要和业务时间冲突，这次石景山钢铁厂选举时，因为和生产时间相冲突，到会参加选举者只占全厂职工总数的57%。

第三，组织机构不健全。有好些单位未及时成立选举委员会，更没有建立宣传机构，组织必要的报导。市选举委员会则对各单位的选举工作也缺乏检查和帮助，没有及时地具体指导，致使各单位感觉到上级选举委员会交代不清楚，处理问题时无所依据，增加了选举工作的困难。

总的说来，这次选举工作的意义很大，扩大了选举的民主范围，为北京市人民民主生活的继续前进创造了更有利的条件。同时，在工作过程中，也取得了不少宝贵的经验，是一次很好的学习。经验证明：今后进行选举工作，必须深入地宣传动员，经过充分的酝酿协商，还应有充分的准备时间，急于求成，反会使工作受到损失。

在这次选举工作中，证明北京市人民的政治觉悟程度普遍地提高了，是能够有效地行使民主权利的；同时，也证明了这种多样的混合的选举方式，在目前是较妥善的选举办法，是能够密切联系群众，使广大人民享受民主权利的有效办法。

（原载《北京市重要文献选编》，第3册，北京，中国档案出版社，2001）

关于中国民主同盟北京市支部的盟务问题
——在全体扩大干部会议上的报告
（1951 年 11 月 10 日）

一

北京市支部最近在盟员大会上所提出来的一年工作总结报告，根据会后同志们的反映，认为报告中最后的检讨部分是很不充分的。我们应该检讨的地方实在很多，最严重的问题是思想问题。

解放以前，盟处在不合法的地位，我们的组织经常受到迫害，同志们没有条件可以学好马克思列宁主义和毛泽东思想，虽然有个别同志埋头学习，也很不容易学好。解放以后，情况完全两样了，现在有充分的条件便利我们的学习，我们很容易得到各种很好的学习资料，也随时随地有很好的老师和朋友来帮助我们学习。于是，作为一个政治组织来看，我们的学习是非常不够的。

这两年来，有很多人想参加盟。已经参加了的同志们，一般都感到不满足，总觉得参加以后和没有参加以前，并无多大差别。

他们认为：在机关里在学校里同样可以学习，参加了盟，也得不到更多的帮助。

应该承认：我们过去的工作是存在着很大的缺陷的，主要的是没有很好地帮助同志们进行学习，改造不正确的思想，学习正确的进步思想。

盟的任务是团结、争取、教育广大的群众，但做得很不够。我们领导的工作做得并不好。虽然我们在组织上有各级的宣传委员会，但思想上还停留在解放以前的状态。我们的工作，发通电、发宣言、开座谈会是应该做的，而且也做了一些，但盟内的教育工作却做得很少。因此，不可避免地就使得我们的组织与广大群众脱节，我们没有接近群众，没有了解群众的思想情况和急需解决的问题，没有研究出好的办法来帮助群众进步。这是盟在今天以前最大的缺点——也就是错误。

我们的组织要开展，就得在群众中建立起威信来。怎样建立我们的威信呢？首先是自我教育。刘少奇副主席在最近的一次报告中就指出共产党员也要进行思想改造，首先要带头学好毛泽东思想。只有学习得好，我们的工作才能够提高，才能在群众中建立起威信来。

在上次的总结报告里，我们虽然也提过这一问题，可是分量不够，也说得不够明确。

其次，最近我到上海、南京和盟内盟外的人士接触的时候，他们共同提出了这样的问题：民主党派究竟应该做些什么？我们参加各级政府机构、各种人民团体，但是我们到底做了些什么事情呢？例如：两年来我们支部有五位代表参加了北京市人民代表会议，究竟我们做了些什么工作？起了什么作用呢？又如对于各大学、中学师生的思想情况怎样，有什么问题要解决，我们都不知道，当然更谈不到替他们解决问题了。由于我们在思想上还不明确，也不知道到底要做些什么，在统一战线工作中自然不可能很好地起积极的作用了。

今天我们应该提出这个问题：怎样加强学习？怎样在盟内掀起一个高涨的学习运动？怎样切实地为群众多做些工作？使得全体同志来共同提高思想水平，展开批评与自我批评，首先同志们要对市支部的工作提出严肃的批评。这样的学习，才不至成为教条主义。特别在学校里，在政府改造高等教育的号召下，同志们应该努力工作，并起带头作用，贯彻我们政府的文教政策，使我们的大学成为新的、真正为祖国建设和人民利益服务的大学。有些同志口头上讲得比共产党员还漂亮，但实践起来，是否真正为人民服务就很成问题了。希望在学校里的同志们，要以实际行动来保证我们政府的政策能够彻底实行，在群众中起作用，这样，才能够使人感觉到本盟的确能够帮助文教界的群众解决问题。

二

同志们多数是机关工作者，盟建立中央级机关组织的方针，是在今年3月由总部决定的。在执行总部所指示的方针的时候，市支部首先召集了一部分机关工作同志研究了目前存在于各机关中的盟务问题，得到了比较明确的认识以后，第二步才由支部与机关行政和党支部进行协商。在机关行政和党支部的帮助下，我们的工作非常顺利地开展起来。

由于各机关原有的盟员同志数量多少不一，我们所采取的基本原则是：凡是盟员人数不够或太少的机关，先从发展下手；有了骨干干部的机关就建立区分部；人数虽然够，但缺少骨干的，暂缓建立组织。我们总的方针是：培养了骨干以后，才正式建立组织。

机关组织在发展过程中，首先是着重吸收积极分子。多开座谈会或报告会，使得要参加的人对盟有了足够的认识以后，才进行吸收工作。凡是在三大运动中的积极分子，就是我们吸收的主要对象。据统计，这样吸收入盟的，约占全数的80%。这是一个成功的经验，它正符合总部所指示的发展与巩固相结合的方针。上海和各地都认为这一工作经验是非常宝贵的，值得各地组织同样采用。

现在，已经建立组织的机关有20个——中央级占绝大多数，市级只占1个。今后，我们对于市级机关更要大力地发展，否则市支部眼睛向上看，不向下看，招牌上有了民盟，有了支部，但单单忘记了是在北京市，是不对的。此外，还有10个基层组织正在准备建立中。

市支部对于各区分部和直属小组的领导工作，将着重在思想上、组织上的领导，至于学习和工作，则由各基层组织结合实际情况，自订计划，支部不应做硬性的规定。市支部对于各基层组织，只作原则性的领导。但各基层组织的工作计划必须得到支部同意。各基层组织的工作，每月要向支部做一次书面或口头的报告，支部也必须随时对它们的工作进行检查。检查的标准是：（一）与各党派和群众之间的关系，是否联系得好；（二）能不能贯彻发展与巩固相结合的方针；（三）是否能密切配合三大运动，做好机关工作。我们盟里是有一些进步分子，写文章和讲话都表现得很进步，但对于三大运动却什么也没有参加，认识也很糊涂，好像是一个“外国人”，各级组织对这样的盟员应该大力帮助，要帮助他们学习，帮助他们参加实际工作。

一般来说，我们的机关组织建立以后，与行政和各党派配合，做出了不少工作，也在群众中起了一定的作用。例如：国际新闻局区分部对于捐献工作就做得很好；教育部和出版总署区分部经常与各党派讨论问题，保证行政任务的完成。还有，在“忠诚老实”的学习运动中，许多组织的区委和小组长都能起很好的作用，许多同志不只自己交代了问题，还带动了不少群众把问题交代清楚。铁道部有一位同志，因为工作积极有成绩，曾受到表扬，被群众选为劳动模范。这些事实都在证明：只有行动表现出来，才能够使我们的盟在群众中建立起威信来。

在这些工作中，我们获得了下面的经验教训：

第一，我们过去的成绩基本上是由于党的帮助。我们对于群众的了解是很不够的，经验是很缺乏的，如果没有党的帮助，不知要出多少毛病。假如没有党的帮助，我们的组织即使建立起来也不能巩固。我们在解放前，组织工作固然做得非常差，现在也很不够，今后要把工作做好，必须争取党、团员参加我们区分部的领导机构。有些同志认为，党、团员参加进来是可以的，但参加领导机构却不同意；甚至有人认为自己参加了盟十年八年还是一个普通盟员，新参加的党员却一下子领导起自己来，觉得不舒服。这种想法，必须予以改正。我们应该承认：我们的工作经验还很不够，只有党、团员同志参加并帮助了我们，工作才更易于开展。

第二，盟员在各机关与各民主党派的关系问题。过去和目前，各党派成员之间还存在着不少交叉现象，所以我们必须：（1）重点分工；（2）通力合作；（3）遇事协商；（4）互相批评。特别是，我们与民进、九三的发展对象都相同，更要注意这个问题。我们要根据工作，需要这一原则来很好地处理“碰头”问题，并尊重发展对象本人的意见，只有采取这一方式，才能避免一些不必要的误会和困难。

第三，小组生活问题。对于小组生活，几年来大家都感到空虚，觉得常与实际脱节。我们建议：盟的工作应该密切配合行政，保证行政任务的完成，还要在群众中起带头作用。只有这样，小组生活的内容才能够丰富起来。例如：自己对于历史教学的业务工作不知道怎样做才好，不知道怎样才能联系实际，就可能在小组中提出来讨论，集体研究，自然办法就出来了，而且行之有效。这样做，小组生活就充实了，自己也受到教育了。

第四，关于群众工作问题。对于群众工作，我们过去做得太少，甚至没有做。我们虽然开了些座谈会、报告会等，实在很不够。我们必须主动地深入到群众中去，帮助群众做事，宣传国家政策，在各单位中，进行自我批评，教育自己，也教育了群众。要做好群众工作，首先要丢掉小资产阶级的包袱——面子。

第五，发展组织的问题。在今天，我们的发展工作，可以说，已经具备了很好的条件。在机关里，“忠诚老实”的学习运动刚刚结束；在学校里，也正在开展着思想改造运动。这些对我们的发展组织工作，都是非常有利的条件。今后我们应该在三大运动中，发现和培养积极分子，争取他们到我们组织里来，增加我们新的血液。必须注意，首先吸收了骨干，才能够大力地进行发展工作。

总之，要做好工作，要加强政治思想的领导，首先就要自己进行学习，学习马克思列宁主义和毛泽东思想，运用批评与自我批评的武器，克服我们存在着的许许多多的缺点，这样才能加强盟的思想性、组织性和纪律性。只有通过学习，我们才能彻底地实行民主生活。

三

最后，来谈谈以后的工作计划。我们现在检查起来，去年市支部订下的计划，还未完成——还欠了一笔债。现在市支部提出一个初步的要求，在两个月内，即在今年内，要发展300个新盟员。这是最低的要求。这个数目和各基层组织商量过，保证做得到的。

对于这一工作，我们全体同志应该当作政治任务来做，要严肃地、积极地来做。

市支部认为这一届的中心工作是学好毛泽东思想。市支部正在草拟学习计划，将发给各单位参考。我们的宣教工作，主要也以这一项工作为中心。支部宣传委员会将制定具体有效的办法来帮助同志们进行学习。

过去市支部工作中最大的毛病，是各委员会所拟的计划，不够具体，也不能贯彻下去。这一届，我们首先要在总的工作方针下，制定两个月的短期计划。今后一切就得照计划办事，照计划检查。逐步做到我们的工作都是有组织，有领导的。

最后要求同志们努力做好以下的工作：

（一）大力发展组织。

（二）积极参加千载难逢的土地改革工作。——这一工作，支部过去虽然重视，做得不够好，今后要用最大的力量，竭力帮助同志们得到参加的机会。

（三）坚决站稳立场，协助政府做好镇压反革命的工作。

（四）动员全体同志，想出种种办法，响应政府增产节约的伟大号召，为争取抗美援朝的更大胜利而斗争。

（原载《中国民主同盟北京市委员会重要文件选编》，1991）

关于筹备北京市第四届各界人民代表会议代表选举工作的报告*

（1951 年 12 月 28 日）

各位代表：

市协商委员会和市人民政府委员会于本月 21 日举行联席会议，讨论了本市各界人民代表会议代表的改选的问题，并推选吴晗等 19 人组织选举委员会，领导各界人民，在第三届各界人民代表会议代表任期届满后，采用去年的选举办法，产生第四届各界人民代表会议的代表。

根据市协商委员会和市人民政府委员会联席会议的决议，筹备代表选举工作应即时进行，代表的产生仍采用《北京市第三届各界人民代表会议代表产生办法》的规定。

第四届各界人民代表会议代表选举委员会于 12 月 23 日成立，召开了第一次会议，决定：

一、建立各级选举委员会。依据各单位具体情况，由市选举委员会各委员分别负责筹备建立以下八个选举委员会分会：

（一）党派选举委员会，负责人薛愚；

（二）群众团体选举委员会，负责人杨蕴玉、王松声；

（三）工人选举委员会，负责人张鸿舜；

（四）学校选举委员会，负责人钱端升、古奇踪、田常青、郑芸；

（五）区域选举委员会，负责人董汝勤、顾德、贺翼张、苏民；

---

* 这是北京市第四届各界人民代表会议代表选举委员会主任委员吴晗在北京市第三届第三次各界人民代表会议上所作的报告。

（六）工商界选举委员会，负责人傅华亭、凌其峻；

（七）机关部队选举委员会，负责人余心清；

（八）少数民族、烈属、军属、宗教界选举委员会，负责人马玉槐。

在以上各分会下，另根据各单位具体情况成立选举支会。

二、各级选举委员会和办公室，于日内成立，并将选举工作中存在的问题，及时向市选举委员会汇报，以便商讨解决。

三、城区、郊区和村的选举工作和市的选举先后进行，区成立选举委员会。

此外，并设立市选举委员会办公室，由崔月犁、任彬、李续纲分任正、副主任，下设秘书、联络、宣传三组，即日起，在市协商委员会秘书处办公。

在第三届代表选举工作的报告中，曾经指出由于缺乏经验，在选举工作过程中，发生了一些缺点：第一，是选举筹备的酝酿期限太短，太匆促，只有一个星期；且时当春节与寒假，没有照顾到各选举单位工作繁忙的情况和群众的生活习惯。第二，没有做有计划地、有系统地宣传，没有印发宣传材料，在报纸上的宣传做得很不够，因此，各单位负责选举工作的人员，一般感到缺乏宣传内容，不能在群众中展开广泛宣传。第三，组织机构不健全。有好些单位未及时成立选举委员会，更没有建立宣传机构，组织必要的报道。市选举委员会对各单位的选举工作也缺乏帮助和检查。

这一次我们根据去年的经验，针对上面所指出的三个缺点，决定：第一，要提早准备选举工作的时间，预计在年前各级选举委员会都可以建立起来，一月初旬展开宣传工作；到一月中旬和下旬，各单位即可按照自己的具体情况进行选举；时间有一个月左右，很充分，各单位根据不同情况，有伸缩余地。第二，各级选举委员会办公室中，都建立宣传机构，由市选举委员会办公室宣传组印发宣传材料，并运用报纸、电台和报告会等方式大力进行有计划有系统的宣传，结合国家的中心任务、首都的各项建设工作和代表会议的职权及代表的任务进行传达，要求不但要做好选举工作，而且要通过选举工作，提高广大人民的政治认识和对祖国的热爱、对人民首都建设的关怀。第三，健全各级选举委员会，加强领导，进行检查和帮助，要求做到及时发现问题和解决问题，建立定期的汇报和检查制度。

现在，我们已经开始工作了，我代表选举委员会向大会报告准备工作的情形，并请求代表们多提意见，多指教。

（原载《北京市重要文献选编》，第 3 册，北京，中国档案出版社，2001）

关于加强卫生工作领导问题向彭真的报告

(1952年5月22日)

送上卫生局关于麻疹、猩红热问题报告一份，请指示。

关于本市的卫生工作，除开设备不够、医师缺乏的物质条件（这些是可以逐年增加来解决的）以外，基本的是旧医师的思想改造问题。

两三年来各区人民的反映，对医院的主要是医师对病人不负责任，作风不好，对有钱的病人和劳苦大众摆两副面孔。

假如这基本问题不能纠正，那么，即使增加一二十个医院，几百个医师，市民还是会有意见，市民的安全和健康还是没有保障。

卫生局两个局长很忙，顾不过来。是否可像建设局那样，添一个副局长，专搞干部和全市医护人员的思想教育工作。并确定今后一两年内，改造旧技术人员使之能更好为人民服务，应作为卫生局工作重点之一。

是否有当，乞示知。

吴晗

送张、薛阅。

彭真

五月二十三日

我们已与刘仁同志商量过，一俟找到适当人选，即可配备。（前曾考虑以李霄路担任，尚未确定。）

薛阅后退彭。

友渔

五月二十四日

（原载《北京市重要文献选编》，第 4 册，北京，中国档案出版社，2002）

关于开展爱国卫生运动的报告*

(1952 年 8 月 11 日)

各位代表：

继续开展爱国卫生运动，是我们北京市今后的中心工作之一。解放三年以来，我们本着“为劳动人民服务为主和预防为主”的方针，在广大的人民支持下，已经逐步改善了北京市人民的卫生条件。但是为了彻底改变由于长期帝国主义和封建统治所造成的不清洁不卫生的落后现象，没有一个深入广泛的轰轰烈烈的群众性的运动是不可能的。

这样一个群众性的卫生运动，从今年 3 月起已经展开了。这个运动是结合着反对美帝国主义的细菌战在爱国卫生运动的号召下进行的，是为了彻底改善首都人民的卫生状况，建立和巩固群众的科学的卫生习惯，预防传染病的发生，保护劳动力，为我们国家即将到来的大规模的经济建设作准备而进行的。因此，这就激发了广大群众的爱国热情，使这一次的爱国卫生运动具有了空前的规模。我们在运动一开始时即决定，不仅要消灭美帝散布的病菌，消灭中国原有的病菌，并且要逐步做到使病菌无法生存。这一次运动所收到的效果是很显著的，我们可以举两个例子来说明：第一，今年本市的苍蝇、蚊子确实大大地减少了。一些最容易招惹苍蝇的鱼肉市场到这时候还很少看到苍蝇。在灭蚊工作中，在三、四、七区已经先后出现了 8 个没有孑孓的地区分会。第二，传染病的发病数和死亡数显著地减少了。以危害较大的 9 种急性传染病的发病数与死亡数为例，如以 1951 年 4 月至 6 月的发病数与死亡数各为 100，则 1952

* 这是北京市副市长吴晗在北京市第四届第一次各界人民代表会议上的报告。

年同期发病数减到 71，死亡数减到 46。

我们之所以能取得这样的成绩，绝不是仅靠政府的力量和少数卫生干部的力量所能做到的。我们之所以能取得这样的成绩，主要应归功于广大群众响应了政府的号召进行了创造性的努力。

为了使群众有明确的奋斗目标和集中地使用群众的力量，我们的爱国卫生运动是有步骤、有重点地来进行的。从 3 月中旬至 4 月中旬，以清洁大扫除，改善环境卫生为重点；从 4 月中旬至 6 月中旬，以消灭病媒动物为重点；从 6 月中旬至 9 月中旬，以继续消灭病媒动物彻底搜捕消灭苍蝇、蚊子、臭虫、虱子、跳蚤和老鼠等与加强饮食物的管理为重点。为了领导和推动这一运动，我们重新建立和整顿了卫生组织，普遍开展了预防接种、卫生训练以及与每一项具体工作相适应的宣传教育、组织检查等工作。

清洁大扫除工作进行得相当彻底，从 3 月中旬到 4 月上旬，在全市有 95%以上的地区都进行了不断的扫除。在扫除期间，城区每日运出的垃圾较平时平均增加了约 1/3。从 3 月中旬到 7 月中旬，4 个月间，共清除了垃圾 26.8 万多公方。一区苏州胡同“徐状元府”40 多年未曾打扫过，尘土堆积，蓬蒿遍地。故宫非游览区，河渠污浊，垃圾存量达 18.3 万多公方，有些并且是明朝遗留下来的。通过这次卫生运动，这些积世的污秽都已经清除和正在清除。许多劳动人民聚居的大杂院，现在都收拾得干干净净了。

其次，为了改善人民的环境卫生，市人民政府三年多以来修建的各项卫生工程也是具有重要意义的。在这次爱国卫生运动期间，我们为了消灭孳生苍蝇、蚊子的死水坑，首先疏浚了龙须沟的下游，并改明沟为暗沟，改道向东流入护城河；又掏挖了陶然亭地区和左安门内龙潭的苇塘洼地使之变为活水湖。太平湖、炮局、北官厅等洼地均加以填垫，市内南横街铁辘轳把等 7 处较大的明沟今年一律改建下水道，连同为解决其他地区污水、雨水排泄的困难，共新建下水道约 30 公里（连同郊区的下水道，今年共新建 46.4 公里），整修下水道 60 公里。

以上这些工程有的已经完工，有的正在施工。数千劳动人民现在正在各个工地，以自己的劳力，为改变污秽环境而进行不倦的斗争。

广大人民以高度的热情来消灭病媒动物。截至7月底，据不完全的统计，全市共已捕鼠58.3万余只，堵鼠洞44万多个；消灭成蝇1.4亿多只，尤其重要的是消灭蝇蛹和蛆，估计总数在10亿以上；为了消灭蚊蝇的生存条件，全市有6.8万多个粪坑加了盖，有1.7万多个粪坑加深了；共已填平了1.1万多个大小水坑，堵树洞近5万个，在近30万平方公尺的孳生孑孓的地方喷射了杀虫药剂。

饮食物的卫生状况，也有了初步改善。环境污秽严重影响附近居民卫生的东郊屠宰场，已合并于南郊新建的屠宰场，有了较好的卫生设备。一般饮食物店铺和鱼肉市场普遍添设了防蝇防尘设备（玻璃罩、纱罩），并建立了行业卫生组织，实行民主管理，经常检查。为便于检查卫生，职工们自动换上了白色的工作服。有碍卫生的行业大部分都改进了卫生、消毒设备，重新规定了工作时间，其中妨碍卫生最严重的刮骨业、血料业等，正准备迁移到离城较远人口稀少的地区去。

此外，关于卫生训练和预防接种工作，已在全市普遍展开。宣传教育与组织检查工作，则贯串于全部运动过程中的每一环节。我们曾组织了各区、各地段、各单位相互间的和由上而下与由下而上的检查，以及市级对区级的重点抽查。在每次检查中，都结合着宣传教育。我们采用了多种多样的宣传方式，向广大群众进行了教育，基本上做到了"家喻户晓"。仅以电影为例，城郊区共免费放映了有关卫生的电影67次，观众共达18.7万人。特别是通过备有显微镜的实物、图片展览会，使人们用自己的眼睛，观察到昆虫、细菌的具体形象，从而得到了最现实的教育。许多大、中、小学学生和市民主妇女联合会、市科学技术普及协会所发动的大批家庭妇女和科学工作者，参加到卫生宣传行列中来，发挥了很大的作用。

应该指出，各基层卫生组织的许多小组长、卫生委员，在运动中起了积极的作用。中央卫生部和市卫生局的卫生工作人员，在许多具体工作中，特别是为劳动人民住宅和湖沼低洼地区喷射杀虫药物，在火热太阳底下，有的被芦苇划伤流血，还坚持工作，是值得我们感谢和表扬的。

这次卫生运动的深入和广泛是空前的，通过这次运动不仅提高了群众的卫生知识水平，进一步改善了首都的卫生状况，并且建立了群众的卫生习惯，改变了不讲卫生的风气。

从这一次运动可以证明，群众的智慧是无穷无尽的，在伟大的群众力量面前，没有不可克服的困难。仅捕鼠工具一项，群众自己制造的即达 65 种。现在全市大多数的人家，都有了捕鼠工具，饭碗、水缸、面袋以至破洋铁桶，都成了捕鼠的有效的武器。个人捕鼠的最高纪录，已达到 155 只。九区某公安部队及十一区第六中心小学等单位集体捕鼠，都已超额完成每人一只的任务一倍以上。十区三里屯小学教员李力耕，积极钻研，创造了从厕所墙根或其他潮湿低洼处所挖苍蝇蛹的办法，经研究推广后，掀起了全市挖苍蝇蛹的热潮。十二区丰台镇青年妇女朱蓝琴、刘慧敏、蒋宏琴等带动群众 130 多人，在两天内挖苍蝇蛹 30 多斤，创丰台镇集体挖蛹的最高纪录。九区粪业工人把灭蝇蛹和晒粪积肥结合起来，即大量消灭了蝇蛹和蛆。东正教会北馆的一位杜老太太创造了用黑裤子捉蚊子的方法，每天可消灭蚊子数百个。四区果子市欣生小学学生马兆荣用一个煤油灯罩在探井口里捕蚊，一个晚上即捕灭成蚊两千多个。高粱秆、芭蕉叶、蜘蛛网、破酒坛子等，都被群众用来大量消灭成蚊。在 8 月上旬爱国卫生运动突击周的头几天内，仅是第一区即消灭成蚊近 90 万个。这些都是群众高度的创造性和积极性的具体表现。而九区清化寺大院、四区“拉屎大院”等一向卫生状况落后的地区，现在竟完全变了样。这是运动中最突出、最优秀的典型。

另一方面工作中的缺点和目前存在的问题，也还不少。

首先是在少数的干部和群众中，正滋长着松懈情绪和麻痹思想。有人以为：“今年的卫生工作，做得差不多了”，“搞卫生会影响生产”，“卫生工作像一阵风，刮过去就完了。”若干机关、团体的负责干部还没有足够地重视卫生工作，以为卫生工作是卫生部门的事。

其次，有些地方还存在着空白点。据 7 月 8 日抽查城区 9 个区和郊区第十三区的113个机关，发现有孑孓的35处，有积水的26处，有蛆的52处，有孑孓又有蛆的13处。

此外，在预防接种工作中，由于少数医护人员的粗枝大叶作风，曾发生少数不应有的化脓现象以及个别因注射而诱发旧病以致死亡的事例。卫生训练，也多少存在着形式主义的倾向。

至于粪便的清除还作得不很好，七区有些坑洼无土可填，八区稻田大量滋生孑孓，垃圾待运场一时难以全部取消，以及河湖水量不足，还难免孳生一些蚊虫、孑孓等，都是今后需要逐步解决的问题。

从四个月来的工作中，我们取得了一些经验。

最根本的一条经验是：要做好卫生工作，必须发动群众，这是决定一切的关键。唯有在群众自觉地努力下，才可能使卫生工作更加普遍、深入。尤其是广大的家庭妇女，对于家庭的环境卫生，起着决定的作用。本市的卫生小组长，以妇女居多数。并且，在这一次爱国卫生运动中涌现了很多的妇女模范工作者。

为鼓舞群众情绪，提高群众的工作水平，在运动过程中，必须深入检查，认真总结，推广先进经验，并及时提出表扬与批评。尤其是登报批评，开展挑战应战和红旗竞赛，对运动的推动作用很大。同时，在每一项工作进行到适当时期，必须及时地订立制度，以巩固群众的工作热情。如4月上旬本市普遍进行了大扫除后，许多地区实行了地段责任制，并把卫生工作订入了爱国公约或专门订立了爱国卫生公约，大大有利于建立和巩固群众性的卫生习惯。

目前，本市的爱国卫生运动，正处在最有决定性的阶段，必须抓紧。根据我们的计划，在7、8月份，着重消灭蚊子和苍蝇。8月4日到10日在全市范围内开展了爱国卫生运动突击周。由于各级卫生组织的统一领导和各机关、团体根据自己的行政、组织系统，分别垂直布置，协力合作，因而在灭蚊、灭蝇工作上，已经取得了进一步的成绩。9月份，将再以捕鼠为重点，继续堵塞鼠洞，并实行"坚壁清野"，使老鼠与一切食物隔绝，以消灭其生存条件。并规定至今年年底至少要打100万老鼠，然后要争取打到200万只——以打得一个老鼠没有为止。

必须指出，在“三反”、“五反”运动胜利的基础之上，我们已经扫除了旧社会残存的思想上、行为上的污毒，建立了新社会的新道德。同样，为了胜利完成爱国卫生运动的伟大任务，我们也需要彻底扫除旧社会所残留的物质上的污毒，肃清所有垃圾秽物，消灭臭水坑，根本改变城市的面貌，特别是建立与保持环境卫生和个人卫生的新社会道德，并且还要进一步不断努力，直到在全市范围内把“六害”——老鼠、苍蝇、蚊子、虱子、跳蚤、臭虫彻底消灭，以保证首都人民的健康和安全，保证我们生产建设事业的正常发展。因此，各机关、部队、工厂、学校、商店、街道、村镇都必须订出切实可行的计划，保证在各个单位内逐步彻底消灭这“六害”。凡是不努力消灭这“六害”的单位或个人都必须受到批评，凡是消灭彻底的单位或个人都应受到表扬。某些直到现在还是“空白点”或不重视爱国卫生运动的单位，必须立刻改变这种对人民不负责的态度，切实认真地把该单位的卫生工作做好。我们相信：只要各阶层人民都普遍认识到保持卫生是保证人民健康，关系国家建设事业发展的重要工作和经常工作，是新社会的新道德的一部分；只要广大人民群众都热烈积极参加这个伟大的爱国卫生运动，我们最后一定能够彻底消灭这“六害”，并进一步为今后首都的卫生建设奠定良好的基础。

（原载《北京市重要文献选编》，第 4 册，北京，中国档案出版社，2002）

关于北京市第四届各界人民代表会议代表选举工作的报告*

(1952年8月13日)

去年12月21日第三届市协商委员会和市人民政府召开联席会议，决定以吴晗、李乐光、薛愚、董汝勤、张鸿舜等19人组成第四届市各界人民代表会议代表选举委员会，负责领导和办理这次的代表选举工作。选举委员会于23日宣告成立，并决定建立各级选举委员会，制订选举工作计划，随即开始进行工作。但由于“三反”、“五反”运动的展开，选举工作进行不久，即暂时停顿下来。从今年5月起，在“三反”、“五反”运动胜利的基础上，选举工作重新全面展开，至7月25日止，本届各界人民代表会议的选举工作已全部办理完竣。

本届代表由选举产生的共465名，加上政府代表18名，邀请代表72名，总计555名。由选举产生的，比上届增加了34名。其中20名是少数民族、烈军属、宗教界的代表，上届是由政府邀请的，今年是由选举产生的；其余14名是新增加的公营工矿企业职工代表，是因为一年来工业的发展与职工人数的增加，由选举委员会建议，经市人民政府、军管会与有关方面协商决定后增选的。

本届代表选举结果与上届比较起来，有不少变化。上届由直接选举产生的代表占22%，本届占34%。上届妇女代表为74名占代表总数的14%，本届为98名占18%。此外，这次少数民族的代表

* 这是北京市第四届各界人民代表会议代表选举委员会主任委员吴晗在会上的报告。

也增加了。

广大人民经过抗美援朝、镇压反革命以及“三反”、“五反”等运动，政治觉悟更加提高了，并且对人民代表会议的选举也有了三年多的经验，所以在这次选举当中所表现的情绪，较过去都更加热烈。人民印刷厂的女工张秀兰说：“选代表一定要认真、负责，要能把我们的意见带上去又能把代表会议的决议传达下来的人，才配当代表!”许多学校的教师和学生都深入地进行宣传，反复地进行协商候选人。工商界和不少的街道居民，为了选好自己的代表有的开会到深夜始散。这次参加选举的人数，也比上一届有显著的增加。上一届大企业参加选举的人数，平均占职工人数总数的 65%，这一届平均占 85%，有的如北京电车公司则达 97%。街道居民参加选举的，上一届平均占总户数的 60%，这一届平均占 80%。再就参加这一次选举工作的积极分子来说，也较上届增加得很多。以四区为例，去年参加选举工作的街道积极分子约 600 人，今年增加到 3 000 多人。街道上的妇女群众，也积极参加了这次选举活动。各界人民都以极高的热情选举自己的代表，这充分表现了广大人民的政治觉悟是一年比一年提高了。

为了做好这一次选举工作，我们开始就吸取了过去的经验，注意到健全选举机构，深入进行宣传，放手发扬民主并充分进行酝酿和协商。

首先，我们建立了比较健全的选举机构。在市选举委员会下建立了党派、人民团体、工人、学校、区域、工商界、机关部队、少数民族烈军属宗教界 8 个选举分会。在各分会下，又按照具体情况分别建立了 96 个支会。各级选举委员会都由各民主党派、各人民团体以及有关方面的代表人物所组成。在各级选举委员会下，一般地都建立了办公室并配备了专职干部。市选举委员会为了及时了解情况和解决问题，曾协同几个分会组织干部去进行督促与检查，这对于这次的选举工作也起了作用。

深入地进行宣传是选举工作中最重要的一个环节。为了加强这一工作，我们制订了宣传计划，并印发了宣传要点和宣传资料，其中包括刘少奇副主席在本市第三届各界人民代表会议上的讲话和北京市各界人民代表会议代表产生办法等文件。此外，举行了3 000余人的干部报告大会，并利用报纸和电台向全市市民进行了宣传。各分会和各支会的主要负责人，也都分别作了有关选举的报告。群众听了这些报告后，即广泛地展开了讨论与座谈，从而使各界人民更加深刻地认识了人民代表会议制度的优越性、人民代表会议的职权、代表的权利和义务以及当选为代表的条件等问题。另外各级选举委员会关于选举中的若干具体问题，如候选人提出的方式和选举的方式等，也都向选民作出明确的交代与解释。各选举单位比较普遍地举行了报告会、片儿会、讨论会、座谈会，出版了黑板报、大字报，收听了电台广播。这几种宣传方式在选举工作中收到的效果都很大。此外，从这次工作中证明，选举宣传工作，必须与历次代表会议的成就相结合和用群众亲身的经验来教育群众。例如第九区第十二派出所选举工作组用政府修龙须沟、金鱼池的生动事例向群众做宣传，以及人民银行由上届代表介绍了人民政府对人民银行职工提案的处理情况，都大大加强了群众对人民政府的信赖和对选举的认识。宣传工作中的缺点是报纸上的报道组织得不够和有些单位对宣传工作做得还不够充分。

其次，在这次选举工作中，我们反复宣传了放手发扬民主的原则。在提出候选名单时，为了有领导地发扬民主，就必须进行充分的酝酿和反复的协商。一般是先在选民中酝酿，再在小组上提名，然后提出来协商，协商时应尽可能地照顾到各方面的代表人物。协商的结果再在选民中进行讨论。如果选民没有更多的意见时，即可进行选举。如选民意见较多，则必须反复地协商。这样，由下而上和由上而下相结合的方法，选举的结果都是好的。北京铁道学院经过充分酝酿和反复协商选出了代表以后，有的人就说："这才是最负责的民主。"燕京大学同样地有人说："协商的形式是很可贵的，又精简、又民主。"从这次选举的经验证明，只要经过充分的酝酿和足够的协商，选几名代表提几名候选人是可以办得到的，而且可以选得很好的；但如代表性人物在选民中还不那样突出，或同时有几个候选人条件差不很多，经过反复酝酿和协商，仍不能获得一致意见，则作为一种例外多提一两名候选人也可以。选举工作必须发扬民主，依照人民的意志办事。但是，发扬民主又必须要有领导地来进行，无论对候选人的酝酿也好，协商也好，如果没有领导，也是不可能做好的。

这次选举工作，由于抓住了以上几个环节，结果比过去有更大的收获，不仅选出了大批的、新的、与群众有密切联系的代表性人物，并且又教育了广大群众。

另一方面，这次选举工作也存在一些缺点。由于有些干部缺乏民主生活习惯，有些任其自流。因之，有个别单位在提候选人比条件的时候，就发生了偏向；有的单位没有经过充分的酝酿和足够的协商即进行选举；有的单位虽进行了酝酿与协商，但缺乏足够的领导，就造成选票分散或很多人选举时弃权的现象。这些都是这次选举中的缺点。

这次选举在政治上的收获是很大的。通过这次选举，进一步密切了人民与政府的联系。各界人民特别是工人、农民及其他劳动人民，都更加深刻地体会到国家和政府的事情就是自己的事情。广大妇女群众，也表现得异常活跃。宗教界和少数民族对这次由选举产生他们自己的代表，也表现了高度的热情，表示非常兴奋。

许多代表在当选后，都感到非常光荣，纷纷向选民表示：一定要密切联系群众，依靠群众，更好地完成群众交给他们的任务。

让我们全体代表与全体人民紧密地团结在中国共产党和人民政府周围，把我们的首都建设得更好！

（原载《北京市重要文献选编》，第4册，北京，中国档案出版社，2002）

中国民主同盟北京市支部第三届支部委员会工作总结报告

——在中国民主同盟北京市支部第四届支部委员会选举大会上的报告

(1953年4月19日)

同志们:

我代表第三届支部委员会向大会提出第三届支部委员会的工作总结报告。

自从第三次支部委员会选举以来，已经过了一年半的时间了。在这一段时期里，由于中国共产党和盟总部的正确领导，由于我们全体同志的团结一致，积极努力，胜利地经历了各次政治运动的考验，从而把盟的工作大大地向前推进了。我们不但巩固了盟的组织，纯洁了盟的队伍，而且发挥了组织力量，锻炼了盟员，也联系了更多的群众。我们盟员的总人数已经较一年半前发展了一倍以上，我们已经建立了58个基层组织。北京的盟所以有这样的发展和成就，主要是由于:

一、通过抗美援朝、土地改革、镇压反革命三大运动，“三反”“五反”社会改革运动和思想改造运动，群众的政治觉悟水平大大地提高，特别是对于各民主党派在新民主主义阶段中的作用，有了正确的认识，对于参加政党的组织生活，有了进一步的要求，因此有更多的群众参加到我们盟的队伍里来。

二、我们的盟员经历了革命的考验，在自我思想改造中，取得了一定的成绩，因而政治觉悟水平普遍地提高，明确了盟的性质与任务，也就重视了盟的工作，在各次运动中，发挥了积极作用，联系了更多的群众。

三、是领导党的大力支持，使盟在各机关和学校中建立了基层组织，开展了工作，盟的基层组织得到了巩固与发展。

我们盟是“以小资产阶级知识分子为主要成分的阶级联盟性质的新民主主义政党”，它的任务是团结教育知识分子主要是小资产阶级的知识分子共同前进，以便“更顺利地完成新民主主义革命，为社会主义的新社会准备条件”。正因为各种知识分子从旧社会中带来了或多或少的错误思想，而要完成我们盟的任务，必须积极努力地肃清和批判这些与新社会发展实际状况不相符合的不正确的思想，因之，展开盟员的思想改造运动，便成为我们盟的重要工作。一年半来，我们市支部的工作方向，即以此为出发点，把思想建设作为我们的主要工作。在通过了一系列的社会改革与思想改造运动以后，证明我们的极大多数盟员是经得住革命的考验的，就在这革命的熔炉里，我们不懈地锻炼着自己，团结在一起，初步学会了怎样来做新民主主义阶段民主党派的工作。

过去我们盟的组织是不够严密的。我们的盟员来自旧社会，来自不同的阶层，有着不同的观点，加以我们过去对于盟员的思想教育工作又做得很不够，在盟内还存在着某些政治面貌模糊、历史不清的人物，他们混进盟来是别有用心的。另外，我们还有这样一些盟员，他们思想混乱，缺乏政治警惕性，甚至糊涂到敌我不分，因此，“忠诚老实，政治自觉”的学习运动，对于我们的盟是十分必要的。在这次学习中，有不少盟员交代了历史，搞清了问题，在思想上分清了敌我，站稳了立场；只有极少数人因为隐瞒反动历史，或有反革命行动而被清除出盟和受到管制或登记的处分。这样，就使我们盟的组织更加巩固了。

伟大的“三反”运动是一场严重的革命斗争，也使我们全体盟员经历了一次重要的考验。由于经过了激烈的“三反”斗争，一部分盟员开始划清工人阶级和资产阶级的思想界限。同时，在“三反”运动中，盟的工作在群众面前接受了考验。通过“三反”运动，不但使盟员在思想上感受到组织的温暖，并使群众也从盟的行动中，对盟有了正确的认识。这一种组织的作用和力量，是通过批评与自我批评而发挥出来的。例如，若干基层组织掌握了批评与自我批评的武器，以教育说服的方法，挽救了个别在“三反”中犯错误的盟员，帮助了个别盟员交代问题或做好检讨。这是一方面。另一方面，例如，前燕京大学区分部，当他们未能向张东荪展开斗争的时候，就招致了群众的不满；而只有当自我批评了右倾情绪，向群众表明态度，并对拒不坦白的张东荪进行不调和的斗争时，才立刻得到了群众的热烈欢迎和支持。所以，“三反”运动使我们盟和群众间有了更进一步的联系，也使盟组织和盟员间的团结加强了。这拿“三反”前盟的工作和“三反”后盟的工作来做比较，便可以看出这一极为显著的变化。

此外，我们有很多盟员还投入了“三反”工作。参加各级领导工作的，有150人；参加“打虎队”的，有218人，一共几乎占了当时盟员总人数的35.3%，直接间接地在群众工作中，锻炼了一批积极工作的干部，使得盟增加了骨干，巩固了盟的各级组织。

这里，我们也必须指出，在我们盟里也有若干盟员经不起考验，他们不但没有在盟的教育下，进行自我思想改造，相反，却陷入到堕落腐化的泥沼中去。盟员因贪污受刑事处分的有6人，受行政处分的有20人，未做最后处理的有3人。因受处分而加以盟纪处分的共21人，其中有8人被开除盟籍。

1952年夏，中央人民政府教育部为了适应当前的国家需要，决定进行高等学校的院系调整和课程改革，这是一项极端重要的国家建设工作。我们为了积极参加政府的高等教育改革运动，协助推动北京、清华、师范、燕京、辅仁五大学的院系调整工作，盟总部组成了临时文教工作组，工作了五个月。

高等学校的院系调整工作，基本上是一个思想改造的过程。教学是为个人的兴趣呢，还是为国家培养人才？是死抱住美、英、德、日等国的资产阶级理论体系呢，还是要加强学习苏联先进的科学和技术来建设新民主主义社会？是服从组织遵守纪律呢，还是强调个人兴趣和利益？这是一次严重的思想斗争。我们的工作也就由了解情况和运用各种方法解决思想问题入手。同时，对于大学盟员的家属，也以座谈会的方式进行了说服教育的工作，帮助盟员减少顾虑。因此，在大学教师思想改造学习、“三反”运动、“忠诚老实”学习运动的基础上，我们的大学盟员，胜利地经历了这次考验。在调离北京的大学教师之中，我们的盟员都能服从组织分配，积极带头，愉快地走上了新的工作岗位，带动了群众，光辉地完成了任务。

其次，我们的盟员把历次学习运动中所得的思想上的收获巩固了下来，而且在工作中更进一步地提高了思想水平，也改进了工作的方法，联系了更多的群众，发挥了盟组织的作用。同时，在进行工作中，也创造了一些在文教界中做工作的经验，而且初步掌握了从调查研究入手、联系群众、结合实际的正确的工作方法。

院系调整以后，新型的综合性和专业性大学成立了。我们为了了解大学盟员的思想情况，以及巩固和发展大学中盟的基层组织，来做好文教建设工作，曾召开了各大学的区委联席会议和负责行政工作的盟员座谈会。这二次会上反映了一系列的问题，如：如何做好集体教学工作，如何提高教学质量，如何端正学习苏联先进经验的认识和态度，如何克服忙乱现象，如何结合政治与业务等。本年1月初，我们为了研究解决上列问题的对策，曾组织了文教工作小组，以北京大学为试点，进行深入了解情况，吸取经验，推动工作。在北大的工作告一段落后，又派工作组分别到清华、师范二专业性大学去做试点调查研究工作。与此同时，我们还组织了多次交流经验的座谈会，广泛地交流了集体教学，和培养助教等经验；在学习苏联先进经验方面，则举办了关于米丘林学说报告会，以期通过业务研究，来展开盟员的思想教育工作。根据初步的检查，这些会都发生了很好的效果。我们正计划组织多次这样有关业务的报告会和座谈会，帮助及鼓励大学盟员学习苏联先进科学和提高思想水平。因为我们认为业务不能脱离政治，而且必须体现政治，同时只有政治认识提高了，业务才容易提高，如何加强政治学习来提高业务，以及如何通过业务来提高政治认识，是我们当前必须解决的问题，这一方面还有待于我们更多的摸索，更多的努力。

在高等学校院系调整的同时，中央级的机关中，开始了中国共产党的整党学习。我们在机关中工作的盟员，都积极地参加了学习，部分盟员批判了各种错误思想，进一步认清了共产主义的美丽幸福的远景，巩固了为人民服务的革命人生观。在克服名位思想和非政治倾向中，盟员能带头检查，推动了群众的积极性。通过了这次整党学习，盟员的政治思想水平和觉悟程度，大大地提高了一步。

为了加强盟员对于盟的认识，和对于理论的学习，我们进行了盟的性质与任务的学习和苏联共产党第十九次代表大会文件的学习。

通过盟的性质与任务的学习，使盟员对于做盟的工作的看法，起了很大的变化。过去在盟内，由于对于盟的阶级联盟性质问题、盟所代表的利益问题、发展组织的方针问题、党盟关系和盟与群众的关系问题等没有一致的看法，对于盟的性质与任务认识模糊；经过了这次学习，这一些不正确的认识和错误的思想基本上是得到解决了。应该指出，“三反”和其他的学习，使盟员划清了敌我，分辨了是非。盟务学习则使盟员对于盟的政治任务，有了更进一步的了解，把盟的工作和政治任务更密切地结合了起来。

在学习苏联共产党第十九次代表大会文件时，我们组织了四次公开的报告会，出席的人数有4 000人左右，其中非盟员约占2/5，帮助了盟员和盟所联系的群众更好地了解当前的国际形势及其发展前途，加强了对于马克思列宁主义的学习。

此外，为了响应政府贯彻婚姻法运动，我们还布置了婚姻法的报告会和婚姻法的学习。

一年半来，我们在组织建设方面，是有一定成绩的。

盟员的发展如以1949年5月为100计算，那么，1950年5月比1949年5月增加217.7%，1951年增加426.6%，到今年4月18日止则增加913.6%。我们的基层组织，在中央级机关中已建立了37个，市级机关中建立了5个，大学中有12个，其他的有4个，一共是58个。盟员中机关干部占50%，大学教职员占32%，其他占11.8%。在我们全体盟员中，属于文教工作系统的（包括大学和文教系统干部）占总人数52%弱，这说明我们北京盟的发展方向是符合于盟总部的指示，也符合于当前工作的需要的。

盟的发展重点，过去我们以“中下层为主”为方针，这一届市支部委员会遵照盟总部的指示，改为以“中上层为主”了。这一方针的改变，是完全符合于客观要求的。

我们国家从今年起，展开了大规模的建设工作，是第一个五年计划的第一年。三年来我们祖国的伟大成就，已使我们国内的政治、经济和社会生活方面，发生了带有根本性质的变化。大陆上的军事行动已经结束，土地改革已经基本完成，国家财政经济情况已经根本好转，人民民主统一战线已更加扩大和巩固，一般群众的政治觉悟空前提高，知识分子的思想改造已成为当前迫切的任务。特别是文教界的上层分子，在三大运动和“三反”运动的胜利基础上，要求深入自我改造，要求参加政治组织生活更为迫切，以“中下层为主”的方针已不适合于当前客观形势的要求了。因此盟总部把发展方针改为以发展“中上层为主”，尤应大力发展有社会影响或学术地位的文教界上层分子，以适应知识分子思想改造运动及今后国家文教建设的需要，这一方针是正确的。同时，在我们北京盟的发展工作中，也证明这一方针是符合于客观要求的。

但在执行这一方针时，若干盟员，仍存在着对中上层分子关门的倾向。他们错误地认为中上层分子的旧包袱重，保守的较多，吸收入盟，将影响盟对群众的联系工作。有的虽同意发展中上层，但要吸收其中比较进步的一批。有的片面了解“以进步为骨干”的方针，认为中下层骨干较多，暂时还是吸收中下层较好。有的不深入了解或积极争取，就主观地认为各机关、大学内部，中上层分子都已有了各种组织关系，觉得盟的发展已达到了饱和点。若干盟员对于发展中上层方针，在思想上还没有统一的认识。实际上，中上层大知识分子有群众影响，其中有些人在“三反”学习和思想改造后有进步，要求过组织生活，民盟如向他们关门，就是向群众关门，这是错误的。我们必须认清：以组织的力量来团结教育改造知识分子主要是小资产阶级知识分子是一项艰巨的工作，也是非做好不可的工作。支部委员会及时扭转了这一些不正确的看法和倾向，从1952年下半年开始吸收的中上层分子，约占同一个时期发展总数的

62%强，从而联系了更多的群众，扩大了盟的影响。

在“三反”运动的进程中，我们发现各基层组织的工作是发展得不平衡的，这种不平衡的发展，主要是市支部没有根据各基层组织的具体情况，予以帮助，也没有及时地予以检查和纠正。因此在“三反”后，我们对于某一些基层组织的领导，进行了局部的改组，吸收了更多的积极分子参加到基层领导工作中来。原先工作消沉、组织松懈的区分部，经过了改组，增加了新的血液，工作便有了显著的开展，盟在各机关单位或学校单位中的工作活跃起来了，而且半年来获得了一定的成绩。基层组织是盟的基础，如果基层组织不健全，便不可能改善与提高盟的工作。因此在“三反”以后，我们有步骤地把原先是筹委会的基层组织，正式成立了区分部，在各机关、大学中，发展到一定数量的盟员后，都分别建立了基层组织，这对于我们北京盟的工作的推进，是大有帮助的。

基层组织的健全，还不能单靠领导机构的调整，最基本的，是必须把组织生活健全起来。在“三反”运动的末期，我们通过了总结工作，进行了各级组织的民主改革。各级组织的领导都分别进行了检讨。在检讨过程中，广泛地征求了党团和群众的意见，充分发动盟员展开自下而上的批评，使盟员同志都能对上级提出批评并提供改进盟务工作的具体意见，这是一个很好的现象。应该指出：“三反”运动不但加强了盟内的团结，并且也开展了盟内的民主生活，改进了盟的工作方法，巩固了收获，为今后的工作创造了有利条件。

一年半来，在我们市支部机关内部工作的建设方面，也有了若干进步。经过了“三反”中民主补课、民主改革，明确了支部委员会的基本任务，加强了各处会负责干部的每周联合办公制度，确定了支部工作干部统一调配、集中使用、分头负责的办法，纠正了过去干部力量分散、劳逸不均的现象。更主要的则是通过了每周联合办公制度民主集中、集体领导的工作方法，因而提高了工作效率。

通过盟在一系列运动中的工作，我们点点滴滴地积聚了一些经验，这些经验虽然还是初步的、不完全的，但对今后做好盟的工作却是重要的、一定有帮助的。

首先，我们深切体会到：我们必须在党的领导下，才能把工作做好。过去工作中的经验告诉我们：只有坚决遵从党的领导，我们盟的工作才能开展，才能使我们的盟名符其实地发挥新民主主义政党的作用。

其次，必须通过工作来巩固和发展组织。盟的经历告诉我们，只有盟在工作中起了作用、有了表现的时候，盟才能为群众所了解、所重视。我们的盟在“忠诚老实，政治自觉”运动中发展了一批盟员，在“三反”运动中发展了一批盟员，在高等学校院系调整中发展了一批盟员，这是因为我们盟在这几次运动中，努力工作发挥作用的缘故。通过工作，盟不但有了发展，而且在工作中得到锻炼，得到提高，因而也巩固了盟的组织。反之单纯追求数字上的发展，而不在工作中锻炼自己，不在工作中起积极带头作用，盟的组织必然涣散，也必然没有发展前途。

第三，必须把盟务和业务结合起来。在“民主改革”中，各基层组织的负责干部检讨了盟务与业务相对立的思想。我们每一个盟员是以保证完成行政业务作为他的中心工作的，那么怎样来保证呢？必须用组织的力量来保证，也就是说，只有用组织的力量来帮助盟员搞好业务，必须使盟员在业务上成为一支坚强的队伍时，才有力量能担负起这个责任来。而要负起这个责任，则必须使基层组织的工作搞好。因此盟务和业务并不是互相矛盾的，而是互相发生作用的。只有基层组织真正能够发挥组织作用和推动实际工作，才能使每一个盟员更好地掌握业务，从而完成他的行政业务。我们已有若干基层组织从工作中摸索出一些经验，我们必须巩固和发扬这一收获。

同志们，这一年半来，我们的工作虽有了显著的进步和提高，可是它还远远地落在客观形势的发展和群众要求的后面，也就是说，我们的工作还存在着许多缺点。这些缺点的根源，是由于我们从市支部委员会到各级机构中，至今还存在着相当严重的官僚主义作风。它具体反映在下面各点上：

一、我们的思想领导大大地落后于工作的要求。到今天为止，有些基层组织还没有掌握盟员的思想情况，市支部更没有掌握住全体盟员的思想情况。我们知道：只有在我们掌握了盟员的思想情况，加以分析研究，我们才能解决由这些思想情况所引起的一切问题，我们才能针对着这些思想情况来做改造提高的工作。也只有在思想上取得一致的认识以后，才能坚决地执行和贯彻人民政府的各项政策。事实上，经历了各次学习运动后，我们盟员的思想水平虽然已普遍地有了提高，但无可否认，在我们盟员中间，还存在着许多不正确的思想意识，我们还需要通过一系列的思想斗争，才能达到统一的认识。就目前的情况来看，我们在这方面的思想领导是非常不够的。

二、我们还没有学会如何做好盟务工作的方法。今天我们再不能满足于过去那样的一般性的号召了，在任何一件工作上，一定要有细致的布置，具体的交代，在事后要有检查，然后总结经验教训，提高我们今后的工作。所有这一些，正是我们过去工作中所缺少的。若干基层组织以做总结为苦差事，这样的想法是不妥当的，因为这样我们就不能提高工作，更谈不到工作的效率了。

在另一面，我们的盟员还不善于反映情况，我们的基层组织还不习惯于向市支部汇报请示，而我们市支部委员会也没有能够定期地向总部报告工作情况。此外，我们每每强调自己的困难，还常常忽视上级的指示。更重要的是，市支部过去对于基层组织要求太多的东西，并不顾到下面是否能够做到，这是我们今后必须注意纠正的。

三、我们盟内，还有着那种一团和气，不会辨别是非，不照原则办事的现象。“三反”运动末期，我们曾通过了总结工作而展开了自下而上的批评和领导干部的自我批评。这是很好的开端，必须继续下去，经常进行批评与自我批评。同志们，批评与自我批评，特别是自下而上的批评，是健全我们组织，改造我们自己最有效的方法；只有盟内的充分的民主生活，才能保持我们组织永远新鲜有力，而目前我们的民主生活却是大大不够的。

四、我们盟内的教育工作，还做得不够。盟的任务是团结教育知识分子主要是小资产阶级知识分子，但是要团结和教育别人，首先必须把自己教育好。我们有不少盟员的政治性和思想性都不够强，他们在工作中缺乏革命的创造性和积极性，甚至有着严重的不问政治的倾向。这是说，我们的工作做得很不好，我们尚未有系统地进行马克思列宁主义、毛泽东思想的学习，我们还没有很好地把自我改造工作提到工作日程表上来，这对完成我们的任务当然是很有妨碍的。

五、我们没有有计划地提拔和培养干部。在各次运动中，盟内涌现出许多积极分子和群众所拥护的骨干分子。但是各级领导很少正确地及时地把他们选拔到领导层来。从各基层组织的工作与所起的作用来看，凡是领导层忽略了积极分子和骨干分子的选拔，这个组织的工作便很难做好。因此，我们必须有计划地培养干部，大胆地提拔干部，拿新鲜血液来充实我们的各级组织。

我们必须承认，由于我们的官僚主义作风所引起的这些缺点，至今还存在于我们的工作中，也只有充分认识到这些缺点，认识到这些缺点在工作中所造成的损失，并和这些缺点做不妥协的斗争，才能更好地克服这些缺点。

同志们，1953 年是我们国家开始大规模建设的一年，我们的任务是：一、继续加强抗美援朝工作，巩固抗美援朝的后方，以保证国家建设事业的顺利进行；二、执行国家建设的第一个五年计划，争取超额完成 1953 年度的计划；三、在群众中广泛地进行有关召集全国人民代表大会和地方各级人民代表大会的宣传工作，为顺利实现国家的建设计划而奋斗。作为一个民主党派的成员，我们的任务是重大的，我们必须满怀着信心，在党和政府的领导下，从一个胜利走向另一个更大的胜利。毛主席在人民政协第一届全国委员会第四次会议中对于今后的工作，作了三点重要的指示，即：加强抗美援朝，学习苏联，和反对官僚主义，我们每个盟员必须深切体会和坚决执行毛主席的指示。

市支部已经做出了《关于 1953 年工作要点的决定》，各级组织也已根据这一个决定做出了具体计划，对于这些计划，我们必须予以切实的执行。这是一个严重的政治任务，同志们，我们必须勇敢地有效地来担负起这个任务，保证完成这个任务。

首先，我们要更好地有系统地加强马克思列宁主义、毛泽东思想的学习，深入进行自我改造工作。一、盟的组织应该经常地推动盟员和盟所联系的群众以正确的认识和积极性来搞好业务，在这个过程中，不断提高自己的思想来进行自我教育和自我改造；二、要把马克思列宁主义和毛泽东思想的立场观点方法贯彻到业务中去，在党和行政的统一领导下，有系统地经常地学习马克思列宁主义、毛泽东思想，提高政治水平，结合业务，搞好岗位工作。

我们必须钻研业务，学习苏联的先进经验。不是用至今还或多或少存在于我们盟员中间的那种消极怀疑的态度来学习，而是“采取严肃的科学态度，以高度的革命热情和科学的求实精神，来学习苏联”。这对于我们做文教工作的盟员特别重要。只有我们能切切实实地进行自我思想改造，学习苏联的经验，我们才能成为一个和整个国家机器密切配合的有用的人。只有我们把马克思列宁主义、毛泽东思想和苏联的先进经验武装了自己的时候，我们才能在任何工作中起积极作用，联系和带动更多的群众，特别是知识分子阶层的群众，投身到国家的建设事业中去。

第二，我们的盟员多数出身于小资产阶级，为了建设我们的国家，我们必须加强组织性和纪律性，严格遵守国家纪律和工作制度，保守国家机密，在工作中起模范作用。

第三，为了保证完成任务，我们盟员必须在本身的工作岗位上，在盟的工作中，坚决有效地反对官僚主义和克服官僚主义作风。官僚主义不但严重地阻碍我们做好盟务工作，而且“大大地阻碍着国家建设的开展”。我们的盟员多数在国家机构中负有一定的责任，如果我们不能遵照毛主席的指示，不克服官僚主义，不密切联系群众，不深入下层，不检查工作，我们要完成行政任务是不可能的。另一方面，我们负责盟的各级机构工作的盟员，必须做到了解情况，掌握情况，密切联系群众，改掉漂浮的工作作风。更要学会运用批评与自我批评的武器，特别是要发扬自下而上的批评；因为只有这样，才能使我们不断地进步，更好地改造我们自己，克服官僚主义作风，做好岗位工作和盟的工作。

第四，必须主动地争取各级党委的领导，配合党所布置的工作，坚决贯彻，并应和党员同志们一道，在各项工作中，特别在教学工作和机关工作中，做出成绩，总结经验，进一步提高教学工作，培养更多更好的为国家建设服务的人才；进一步提高业务水平，更好地完成计划。

同志们，只有我们每一个盟员都达到了这样一个水平的时候，我们的盟才能成为一股坚强的力量，才能保证完成任务，才能做好国家建设工作，才能加强抗美援朝的力量，才能胜利地完成我们盟的历史任务。

同志们，让我们全北京的盟员，为完成1953年的伟大任务而奋斗，在光辉的毛泽东旗帜下，努力前进！

（原载《中国民主同盟北京市委员会重要文件选编》，1991）

关于首都古文物建筑处理问题座谈会的情况报告

（1953年12月28日）

彭[①]、刘[②]、张[③]并转

总理：

28日上午9时召开古文物建筑问题处理座谈会，参加的有梁思成、郑振铎、叶恭绰、马衡、侯仁之、俞同奎、华南圭、王明之、林是镇、罗哲文、朱兆雪、朱欣陶、薛子正、李续纲等人。林徽因请假，张奚若声明不参加（他说景德坊不是他的重点）。

经过热烈讨论，每人都发表了意见，一致同意的有以下各点：

一、为防止倒塌，保障人民安全，立即拆除羊市大街女三中前景德坊。拆除后究应迁地或就地保存，俟都市规划确定后（这一条街的），再商讨提出意见，所拆材料应妥善保存。

二、东、西交民巷两个牌坊可立即拆除。

三、地安门保存或拆除问题，以后再研究。目前为解决交通安全问题，可建议设法拆除四角民房约10间左右，将地安门暂时作为交通大转盘，便利交通。

四、和梁个人交换意见，他同意拆除右安门瓮城。

意见仍旧分歧，不能取得一致的，是旧都市风格如东、西四牌楼和首都建设的矛盾问题。梁[④]、俞[⑤]主张保存，并认为是可以和新

---

① 彭，指彭真。

② 刘，指刘仁。

③ 张，指张友渔。

④ 梁，指梁思成。

⑤ 俞，指俞同奎。

都市规划结合。梁并表示如政府决定派他拆除，他一定坚决执行，但仍保留并主张他的反对意见。

座谈会记录俟整理后送上。

吴晗

彭：

24日上午，吴①、薛②、李（续纲）和我先与梁协商一个上午，他最后赞成了可以先将景德坊（即帝王庙前牌坊）拆下来，但主张将来仍在原地改建。在28日的会上，他仍是这样主张。我意，现在我们应即开始拆，以免倒塌压伤人。

张友渔

总理：

我们即先把景德坊和东、西交民巷两牌坊拆除，材料可暂保存。特报。

彭真

十二月二十八日

彭真同志：

同意你的意见。

周恩来

十二月三十日

附录：关于首都古文物建筑处理问题座谈会记录

时间：1953年12月28日（星期一）上午9时

地点：市府第一会议室

① 吴，指吴晗。

② 薛，指薛子正。

出席：吴　晗　薛子正　梁思成　郑振铎　王明之　林是镇
叶恭绰　朱欣陶　罗哲文　马　衡　侯仁之　朱兆雪
李续纲　俞同奎　华南圭　萧　军　侯　堮　曾　权
主席：吴副市长
记录：杨清彪

吴副市长报告摘要

关于首都古文物建筑的处理问题，在上次座谈会后，即抽调各方面的干部成立了调查组，分批进行调查，现在第一批的任务已经结束。第一批的任务是根据都市规划委员会提出急需解决的和目前可能发生问题的古建筑物，逐项进行了调查、研究并绘图摄影。其中包括东、西四牌楼，金鳌玉蝀桥牌楼，地安门，东、西交民巷牌楼，历代帝王庙牌楼（景德坊），东、西长安牌楼，大高殿牌楼等处。今天请大家发表意见。

叶恭绰先生发言

在北京市都市建设过程中，应将真正具有优秀民族传统的古文物建筑尽量保存，即使不能发展，也应注意不要毁坏。应该把有价值的古文物建筑开列清单逐项进行讨论，以免都市规划委员会在做都市规划工作时发生困难。可以缓办的就缓办，对已经发生问题的应尽先解决，对具有宗教性的古建筑可暂不处理，但也应逐项进行研究。北京市的祠庙很多，其中有许多是官庙，如风神庙、火神庙、龙王庙、关帝庙等都是国家建筑的。过去这些庙是列入祀典的，现在没有祭祀，这些庙的意义就消失了，除有艺术价值的可以保存外，其他的市府方面即可处置。但是，现在有些官庙被看庙的人据为己有，成为私产，因此，房地产管理局应特别注意。另外，还有些专祠，其中有些根本没有立祠资格的，可以分别清理。还有些佛教寺院是私人建的（从明朝起有些嫔妃、太监因无后代，钱也没有地方用，便盖些庙），现已由和尚传给子孙，据为己有，房地产管理局也应特别注意。此外，利用古文物建筑时，最好作为小型博物馆等之用。

马衡先生发言

现在很多庙都变成了大杂院，如果我们替大杂院去修理庙，的确费工、费钱。例如智化寺在不久前曾修理过一次，但现在却作了煤球铺。据说智化寺僧保存有古京音乐，该寺可考虑作为古音乐研究机构使用。

李续纲同志发言

古文物建筑调查组在第一期工作中，将一部分牌楼和地安门做了调查，将建筑年代、历史价值和艺术价值都做了初步研究。目前最迫切需要解决的是帝王庙牌楼（景德坊），现已有危险，即应做出结论；东、西交民巷牌楼既无历史价值和艺术价值，似可考虑拆除；地安门问题也需要解决。此外，东、西四牌楼，东、西长安牌楼，金鳌玉蝀桥牌楼，大高殿牌楼等还可以从长考虑。

吴副市长发言

帝王庙牌楼（景德坊），因将倒塌，为保障人民安全，应先拆卸，将材料保存起来，至于应如何处理留待以后解决。

叶恭绰先生发言

帝王庙牌楼（景德坊）可以先拆卸，即使在原地保存也应先拆。正阳门五牌楼需要保存，但箭楼需要去掉，不然五牌楼前便很挤。从天安门到前门以及东、西交民巷牌楼，可在天安门地区的规划内通盘研究。

俞同奎先生发言

建立牌楼的意义，不外是表彰功德或区域的分别。现在北京街道的牌楼都是指明地点的，这对都市建设规划是有关系的。今天若用牌楼指明街道也有好处，而且对都市美观也有关系。另外，遇到很长的马路行人的精神一定很疲倦，如果在绿荫中出现一座朱红色的牌楼，使精神可以感到轻松、愉快，这样说来，不在乎保存它的艺术价值和历史价值，倒是要保存他对都市的美化关系。这样可以得出结论：第一，牌楼是有保存价值的；第二，牌楼的保存应有区别，街道的牌楼应该是最重要的，古建筑物附属的牌楼价值就较差一些；第三，利用牌楼不是利用旧牌楼，也可以创造新的，可以用钢筋洋灰，也可用各色的大理石。帝王庙牌楼我认为可以暂时拆掉，但要保存起来，同时要把原来的结构形式记录下来，以便重建时有所依据。此外，金鳌玉蝀桥，可考虑另在一旁建造一座新桥，通行车辆。

华南圭先生发言

东、西四牌楼是表示东西南北方向的，应该保存；正阳门五牌楼是五间的，也应保留。其余如帝王庙前的景德坊拆掉也未尝不可，这个牌楼可以拆掉，帝王庙也未尝不可以拆掉，因为帝王庙的建筑是很简单的。至于改建的问题，因为会失去其本来面目，同时，这是皇帝的制度，没有再建的必要，所以迁移改建我都不赞成。大高殿前的建筑并不是什么有价值的，两个小亭子可以保留。

马衡先生发言

牌楼是街道的标志，过去每条胡同口都有牌楼，但为了适应现代的交通工具，有了指路牌，就不需要再有牌楼了。五牌楼因为间数多，不妨碍交通可以保存。

梁思成副主任发言

今年春天我访问苏联时，和莫斯科的总建筑师布拉索夫同志谈到保护古文物建筑的问题，他说：应该首先把古代文物建筑经过一次调查研究和评定，肯定是文物的就尽可能地保存，在这个原则下做都市规划工作的人要负绝大部分责任，在做规划工作时就要把古文物建筑组织到新的生活环境里边，有价值的古文物建筑不但要保存并且还要尽量在都市里表现出来。另外，都市规划中有一条必须考虑的原则，就是文物据点的规划。今天我们认为无所谓的东西，也许两三百年以后，我们的子孙就感觉到很大的兴趣。苏联十月革命后，在斯大林同志没有把总的方向指出前，对古文物建筑常常是把原有的东西拆掉，代之以比它新的东西。现在我们做都市规划工作也希望能够把古文物建筑组织进去。关于景德坊的问题，我完全同意吴副市长的意见先拆卸下来。前门五牌楼的问题，已初步做了规划，将来前门大街路面要扩展很宽（计划展宽 100 公尺至 120 公尺，护城河要扩充到 45 公尺左右）。此外，现在急迫要解决的是地安门问题，计划地安门门楼不动，将地安门四角的房子拆掉 10 间，除电车仍照旧行驶外，其他车辆可以绕行。金鳌玉蛛桥也迫切需要解决，但将牌楼拆掉也不解决问题，因为桥太窄。计划再修建一座新桥，坡度要小一些，将团城和三座门作为北海公园的一部分。大高殿要拆掉两个牌楼，路面放宽为 18 米，把中南海去掉一块。

叶恭绰先生发言

金鳌玉蛛桥的问题，如另建一座新桥，可以和大高殿结合在一起，因为大高殿并不是很有价值的，大高殿前的两座亭子是元朝时迁到此处的，倒应保存，再将筒子河和神武门去掉一点筑成道路，在两个亭子之南，神武门之北通行车辆，什么困难都可以解决。

吴副市长发言

关于都市风格问题，俞先生提出牌楼的作用，据我所了解原始居民有累石作为宗教标志的习惯，后来演变为石头坊、表，以至贞节牌坊之类，唐宋以来有坊，坊前立牌坊还有表明居民基层组织意义，因为当时的交通工具是骡车、轿子。今天条件基本上已改变了，道路和交通工具都改变了，而且街道上都有一定标志，因此，是否还需要以牌坊作标志，这就牵涉都市风格的问题，如果需要标示美化，是否可以用其他形式代替或搞些铜像、喷水池、街心公园等代替，需要多考虑一下。其次，东、西四牌楼过去叫“大市街”，根据明清两代的材料看来，这里是刑场，“刑人于市”。如果说有历史价值的应该保存，那么，过去时代的刑场算不算是有历史价值呢？因此，有无保存必要，大家可以商量。

梁思成副主任发言

关于都市风格问题的确是很大问题，我们可以分析一下北京到底有些什么都市风格。第一，街道系统很齐整；第二，建筑物摆在适当的位置上；第三，街道上的对景主要是牌楼、城门楼。到底是好、是坏，意见不一致。我还可以引用苏联的例子，十月革命后，苏联建筑师说礼拜堂是封建的，苏维埃政权不需要，主张拆除。斯大林同志指示：礼拜堂是过去封建时代的辉煌创造，是高度的艺术形态，我们现在不需要礼拜堂，可是我们还需要高度的艺术形态。礼拜堂的形象是莫斯科和俄罗斯的都市风格，我们现在要发展新的，可是我们决不拒绝俄罗斯的传统。现在莫斯科主要八个高层建筑物上都有金色塔尖，这是俄罗斯传统中最突出的特征，远远看去就把街的轮廓表现出来。其次，是否可用铜像、喷水池等代替牌楼呢？我认为这些都不行。在希腊罗马时代就是用铜像、喷水池。我们不拒绝中国原有的传统，同时也不拒绝外来的东西。外国的东西我们看着很新鲜，可是在外国已经是两千多年前的老东西了。因此，应该考虑新和旧的定义。关于东、西四牌楼问题，我们过去都是从都市风格上考虑。如果因为杀过人就要拆除，那么整个故宫就要铲平了，因为故宫是压迫中国人民最大的封建中心。我们不管过去怎么样，我们应该用都市规划眼光来看，一条街道中在适当的地方有个对景，是非常必要的，因为城市风格的价值，不因城市交通速度增加而改变。

我们今天的文化是落后的，我所体会的文化落后方面很多，包括很多古代建筑物可能起的积极作用，还未看见。以牌楼来说能否配合好，要看建筑师或做都市规划工作的人能否配合好，如能配合好，就相得益彰了。关于建筑美的判断，我觉得专家还是对的，表现在建筑师学会上一般的看法相当一致，当然，建筑师可能完全错误，但是在被说服前，我还是保留自己的意见。

郑振铎局长发言

北京市的标志，绝不是很矮小的牌楼，而是很大规模的高层建筑物，这是我们自己创造的，像莫斯科大学那样雄伟的建筑物。牌楼在现在看很美，但可能另外一个形式更美。当然创造绝不是凭空的，而是要吸收民族优良传统，甚至不拒绝世界上一切人类所创造的优良传统。至于古文物建筑的保存问题，专家认为应该保存是必要的，现在也没有人说完全不保存，并不是可拆可不拆的一定要拆，而应该是决定要拆的就坚决拆，可拆可不拆的就暂时保留，应保存的不但要保存好，还要发扬光大。大家的立场都是为了将来，为了发展，并不是单纯为了保留，所谓保留也是为了发展新的。

吴副市长发言

苏联有很多经验，我们应该强调学习苏联，但另一方面，我们还要根据我们的具体情况和条件。关于牌楼问题，许多市民提出意见，都认为不需要，我们究竟应根据绝大多数人民的意见，还是根据个别专家的意见，应该考虑。

李续纲同志发言

这个会以后还要开若干次才能把思想统一起来。关于许多具体建筑上的问题，我没有什么资格发言，从今天的发言中我感到有些带原则性的问题要联系到总路线来认识才可能得到解决。因为今后的城市一定是工业城市，过去所有这些都是农业、手工业经济时代的产物。今后城市将逐渐变化，一定向高楼大厦发展，有宽的马路，高速度的汽车，很多烟囱，因此，联系总路线是基本问题。其次，作为建筑艺术来说，这是自然科学范围的，是没有阶级性的，但对美的欣赏是有阶级性的。另外，我们反对世界主义，要有自己的民族风格，但也不能变成民族沙文主义者。

萧军先生发言

关于古文物建筑的保护问题，听了吴副市长和诸位先生的意见，我有一些领会：第一，在今天来讲，北京城市是新的内容和旧的形式的矛盾问题，新的内容就是新政府、新人民、新社会；旧的形式是封建社会所遗留下来的建筑物、宫殿、庙宇乃至街道，都是按照封建统治者的意图产生出来的。封建制度应该消灭，但建筑物如果完全消灭是不对的，虽然是在封建帝王的意志下造成的东西，但从物质资料和劳动力来讲，全是人民创造的，如果毁坏这些东西，等于毁坏了人民的劳动和智慧。所以不能无原则的毁掉，需要加以批判和选择，把它组织到新的都市规划中来，成为有机部分。第二，建筑本身是艺术，土木工程是实现这种艺术的手段。从全面来看，大街小巷和建筑物应该配合，而且要有主有从，要有高低起伏。关于牌楼问题和地安门问题，我认为首先应考虑历史和艺术价值，然后再考虑位置对都市规划有无妨碍，如有妨碍，就不管是什么建筑，一切要为了人，就要设法使建筑物不威胁人的生命。如东、西四牌楼，帝王庙牌楼应该服从都市规划。如从造型的美来说有牌楼好看，就应保存，至于如何保存，是具体技术问题，也许缩小，也许扩大。将来帝王庙本身因道路展宽要向后退，这样，牌楼就不是帝王庙的建筑物之一了。把这个问题考虑明白，保存与否，便不是问题的焦点。

罗哲文先生发言

关于保存古文物建筑，我认为要从发展上看，为了把北京建筑得更好，并且要在现在的基础上创造更好的东西。另外，提出几点建议：第一，将北京市所有古文物建筑加以清理，评定价值并登记下来；第二，对古文物建筑进行研究，评定价值，然后再考虑保留、迁移或拆除，但应先明确评定的标准；第三，把古建筑物做些模型，保存下来。

薛秘书长发言

关于古文物建筑保护的问题，在做总体规划时曾多次考虑，必须保留的，就坚决保留，并组织在总体规划之内，如天宁寺、极乐寺、五塔寺等都尽可能保留并发扬光大。有些问题各方面意见不一致，尚未得到解决，如北海团城问题，几座牌楼问题等均还需要从长计议。帝王庙牌楼可以拆掉，甚至帝王庙也可以拆除。总之，对有价值的古建筑物就应该保存，能不拆就不拆。民族文化遗产的保护问题是思想方法问题，不是下一道命令就可以统一的，一时不能统一就慢一些。联系总路线学习一下，我认为是有必要的，把思想问题解决后，某些具体问题的处理就比较容易了。

吴副市长总结发言

这样的会过去开过几次，但开得不够，今后应该常开，而且要把范围扩大一些，以便各方面更多地交换意见。

我们过去看问题是从局部出发的，目前正在进行总路线的学习，可将保存民族文化遗产问题结合总路线进行学习，特别要求文委文物调查组、都市规划委员会和市政建设委员会等有关部门进行学习，使思想得以明确，认识得以提高。

古文物建筑调查工作不是短期所能结束的，因此，北京市古文物建筑调查组的工作应该加强。同时，应将已调查的材料加以整理，妥慎保存，以资查考。

已取得一致意见的几处古建筑物的处理：第一，景德坊先行拆卸，至于如何处理另行研究；第二，地安门存废问题以后再行研究，目前，可将地安门四角附近的房屋拆去 10 间，以解决交通问题；第三，东、西交民巷的牌楼无历史、艺术价值，可以拆除。以上意见，报请市长批准后即可执行。其他尚未取得一致意见的，可再继续进行调查研究。

（原载《北京市重要文献选编》，第 5 册，北京，中国档案出版社，2002）

为做好建筑工地卫生工作完成首都1954年基本建设任务而奋斗*

（1954年3月30日）

一

今年全市的基本建设任务是艰巨的、繁重的，因此，必须大力提高劳动生产率。加强安全卫生工作，减少伤病率，保证工人健康，是提高劳动生产率的重要条件之一，是能否完成本年基本建设任务的一个主要环节。

根据去年的工作经验，很多工地的环境卫生状况，一般是非常恶劣的。同时有些工人又缺乏卫生习惯，致使工人的发病情况很严重。这不仅严重地危害了工人的健康和生命，也严重地影响了基本建设的顺利进行，给国家财富造成了不应有的损失。北京市人民政府鉴于这样的情况，在去年7、8月间，在全市范围内开展了一次“厂矿、工地卫生安全运动周”。通过运动，大部分工地的环境卫生和工人的健康情况得到了很大改进，也初步改善了工人的生活条件。这样，不仅降低了工人的伤病率，也大大提高了工人的生产热情。运动中，涌现了许多模范单位和工人中的积极分子。如三二一九工区和中央铁道部建筑工程处第六工区在去年开工初期的卫生情况都很差，通过运动，工区的面貌焕然一新，提高了出勤率和生产效率。又如卫生工作一向较好的三〇一、三三〇三等工地，通过运动把卫生工作更提高一步。三〇一工地自去年3月份开工后，工人伤病较

* 这是北京市副市长吴晗在北京市建筑工地爱国卫生运动动员大会上的讲话。

少，工地医药费除了4、5月份买了一些药品外，6月份就结余1 600万元，7月份就不需要买药了，出勤率高达99.3%（事假、旷工在外）。

二

去年夏秋季卫生安全运动结束以后，各建筑工程单位也进行了一些卫生工作，大多数参加冬训的工人听了卫生常识课，工地医务保健人员参加了公共卫生局举办的卫生防疫讲座，他们对预防工作的认识有了提高。中央铁道部建厂工程公司，华北直属建筑工程第三公司，北京市第二、六、七建筑工程公司等7个单位新成立了卫生科，作为协助经理和主任推动卫生工作的专职机构。有的单位今年开工前的卫生准备工作做得比较好，如中央铁道部建厂工程公司第一工程处规定工地在建筑工棚、宿舍、厨房、厕所前必须经过卫生科审查同意，并为各工地配备了20名半脱产的保健人员，对全体炊事员进行了卫生和营养常识的训练。第一机械工业部华北公司以经理为首组成3个小组分别到3个工区进行检查，并对全体工人进行卫生教育。北京市第三建筑工程公司除对全体工人上卫生课外，并订出了经常进行卫生宣传的制度，现每天门诊病人已较以前减少。北京市第六建筑工程公司召开了全体医务保健人员会议，总结去年卫生工作的经验教训，提出每一个医务保健人员今年都要努力做好预防工作，扭转只做治疗不做预防工作因而被动忙乱的情况，所属各工地在开工前并进行了大扫除。以上情况，说明本市部分建筑单位的领导同志对完成生产任务与做好卫生工作的一致性有了比较明确的认识。

但是，据最近检查了约100处工地的情况来看，绝大多数复工的工地的卫生工作无人负责的现象还非常严重。经过一个冬天，卫生组织找不到了，卫生制度也看不见了，环境卫生非常恶劣。绝大多数工地到处乱堆着垃圾，宿舍和厕所很脏，没有挖渗水井，污水随地倒，对炊事员没有组织卫生常识的学习，工人随地大小便和吃完饭以后碗筷不洗到处乱扔的情况很普遍，病号很多。例如，北京市第一建筑工程公司崇文工区行政领导干部对卫生工作很少过问，作业场所没有饮水设备，厨房附近堆着垃圾，污水满地，大部分工棚内脏衣服、鞋袜乱放。该工区去年下半年工人因病休工1 489天，等于1 000名工人停工两天半；开支病假工资、疾病救济费及医药费用共1.6亿元，占同时期工资总数的5.8%，现在每天还有100多个工人到医务室看病。军委直属工程公司第一工区旃坛寺工地没有盖厕所就开工，工人就沿着北海公园的墙随地大、小便。类似这样的情况还很多。我们必须吸取去年的经验教训。去年卫生安全运动的经验证明，做好安全卫生工作是减少工人发病、保证生产正常的重要工作之一。因此，在开工前后，各施工单位做好施工前后的卫生安全工作，为增进工人健康，防止和减少发病，为全年工地卫生工作，也是为完成全年基本建设任务打下良好基础，就成为当前一项头等重要的任务了。

目前，有些工地领导对卫生工作的重要性的认识已有所转变。如去年一〇一工地的卫生工作虽然通过卫生运动，还很少改进，在报纸上曾经批评过。最近一〇一工地领导干部陪同卫生机关的干部检查该工地的卫生工作时说："今年再也不能不重视卫生了。去年工人中发病很多，我们害怕了；今年已把卫生计划订入生产计划中。"

但是也还有不少施工单位的各级领导干部，还没有充分认识到工地卫生与国家经济建设的关系及其政治意义，还未树立起卫生工作与提高生产质量的统一思想，因而对卫生工作不够重视。有的工地领导抱着临时思想，认为工期不长，得过且过。有些工地强调建筑工地生产任务紧，现场忙乱，设备条件又差，没有条件搞卫生。有的强调工人不懂卫生，搞卫生要花钱，没法搞卫生。一般工地的领导只要求医务人员做治疗工作，没有贯彻"预防为主"的方针来领导督促他们搞卫生工作。总之，领导不重视，是开展卫生工作的最大的绊脚石。我们必须再一次温习马林科夫同志在联共（布）第十八次党代表大会上《关于党组织在工业和运输业方面的任务》的报告："难道还能继续忍受这种无文化的现象吗？工厂经理、车库主任和车站站长都应使自己的企业讲究清洁并经常保持清洁。对所有这一切不成体统的事情应当向他们、向经理们追究责任……难道不能建立一种值班制，一班接一班地来监督车间的清洁卫生吗？"他还指出："我们应该立即解决生产中保持清洁和文化的任务，这是最简单而基本的任务，同时是刻不容缓的任务，因为没有起码的文化就不能胜利地完成进一步提高我国工业的任务，就不能解决我国所面临的由社会主义向共产主义过渡的伟大任务。"我们更应当吸取苏联在社会主义的工业建设中积累的宝贵经验，重视工地中的卫生安全工作。施工单位各级领导必须重视，并且要以身作则，带头做好卫生工作。

三

大力开展春季爱国卫生运动，并使卫生工作保持经常化，是我们重要的政治任务。

春季，是建筑部门忙于复工和开工的季节，也是蚊、蝇及各种细菌、病毒滋生繁殖的季节。我们和疾病作斗争，就必须采取主动，抓紧时机，及早动手。春季消灭一个蚊、蝇的幼虫，就等于夏、秋季消灭成千成万个成虫。我们应很好地运用"打早、打小、打了"的经验，及时消灭蚊、蝇幼虫，做好春季卫生工作，给全年卫生工作打下良好的基础。建筑工地职工生活设备多是临时性的，很容易发生传染病及其他各种疾病，而疾病一旦发生，很容易流行，就会造成很高的疾病率及缺勤率。因此，建筑单位行政、工会各方面的领导同志就必须针对这些严重影响生产的因素，努力创设条件，保护和增进工人健康，决不可麻痹大意。

北京市人民政府要求各建筑工程单位必须结合生产，大力开展爱国卫生运动，接受去年的经验教训，搞好工地卫生工作。各建筑公司、工区、工地的负责同志必须根据政务院财政经济委员会和中央卫生部的指示，加强建筑工地施工前后的卫生工作。在这里，我着重说明以下几点：

一、建筑工地卫生工作的中心内容是改善工人“吃、喝、拉、睡”等生活条件及改善工地的环境卫生，特别是搞好伙食管理，让工人吃得干净。厨房应经常保持清洁，要有防蝇设备，订立卫生工作制度及炊事员卫生公约。工地的水源应严加管理，保证给工人供应足够的开水。建筑单位应与合作总社联系，开办合作社或食品部，来供给清洁卫生的食品。在污物处理方面，应有垃圾坑、带盖的垃圾箱及渗水井，不得随意倾倒垃圾、污水。厕所应有严密防蝇设备，厕坑应保持一定深度。为了消灭滋生蚊虫的大本营，应发动群众填垫坑洼、挖掘排水沟，消灭积水条件，对洋灰池、防火水桶、地下室及废料等应防止其生长孑孓，并建立环境卫生的清洁责任制度，以保持环境卫生工作的经常化。在郊区的工地可与附近农民约定，定期来掏取粪便，并可把厨房的剩饭、剩菜、泔水送给农民喂猪。

新工地在开工前，一切暂设工程的设计及设置地点均应按照一定的卫生条件，如厕所、污水井、垃圾坑距离厨房、饮水井一般应在30公尺左右。有的工地厕所非常简陋，开工后改建就比较费事，应该在开工前就做好准备工作。

二、建立和健全建筑公司、工区、工地各级卫生组织，订立卫生制度。公司经理、副经理，工区、工地主任、副主任，必须有一人负责领导卫生工作，并根据本单位具体情况，建立卫生行政专职机构或专职、兼职干部，协助经理和主任推动爱国卫生运动及各项卫生防疫工作，管理医疗、急救机构。各级建筑单位均应由党、政、工、团负责同志参加组织爱国卫生运动委员会。委员会以下要建立群众性的基层卫生组织，并由职工讨论订立一些切实可行的卫生制度。

三、必须向工人大力进行卫生常识的宣传教育，这是使卫生运动经常化的基础。必须经常不懈地进行宣传说服并培养典型，通过具体范例来教育工人做好卫生工作，注意个人卫生，如不吃生冷食品，不喝生水，不随地大、小便及勤洗衣晒被等。

四

从今天开始，全市各建筑工地的爱国卫生运动就应该加紧行动起来，首先要做好组织动员工作。要求在两星期之内建立和健全各施工单位和工地的卫生组织，并制订卫生工作计划；把卫生组织名单和卫生工作计划送交卫生机关（各建筑领导部门送交市公共卫生局，工区和工地送交所在地区卫生所或区卫生防疫站）。要求各级建筑工程单位对工地卫生工作，必须认真地积极地进行领导。各级卫生部门今年也要大力督导工地卫生工作。我们也要到各工地去抽查。最后，还应当指出，开展工地卫生是经常的，不是用突击方式能够彻底解决的，必须要结合生产并在不妨碍生产的原则下，逐步提高，稳步前进，把卫生工作列到日常工作的日程上，才有可能保持卫生工作的经常化。

（原载《北京市重要文献选编》，第 6 册，北京，中国档案出版社，2002）

关于北京市宣传、讨论《中华人民共和国宪法》（草案）工作的报告*

（1954 年 8 月 17 日）

各位代表：

《中华人民共和国宪法》（草案）的宣传、讨论工作，在本市业已全面展开。

这一工作大体上分为三个阶段：第一阶段，进行准备工作；第二阶段，展开普遍宣传，并组织初步讨论；第三阶段，进行逐章逐条的讨论。我谨代表北京市宪法草案讨论委员会把这一工作进行的情况向大会报告如下：

一、展开宣传讨论前的准备工作

6 月 1 日，在北京市各界讨论宪法草案（初稿）委员会的基础上，成立了北京市宪法草案讨论委员会，吸收了政府、各民主党派、各人民团体、各界的负责同志或代表人物参加。在它的下面设立了各区、国营大厂矿、国营建筑业、中共市委机关及人民团体、各民主党派、市府机关、公安局机关、高等学校、文艺界、工商界、宗教界和少数民族等 23 个分会。6 月 9 日到 6 月 18 日间，市宪法草案讨论委员会集中训练了全市的报告员和辅导学习讨论的骨干分子，共 4 000 多人。在训练期，共举办了四次报告：第一次讲宪法草案的主要内容和基本精神，第二、三次讲解条文，第四次讲如何对群众宣传。经过较深入的讨论后，受训的人都基本上掌握了宪法草案的基本精神和主要内容。

---

* 这是北京市副市长吴晗在北京市第一届人民代表大会第一次会议上所作的报告。

在宪法草案公布后，我们一面立即展开初步的宣传活动，一面继续进行准备工作：各分会、各厂矿共训练了宣传员、工会基层干部、街道居民积极分子等 2 万多人。此外，各分会都指定了有经验的报告员在各阶层群众中进行试讲。报告员在试讲前经过集体研究，准备出讲稿，试讲后又根据群众的意见加以修改。在试讲的基础上，市宪法草案讨论委员会编写和转发了对工人、对农民、对街道居民的三种通俗讲话材料，并直接举办了一次对街道居民的示范报告。

以上各项工作对保证宣传内容的正确、通俗，起了决定性的作用。

二、普遍宣传的情况和问题

宪法草案公布后，全市即逐步展开了大规模的宣传工作。首先在工人、干部等有组织群众中开始，然后在街道居民中进行，农民方面因为麦收，学校师生方面因为考试，都延至 7 月中才开始。宣传的主要方式是由经过训练的报告员和各单位的负责同志根据中共中央宣传部所发的报告大纲作报告。对有组织群众的宣传都通过原有的组织系统进行，由本单位、本系统负责；对农民和街道居民，则由各区分会组织的报告员按居住情况分片作报告。在工人中一般报告三次或四次，在居民中一般报告两次。对其他各阶层也都按不同情况规定了宣传上的不同要求和报告次数。根据不完全的统计，全市（不包括中央机关）听过报告的已有 86 万余人。除了向群众做报告外，其他各种宣传形式和宣传工具也紧密地配合了宣传。北京人民广播电台编写了 15 篇解释宪法草案的通俗讲话和对话，每日反复地播送，《北京日报》不间断地进行了宣传报道。全市有 2 万多块黑板报都一致以宣传宪法草案为中心。在厂矿企业中，读报和广播也较平日活跃。有的厂矿设立了对宪法草案的献礼台。有的工人自己编写了宣传宪法草案的快板、单弦。所有的宣传活动都贯彻了便利群众的原则，做到了不妨碍生产、工作和学习。

宪法草案的公布，受到了各阶层人民热烈的拥护。各民主党派、各人民团体市一级组织的负责人都发表了谈话或文章，市总工会、市妇联、少数民族、宗教界都曾举行群众座谈会和群众集会，大家对宪法草案一致表示热烈拥护。在这个期间召开的各区人民代表大会会议和市各界人民代表会议都曾将宪法草案的讨论作为一项重要的议题，并通过了拥护宪法草案的决议。经过这一阶段的宣传，广大人民群众对宪法草案的主要内容和基本精神已有初步了解，进一步认识了我国人民民主制度的优越性，增强了为完成国家在过渡时期总任务而奋斗的信心。大家对宪法草案中明确规定工人阶级在国家中的领导地位，和肯定了社会主义的伟大前途，表示特别兴奋；看到宪法草案中关于国家机构和公民的基本权利、义务的规定，都不禁回顾自己在旧社会的切身经历，感到作为中华人民共和国公民的光荣。

宪法草案的宣传和讨论已开始成为推动生产、工作和学习的动力，许多工人为拥护宪法草案进一步展开了劳动竞赛和技术革新运动，在生产上取得了新的成绩。

从这一阶段的宣传工作中，我们有以下几点体会：

第一，必须很好地宣传宪法在国家和社会生活中的巨大作用。开始时，有些干部和群众对制定宪法的重大意义认识不足，说是："有总路线就够了，不要宪法也可以。"我们在宣传中着重地批判了这种思想。

第二，必须首先向群众宣传宪法草案的基本精神和主要内容。在群众对宪法草案的基本精神和主要内容有初步了解后，再引导进行逐条讨论。在报告员试讲过程中，我们发现有的报告员一开始就向群众详细讲解条文，介绍了很多名词，群众反映"难懂"。因此，我们规定：对文化程度低的群众做报告时，不应按宪法草案的章节次序而应归纳成几个基本问题来讲。

第三，在进行守法教育时，特别在讲解公民的义务时，必须注意不要乱戴"违宪"的帽子，吓唬人。我们曾发现有人把在礼堂吃瓜子也批评为违反宪法。对这种说法，我们已及时予以纠正。

第四，对不同的对象宣传时，应该强调不同的重点。对干部，要求他们进一步认识国家和法律在社会主义建设中的作用和宪法对国家进一步民主化的意义，加强守法观念和群众观点。对国营工矿的工人，应结合当前的生产任务和生产中的问题，号召工人开展劳动竞赛运动，进一步确立遵守劳动纪律和爱护公共财产的观念。对资本主义工商业的工人、店员，应进一步教育他们担负起对资本家进行监督的责任。对农民，应进一步动员他们积极参加以互助合作为中心的农业增产运动，同时，要说明互助合作的自愿原则。对资本家应着重宣传爱国守法。

三、逐章逐条讨论的工作

在各阶层群众已经初步了解宪法草案的基本精神和主要内容的基础上，我们又继续在机关干部、学校教职员、工人群众、街道居民积极分子、农村干部和农业生产合作社社员中，进一步深入地进行了宣传，并组织逐章逐条讨论。在讨论中使各个方面的群众将自己的生产、工作、学习联系到宪法草案的条文，并收集群众对宪法草案的意见，在各重要街道和胡同中设立了意见箱。目前，全市参加讨论的已达 51 万人（中央机关在外）。大家对这种全民讨论的做法很满意，特别是在逐条讨论中将宪法草案的具体条文联系自己的生产、工作和学习，使自己更加认识到宪法草案和自己的一切都有密切关系。很多人表示："我们的宪法是来自人民，经过人民讨论，人民代表大会通过，由人民遵守。这真是我国自古以来第一个人民宪法。"各阶层、各界都热烈地进行了讨论。许多机关和工厂经常参加讨论的达到总人数的 90%。少数民族、宗教界代表人物参加讨论的达到 80%以上。各民主党派的成员在雨天也远道赶来参加讨论。截至目前，全市共已提出 24 281 条意见，并有一些人根据宪法草案的精神，对某些政府工作人员的工作提出批评。

今后宪法草案的讨论工作中，应更加注意具体条文联系各界自己的生产、工作和学习，使宪法草案的讨论成为推动生产、工作和学习的力量，并注意防止勉强大家提意见等变相强迫命令的形式主义的做法。此外，讨论中发现意见分歧，也不必强求取得一致意见，应把各种不同的意见收集起来，向上汇报。

宪法草案讨论的工作，约在 8 月下旬结束。结束后直至全国人民代表大会会议召开这一期间，仍应该通过读报、广播等方式经常在人民群众中进行有关宪法草案的宣传。

各位代表都曾参加过宪法草案的讨论，并都做了很多宣传工作，希望今后继续积极地协助宣传、讨论工作。

我们对宪法草案的宣传、讨论工作还做得不够，请各位代表给予批评和指示；同时，我建议大会对宪法草案展开进一步的讨论。

（原载《北京市重要文献选编》，第 6 册，北京，中国档案出版社，2002）

关于进一步提高教育质量工作*

（1955 年 9 月 19 日）

一

从 1954 年 6 月中共北京市委发布《关于提高北京市中、小学教育质量的决定》和北京市第四届第四次各界人民代表会议通过《关于提高北京市中学和小学教育质量的决议》以来，由于教育行政部门执行了代表会议的决议，采取了若干重要措施，由于学校领导干部和广大教师、学生的共同努力，本市中、小学教育质量有所提高，工作已取得成绩。

学生在知识方面有了比较显著的进步。中、小学学生对所学功课的基本概念比过去明确了，思维能力和表达能力都提高了，死记硬背的现象逐渐减少，学得的知识比较巩固了。在语文方面，语言基础知识的水平提高了，理解和运用词汇的能力有较大的进步；在数理方面，中学学生运用原理、公式说明和解决问题的能力有了进步；演算能力，特别是小学学生口算能力的提高比较显著。从考试成绩来看，各校考试题目都比过去难，评分标准也比过去严，但学生的分数仍有增长。例如市第二十三中学，1954—1955 学年第一学期 24 个班中，期中考试平均 80 分以上的只有两个班，期末考试为 4 个班。第二学期期中考试结果平均 80 分以上的 16 个班。小学的情况也是如此。1954 年第一次全市算术统一考试不及格学生的人数为 19.38%，1955 年第二次统一考试不及格人数下降为 12%；成

* 这是北京市副市长吴晗在北京市第一届人民代表大会第三次会议上的发言。

绩优良学生的人数，第一次统一考试为47.47%，第二次统一考试则上升到64.42%。学生升学考试的成绩也有进步，今年本市本届高中毕业生投考高等学校的共4 310人，及格人数为67.39%，和去年的14.36%、前年的27%的及格人数相比较，成绩显然是提高了。全市本届有高中毕业生的43个中学，学生投考高等学校的平均成绩都比去年好，其中，回民学院、女十中、十三中、二十三中、女二中等校学生的平均成绩都有很大的提高，例如女十中，去年平均成绩为36.44分，今年为62.79分；十三中去年平均成绩为47.54分，今年为73.13分。此外，初中和高小毕业生的升学考试成绩也都有所提高。

学生的社会主义觉悟也有所提高。在师生中轻视体力劳动、轻视劳动人民的剥削阶级思想影响已受到批判，奢侈浪费的行为开始为广大学生所鄙视。绝大多数学生都积极响应祖国生产建设的号召，去年寒假本市厂矿招收青年工人共2 903人，全市初三报考学生为7 174人，今年夏天甘肃、青海在本市招收初三学生844名参加建设工作，报名的有1 539人。学生中迟到、旷课和违反学习纪律的现象已大大减少，一般能够按时完成作业，绝大多数学生学习的自觉性和积极性大大提高了。各学校都出现了一些先进的班，学生集体主义的精神加强了，彼此鼓励进步，互相帮助，并对不良的现象和行为展开斗争。学生的政治要求也不断提高，参加青年团的人数大量增加。例如二十六中，1954年9月青年团员总数占合乎入团年龄学生人数的15.2%，1955年7月则已上升为22.72%。此外，学生爱护公共财物的精神大有提高，损坏公物的现象大大减少；对节约粮食工作也比较重视，例如五中、三十五中等校上学期节约粮食有成绩，曾受到粮食局的表扬。

中等学校大力推行“劳卫制”，在80个学校中有4.5万人参加“劳卫制”一级和预备级的锻炼，占学生人数的49.9%，达到及格标准的占60.9%。没有实行“劳卫制”的学校，课外体育活动也有普遍的开展，体育锻炼已形成风气。

各中、小学校中，“三好”的学生逐渐增多，在中学生中，获得

“三好”优秀奖章的有 9 600 余人。

二

我们所以能够取得这些成绩，首先是由于中国共产党和人民政府文教方针的正确，由于前政务院改进和发展中学教育的指示、市委的决定和市代表会议决议的正确。我们根据这些正确的方针政策、重要措施，和各种错误思想进行了斗争。应该指出，在各界人民代表会议作了决议以后，大部分干部和教师热烈拥护，并开始检查和改进自己的工作，但是也还有些人骄傲自满，不愿意承认教育质量不高这一事实；或满足于已有质量；有的虽然勉强承认，又把原因推到客观方面，认为“各方面条件都差，只能如此”，缺乏信心和决心；有的甚至埋怨领导要求过高过急，认为“必须三五年才能见效”。通过学习前政务院的指示、中共北京市委的决定和各界人民代表会议的决议，并通过教育质量的检查，批判了干部和教师中间的“差不多”的自满情绪和其他错误思想，初步统一了认识，在这个基础上发动了群众，进一步订出比较切合实际的提高教育质量的计划，这就使干部和教师有了比较明确的奋斗目标。

其次，应该着重指出，在各界人民代表会议作出决议以来，广大教职员工积极响应号召，以坚定不移的精神，从检查和改进自己的工作入手，付出了辛勤的劳动，做出了巨大的努力，这是提高教育质量的工作获得成绩的主要原因。绝大多数教师端正了教学态度，认真钻研教材，加强了备课和教学研究，在教学方法上也有不少的改进。多数教师纠正了不重视检查学生学习质量和对学生要求不严的偏向，注意课堂提问和平时的考查。教师教学的计划性加强了，绝大多数的教师能按时完成教学进度。有的教师为了帮助程度差的学生，牺牲休息时间补课、温课。有的班主任经常进行家庭访问，增进了学校和家庭的联系。这些，都表现了教师对人民负责和关怀青年一代的高贵品质。此外，不少的学校行政人员和总务人员纠正了轻视行政和总务工作的偏向，树立了积极为教学工作服务的思想，为师生创造比较良好的教学环境。有些管理员和炊事员积极找窍门，想办法，节约开支，改善伙食，工作上取得了优良的成绩。这些成绩优良的教师和职员、工友得到了政府的奖励和广大师生的尊重，他们是无愧于“人民教育工作者”这个光荣的称号。

第三，大多数的领导干部抓紧了提高教学质量这个中心环节，集中精力研究和领导教学工作，并及时总结和传播教学经验。广大的青年学生，热爱祖国，热爱学习，努力提高自己的科学知识和社会主义觉悟水平。这些，都是使提高教育质量的工作取得成绩的重要原因。

第四，还由于教育行政部门执行以下各项重要措施：

（1）编写中、小学各科教学参考资料，统一了教师对各科教材和教学目的的认识，减少备课的困难。这些资料经过一年的试用，今年暑假又根据教学实践中所得的经验以及许多教师所提出的意见作了修改，并且都经过专家的审订。

（2）吸收中学教师（绝大多数是初中教师）1 000多人和小学教师4 000多人进修业务和补习文化。创办了北京师范学院，暑假已招收本科学生200人，专科学生400人。

（3）组织专题报告和优秀教师经验交流会共62次。编译苏联教育论文36篇，供学校领导干部和教师参考。

（4）采用了统一的考试标准，提高了试题的质量，克服了有些学校评分过宽、成绩虚假的现象，并严格规定了升级标准和新生录取标准。

此外，还根据工作成绩进行了中、小学教职员和工友的定级调薪工作，绝大多数教职员工都增加了工资。今年1月奖励、表扬了工作成绩较好的教职员和工友5 400人，鼓舞了广大教育工作人员的积极性。为了帮助女教师解决带孩子的困难，开办了一批托儿站和乳儿室。为了保护学生的目力，初步改善了一些教室采光和照明设备。为了加强教学效果和体育活动，补充了教学仪器和体育用具。

应该指出：一年来教育工作获得这样的成绩，决定性的一环，是大力编写了中、小学教学参考资料，给教师以极大帮助，提高了教学效果。许多教授和专家不辞劳苦地为我们审订教学参考资料，给教师讲授教学方法和教学经验。科学研究机关、高等院校给予许多人力、物力和经验的帮助。我们应当感谢他们，并希望今后在继续提高教育质量的工作中，得到他们更多的帮助。

三

必须指出：过去一年虽然进步很快，但是成绩仍然不够高，也还不够巩固。我们决不能因此就骄傲自满起来，以为差不多了，成绩够好了，如果这样，我们就不会再前进，就会落后。我们决不应该满足于目前的水平，而应该把我们的工作提高到可能的最高的标准。根据这样的标准来衡量，毫无疑问，我们的教育质量还差得多，甚至差得很远。首先，从国家的要求来说，我们学校培养的学生，各方面都优秀的还只是一部分，大部分只能达到刚刚及格的标准，并且还有一部分是不合格的，如投考高等学校的学生还有 1/3 不及格，因此，我们的工作还是远不能满足国家社会主义建设和社会主义改造事业的需要。其次，中、小学的教育质量，一年来虽普遍有所提高，但是很不平衡，以高中毕业生升学考试的成绩为例，有些学校 1955 年平均成绩较 1954 年成绩有显著的提高；但是，有些条件相差不多甚至条件更好的学校，由于骄傲自满或信心不够，成绩的提高并不那样显著，应该说他们还没有达到或接近可能的较高的标准，而是相对地落后了。前一类学校也还必须以较高的标准要求自己，做更进一步的努力。后一类学校就必须急起直追，争取达到较高的标准。过去一年的事实证明了更进一步提高教育质量，不仅仅是应该这样做，而且完全有可能这样做。

我们的工作还存在许多缺点：教育局对重点学校的工作还没有认真抓紧；对分批整顿教学成绩很差的学校做得也很不够，特别是在工作方法上，没有能够及时地发现学校和教师的先进经验，加以总结推广，给学校以具体的领导和帮助。

为了巩固已经取得的成绩，更进一步提高教育质量，今后必须继续贯彻前政务院的指示和中共北京市委决定的精神，继续坚决执行市第四届第四次各界人民代表会议的决议，在过去一年工作的基础上着重做好以下几件事情：

首先，应该为争取消灭一部分学生的成绩不及格的现象而努力。过去一年各级学校进步的速度虽然很快，但是水平不够高，还有一部分学生成绩不及格，例如在投考高等学校时，有33%的高中毕业生升学考试不及格。今年7月，中学高中、初中二年级物理采用统一标准考试，全市高中二年级不及格的人数占21.2%，其中第四十中学不及格人数占57%；初中二年级不及格人数22.1%，其中第三十八中学不及格人数占61%。7月间小学五年级算术统一考试，全市不及格人数占11.9%，其中老虎洞小学不及格人数占60%，大红门小学不及格的占50%。这种情况必须采取积极有效办法加以改变，努力做到百分之百的学生都合乎国家所需要的规格。为此，所有学校应在现有基础上努力提高教学质量，达到这一要求，特别是有些学校的学生入学成绩较高，例如在80分以上，条件很好，更应该以最高的标准要求自己，而不应该骄傲自满，停滞不前。相反，应当做更大的努力，大力提高学生的成绩，带动其他学校共同前进。

其次，教育局和大部分学校过去是抓紧了提高教育质量这一工作的，今后应该进一步改进领导方法，密切注意发现和研究总结各校、各门功课，各个教师的先进经验，及时地予以介绍传播，给学校和教师以具体帮助，有效地提高教学水平。

中、小学教学参考资料的编写工作，在提高教育质量的工作中起了决定的作用。去年所编的资料，虽然有缺点，还是很受教师欢迎，今年又做了很大修改，字数达640万，比去年质量提高了，这是很大的成绩。今后还必须要求教师在教学实践中，随时提出意见，不断加以补充修正，提高质量，教师有了教学参考资料的帮助，还应当加强政治和业务学习，提高政治、业务水平，认真改进教学。

最后，我们必须坚决执行毛主席所指示的“三好”的方针，采取措施，有效地、适当地控制学生作业的适当分量，普遍展开体育活动，注意饮食卫生，保证他们有充分的睡眠时间。学校应该和学生的家庭密切配合，共同做好这四件事情，以保证学生的身体健康。还必须着重提出，学生必须用功学习，对学习采取敷衍态度是旧社会的二流子作风，是不能容许的，不能原谅的。对这种学生采取放任态度，虽然是没落阶级的思想，决不应听任其滋长蔓延，必须坚决反对。

学生课业负担问题，根据上学期的调查，70%以上学生的课业负担是不重的，初中一、二年级的功课反而较轻。但是有一部分学生干部、程度较差而努力争取进步的学生，以及大部分中学初三和高三毕业生负担是比较重的。解决的办法是适当减轻学生干部的过重负担，按可能条件，注意初一、二主要课程的教学，使学生在低年级时打好基础，这样便可以相对地减轻初三以上学生的课业负担。针对不同情况采取有效的办法，问题是可以解决的。

一年的工作证明了提高教育质量的决议是正确的，也证明了有些人对这一决议怀疑、动摇是错误的。只要我们不骄傲自满，只要我们继续努力，我们的教育工作一定能够做得更好，一定可以朝着最高的标准前进！

（原载《北京市重要文献选编》，第7册，
北京，中国档案出版社，2003）

关于发掘明长陵的请示报告
（1955年10月3日）

政务院：

在社会主义建设取得伟大成就的今天，我们的文化事业也得到了飞快发展。为进一步加强和繁荣社会主义文化事业，我们请求对十三陵中的明朝统治者朱棣的长陵进行发掘。

封建统治阶级的帝王，死后陵墓中都有大量的殉葬品。朱棣是明朝开国皇帝朱元璋的儿子，他在世时迁都北京，是十三陵的首陵，殉葬品可能比其他陵墓更多些。通过对长陵的发掘，以活生生的事例与实物，进行历史探索，并利用这些器物，进一步开展对明朝政治、经济、军事、文化等史实的研究，更好地为社会主义的建设服务。

陵墓发掘后，就原址建立博物馆，将出土器物整理陈列。以伟大领袖毛主席提出的“古为今用”的方针，向广大人民群众进行阶级教育，进一步认清封建统治阶级的反动丑恶面目，加强对伟大社会主义祖国的热爱，同时，也增加首都人民群众的文化生活内容。

当否，请批示。

郭沫若、沈雁冰、吴　晗
邓　拓、范文澜、张　苏
1955年10月3日

同意发掘。

周恩来

关于发掘明长陵上书林枫主任并报周总理的请示报告*

（1955 年 10 月 14 日）

林枫主任并报

总理：

明十三陵的长陵、永陵、景陵已经修复了。

长陵规模甚大，因而建筑也最为完整。从过去几年北京西郊青龙桥附近（明代名金山，是妃嫔王子的丛葬区）发现的明正德、万历妃嫔墓的情况（地下五间大殿，厚石壁、青琉璃瓦的建筑）推断，长陵的地下宫殿规模的宏大，是可想而知的。

埋藏在地下的宫殿，今天如能使其重见天日，开放为地下博物馆，安装电灯，供人瞻仰，不但可以丰富历史知识，也将使这个古代帝王陵墓成为具有世界意义的名胜。

就历史文物说，长陵没有被盗掘的记录，如果明成祖的骨殖及殉葬物全部都被保存，对明初史事的研究将有极大贡献。即使曾被盗掘，剩下的文物也一定不少，金山的明墓就是论据。甚至殉葬物全部被盗，宫殿必然如故，整理一下，也是研究过去帝王墓葬的最完整史料。

墓内的历史文物开发后照原来陈列式样就地保存，成为“长陵博物馆”。部分容易变质的文物可用科学方法保护，或者移交国家博

---

* 关于发掘明长陵、后改为发掘定陵的事，这是 1949 年新中国成立后，在北京地区发掘皇帝陵墓的一件大事，时任北京市人民政府副市长的吴晗先后起草了两份报告，并请郭沫若、沈雁冰、邓拓、范文澜、张苏签名报请周恩来总理，很快就得到周总理的批准。今将两份报告一并收入《吴晗全集》，留作纪念。——编者注

物馆，而以仿制品放置原处。

清陵是模仿明陵修建的。清陵的地下结构图现在还保存在营造学社的刊物中，作为根据进行慎重发掘，估计不会有太大困难。

因此，我们建议开发长陵地下宫殿，由科学院和文化部组织人力，进行工作。

是否可以，请
指示。

郭沫若、沈雁冰、吴　晗
邓　拓、范文澜、张　苏
1955年10月14日

原则同意。责成北京市人民委员会协同科学院、文化部指定专人议定开发计划送批。

周恩来
11月3日

关于北京市街道工作情况*

（1955 年 11 月 18 日）

我简单介绍一下北京市街道工作情况。

几年来，各方面为了在街道居民中进行各种工作，曾先后在街道上建立了各种群众性组织。这种群众性组织很多，在一个公安派出所管界里往往有 20 多种，少的也有十几种。如房屋修缮委员会、卫生委员会、社会救济优抚委员会、文教委员会、中苏友协街道分会、红十字会街道支会、治安保卫委员会以及其他一些群众组织。这些组织在政府有关部门指导下给居民群众办了不少事情，在发动群众进行各项中心工作中起了不少作用。但也有缺点，组织太多了，领导不统一，造成街道工作的混乱现象。一方面给群众增加了很多不必要的麻烦，同时也使得街道积极分子负担过重，往往市民家里这个积极分子没有出去，那个积极分子又来了，因此这种方式必须加以改变。从去年夏天开始，我们在各个区建立了街道办事处，在建立街道办事处的同时，根据《城市居民委员会组织条例》的规定，分别在城、郊区 142 个街道办事处管界之内，建立了 1 001 个居民自治性的组织——居民委员会，这样就把过去那种组织繁多的情况改变过来，统一了街道组织，进行街道工作。

每一个街道居民委员会的范围大小不等，一般是三四百户，一两千人，居民委员会下分设若干小组，有的 7 个小组，多的到 17 个小组，每个小组一般三四十户。居民委员会有主任 1 人，副主任 2 至 3 人，居民委员 7 至 17 人，这些委员都兼任居民小组长。此外，

* 这是北京市副市长吴晗在全国人民代表大会代表和中国人民政治协商会议全国委员会委员在京视察工作座谈会上的讲话。

他们还分工负责一些具体工作。例如街道卫生工作、调解工作、修房工作、社会救济工作、优抚工作、保卫工作等。

在居民委员会下，有的专门设立了治安保卫委员会，有的设立了调解委员会。

居民委员会是由居民用民主选举方法产生的，从去年夏天到现在已经陆续建立，经过居民选举，把过去的积极分子中一些坏人和作风很恶劣的都选掉了。现在街道积极分子中主要成分是职工和干部家属、独立劳动者以及其他阶层的妇女和老年人。

居民委员会的建立，使我们的街道工作改进不少。建立居民委员会以后，除了少数必要的群众组织继续保留外，其他组织都取消了，把这些工作都统一在居民委员会中进行。经过这样改革，街道居民中的领导多头、会议重复、工作重叠、积极分子兼职过多、积极不起、群众不胜其烦等问题都基本解决了。另一方面，因为居民委员会范围比较小，因而也就便于联系和了解，彼此互相熟悉，居民委员会委员、小组长也便于反映群众的要求和意见。有了统一领导以后，各项工作也容易结合了。因为居民委员到居民的家里就可以把所有的事情一次交代，这样不但减少了积极分子工作负担，而且基本上扭转和克服了过去街道工作中的混乱现象。

居民委员会是群众性、自治性的组织，这种组织形式对于群众是比较方便的，对于街道工作也是有利的。通过居民委员会把居民按地区普遍组织起来，对于发动街道群众来执行政府的政策法令十分有利；在居民群众当中宣传贯彻各项中心工作和政策法令都比以前更广泛更深入了。例如这次粮食工作就是通过居民委员会进行的。

居民委员会根据一条原则，就是大家的事情大家办。不少居民委员会根据当地居民要求，组织大家互相帮助修路、修建厕所、修缮危险房屋、修建渗水井、改善环境卫生、办读报组等。居民委员会还经常向居民进行互相团结的教育，解决了群众之间不少纠纷。在街道上有许多积极分子工作很努力，有很多动人的事例。各位代表、各位委员在街道视察时一定能够看到。

以上情况说明了从去年夏天到现在，居民委员会的工作是有成绩的。但是在街道工作中也还有不少缺点：主要的是居民委员会成立时间不长，从去年夏天才开始建立，因此居民委员会本身还缺乏切实可行的工作制度，同时干部和街道积极分子对于怎样利用这一新的组织进行工作也还缺少经验，区人民委员会对于街道工作的领导也还有缺点。这样，一方面虽然街道工作的混乱现象已经大大改进，但另一方面街道工作的忙乱现象还没有完全得到克服。另外街道积极分子的情况很复杂，虽然在建立居民委员会时，经过群众的民主选举已经清洗了一批有严重政治问题、历史不清楚和作风很恶劣的坏分子，但在目前来说，有些积极分子成分不纯、作风不好的情况还是严重的。也还有些街道积极分子有强迫命令作风，群众很不满意。此外，在工商业集中地区，例如前门区，有少数担任居民委员会委员的是工人和店员，常常因为街道工作而耽误了生产和工作。也还有一些居民委员搬了家，还没有来得及培养和发现新的积极分子来代替，这样也使工作受到一些影响，因此街道工作的缺点和问题还是很多的。

以上所介绍的只是街道工作中的简要情况，今后各位代表、各位委员在街道视察时，各区人民委员会再作具体介绍，希望大家对我们的街道工作多提意见和批评，以便帮助我们改进工作。

（原载《北京市重要文献选编》，第7册，
北京，中国档案出版社，2003）

密切联系群众，努力学习理论，充实组织生活，为建设社会主义而奋斗

——在中国民主同盟北京市代表大会上关于北京市支部第四届委员会的工作报告

(1956年5月12日)

一

民盟北京市第四届委员会是1953年4月全市盟员大会选举产生的，三年来，在本盟中央和中共北京市委的正确领导下，遵循本盟“积极参加国家文教建设为中心工作，着重教育以求巩固”的工作方针，“以中上层为主，巩固与发展相结合”的组织方针，“接受党政统一领导，充实和改进组织生活，密切联系群众”搞好盟务工作的三个关键，动员全体盟员参加了各项政治活动，投入了第一个五年计划的建设工作，为实现我国过渡时期总任务、建设社会主义而奋斗。

这三年来，市支部的工作是有一定成绩的。我们对于这些成绩，应做怎样的估计呢？

第一，配合党政的中心工作，起了党的助手作用。本盟七中全会所提出的盟必须接受党政统一领导的思想，已经普遍深入基层组织和盟员中，过去少数盟员“另搞一套”的想法基本上已经消除了。对党政各个时期的中心工作，如在学习苏联、教学改革、提高教学质量、开展科学研究、培养新生力量等中心工作上，一般都能结合盟的具体情况，及时配合，订出工作计划，保证完成。如北京大学区分部在进

行学术思想批判的科学研究工作方面，北京农业大学区分部在学习苏联、搞好团结工作方面，中国人民大学区分部在学习时事政策和及时贯彻学校中心任务方面，人民教育出版社区分部在按期完成编纂教科书的任务方面，燃料工业部区分部在帮助担任行政领导的盟员改进领导工作方面，都取得了一定的成绩，发挥了党的助手作用。

第二，盟员的社会主义觉悟和工作积极性有很大的提高。盟员一般都认识到必须不断地进行自我教育，努力把自己改造成为完全的社会主义知识分子，因此社会主义觉悟和工作积极性有很大的提高，政治成分有了显著的变化。许多同志提出了入党的要求，在这三年中，已有不少盟员光荣地加入了中国共产党。在业务方面，绝大多数同志都巩固了专业思想，感到岗位工作的光荣和个人责任的重大，深入钻研业务，积极工作，获得了较大的成绩。许多同志被评选为工作模范或先进工作者，得到了奖励和表扬。据不完全的统计，1955 年获得“先进工作者”称号和受奖励的盟员便有 90 人。广大盟员几年来积极从事创作和著述，在今年春节联欢会上展览的作品便有 600 件，这数目还只是盟员著作的一部分。现在，大家正满怀信心，不断提高业务水平，开展科学研究，培养新生力量，响应党的号召，努力向科学进军。

第三，结合业务进行思想工作，充实和改进了组织生活。1953 年起，我们从搞政治运动转到搞好岗位工作，在党统一领导下来完成中心任务，基层组织结合盟员的业务或针对他们的错误思想，进行必要的帮助或批判，从而提高了盟员的政治觉悟，改进了工作，保证了中心任务的完成。如北京大学哲学系盟小组帮助盟员批判黑格尔哲学的唯心主义思想体系，清华大学建筑系盟小组帮助盟员批判建筑学上的形式主义、复古主义思想，中央美术学院区分部帮助盟员统一工艺美术思想的认识、确定专业方向等，这些工作经验，都已总结起来，并予交流推广。随着结合业务进行政治思想教育工作的逐步深入，组织生活也比较充实了，不少基层组织创造了灵活多样的工作方式方法。在思想工作做得较好的基层组织中，有的盟员说：“我们从来没有开过一次缺乏内容的小组会。”盟员觉得组织的教育，对他们完成工作任务有很大的帮助。

第四，整顿和扩大了盟组织的队伍。我们贯彻本盟七中全会“文教为主、中上层为主”的方针，三年来共发展盟员162人，现在盟员总数共1 909人，其中中上层占69.2%，文教界占63%。基层组织也从三年前的58个发展到87个，其中文教单位占59.77%。盟组织的队伍比过去扩大了。另一方面在历次的政治运动中，特别是“肃反”运动以后，我们清洗了混进盟里来的反革命分子及坏分子共23人，整顿了盟的组织，纯洁了盟的队伍，并大大地提高了全体盟员的政治警惕性。

第五，加强了盟内的民主生活，改进了各级领导工作。盟员基本上已按照生产单位编入一定的基层组织，过着比较正常的组织生活。对少数同志，则以个别联系方式和所属的基层组织或市支部保持联系。各区分部和小组在盟员群众讨论的基础上，订出每学期或年度的与季度的工作计划，一般能按照计划过组织生活，进行盟的工作，并按期进行检查和总结。有的还和出差的盟员建立了书面联系制度，使在外地的北京盟员，仍能得到盟的关怀和帮助。区委员会定期举行会议研究讨论工作。人数较多的区分部，还订出了区委联系小组的制度，加强了区分部对小组的具体领导。各基层组织一般都按照盟章的规定，定期进行民主改选，经过充分协商，把各项运动和工作中的积极分子和一些代表性较大的同志、特别是中上层积极分子，选举到各级领导机关中去，进一步增强了各级组织的领导力量。他们大多数都不辜负同志们的信任，认真贯彻党的政策，密切联系群众，勤勤恳恳、任劳任怨地积极从事盟务工作。这些积极分子是盟的骨干力量，受到了广大盟员的支持和尊重。

市支部委员会会议和每周一次的各部、会、处负责人联合办公制度，几年来一直坚持没有间断。各部、会、处都能按年度和季度订出工作并检查和总结工作。根据“深入基层，培养典型”的工作方法，市支部帮助基层组织，总结了一些工作经验，并加以推广。对干部的使用也采取“集中使用，包干负责”的办法，加强了下组的力量。

这样，盟内的民主生活比过去加强了，各级组织的领导也有了改进。

二

为了继续努力完成国家过渡时期总任务，反对国内外敌人，加速社会主义社会的建成，我们的人民民主统一战线今后必须继续巩固和扩大，我们要团结一切可以团结的力量，为共同的目标而奋斗。解放以来知识分子中的绝大部分都在政治、社会地位上起了变化，成为工人阶级的一部分。但是，他们在政治社会地位上的变化和他们的立场、观点之间仍有着矛盾，这个矛盾实质上也就是阶级矛盾的一种反映。因此，知识分子还必须努力进行思想改造，通过教育与学习的方法，努力改造成为完全的社会主义知识分子。我们民主同盟是以知识分子为其成员的人民民主统一战线中的一个民主党派，它的主要任务是在党的领导下贯彻党对知识分子的团结教育改造的政策，扩大团结面，加强对知识分子的政治思想教育工作，发挥盟应有的组织作用，成为党的有力助手。但是市支部委员会的政治思想领导还很薄弱，在团结和教育的工作中长期地存在着比较严重的缺点：

一方面，有些盟员在团结工作上存在着脱离群众、特别是进步分子脱离中间、后进的倾向。我们还有这样的一些同志，以进步自居，看不起中间、后进分子，或者以改造别人的姿态出现；他们不愿和后进分子接近，怕沾边，怕受后进影响，怕因为反映后进群众的意见便被人认为是后进分子的代表；他们怕麻烦，强调太忙，认为后进分子的工作不好做，多一事不如少一事。有的同志认为要发展进步的同志，现在的工作已做不了，如果还发展后进分子，更会增加麻烦。例如：有些学术上有成就的高级知识分子要求进步，已申请入盟，但是有的同志认为他们思想作风上有毛病，拖延两三年还未吸收。市支部的领导同志和有些基层的领导同志联系群众也很不够，很少深入了解群众的意见和要求。在盟内对待思想较后进或那些作风不好受过批评的同志也关心不够，把他们作为“包袱”，采取冷淡的态度。

这是错误和有害的思想。我们必须认识社会主义事业是我们全国人民共同的事业，必须加强人民民主统一战线，团结一切可以团结的力量，以先进带后进，共同提高，共求进步。这样，社会主义事业的胜利才更有保证。民盟是人民民主统一战线中的一个民主党派，帮助后进的同志和群众一起进步，更是盟的重要的政治任务。我们必须认识到，在联系群众、帮助别人的过程中，也会得到别人的帮助，也会在群众的督促和帮助下提高。因为，在社会主义革命的高潮中，知识分子在迅速地变化，如果我们只强调某些人的缺点而对他们的优点和进步要求估计不足，是不符合实际的，是片面的。我们必须克服这种思想，加强团结，共求进步，才能更好地发挥民盟在统一战线中党的助手的作用。

另一方面，我们在思想教育上对一些盟员的缺点和错误，采取了放任和迁就的态度，没有认真地开展批评与自我批评。

几年来，绝大部分盟员在党与盟的教育下有了很大的进步，但是，有些盟员在政治认识、学术思想上仍存在着很多问题。例如：留恋资本主义文化，不积极学习苏联，不努力学习马克思列宁主义；轻视劳动和劳动人民，不愿意同工农干部接近；对新生力量的生长重视不够，妄自尊大；看问题从个人利益出发，不能够很好地接受领导和批评，在同行中间制造纠纷和对立等等。这些错误在盟内往往没有得到及时地纠正。有些基层组织和盟员对同志的缺点和思想问题不采取同志般的关怀态度，积极进行帮助，虽然口头上也承认应该对这些同志进行工作，但实际上却顾虑重重，强调困难，考虑个人得失，怕搞坏关系，怕对方报复，怕别人揭发自己的缺点，不敢和错误的思想、行为展开斗争；因此一团和气，迁就妥协，放弃思想斗争，使盟的组织内部缺乏生气，不能增强团结，使革命工作受到损失。

盟的主要任务就是要帮助盟员和盟所联系的群众进行思想改造，提高社会主义觉悟，发挥潜力，搞好工作，积极为社会主义事业服务。我们对盟员的缺点，不应采取自由主义的迁就态度，应该把这些缺点作为自己的缺点，经常关心，积极帮助。对群众的缺点也应当采取同样的态度。今天，广大的知识分子一般都要求进步，只要我们抱着诚恳关怀的态度，根据具体情况采取各种灵活多样的方式，用以理服人的方法进行批评与自我批评，耐心地进行工作，是可能帮助他们进步，同时也帮助我们自己进步的。

在克服脱离群众倾向和反对迁就放任这两方面工作中，市支部委员会没有在思想上给予足够的重视，也没有对某些基层组织及时地指出他们工作中的这种缺点，存在着“领导落后于群众，思想落后于实际”的状况。支部委员会的政治思想领导薄弱，深入群众、听取群众的意见和要求也做得很不够，因此，工作缺乏计划性和预见性，事务主义和形式主义的工作作风相当严重。对基层组织的领导往往停留在一般化的号召和指示，缺乏调查研究和重点深入地进行工作，具体领导就做不好。例如：在高级知识分子问题提出以前，支部委员会也多少掌握了有关“六不”问题的反映，但既没有深入调查，又没有分析研究问题的原因和实质，更谈不到具体地帮助解决。对基层组织的工作计划或总结，我们也往往分析研究得不够，因而难于提出具体的意见。此外，交流经验的工作还做得不很好，《北京盟讯》的思想指导作用还未充分发挥。同志们批评我们“发指示多，具体帮助少”是正确的。今后，我们必须重视和抓紧对实际情况的分析研究，深入重点地工作，才能提高我们对基层组织的政治思想领导。

三

北京盟应该在现有工作的基础上，根据本盟第二次全国代表大会所规定的“发挥潜力，提高觉悟，加强团结，联系群众”四项主要任务，积极地、创造性地进行工作，继续在知识分子，特别是文教界的高级知识分子中，贯彻党对知识分子团结、教育、改造的政策。我们应该采取以下几项措施：

（一）密切联系群众，扩大团结面，克服进步分子脱离中间、后进的倾向。

我们既要联系进步的群众，又要更多地注意联系中间、后进群众，还要注意联系社会知识分子。盟员应根据工作需要和个人的具体情况，选择最宜于自己联系的一些人作为联系对象，在盟的全面规划和领导下进行工作。反对为完成某项任务突击式地联系群众的做法。必须在日常工作与生活中经常和群众打成一片，诚恳地、虚心地、亲切地根据不同的情况和不同的对象，灵活多样地和群众交朋友、串联、谈心，或邀请他们参加盟的一些组织生活和各项活动，协调关系，互相启发，彼此帮助。这样既可丰富我们的组织生活内容，又可把盟的工作放在群众的监督和帮助之下，推动我们不断前进，也可以使群众对盟的性质和任务有进一步的认识。

我们要进一步加强盟员之间的团结，彼此多关心，多接触，互相了解，互相帮助，建立深厚的同志的感情。各级领导干部要充分重视联系群众的工作，直接地、经常地和盟员同志及盟外群众保持密切的联系。

市委员会和基层组织都要经常培养和总结搞好团结、带动群众的典型经验，切实交流推广。

（二）加强政治思想教育工作。

首先，要推动盟员在自愿的原则下，积极参加系统的马克思列宁主义理论学习，着重联系业务、联系思想。要求在五年至七年内学完业余政治学校规定的基础课程。

我们的盟员绝大部分都是学校和国家机关的工作人员，一般都参加所在单位的理论学习，盟内不应另做布置。但是，这并不等于说学习方面便无事可做了。盟应帮助盟员在本单位学习总计划下，拟定个人的学习计划，并且加以督促和检查，推动盟员在群众中起积极带头作用。但是，应根据不同的情况提出不同的要求，采取不同的方式方法，进行具体有效的帮助。例如：对于未参加业余政治学校的成员，可帮助他们搞好自学，并在自愿的基础上组织讨论、交流自学心得和体会等。同时，盟和各级组织应该关心盟员所联系的群众的学习情况，了解他们对学习的意见、要求和困难，及时地反映给党政领导，并协助党政领导设法解决。盟也应该提高他们的学习热忱，端正学习态度，交流学习方法，并着重注意帮助他们做到理论联系实际。

在时事政策和盟务等学习方面，盟也应该给盟员以切实的帮助。

其次，推动盟员积极参加宣传唯物主义和批判资产阶级唯心主义思想的斗争，督促他们订出写学术批判文章或专题研究的具体计划。本盟第二次全国代表大会的盟务报告中指出："学术思想批判是联系思想，学习马克思列宁主义的重要方法，也是当前思想改造和教学改革的中心工作。"又说："今后盟应该动员和督促盟员，并带动群众，参加学校和机关中所组织的学术思想批判，盟应该帮助盟员解除思想顾虑，养成自由讨论风气，和掌握批评与自我批评武器。"我们应该切实遵循。盟员在学术讨论中要彻底放开，自由辩论，有的放矢，以理服人。方式上要灵活多样化，和风细雨，最后达到改正错误、加强团结的目的。对在学术批判和科学研究工作上有成绩的盟员，应给予鼓励和表扬。对盟员在科学进军中所发生的思想偏向，如有些教师不愿搞教学工作，有些研究社会科学的同志对科学研究的信心不大等，都应及时纠正。

再次，具体贯彻知识分子与工农相结合的方针，鼓励和推动盟员积极参加各项政治运动和社会活动。组织盟员有计划地、分期分批地到工厂、矿山、农业合作社和各种建设工程去参观、访问、体验生活，以丰富感性知识，使大家对于社会主义建设的伟大远景，有进一步的认识。此外，还可以通过邀请劳动模范和先进人物做报告等方式，从而不断地提高盟员的社会主义觉悟。

（三）充实和改进组织生活内容。

搞好组织生活的主要问题，是善于结合业务进行政治思想教育工作，也就是说善于具体地运用政治与业务相结合的方针。目前，还有不少基层组织的组织生活流于一般化，内容贫乏，还不能发挥应有的作用。原因各有不同，有的由于区委或小组长不够认真负责；

有的由于工作上缺少办法；有的由于盟员政治责任感不强，缺乏共同搞好组织生活的观念；但是最主要的原因，就是不善于贯彻这一方针，结合业务一般化，因此，使盟员觉得组织生活和工会、教研组没有多大区别，感到内容重复，收获不大。我们认为，所谓结合中心任务，不是一般的结合，首先必须从每个时期盟员的具体问题和要求出发，从盟员在业务中的具体思想情况出发，给以切实有效的帮助，这样才能达到提高思想，改进工作，保证完成中心任务的目的。上面曾经提到，对错误的思想和行为采取迁就放任的态度是不对的。对于业务上原则性的错误（如学术思想问题）展开斗争就是结合业务进行政治思想教育的一种方式，它可以使组织内容充实，生气勃勃。

过去组织生活内容不够充实、不够活泼的另一个原因，就是盟组织对于盟员和群众在工作、学习和生活中所遇到的实际困难和具体要求，很少加以注意和帮助；对于他们的正当利益和合理要求，没有及时向党政领导反映和建议，并协助解决。在这次对高级知识分子问题的调查工作中，我们发现了盟员和盟所联系的群众对工作和生活上的安排、待遇等方面是有意见的。我们没有进行深入、全面的了解，也没有很好地分析、研究，往往主观地作为思想问题处理，这样自然不容易使问题获得圆满的解决，因而组织生活的内容也陷于贫乏与一般化。这个缺点今后必须克服。

关于盟务活动的时间，有人提出："既然要保证六分之五的业务和科学研究的时间，盟的工作便应该减少了。"也有的人问："盟的活动究竟在六分之一的时间中占多少？"我们认为这样的提法是不恰当的，因为，在具体地时间安排上，盟务活动固然不允许过多，但是作为一个盟员我们也不应把盟的工作和业务对立起来，盟的工作就是为了保证盟员搞好业务，结合业务来进行的，它与"六分之五"是密不可分的。把政治贯串在业务之中，随时会有盟务工作、政治工作可做，不会成为"开会有盟，会后无盟"。当然，在另一方面，我们还应注意改进工作方式方法，精简会议，提高盟务工作和组织生活的质量，便盟员能以较少的盟务活动时间得到较大的思想收获。

我们要搞好组织生活，就必须反对形式主义，做到全面掌握情况，注意选择重点，抓住主要环节，培养典型，方式灵活多样，会议准备充分。盟的组织生活应根据不同的情况采取不同的方式方法。除了正规的小组会外，还可以采取个别谈心、串联、访问、片儿会、互助会、小型谈心会、座谈会等小型活动，和参观、文娱联欢、报告会等活动形式，但是要以小组会为主。经验证明：小型活动更容易于思想见面，易于展开批评与自我批评，问题说明得更深更透，易于为一般同志所接受，同时也易于准备，是小组会的很好的辅助活动形式。盟的工作方法主要是教育的方法，也就是说服的方法，竞赛的方法，又鼓励、又批评与自我批评的方法，我们应该采取多样的方式，逐步深入开展批评与自我批评，加强政治思想教育工作。

（四）积极培养骨干，适当发展组织。

根据以中上层为主的方针，应着重培养中上层先进分子，通过他们去带动群众，同时应选拔基层中的骨干分子，到各级领导层来，加强对他们的政策教育，经常召开积极分子会议交流工作经验，加以表扬和奖励。

我们今后的组织工作方针仍然是巩固与发展相结合。巩固与发展是统一的，也就是说，我们积极开展盟的工作就是为了巩固组织，这就为发展创造了条件。但是我们不能片面地理解这个方针，我们既要纠正关门倾向，也要防止大发展的偏向。今后我们应该正确掌握巩固与发展相结合的方针，有重点地在学校、机关、团体中的高级知识分子以及社会知识分子中做出规划，根据需要与可能，有计划有步骤地发展组织。

我们必须贯彻从工作需要出发，在工作中发展组织的原则，不只要发展进步分子，更要从思想上重视对中间分子和有代表性的某些后进分子的工作。只要政治历史清楚、群众关系还好而本人有进步要求、自愿入盟，就应该认真地考虑吸收。

为了保证以上四项措施，首先必须改进支部委员会的领导方法和作风。支部委员会和基层组织都应当加强集体领导，充分发挥集体作用，要深入地全面地了解情况，多进行分析研究工作；深入一点，培养典型，及时总结和推广经验；领导人应深入基层和小组，与盟员进行经常接触，了解他们的工作、思想等情况，进行具体帮助；并应根据基层和小组的具体情况进行分析研究，加以具体领导。支部委员会和基层组织应做出全面规划和年度的工作计划，基层组织还应帮助小组制订计划，各级组织都要按期检查工作计划的执行情况，并及时以总结。《北京盟讯》的编辑工作必须改进，应该设立《盟讯》编辑委员会，加强这一工作。

四

中国共产党的领导是我们一切事业的核心力量。我们民盟一直是在党的领导下发展起来的。在党的领导下主动地创造性地进行工作，是进一步搞好盟务工作的主要关键。这三年来，北京盟组织着重地贯彻了本盟七中全会关于接受党政统一领导的方针，从而使我们的工作得到了进一步的发展，而基层组织中凡是主动争取党的领导的，都能发挥较大的作用。

由于贯彻本盟七中全会决议的结果，过去“分庭抗礼”、“另搞一套”等旧民主主义思想和做法已经被彻底批判了。今天“接受党的领导”、“发挥党的助手作用”已经成为全盟行动的根本原则。各基层组织都在各单位的党政领导下进行盟的活动；但是对于这个根本原则，有些同志的认识上和态度上还存在着若干问题，必须加以明确。

有的同志认为党能够领导政治是肯定的，但对党能否领导科学技术却表示怀疑。党能否领导科学技术呢？肯定是能够的，这是不容怀疑的。因为共产党是马克思列宁主义所武装起来的党，是以辩证唯物主义为其世界观的党。辩证唯物主义概括了革命实践和科学发展的成果，不断丰富和向前发展，必然能够指导而且实际上一直在指导着科学的发展方向，提供研究各门科学的正确方法。长期以来党所领导的军事政治的斗争，其内容便是一门伟大的科学。这几年来，我们社会主义建设事业各方面的飞跃发展，其中包括我们文教事业的伟大成就，便是在党的领导下完成的。谁也不能否认，这些伟大的成就唯有在中国共产党的正确领导下才能获得，科学技术工作当然不能例外。只有党才能为科学技术的发展确定正确的方向和道路，使科学不致走入歧途；只有党才能根据国家建设的需要，结合人民长远的利益和目前的利益，指出科学工作的方针、任务和伟大的奋斗目标，做出全面的规划并进行具体的领导；也只有在党的巨大的组织工作和在党的支持之下，做出适当的安排、组织、分工、配合、检查和督促，科学工作的进展才有切实的保证。因此我们不仅要在政治上接受党的领导，在科学技术和文化事业上也要诚心诚意地接受党的领导。

党的领导是科学文化事业发展的根本保证，但是党的领导并不意味着代替了一切具体的科学研究和专门的业务工作。党对科学文化事业的领导，主要在方向、方针、计划、安排等政策方面进行领导。没有政治领导，科学文化工作者就会迷失方向。因此，科学文化工作者必须在党的领导下充分发挥主动性和积极性，进行创造性的劳动。

党和政府对我们科学文化工作者的关怀和期望是深厚的，我们的任务是光荣而艰巨的。今天，随着社会主义建设事业的需要和党对科学文化事业的大力领导，已为我们科学文化工作开拓了前所未有的广阔的发展前途和提供了优良的工作条件。目前的问题是：我们科学文化的质和量都远远落后于客观形势的需要。因此，我们必须在党的领导下，加倍努力，发挥社会主义积极性和创造性，无保留地献出我们一切的力量，以实现党的伟大号召——“向科学进军”。

最后，在党的领导问题上，目前还存在着一个较大的偏向，那就是缺乏主动积极的精神，抱着单纯依赖的态度。有些基层组织和盟员只是消极被动地等待党的领导，不推不动，不交不做，或者事无大小都去问党，只会伸手要办法。这些同志的错误是片面地了解接受党的领导和民盟作为党的助手作用的意义。我们必须认清：作为党的助手，我们应当主动地争取党的领导，充分发挥我们的积极性和创造性，主动地进行工作。这就是说，我们要推动盟员和盟所联系的群众积极学习和贯彻党的各项政策，要深入体会政策的精神实质和领导的意图，结合我们的具体情况，主动地把它贯彻到我们的实际工作中去。另一方面，我们还要自下而上地向党反映盟员和群众的情况和要求，要分析研究情况，善于从实际工作中发现问题，提出我们的意见、建议和解决的办法。只有这样，我们才算尽到统一战线中的一个民主党派的责任，才能充分发挥党的助手的积极作用。也只有这样，才是我们接受党的领导的正确态度。

同志们，随着知识分子在社会主义建设事业中责任的加重，我们民盟的任务和工作也愈加重要和艰巨。让我们更紧密地团结起来，在本盟中央和中共北京市委会的正确领导下，更加主动地、创造性地进行工作，努力贯彻本盟第二次全国代表大会的各项决议，进一步巩固和扩大人民民主统一战线，团结一切可以团结的力量，为早日完成伟大的社会主义事业而奋斗。

（原载《中国民主同盟北京委员会重要文件选编》，1991）

中国人民政治协商会议北京市第一届委员会常务委员会工作报告*

（1956 年 12 月 25 日）

主席、各位委员：

我代表常务委员会向本届委员会第二次全体会议提出工作报告。

一

一年半以来，常务委员会根据中国人民政治协商会议章程和本会第一次全体会议的精神，主要进行了以下几项工作：

（一）政治协商工作。我们将政治协商作为一项重要的经常工作，曾就全国性的和本市范围内的有关国家政治生活和统一战线中的重要问题进行了协商。一年半以来，举行了十三次常务委员会议和一次大型座谈会（本会全体委员和北京市人民委员会委员参加），讨论协商了本市手工业、资本主义工商业的社会主义改造，肃清反革命分子，节约粮食，组织全市各界民主人士及工商业者进行政治学习，“百花齐放，百家争鸣”的政策，北京市第二届人民代表大会代表候选人名单，以及视察等方面的问题。此外，并讨论了农业生产合作社示范章程草案和汉语拼音方案草案等。

通过这些问题的协商和讨论，研究了国家的有关政策和有关工作情况，并反映了各方面的意见和要求，进一步密切了国家和人民

* 这是北京市政协副主席吴晗在北京市政协第一届委员会第二次全体会议上的报告。

的联系。例如去年上半年，本市粮食消耗和浪费情况相当严重，本会常委会即讨论这一问题，揭发了浪费现象，提出改进粮食供应工作的意见，协助政府推行了节约粮食的措施。当本市社会主义改造工作开始进入高潮时，本会常委与市人民委员会联合举行会议，讨论协商了全市手工业、资本主义工商业社会主义改造规划，对以后全市社会主义改造工作的展开和胜利完成起了一定的作用。关于汉语拼音方案的讨论，先后举行了常委会、报告会、座谈会共10次，收集了约200多条意见，送交有关方面参考。

（二）关于各工作组工作。经过广泛征求各委员的意见以后，在今年2月设立了文教、工商、民族宗教3个组。由于工作组工作的逐步开展，于9月以后，将文教组分为高等教育科学技术、教育、文化艺术、医药卫生等4个组，另又增加了社会联络工作组，本会委员自愿参加7个工作组的共有175人。各工作组自今年2月以来，先后举行了33次会议，参加座谈会的有本会委员和临时邀请的各界代表性人士共744人，讨论了手工业、商业、市政建设、如何向科学进军、民族、宗教、戏剧、教育、国画、医务等方面的问题。

今年7月以后，各工作组的座谈会注意到结合当前的实际情况和问题，因此能够反映各界较多的意见。例如7月至9月，各工作组就提出180多条意见。由于邀请参加座谈的各界人士，熟悉有关情况，具有专业知识，因而提出不少的实际问题和有益的建议。每次座谈，都邀请政府有关部门的负责同志参加，听取意见，解释政策。会后并将所有意见、建议整理转送有关部门参考。

工作组是开展政协日常工作的一个比较好的形式，通过工作组的活动，可以经常就各方面的工作和问题，进行协商，反映意见，提供建议，贯彻政策。今后，各工作组除举行座谈会外，还可以对一些比较重要的问题，进行专题调查研究，提供建议，供有关部门参考。工作组成员，除本会委员外，拟邀请各界代表性人士和有关部门负责同志参加。工作组活动方式，可以灵活多样，如座谈、报告、参观、调查、访问等等。

（三）关于视察工作。从1955年下半年开始，本会委员参加在本市进行的视察，现已视察了 3 次，本会委员共有 389 人次参加。视察了本市工业、农业、商业、机关、学校、街道等方面的工作。通过视察，本会委员协助国家机关检查了各方面的工作，听取和反映了群众意见，起到一定的监督作用；同时，自己也在接触实际、联系群众中进行了自我教育。

（四）关于组织学习的工作。组织各界民主人士和工商业者在自愿的基础上进行政治学习和理论学习，以进行自我教育和自我改造，是人民民主统一战线的一项重要工作。本会常委会设立了学习委员会，统一领导了这一学习。

关于各界民主人士的学习，主要有以下三种：

（1）中国近代史讲座。今年 6 月开始，计划讲 8 讲，已讲完 4 讲。参加听讲的有 2 068 人，听讲后，自愿按各自系统进行讨论，共有 72 个小组进行了讨论。

（2）时事政策报告会。自去年 6 月到现在，共举行时事政策报告会 32 次，听众共计 3.8 万余人次。报告会内容，主要有国际时事，访苏、访印、访日、访埃的观感，华侨政策，“百花齐放，百家争鸣”的政策，民族政策，第一个五年计划等。

（3）结合学习组织参观。从去年 6 月起到现在，共组织去官厅水库及水电站、石景山钢铁厂、国棉二厂、新华印刷厂、北京农业机械厂等参观 16 次，组织参观展览会 9 次。

关于工商界学习。本会与市工商联、民建市分会和市人民委员会有关各局的负责人组成工商界学习委员会，负责工商业者的学习。主要有两种方式：（1）短期讲习班。以学习政治常识、企业改革基本知识和重要的时事政策为主，现已办完两期，有 4 800 人结业，第三期正在进行。（2）业余政治学习。主要学习历史唯物论、社会发展史，其次是学习企业改革基本知识及时事政策。参加的市、区工商业者共 9 916 人（其中市 1 439 人，区 8 477 人）。在工商界学习委员会指导下，设工商业者家属学习委员会（由市妇联、市工商联组成），组织工商业者家属 3 147 人学习政治常识和有关妇女彻底解放的基本知识。此外，工商业者经常听各项报告的约 1.4 万余人。综合上述，目前全市工商业者及其家属参加学习的共2.9万余人。经过学习，一般对社会发展趋势有了进一步的认识，更加坚定了走社会主义道路的信心和决心。

（五）关于联络工作和对社会人士的工作。本会经常和各委员、各民主党派、各人民团体、各界人士进行联系。和委员的联系，除通过会议、学习活动外，并采用了通讯、拜访、举行文娱活动等方式。在和各民主党派联系方面，各民主党派建立了两月一次座谈会的制度，就统一战线及共同性的问题进行协商，现已开过3次。今年2月，本会开始向社会上的中、上层社会人士进行联系工作，并进行了各种教育活动。由本会直接联系的有470余人，协助各民主党派联系了1 400余人，其中民革联系了1 000余人。各界社会人士，年龄较高，一般在60岁以上。解放后，他们参加社会活动和学习的机会较少，在国家社会主义建设事业突飞猛进的情况下，大多数人都要求学习，要求进步。经过联系、接触以后，都表示愿意为社会主义建设事业起积极的作用，参加学习，力求进步。

二

今年上半年，本市城区7个区，先后成立了中国人民政治协商会议区委员会。各区政协设立了学习委员会和工作组，开展了经常工作。东四、崇文等5个区政协都召开过四五次常务委员会议，西单、宣武等3个区政协并召开了第二次全体会议。各区政协对肃反工作、基层选举、区人民代表大会代表候选人名单等方面的问题进行了协商。除以上协商工作以外，各区并展开了日常活动。如西单区成立6个工作组，在今年6月至11月共举行座谈会25次，就人事安排、公私共事关系、小学教育等问题进行了讨论。东单举办了中国近代史讲座。前门区对社会人士300余人进行了联系工作。

三

各位委员，我们全市和全国人民在中国共产党领导下，已经取得了对农业、手工业、资本主义工商业社会主义改造的决定性的胜利。现在，北京市人民正在和全国人民一道，为着继续完成社会主义改造和社会主义建设，进行巨大的努力。为了更好地完成我们艰巨、伟大、光荣的任务，必须团结一切可能团结的力量，在中国共产党的领导下，继续巩固和扩大人民民主统一战线。人民民主统一战线的范围将愈来愈广泛。我们市政协是地方的政治协商的机关，是地方的统一战线的组织，它在全市统一战线工作和政治生活中起着重要的作用。因此我们应该加强市政协的工作。一年半以来，我们虽然做了不少工作，获得了一些成绩，但工作上的缺点还是很多的。为了适应今后工作的需要，我们认为市政协的工作应加强以下几个方面，现在提出，请各位委员考虑：

（一）进一步加强政治协商工作。过去常委会议协商本市工作还较少。今后，常委会议除了协商有关国内外的重要政策和措施以外，可考虑更多地协商本市工作和人民生活中的重要问题。在进行讨论协商时，各种不同的意见和要求应该充分反映出来。此外，要加强工作组的工作，因为有许多问题不可能都提到常委会议上详细讨论，有很多问题是可以由工作组深入细致讨论研究的。

（二）积极参加视察工作。视察是协助政府检查工作、联系群众、克服官僚主义的好办法。通过视察，能够丰富知识，接触实际，进行自我教育。但是，这一项工作还没有引起我们足够的重视。我们参加视察的人数，是逐次减少的：去年下半年参加视察的有 183 人，今年上半年减为 111 人，下半年更减少到 95 人。参加视察是我们的权利，也是我们的义务。各位委员除了年高体弱、工作过忙的以外，尽可能挤出一些时间来参加视察，对工作、对我们都是必要的。

（三）提高学习工作质量。本会组织的报告会，今后应该增加有关本市各方面工作的内容。如请本市各方面负责同志做一些有关各方面工作情况的报告，这样不但可以多了解一些全市各方面的工作情况，也可以使大家多接触一些实际生活方面的问题。在经常学习方面，可以根据各界的要求和可能，组织理论学习。工商界短期讲习班，在教学和辅导方面需要进一步加强。在组织学习中，继续贯彻自愿、自觉、自由的原则，即参加学习与否、采用何种学习方法，由各人自己决定；通过自觉的努力，提高思想认识；自由思考，自由辩论。这样学习的效果，可能更好一些。

各位委员，我们市政协和 7 个区政协的委员共有 1 000 余人，这是北京市统一战线工作中一支很大的力量。它有中国共产党的坚强领导，它包括各个方面的代表性人士，并且团结了各界群众。如果我们都来把政协工作做好，对全市统一战线工作和各方面的工作，将会起很大的推动作用。为了祖国的社会主义建设事业，为了全市各方面工作的开展，我们大家应加倍努力，共同奋斗。

请各位委员指正。

（原载《北京市重要文献选编》，第 8 册，北京，中国档案出版社，2003）

关于北京市教育、卫生、文化工作的报告*

（1957 年 7 月 24 日）

各位代表：

我现在代表北京市人民委员会报告本市的教育、卫生和文化工作，请大会审查。

首先我谈谈本市的教育工作。

解放以后，本市中小学教育有很大的发展，目前本市已有小学 1 245所，学生 42 万人。城区的及龄儿童差不多全部上了小学，郊区及龄儿童入学的也达到 80%以上。现有中学 114 所，附设在小学的中学班 46 处，学生 14.8 万人。和 1949 年相比，小学学生增长了 2 倍，初中学生增长了 3 倍，高中学生增长了一倍半。为了加强校外的辅导工作，还陆续建立了一些少年之家、儿童图书馆等校外教育机构。

为了完成历年的发展任务，我们做了很大的努力。解放以来，新建中学 69 所，小学 62 所，不少学校还进行了扩建。解放后增建的校舍面积相当全部旧有校舍的一倍半。同时采用了大量开办二部制班的办法，在原有的校舍和设备基础上，多吸收了 15 万学生入学。目前初小二部制班占总班数的 66.23%（城区占 93.8%），初中二部制班占总班数的 48.94%。

在中小学教育的发展中，贯彻了为劳动人民服务的方针。为了使工农子女获得受教育的机会，对贫苦学生给免除杂费，并发给人

---

* 这是北京市副市长吴晗在北京市第二届人民代表大会第二次会议上的报告。

民助学金。着重在过去缺少学校的地区兴建学校，已根本改变了学校分布不平衡的状况。几年来，学生成分已经起了显著的变化，由于小学教育的发展，工人、农民的子弟都得到了受教育的机会，在中学学生中，工农子弟的比重也不断增加。

这些都说明，解放后中小学教育的发展不是很慢，而是很快的。也只有在工人阶级领导的国家里，在社会主义制度下，教育事业才可能这样迅速地发展。但有些人却认为中小学的发展还太少，有些右派分子大喊大叫：1957年是全面冒退了；中小学毕业生不能全部升学，是因为我们犯了错误，把教育工作搞糟了。这些论调是完全不符合事实的。1957年是不是冒退了呢？今年暑假本市小学计划招生9.66万人，初中招生4.93万人，高中和师范招生11 970人。按照这个计划，暑假后在学的小学学生将比1956年增加5万人，初中学生将增加2.1万多人，高中学生将增加2 000多人，根本不是什么冒退。但是，由于今年中小学毕业生人数比往年多，不能升入初中的高小毕业生仍将有1万多人，不能升入高中和中等专业学校的初中毕业生将有1.6万多人。

中小学能不能发展得更快一些，使中小学毕业生都能升学呢？我们认为这是做不到的。文化教育事业是服从并服务于经济基础的，它的发展必须取决于经济建设的需要及其所提供的可能条件。再多发展，不仅财力、物力达不到，师资来源也成问题。勉强发展，对国家建设和教育事业本身都是不利的。要求每个公民都上中学和上大学，不仅在目前，即使在今后相当长的时间内都是不可能做到的。

有部分高小和初中毕业生不能升学，而去参加生产劳动，是正常的现象，还是不正常的现象？是好事情，还是坏事情？

最近几年，为了适应国家对于建设人才的迫切需要，本市高等学校和中等学校招生比较多，因此，高中毕业生几乎全部升入大学，中小学毕业生的升学比例也很大。这种现象是暂时的和不正常的。今后中小学毕业生愈来愈多，一方面，将一年比一年有更多的中小学毕业生升学；另一方面又将一年比一年有更多的中小学毕业生应该参加生产或准备参加生产。这是今后长时期内存在的现象，也是正常的现象。这表明劳动者的文化程度正在逐渐提高，这对国家、对人民，都是好事情，而不是坏事情。右派分子所说的“搞糟了”、“犯了错误”，完全是一种恶意的歪曲和污蔑。

社会主义教育的根本目的就是为了培养有社会主义觉悟的、有文化的、身体健康的劳动者。无论小学、中学还是大学学生离开学校以后都要参加生产，成为劳动者。他们只是在文化程度和所从事的具体劳动上有些不同，而没有任何根本的差异。本来普通教育就有两重任务：一方面要培养大批的具有一定文化程度的劳动后备力量，一方面也要为高一级的学校培养合格的新生。有人认为初中毕业后再去参加体力劳动、去种地是浪费，这种意见是完全错误的。在农业合作化以后，必须有一部分具有一定文化程度的劳动力参加到农业合作社中去，这正是把我国的落后的农业改变为先进的农业所必需的。那种认为毕业后不能继续升学就叫失学、就没有前途的看法，是不正确的。

由于社会上还存在着“万般皆下品，唯有读书高”，“学而优则仕”的剥削阶级思想的残余，加以过去我们对于普通教育的任务向学生、向社会宣传得不够，劳动教育进行得也不够经常，这就造成不少学生毕业后不愿意参加工农业生产劳动的不健康现象。我们应该纠正过去工作中的缺点，注意教育学生把参加工农业生产劳动看做光荣的事情，同时还要依靠社会各方面的力量，分别情况，对于不能升学的毕业生加以统筹安排。动员家在农村的未能升学的初中、高小毕业生回乡生产，对一部分家在城市的毕业生也应该创造条件，使他们有参加农业生产的机会。就全国来说，能够容纳大量劳动力的是农村，所以，参加农业生产就成为安排中小学毕业生的主要方向，能在城市就业的只是极少的一部分人。此外还应当采取多种方式，动员各种社会力量，帮助不能升学而暂时又没有机会参加生产的学生进行自学，准备将来升学或参加生产。我们相信，广大的学生及其家长，在认识到社会主义教育的性质，了解到中小学毕业生不能全部升学的现象是一种正常现象以后，是会以正确的态度对待自己或自己子女的升学问题的。但是，右派分子却利用群众不了解全面情况和对发展教育事业的过高要求，来挑拨群众对党和政府的不满，这是我们绝对不能容许的。

我们的教育改革是有成绩，还是没有成绩？教育质量提高了，还是没有提高？学校是办好了，还是办坏了？

我们的回答是：教育改革有很大的成绩；教育质量在不断提高；学校不是办坏了，和过去比较，事实是好得多了。

解放以来，我们对中小学的教育制度、教育内容和教学方法，进行了一系列的改革，这是必须做的，我们必须把为剥削阶级服务的旧教育改变成为为社会主义建设服务的新教育。

首先，我们明确了新教育的目的，多数教师对学生有了全面关怀的责任感。在教学内容方面一般地加强了思想性、科学性。绝大部分科目有了统一的教学大纲和教科书，规定了统一的教学要求，纠正了解放前“自由教学”的严重缺点；绝大部分教师认真备课、钻研教材，加强了教学的计划性。在教学方法方面，注意了使学生理解和巩固所学的知识，反对死记硬背和注入式的教学。教学内容和教学方法的改革对教育质量的提高起了很大的作用。

在思想政治教育方面，通过历次政治运动、政治课和各科教学、建立班主任制度和课外小组活动等一系列工作，使学生的思想品质和学校纪律有了很大的进步。共青团和少先队组织在思想政治教育上起了很大的作用。

在学校领导方面，注意了思想政治教育和教学研究工作，通过各科教学研究组的活动，逐步形成了教师集体，团结互助，树立了新的风气。

我们教师队伍虽然每年都在扩大，很多教师都是临时招聘或转业的人员，但是，由于他们大多数都积极热情地工作和努力学习，教育质量还是得到不断的提高。为了提高中小学教师的水平，组织了教师参加业余进修。目前参加各种业余学习的教师，中学约有4 000人，小学约有8 000人。

经过教育改革，学生成绩已有提高，特别是在1954年中共北京市委《关于提高北京市中小学教育质量的决定》和市第四届第四次各界人民代表会议《关于提高中小学教育质量的决议》发布后更为显著。中小学学生升级标准比以前严格，而留级生的数字却逐年下降，小学各年级留级生在全体学生中的比例，1954 年为 8.7%，1956 年降为 4.48%；初中留级生比例，1954 年为 5.78%，1956 年降为 2.2%；高中留级生比例，1954 年为 2.91%，1956 年降为 1.2%。新生入学的录取标准较前有所提高，1956 年中学录取新生的成绩都在 60 分以上。

学生的思想品质和学校的纪律也有很大的进步，劳动观点的教育也收到了一定成效。开展了群众性的体育活动，在多数中学推行了劳卫制，并且注意了改善学生伙食。学生的健康情况有所改善，体能和体质有所增强。

学校的数量在飞速发展，教育的内容也发生了根本的变化，一方面改变了过去学校的片面教育，使学生在德育、智育、体育各方面得到比较全面的发展；另一方面还改变了过去学校只重视培养少数学生忽视多数学生的情况，使绝大多数学生能获得较好的成绩。许多在解放前质量很差的私立中小学现在面目一新，而且逐年在不断进步，有的已成为全市先进的学校。

右派分子妄言我们学校办得一团糟，教育质量甚至不如解放前，是完全不符合事实的。他们企图否定我们的成绩，以此作为反党、反社会主义的借口，这种阴谋必须揭穿。

另一方面在我们的工作中也存在着不少缺点：在教育方针方面对于培养学生成为有文化的劳动者这一目的还不够明确；教学计划中有些课程安排得不尽合理；有些教材分量重、内容深，脱离实际；教学方法有些形式主义和教条主义的缺点，有些教师不能根据教学目的、内容、学生情况选择教学方法。在思想政治教育方面，近两年来忽视了过去在思想政治教育上的好的经验，减少了政治课的授课时数，对政治课重视不够，没有很好地将课内课外活动和社会政治运动相结合，也忽视了加强班主任和团队的配合。

至于谈到教育改革应该说不是做得太多，而是改革得还不够。今后必须进一步改革和加强教育教学工作。大力加强思想政治教育，有计划地加强生产劳动教育，培养劳动习惯和技能。暑假后中学各年级将普遍增设政治课，郊区小学高年级和初中三年级增设农业生产实习课；改进教学方法，贯彻理论联系实际的基本原则；采取切实有效的措施，积极地贯彻关于在普通教育中“培养有社会主义觉悟的、有文化的、身体健康的劳动者”的方针。

有人说：中小学教师的工作累、生活苦、社会地位低；有些右派分子甚至还说不如国民党统治时期，进而提出了所谓要为中小学教师请命的谬论。他们戴着一副“同情”和“爱护”中小学教师的假面具，企图煽动教师对党和政府的不满。但事实是不是像他们所说的那样呢？在座代表中的教师们和所有的教师除右派以外，都可以用事实来驳倒他们。

解放后中小学教师的生活待遇改善了，解放以来在中小学里进行了四次工资调整，目前中小学教职员的实际工资比起解放前国民党统治时期都提高了，而且中小学的全体教职员都享受了公费医疗、福利补助和产病假照发工资等福利待遇。解放前中小学教师那种生活困难、职业无保障的悲惨景象已经一去不复返了。所谓中小学教师生活没有改善的论调是完全不合事实的。

中小学教师的社会地位，解放以后也有很大的提高，譬如在本市的各级人民代表大会和市、区人民委员会中差不多都有中小学教师被选为代表或委员。1956年，选出的北京市劳动模范中就有中小学教师27人，这种地位和荣誉难道是在旧社会的中小学教师所能得到的吗？当然，目前社会上还有些人轻视中小学教师，但这只是少数人，绝不能说党和政府以及广大的群众是不尊重教师的。

目前中小学教师的工作确实比较忙，这是因为解放后中小学有了很大的发展，增加了大批的新教师。譬如小学教师在解放初期只有2 465人，现在已达到11 102人，增加了四倍多，他们在工作中需要边学边教，在学习方面要花去很大精力，同时由于社会主义建设事业的需要，对教师的工作，也就要求比较严格，除教好功课以外，还要求他们进行课外辅导，对学生全面负责。我们认为为了建设社会主义，教师们付出辛勤的劳动，紧张地工作，全心全意为人民服务，这正是人民教师的一种光荣。如果以为在社会主义社会中，可以游手好闲，不劳而获，或者少劳多获，那是一种可耻的剥削阶级思想。当然，由于我们工作中还有许多缺点，工作安排得不够好，造成教师一些不必要的忙乱现象，这些是应该加以克服的。

最后，谈谈关于中小学教师思想改造的问题。解放以来，教师们经过历次的社会运动，特别是思想改造运动以后，多数教师的政治觉悟和工作积极性有很大提高，正是在这个基础上才获得上面所提到的成绩。因而所谓知识分子的思想改造是不必要的说法是没有根据的。我们认为教师的思想改造工作做得还很不够，在向学生进行劳动教育的过程中就暴露出我们有不少教师自己还缺乏正确的劳动观点，在这次反右派的大风浪中也还有些人立场模糊，是非不明，这就说明我们教师的思想改造不仅不能削弱，而且必须加强。另外，在教师的队伍中，还有一部分思想政治和道德品质都很恶劣，并且还有一部分右派分子，经常在师生中散布毒素，这又说明教师的队伍必须整顿，才能办好社会主义的教育事业。

在教育工作中，另外一个重要的部分就是工农业余教育，这是解放后才建立的新事业，两年来也有很大的发展。1955、1956 两年共扫除文盲 7 万余人，业余高小毕业约 2 万人，业余初中毕业约 600 人，有些企业单位和少数村庄，已基本上扫除了文盲；大多数文化水平不及初中程度的职工，都参加了业余中小学学习。参加扫盲学习的人数一年来大体保持在 20 万人左右，大大超过往年的规模。业余中小学也逐步走上了正常轨道，目前参加学习的近 20 万人。广大工农群众文化学习的积极性非常高涨，他们认为只有在共产党领导下的新中国才有了学习文化的机会。他们说：解放后不只经济上、政治上翻了身，文化上也翻了身。工农群众学习文化后，对提高生产、改进工作以及参加各项政治活动，都起了积极的作用。

但是，应该指出，业余教育是一项新的事业，在工作中也还存在着一些缺点和问题。1956 年扫盲工作计划有些偏高偏急，在纠正的过程中，不少单位又出现了放任自流的现象。领导部门对扫盲工作时松时紧，或者只限于一般号召，没有积极领导充分发动群众，认真地开展群众性的学习活动。今后，必须实事求是地、积极地、广泛地发动群众，充分发挥群众的积极性和创造性，采取灵活多样的学习形式和学习方法，加强领导，妥善安排，密切和工会、共青团、妇联等有关方面的配合，发动更多的文盲参加学习，使扫盲运动经常持久地开展起来，并且要十分注意扫盲后的巩固工作。

业余中小学的教学质量虽有所提高，但质量差的现象仍相当普遍。主要是由于几年来业余中小学数量发展很快，师资不足，忽视成人教育的特点，课程不适合成人的需要，教材不切合实际。今后必须面向教学，加强教师进修工作和思想工作，按照业余教育的特点，修订教学计划，改进教学制度，重新编选教材，改进教学方法，并注意做好业余学校的组织工作，以提高业余教育的质量。

广大工农群众的业余时间不多，要使他们学得好，各机关、企业必须根据生产、工作的需要以及干部、职工的具体情况，对他们的政治、文化和技术学习予以统一安排。

其次，我谈谈卫生工作。

解放以来，本市的卫生事业有了很大的发展，并且基本上贯彻了“面向工农兵、预防为主、团结中西医、卫生工作与群众运动相结合”的方针，最近两年多以来，医疗卫生工作继续有所发展和提高。

解放后全市增加了8 215张病床，其中1955、1956两年中增加了2 653张。到1956年底，全市共有11 056张病床（不包括疗养床）。每1 000人口的病床数，1949年为1.4张，1956年增长到2.8张，增长了一倍。许多大型的新建医院，如儿童医院、同仁医院、积水潭医院等已投入使用。许多预防保健机构，如卫生防疫站、结核病保健所、妇幼保健所（站）等，基本上是解放后建立起来的，全市公立预防保健机构和基层医疗机构由1949年的282处，增加到1956年的671处。

由于医疗事业的普及、卫生防疫工作和爱国卫生运动继续开展，以及人民生活水平的提高，本市城区人口死亡率历年都有降低，1949年是14.1‰，1954年为7.7‰，1956年降低为6.7‰。

无论从医疗事业的发展来看，或从医疗卫生工作的效果来看，成绩都是很大的。

以下分别就医疗工作和预防保健工作的情况和存在的问题谈一谈。

在医疗工作方面，两年多以来，本市实行了分级分工医疗，已初步把各种医疗机构组织成为一个医疗网，建立了医疗机构间逐级的技术指导关系；发展和整顿了基层医疗机构，并对现有机构设置不平衡的情况作了初步调整。由于逐步调整医疗关系和提倡群众就近就医，基本上扭转了医疗机构忙闲不均现象，并已逐步开展了地段预防工作。

继续贯彻了团结中西医的政策，除建立了中医医院外，各医院普遍设立了中医部或中医科，组织西医学习中医。在城区对无照中医陆续进行检定。对私人举办的中医学习班，也进行了整顿。对一些骗人诈财的江湖医生，不论打着中医或西医的招牌都应该加以取缔。

由于社会主义改造高潮后享受劳保待遇的职工就增加了 18 万人，同时，城市人口增加很快，医疗力量的发展赶不上需要，大、中、小医疗机构普遍发生病人拥挤现象。虽然总的医疗水平是在逐步提高，但是有些医疗机构医疗任务过重，也影响了医疗质量的提高。

为了改善这种状况，除了认真贯彻预防为主的方针、减少发病率外，应该继续贯彻分级分工医疗。合理使用现有的医疗设备和医疗力量。对于公费医疗工作应当切实加强整顿和管理，减少浪费。分级分工医疗中的突出问题是基层机构医疗力量薄弱，同时，一个基层机构要为大约 3 万的居民服务，任务很重。为了首先满足居民的门诊要求，今后，必须加强基层机构和逐步增设门诊机构，对现有联合诊所要加强领导，并发挥开业医的作用。

在预防保健工作方面，解放后也有很大的发展。几年来，大力开展了爱国卫生运动。卫生防疫工作也取得了很大的成绩，天花、霍乱、回归热等传染病几年来已没有发生，肺结核、百日咳等传染病的死亡率也大为降低（10万人口中死于结核病的：1949年为229.8，1954年为82，1956年降为67.1。百日咳在1954年为2.4，1956年降为0.1）。对痢疾、脑炎、麻疹等传染病也采取了病家访视、消毒、及时隔离、住院等措施。

城区对早产儿和体弱婴儿进行了保健指导，并对一部分地区的一岁以下婴儿进行地段保健工作。本市婴儿死亡率1949年为117.6‰，1954年为46.1‰，1956年降为35.1‰。

从以上的情况可以说明，在预防保健工作方面成绩是很大的。有人认为现在的预防工作是一团糟，防疫工作不如解放前。这些说法都是不符合事实的。

但是我们的工作中也有一些缺点，还需要改进。在爱国卫生运动中还存在着时紧时松的现象，没有普遍做到经常化，市、区领导部门对经常的群众卫生工作缺乏具体安排。基层卫生组织不够健全。卫生宣传教育不深入。同时有些地方蚊蝇增多了，对农村分散积肥和积水坑洼问题没有及时采取有效的措施，也是蚊蝇多的原因之一。防疫工作的基础还比较薄弱，防疫人员不仅数量少而且质量低，设备也较差。对部分传染病及时采取综合防治措施，还做得不够。对流行性传染病的研究工作也做得较差。有些医疗机构对预防工作也重视不够。今后在继续发展医疗机构的同时，还应该对防疫保健机构多发展些，这样做是花钱少、收效较大的。

为了加强对爱国卫生运动的领导和积极开展卫生防疫工作，今后应采取以下措施：

今年要大力开展夏秋季爱国卫生运动。要发动群众集中在一个时间之内大力扑灭蚊蝇；切实改进对粪便、垃圾、污水、积水的处理，逐步消灭蚊蝇孳生条件。建立与健全卫生防疫机构，加强卫生防疫力量，适当增添卫生防疫设备。医疗机构必须认真开展预防保健工作，如家庭访视、卫生宣传等。通过广泛开展经常性的卫生宣传教育，提高人民群众的卫生知识水平。

最后，我谈谈本市的文化工作。

解放以来我们对旧有的文化事业进行了一系列的调整和改造，

并且有计划地发展了很多新的文化事业。

以影剧院来说，解放后我们新建和改建了剧场 15 处，影院 12 处，其中最近两年新建和改建的剧场有 8 处，影院 10 处（其中包括经常放映电影的工人俱乐部 6 处），并将 2 处电影院改建为宽银幕影院和儿童影院。剧场座位已由 1949 年的20 041 个增加到 36 076 个，约增加了 80%。影院座位也由 1949 年的 14 940 个增加到 20 611 个，约增加了 33%。影剧院的观众，1956 年已达 2 561 万人次。此外，还采取了一些发掘设备潜力、丰富人民文化生活和便利群众的措施，如利用机关、企业的礼堂、俱乐部组织戏剧演出；在缺少影院的地区利用剧场、礼堂放映电影；增加了售票点，改进了售票方法。组织专业的艺术团体到郊区的工矿、学校巡回演出和全市 149 个电影放映队的巡回放映，也吸引了大量观众。其中电影放映队观众就有 3 200余万人次，比影院的观众还多 50%以上。对于广大劳动人民来说，欣赏戏剧和电影的机会，比解放前是大为增加了。

从书刊的发行和书刊的阅览方面来看，书刊发行的数量是逐年增加的，以 1956 年和 1954 年相比，图书发行量增加了 1 600 多万册。1956 年鼓励古旧书业积极到各地大量收集古旧书，基本上满足了科学文教机构对古旧书刊的需要。但是在古旧书的采购和利用上也有很多不合理的现象，有些单位不问业务需要盲目抢购，有些图书馆积压大量图书还没有开箱。我们为了群众阅览图书的方便，已将国子监修缮，辟为粗具规模的首都图书馆，藏书近百万册，并在城区设立了 5 个区图书馆，扩大了少年儿童图书馆。对于散在各区的租书摊、店进行了整顿，基本上肃清了反动、淫秽、荒诞书刊的流通，增加了有益图书，已成为供应群众文化食粮的据点。为了配合科学研究工作，在新华书店开辟了两个供应中外书刊的专家服务部，在首都图书馆开辟了“北京地方资料”、“中医”、“教学参考”等 6 个专门阅览室。

为了文化的普及，我们对群众性的文化活动特别予以注意。解放后建立了文化馆、站，开展了多样的文化活动。最近两年来，参加活动的群众达 770 多万人次。1955 年建立的群众艺术馆已经培养出大批群众文艺骨干，并组织了许多音乐、舞蹈的演出。在去年农村合作化高潮以后，农村的文化工作也有很大发展。目前已建立起农村俱乐部212个，图书室321个，图书经销点102个。电影队在农村的放映点由155个增加到280个。在37个乡设立了广播站，初步在农村建立了广播网。像这样一些普及的群众性的文化事业都是解放前旧社会所根本没有的。

文化工作者的队伍也扩大了。戏曲艺人在旧社会受剥削、受污辱和被损害的情况已经根本改变。戏曲界的封建把头制度，已被消灭。政府帮助他们建立了艺人合作的剧团，帮助他们进行思想改造，帮助他们解决演出场所、剧本、说唱材料以至戏箱、彩衣设置等问题。

但是近来，竟有人发出种种谬论，想抹杀这些事实，说目前艺人的地位很可怜，好像还不如旧社会，甚至还不如封建王朝统治下所处的地位。尤其不能容忍的，是少数右派政治野心家在戏曲界进行挑拨、点火，装出为戏曲界请命的姿态，大事煽动，戏曲界也有一部分右派分子和他们勾结在一起，共同进行反对党、反对社会主义的活动。

在文化艺术方面，党提出了“百花齐放，推陈出新”的方针。在我们的实际工作当中证明这个方针是完全正确的。按照这个方针，我们就要很好地发掘、继承我们的历史文化遗产，进行必要的改革，去其糟粕，取其精华，以便适应社会主义社会人民文化生活的需要。我们在文化艺术工作中执行了这一正确的方针。

以戏曲工作为例，文化行政部门纠正了过去曾经采取过一些简单、片面的做法，破除了不应有的清规戒律，使很多传统的剧目重现于舞台。这样，也就解除了艺人对选择上演剧目的思想顾虑，使本市经常上演的剧目大为增加。虽然也出现了一些坏戏、毒草，但是，观众与戏曲界已经提出了一些批评，今后，根据群众的批评和戏曲界彼此间的批评，将使坏戏逐步淘汰，好戏保留下来。

在话剧方面，几年来加强了艺术实践，提高了演出水平，上演了各种不同体裁、不同风格的剧目，包括一些“五四”以来的优秀剧目，受到观众的欢迎。

另一方面，我们还要强调党和政府对文化艺术工作的领导，文化艺术工作应该为政治服务，文艺既要有思想性，又要有艺术性，要继续坚持为工农兵服务的方向。戏剧方面，除了挖掘传统戏目而外，应该更多地提倡创作反映现实生活或更有教育意义的、艺术水平较高的新剧本，这也是许多文艺工作者的不容推卸的责任。我们提出所有艺术工作者，包括戏曲艺人在内都要进行自我思想改造，这是完全正确的。我们反对对艺术采取简单的行政干涉，而主张“百花齐放，推陈出新”，用艺术批评的方法来领导艺术。那些否认党对艺术的领导，否认艺术作品的政治标准，否认艺术工作者进行思想改造的必要性的说法，是完全不正确的。在这里我们还要批评那些吃了人民的饭，养尊处优，却不积极为人民服务，长年累月不演出的剧团和演员。

要想繁荣和发展文化事业，丰富人民的文化生活，必须贯彻文化工作的群众路线，依靠社会力量。不能设想一切文化事业都能由政府包办下来，更不能采取把群众自办的文化事业、民间剧团，一律由政府接管的做法。周总理最近在全国人民代表大会第四次会议上的报告中指出：“我们应该在‘百花齐放，推陈出新’的方针下发挥文化艺术工作者和广大人民群众的创造性和积极性。国家只能举办少数的示范性的文艺和体育事业，并且引导他们走向自给。对于大量的各种文化艺术事业，应该提倡文化艺术工作者自力经营。”他指出：国家举办、自力经营和群众业余这三个方面的文化队伍要密切结合，相互学习和提高，以逐步地满足人民对于文化生活的需要。这就是我们文化事业建设的根本方针和努力方向。

目前在本市存在着剧团过多而演出场所不足的困难。仅民营的京剧、评剧、曲艺等团体就有 40 多个，艺人和工作人员 3 000 多人，有不少剧团班子不齐，演出的剧目大受限制；某些民营剧团合作后，剧目增加，艺术效果提高，因此在艺人完全自愿的基础上合作并班，是有好处的。此外，还应该多组织剧团巡回演出，对于一些俱乐部和礼堂，也必须继续多加利用演出戏剧。

过去在文化工作的领导上和管理上，从全局出发，统筹兼顾，合理安排注意得不够，常有顾此失彼、厚此薄彼的现象，今后应当努力克服。另一方面，文化事业的发展也必须从实际的需要和可能出发，要坚决执行依靠群众，发掘潜力，勤俭办事的精神。近来有些人不顾实际条件要求政府把什么事都办起来，要人、要钱、要房子，你不给就是不重视文化，这是一种不现实的、和实现国家工业化的方针相矛盾的有害的说法。

总起来看，解放以来，我们的文教卫生事业已经进行了一系列的改革和调整，根本改变了它的性质，过去主要是为少数人服务的，现在是为广大劳动群众、为社会主义服务。在数量上也有了巨大的发展。这些成绩的取得，是和党与政府的正确领导，和广大群众、文教工作者、卫生工作者的努力分不开的。但是在文教界、卫生界各个部门，都有一部分右派分子，这些部门都是资产阶级右派分子企图夺取的阵地。最近他们对党和社会主义发动了猖狂的进攻，到处进行挑拨，散布谬论，否定解放以来文教工作和卫生工作的巨大成绩，想把为劳动人民、为社会主义服务的文教事业拉回资本主义的老路上去。他们否定党的领导，否定知识分子进行思想改造的必要性。并针对着党所制定的一些根本政策进行攻击。在教育方面，企图把教育改革的成绩一笔抹杀，硬说普通教育和扫盲工作都搞糟了。在卫生工作方面，借口外行不能领导内行，否认党对卫生工作的领导。在文艺工作方面，想取消为工农兵服务的方向，认为政治思想标准不应该有，有了就是教条主义，会扼杀文艺创作。我们必须揭穿这些阴谋，须知没有党的领导，就不可能有社会主义的文教事业和卫生事业。在文教部门和卫生部门服务的知识分子必须坚决和右派分子划清界限，坚决和这些右派分子进行斗争。

（原载《北京市重要文献选编》，第9册，
北京，中国档案出版社，2003）

北京市教育工作空前发展*

（1959 年 4 月 27 日）

各位代表：

北京市的各项工作，在党中央和国务院的直接领导下，各兄弟省市大力支持，全市人民鼓足干劲，发展很快，成绩很大。教育工作也是如此。我们对于已得的成绩决不能自满，但是，必须予以正确的估计。

目前，北京各高等学校共有学生 9.8 万多人。中等学校学生 26.5 万多人，其中普通中学学生 22.3 万多人。小学学生 82 万多人。幼儿园幼儿 37 万多人。总数近为 156 万人，约占全市人口的 1/4，每 4 个人中就有 1 个是在学的学生。另外还有参加业余大、中、小学学习的职工和农民 35.6 万人。

北京在解放以前，就号称为文化城市了。那时候的情况，举 1949 年的数字作例，高等学校学生才 1.42 万多人。中等学校学生 4.32 万多人，其中普通中学学生 4.01 万多人。小学学生 14.23 万多人。幼儿园幼儿 2 200 多人。总数近 20.2 万人，和当时人口比较，10 个人里头才有 1 个是在校的学生。

经过十年的发展，在学学生数从近 20 万增加到近 156 万，除因新划区而增加的以外也还有 122.8 万人，约增加了 6 倍，按人口比例从 1/10 增加到 1/4，应该说是很快的。其中特别快的一年是 1958 年，也就是"大跃进"的一年。前一年的数字是高等学校学生 8.09 万多人。中等学校学生 20.19 万多人，其中普通中学学生 17.12 万多人。小学学生 46.85 万多人。幼儿园幼儿 6.61 万多人。总数为

* 这是北京市副市长吴晗在第二届全国人民代表大会第一次会议大会讨论中的发言。

82.7 万余人。只隔一年，就跃进到 122.8 万人（不包括因新划区而增加的数字），约增长 48.5%。这个发展速度是空前的，原因之一是人民公社化了，小学和幼儿园的需要特别迫切，全市入园幼儿占 3 岁至 6 岁 60 万幼儿的 53%，其中，郊区入园幼儿约占 80%。第二是发动群众，用两条腿走路的办法，国家举办和群众自办相结合大办教育。郊区新建学校由国家拨给一定的投资，乡社拨出土地，并组织群众力量进行修建，国家力量与群众力量结合，顺利地完成了建校工作。在远郊的 4 个县，除发展公立中学外，还发动群众办了 65 所民办中学。幼儿教育事业基本上是发动群众，由乡、社和街道居民自己办起来的。如果不用两条腿走路的办法，如果不是国家举办和发动群众自办并举，那么幼儿教育根本不可能办得这样快和这样多。

学校网的建设也有很大的发展，现有小学 3 682 所，中学 390 所。已经做到村村有小学，乡乡有初中。高中达到 102 所，远郊区每区至少有 2 所高中，4 个县每县也有了 1 所高中。每区、县都有 1 所师范学校。在全市来说，小学和初中教育已经做到普及了。

这些成绩从何而来呢？这主要是贯彻执行了中央的教育为无产阶级的政治服务，教育与生产劳动相结合的方针，基本上改变了几千年来教育脱离生产劳动的状况。

从 1954 年 6 月中共北京市委发布了提高教育质量的决定以后，通过全市各级学校师生的努力，教育和教学质量有了显著的提高。从毛主席提出了培养有社会主义觉悟的、有文化的劳动者的教育方针以后，我们的教育工作又进入一个新的阶段。1957 年下半年，各中学都普遍组织学生参加各种劳动，在农村的学生主要参加农业劳动，城市的学生参加校内外的公益劳动和社会服务性的劳动。通过这些劳动，学生接触了工农，开始扭转了对劳动、对劳动人民的不正确的看法。从 1958 年春天起，又普遍展开了勤工俭学劳动。暑假以后，根据中央对教育工作的指示，进一步组织学生参加工农业劳动，中学和工厂普遍挂钩，组织学生到工厂劳动，有的工厂在学校设立了车间，有些学校自己也办起了车间。几十万师生参加了工农业生产“大跃进”的行列，参加了深翻土地、秋收和炼钢。他们在劳动中表现了高度的社会主义的劳动热情，社会主义觉悟有了显著的提高。他们的劳动观点加强了，在思想感情上和劳动人民接近了，热爱劳动和劳动人民，已经形成风气，经过劳动生产的锻炼，他们的组织性、纪律性加强了，集体主义思想发扬了，生活经验更加丰富了，身体也受到锻炼。

经过半年的实践，虽然收获很大，但是也遭遇到一些困难。主要的问题是学生到工厂去劳动，有的要跑很远的路，来回费时间；工厂要求比较连续地固定人手生产，而学生则只能间断地轮流参加；学校自办车间，原料、销路、运输等问题都不好解决等等。为了进一步贯彻党的教育方针，有必要总结过去经验，进行整顿，对学生的学习和劳动加以统一安排。办法是实行公益劳动、农业劳动和组织工厂在学校设车间相结合。学生的劳动时间，高中每周 8 小时，初中每周 6 小时，都分两次进行。其中组织工厂在学校设车间，原料、销路、运输，和学生学习时间、劳动时间的合理安排等问题都解决了。不但学生节省了到工厂的往返时间，也为教师参加劳动，和给教学中贯彻理论联系实际的原则创造了更有利的条件。师生参加劳动经常化了、固定化了，劳动成为学校的正式课程，使学生既能劳动好，又能学习好。

从去年 12 月到现在，首都 4 个城区 92 所中学已经有 88 所和 105 个工厂挂了钩。在学校设立了 163 个车间。其中有机电车间 88 个，化工车间 25 个，其他工种车间 50 个。许多工厂的党委书记和厂长到学校安排和指导建立车间的工作，尽量设法把车间安排得适合于结合教学，并且派出 600 多工人到学校指导和参加生产。这样，学校的学生不但进了学习书本知识的课堂，又进了学习生产知识和技术的课堂了；学生不但有传授书本知识的老师，又有传授生产知识的老师了。学生不只是学生，也同时是工人，是农民了。学生参加了劳动人民的行列，体会到劳动和劳动人民的伟大，工人阶级的组织性、纪律性和爱护公物、爱护集体的品质在逐渐形成了。学生的思想感情起了变化，过去怕脏怕累，厌恶油泥，现在改变看法了。有一个学生写了一首诗：“过去光嫌机油脏，今日闻着机油香。机油沾在我身上，好像戴上花一样。”不少学校的学生不仅在思想上有很大的转变，而且学到和学会了一些生产知识，不只会用脑子，也会用手了。从劳动实践中，加深和巩固了课堂所学得的知识，学习的质量提高了。在安排得好的学校里，学生得到了读书、劳动、思想的三丰收。

也有些学校场地很小，有些学校邻近工厂，就继续组织学生到工厂劳动。城区学生除了参加工业劳动以外，还要适当地参加农业生产。农村学校的学生主要是组织他们参加农业生产，并且根据农村的需要和原料的情况，组织一些工业生产劳动。同时，不论城郊区的学生，也还参加一些校外的公益劳动和社会服务性的劳动。

许多教师也和学生一起参加劳动，不但思想、感情有了显著的改变，和学生的关系也改变了，集体的劳动打破了师生间的隔阂，切磋琢磨，教学相长，教师通过劳动的实践，书好教了，也教得好了。在教学中教师更好地发挥了主导的作用。教师的心情舒畅了，真正懂得了又当学生又当老师的乐趣。其中也有一部分教师过去曾对党的教育方针有怀疑，经过这一年的实践，认识到只要安排得好，学习和劳动是可以互相促进的，愿意努力贯彻党的教育方针，成为促进派了。广大教师队伍正在开始起着质的变化。

同时，工厂在学校建立车间，把城区10多万中学生的生产劳动纳入国家的生产计划，成为工业生产中的一支补充力量，支援了工业的“大跃进”。例如有一个中学在去年第四季度生产了3 919台电阻起动器和1 795台安全变压器，价值92万元，有力地支援了工厂的跃进计划，就是一个明显的例子。

也应该指出，我们的工作还仅仅是开始了新的一章，摸索了一套办法，但是，工作中还存在不少问题有待于进一步地解决。首先是随着城市的改建和现代化工厂的发展，厂、校的结合和学校的生产项目都要从全市“一盘棋”出发考虑安排。其次已经建立协作的厂、校，要随时总结经验，做到巩固和提高。第三要加强对学生的思想教育，目前有少数学生忽视书本知识的学习，认为只要劳动好就行了，书本知识学得好不好没有关系，因而必须要教育他们正确地认识学习和劳动的关系，必须坚持努力学好文化，成为有社会主义觉悟的、有文化的劳动者。

今后我们的任务是在去年“大跃进”的基础上，进一步进行整顿、巩固和提高的工作。在党的坚强领导下，我们坚信，北京的教育工作，将会和全市全国其他工作一样，取得更大的成绩，更好地为工人阶级的政治服务，为社会主义事业服务。

（原载《北京市重要文献选编》，第 11 册，北京，中国档案出版社，2004）

一年来北京史学界的学术活动
——在北京市历史学会成立会上的讲话
(1960年12月24日)

为了进一步团结和组织北京市史学工作者的力量，加强历史学的教学和研究工作，我们发起成立北京市历史学会。在市委的关怀和领导下，经过一个时期的筹备工作，今天宣告成立了。

说起历史学会，不免引起一段回忆。也就是在北京，时间在二十多年前，大概是1935年或者1936年夏天吧，那时候，我们一些人创议建立北京史学会。这个学术团体只开了一次会就烟消云散了，再也没有下文了。和今天相比，很明显，那时候，第一，国民党的党和政府是从来也不关心学术工作的，相反，他们只会摧残，给进步的新生力量以打击。第二，史学界有门户之见，各门各户，谈不到一起，不说别的，单是领导机构的人选就取不得一致的意见。第三，更重要的是思想方法问题，参加讨论的十几个人，不管是老年、中年、青年，都是一脑子的封建的、资产阶级的立场观点，马克思列宁主义的名词是知道的，但到底是怎么一回事，就谁都不清楚了。就因为这样，团结不起来，组织不起来。

今天，在这个会上，想想过去，看看今天，有无限感慨，也有无限的欢乐心情。

一句话，是毛泽东思想把我们团结在一起，是市委的领导把我们团结在一起。

北京市的历史科学工作者，包括高等院校和中等学校的教师，市属文物和科学研究机构的工作人员，共有一千二百多人，这是一支很大的队伍。这一支历史科学的专业队伍，1960年一年中，在党的领导下，努力学习马克思列宁主义，学习毛主席著作，取得了很大的成绩。

我们回顾一年来北京史学界的学术活动，大致有以下三个方面：即学术批判和学术讨论，教学改革，编写教材、专著和通俗刊物。在这三方面的工作中，总的说来，都贯穿着革命的、批判的精神，体现了历史科学以毛泽东思想为指导，发挥了历史科学为无产阶级政治服务的战斗作用。当然，缺点也不少，例如通俗刊物虽然出版了一些，但是质量还不很高，其中有些书还显得粗糙，个别地方有观点上的错误等等，有些教材和专著也有着类似情况。但是，这毕竟是十个指头中一个指头的问题，相比而言，成绩是巨大的，缺点是枝节的，而且，只要发现了，就可以得到改正，这里就不再多说了。

1960 年是学术批判工作大开展，继续深入的一年。今年史学界学习了纪念列宁的三篇文章，进一步提高了马克思列宁主义水平。并且对于我国史学界存在的资产阶级观点，主要是对尚钺同志的修正主义观点展开了批判。中国人民大学和其他高等院校历史系的师生积极投入运动，写成了许多篇论文。通过这场斗争，许多史学工作者批判了尚钺同志关于史学界不存在两条道路斗争，马克思主义史学和资产阶级史学可以互相接近、共同提高的错误论点，也批判了尚钺同志关于历史科学为政治服务就不得不歪曲历史的论点，进一步体会到马克思主义历史科学的党性和科学性是高度结合的，历史科学必须为无产阶级政治服务，对于尚钺同志歪曲党的“百花齐放，百家争鸣”政策为资产阶级自由化政策的论点也进行了驳斥。对尚钺同志有关资本主义萌芽和中国近代史开端问题的论点，多数同志也提出了不同的看法。同时，史学界还批判了重史料、轻理论和史料即史学等各种资产阶级学术观点。

此外，北京师范大学历史系师生还写了批判若干资产阶级史学家的论文，河北、北京师范学院历史系批判了雷海宗的历史循环论和唯工具论等错误观点。

通过学术思想批判，史学界的思想水平和理论水平提高了。特别是青年教师和学生，在战斗中迅速成长起来，学会了如何运用毛泽东思想这一锐利武器来进行斗争。

今年是义和团运动的六十周年。北京史学界发表了纪念论文，歌颂义和团的英勇斗争，特别是在北京的斗争，并结合当前国际形势，揭露了帝国主义的本质，说明帝国主义的寿命不会很长了。

在学术问题的讨论方面，今年也有所开展。围绕着中国封建社会土地制度问题和中国农民战争的性质、作用和规律问题的讨论比较多。关于中国封建土地所有制问题，大致有三种意见。一种认为在中国封建社会里基本上始终是封建的国家土地所有制，即由皇族垄断土地，农民对土地只有使用权；一种认为基本上是地主土地私有制占支配地位，战国以来，土地的自由买卖和地租、国税的区别是土地私有制的标志；还有一种意见认为，唐中叶以前是国家土地所有制占统治地位，唐中叶以后土地私有制日趋发达。关于中国农民战争问题，有一种意见认为农民都是皇权主义者，只知反对封建政权，不知反对封建制度，因此，农民战争不具有反封建性质。有的同志不同意这种看法，认为中国历史上的农民战争既反对封建政权，也反对它所代表和维护的封建制度。只有这样，才体现出农民战争推动历史发展的作用。有的同志认为，从农民战争提出的纲领口号，可以看出农民战争由低级向高级发展和深化，大体上也可以用唐中叶作为界限。关于农民政权问题，有的同志认为农民是小私有者，不断分化，不能建立农民政权。有的同志认为，中国历史证明农民能够夺取政权，也能够建立农民政权。只是由于阶级和历史条件的限制，农民政权常常是不完善的，而且不能巩固和长久保持下去。关于宗教在农民战争中的作用是积极的，还是消极的，黄巾起义和《太平经》的关系等问题，也开始了讨论。

除了在北京的讨论以外，北京史学界的同志们还参加了中国科学院山东分院举办的纪念义和团运动六十周年的学术讨论会，天津师范大学（现改为河北大学）举办的农民战争问题的讨论会和南开大学的学术讨论会，并在会上提出了自己的意见，和各地史学工作者一道进行了热烈的讨论。

在学术思想批判取得胜利的基础上，各高等院校历史系先后进行了教学改革。这是今年北京史学界又一方面的重要活动，也获得了显著的成绩。在1958年以来的教育革命的基础上，今年的教学改革进一步深入下去，以教学内容的改革为中心，在党的领导下，通过党委、教师、学生的三结合，采用群众运动的形式，比较广泛而深入地揭发了存在的问题。例如，在中国古代史和世界古代史方面，相当普遍地存在着资产阶级唯心主义观点以至封建主义观点。中国近代史的教学质量一般地比较高，但也存在一些问题。

在进行学术批判之后，师生合作，编写了各门基础课程的提纲或教材，把学术批判的初步成果，吸收到教材里去。今年秋季开学后，一般都按新提纲进行讲授。历史学的教师通过教学改革运动进一步改造了思想，也提高了教学质量。

在教材建设方面，中国史和世界史基础课讲义都已着手编写，有的由各校分别编写，有的由两校协作，有的是各校协作进行。这些教材的编写对改进教学和培养师资都将要起很大作用。北京市的史学工作者还参加了中国科学院郭沫若院长主编的《中国通史》的编写工作。中学历史教师经过教学改革，也编写了新教材。今年已出版中国历史教科书，世界史教科书第一册已经付印，第二册正在编写中。这些教材的编写和出版，对于全市大、中学生学习历史具有很重要的意义。

1958年以来，各校历史系、中文系师生和文艺工作者下乡下厂，到劳动人民当中去，结合生产劳动进行社会调查，有的还下到连队里去，和劳动人民一道编写了公社史、工厂史和部队史等等，其中如长辛店机车厂厂史——《北方的红星》、《清河制呢厂五十年》、《石景山发电厂厂史》、《丰台桥梁厂厂史》等等都已出版。中央民族学院历史系在民族调查的基础上编写了一批少数民族简史。这些著作都体现了劳动人民写历史和写劳动人民历史的重要意义。还应特别指出，通过社会调查来编写历史，运用创造历史的劳动人民自己的亲身经历和见闻，辅以文献记载，并经过反复核对，尽最大努力反映了过去的历史实际，总结过去的斗争经验，用以教育和启发今天的人民，在研究历史的方法上是一条新的有效的重要途径。这个方法必须坚持下去，继续扩大，力量还应该放得更多一些，方面也还应该更广一些。

北京是中国人民伟大的首都。对北京史学界来说，研究和编写具有悠久文化遗迹、丰富生产斗争经验和光荣革命传统的首都的历史，是我们光荣的责任。现在，市总工会正在着手搜集北京工人运动史的资料，市团委正在组织力量编写北京学生运动史，清华大学和北京大学正在编写“一二·九”学生运动史。关于生产斗争的历史，例如北京地区的水稻种植，水利开发，冶炼事业，特种手工艺的发展，和城市建设等等的历史，可以设想，在历史学会成立以后，将会在统一安排、分工协作的原则下，逐步写出具有较高水平的专门著作。

一年来，北京史学界还编写了大学基础课的参考资料和工具书。为了了解情况，以便批判，北京大学和北京师范学院历史系选译了一些欧美资产阶级史学家的代表著作。应该指出，这些资产阶级的史学家过去和现在都以极其卑劣的手法，对伟大的中国人民的历史进行歪曲诬蔑，为帝国主义侵略中国制造根据。新中国的史学工作者，在世界面前站立起来了的中国人民，必须对这些歪曲和诬蔑进行有力的驳斥和纠正，把中国人民的祖先的英勇业绩和近百年来前仆后继的革命斗争光辉事迹告诉给全世界人民。

在历史科学的普及方面，也应该提到主要由北京各中学历史教师和语文、政治教师等编写的《中国历史小丛书》。这部丛书已经出版五十多种了，它的编写目的是为了丰富青少年和一般具有中等文化水平读者的历史知识，帮助他们正确理解历史人物和事件，以达到对他们进行社会主义和共产主义思想教育的目的，在普及历史教育方面起了作用。今后应该加强这方面的安排，质量要求更高，这就向历史学会的成员和各方面的专家提出任务，要求大家动手，为青少年写书。我想，为下一代服务，为广大的工农兵和机关工作者服务，这个要求是不会过高的。

在专史方面，清华大学、中医学院、美术学院等单位正在编写中国建筑史、医学史、美术史等专著，这些专著的编写，将对各种学科的专门史的研究起推动作用，同样，也对通史的进一步丰富和完善起了有益的作用。北京大学和北京师范学院历史系今年的毕业生还各自编写了一部马克思主义历史科学在中国的发展史的初稿，现正在修改中。

在简单回顾北京史学界一年来的学术活动后，我们有几点体会：

首先，北京市史学界所以取得这些成绩，是和学习马克思列宁主义、学习毛主席著作密不可分的。一年来，经过了学术批判和讨论，经过了进行教学改革，尤其是在《毛泽东选集》第四卷出版以后，史学界深入地学习了毛主席著作，进一步认识到：历史科学研究必须以毛泽东思想为指导。只有用毛泽东思想作武器，才能对庞杂浩繁的史料进行科学的分析，从马克思列宁主义的立场、观点、方法出发，才能加强历史科学的战斗性、科学性，使历史科学密切为无产阶级政治服务，为社会主义、共产主义建设服务。

“百花齐放，百家争鸣”是党的长远方针。一年来的工作也确实证明了只有执行这个方针，才能活跃学术气氛，在老实地、用心地钻研的基础上，以毛泽东思想为武器，摆事实，讲道理，提出自己的论点，展开了论争。通过热烈的论争，有些论点得到一致的支持，学术水平和理论水平从而提高了一步；有些论点还在论争中，还有待于进一步的努力，发掘更多的史实，更好地学习毛泽东思想，准备下一阶段的论争。这样做，是活跃、繁荣、提高历史科学工作的必要途径，不这样做是不行的。在执行“百家争鸣”方针时，学术思想问题和政治问题可以而且必须区别开来，区别的标准就是毛主席在《关于正确处理人民内部矛盾的问题》的著作里所提的六条标准，凡是符合于六条标准，不违背六条标准的，历史科学工作者什么话，什么意见，什么文章都可以说，可以写。也有人对自己唯心主义的思想，怕被批判，怕露头。这也应该讲清楚，在座的大多数人，其中当然包括我自己，哪一个没有或多或少的唯心主义思想？思想是包藏不起来的，不在这个问题上露头，就在那个问题上露头，只有露出来，才能经过讨论从而有提高认识的可能；相反，一直包藏下去，是会发霉发臭、最后中毒的。再进一步说，有唯心主义思想并不是罪恶，也不等于政治上的反动，这些思想是由于我们的阶级出身、家庭环境、社会影响，特别是旧时代的学校教育所造成的，过错不在我们。但是经过这十多年的历次运动和学习，假如我们再不肯学习马克思列宁主义、毛泽东著作，反而坚持甚至扩大宣传唯心主义，那便是我们自己的过错了。

一年来的工作也有力地证明，在历史研究和教学工作中，都必须坚决贯彻群众路线，开展群众运动。无论是学术批判或教学改革，专题论著或编写教材，都必须是专家同群众相结合，中老年人和青年人相结合，掌握较多资料和经验的和青年人的勇敢、干劲相结合，取长补短，各尽所长，分工协作，共同提高。应该肯定，各个单位凡是这样做的都取得了成绩。群众路线的另一种体现，是各单位之间大搞协作。过去，各校之间互通声气是不够的，有些工作彼此重复。今年，在市委的领导下组织了各种不同形式的协作组，大大地节约了劳动力，加快了教材编写的进程。在这个基础上，1961年史学工作的进一步跃进，是完全可以做到的。于此，也应该提出，我们强调群众路线，强调集体编写，但决不应该由此得出结论，认为个人的研究、个人的劳动，或者个人所喜爱的题目，就从此不再认为是应该进行的了。决不是这样，集体研究要在个人研究的基础上。个人劳动、个人所喜爱的题目必须得到尊重。大集体、小自由应该正确地结合起来。只有这样，才能做到历史学界的百花齐放，春色满园，姹紫嫣红开遍！

其次，是在战斗中培养和提高干部。一年来，青年教师和学生在历次运动和科学研究、教学改革中作出了不少成绩，并迅速地得到提高。新生力量的培养肯定是要在不断战斗中成长起来，同时，中老年的史学工作者也需要通过实际工作来提高理论水平和分析批判的能力。

上面曾经提到，我们反对那种重史料轻理论和史料即史学的资产阶级观点。反过来，光学理论，不重视史料，不认真读书或很少读书，也是错误的。毛主席经常教导我们，没有调查研究就没有发言权，理论要联系实际。试问光讲理论而不做历史实际的调查研究工作，不掌握充分的史料，怎么会有发言权？试问学了理论而不联系中国的历史实际，又如何能提出问题，解决问题。因此，我们既反对重史料轻理论的观点，同时也反对只讲理论而不掌握或者不充分掌握史料，对历史实际茫然不知或甚少所知的观点。正确的办法是首先学习理论，同时也要认真读书，掌握文献资料，做好调查研究工作。不只是青年人应该这样做，中老年人也必须这样做。当然，一般说来，中老年人读的书、掌握的资料要比青年人多一些，但是，是不是很多呢？以我为例，决不是很多，也应该说不够。以此，我们大家都要下决心，认真学习毛泽东思想，也要认真读书。

中老年人在对青年人的态度上，也提一点意见。青年人朝气勃勃、热情、勇敢，每次运动中他们都是积极、热烈参加，废寝忘食，做出了成绩。我们中老年人对青年这种热情，应该采取什么态度，是拦在路上，不让他们前进呢？还是站在一旁，指手画脚、冷言冷语呢？还是跟青年一起，投身到运动中去，和青年一道做出成绩呢？显然，前两种态度是完全错误的，既不应拦路，也不应该旁观，正确的态度是和青年一起，搞得热火朝天，使自己也感受了青年的热力，在思想感情上和工作上都成为青年的同志、青年的良师益友。这样做，自然会得到青年的尊重、学生的尊重，青老关系也罢，师生关系也罢，都会和谐一致，大家心情舒畅了。

最后，还要重复一下，北京史学界一年来的成就，是党的“百花齐放，百家争鸣”政策的成就。去年，曹操问题的讨论大大活跃了史学界的空气。今年，也讨论了文成公主、武则天、甲午战争等问题，都取得了成绩。在学术批判和教学改革中，大家各抒己见，通过反复争论，摆事实，讲道理，从分析大量的确切的史料中得出结论，加以阐述，坚持真理，修正错误，从而得出比较一致的意见。这样，就能明辨是非，提高大家的水平，推动历史科学研究的前进。

1960 年就要结束了，总结这一年的工作，我们认为成就是很大的。历史学会的成立，对北京市历史学界将要起组织和推动的重要作用，把北京史学界的工作大大推进一步。我们相信，在市委的关怀和领导下，在历史学会会员的共同努力下，1961 年的北京史学界的工作，将会取得更大的成绩。

（原载《光明日报》，1960 年 12 月 31 日）

翻　译

地理学家朱思本

[日] 内藤虎次郎　著

吴　晗　译

元代地理学家朱思本之名，为学者所皆知。据《元史·地理志》后所附关于河源之记事："其后翰林学士潘昂霄（《金石例》之著者）从都实之弟阔阔出得其说，撰为《河源志》；临川朱思本又从八里吉思家得帝师所藏梵字图书，而以华文译之，与昂霄所志，互有详略。"

元志列昂霄之志于本文，而以思本之译文附注其间。由此知思本为江西临川人，为通梵字（恐为西藏文）之地理学家。其所著有《广舆图》一书，为数百年来中国地理学界之权威。思本之《广舆图》，原本今已不存。明代据之以修订之《广舆图》则行世甚多。京都帝国大学所藏万历七年山东重刻明嘉靖末罗念庵（名洪先，当时有名学者）《广舆图》卷首有思本自序：

> 予幼读书，知九州山川。及观史司马氏周游天下，慨然慕焉。后登会稽，泛洞庭，纵游荆襄，流览淮泗，历韩、魏、齐、鲁之郊，结辙燕赵，而京都实在焉。繇是奉天子命，祠嵩高，南至于桐柏，又南至于祝融，至于海。往往讯遗黎，寻故迹，考郡邑之因革，核河山之名实。验诸滏阳、安陆《石刻禹迹图》、建安《混一六合郡邑图》，乃知前人所作，殊为乖谬，思构为图以正之。阅魏郦道元注《水经》，唐《通典》、《元和郡县志》，宋《元丰九域志》，今秘府《大一统志》，参考古今，量校远近。既得其说，而未敢自是也。中朝士夫，使于四方，遐迩攸同，冠盖相望，则每嘱以质诸藩府。博采群言，随地为图，

> 乃合而为一。自至大辛亥迄延祐庚申，而功始成。其间河山绣错，城连径属，旁通正出，布置曲折，靡不精到。若夫涨海之东南，沙漠之西北，诸蕃异域，虽朝贡时至，而辽绝罕稽。言之者既不能详，详者又未可信，故于斯类，姑用阙如。嗟乎！余自总角，志于四方，及今二毛，讨论殆遍。兹图盖其平生之志，而十年之力也。后之览者，庶知其非苟云。是岁日南至，临川朱思本本初父自叙。①

以此得稍知其作《广舆图》之由来。思本之传历自罗念庵时即已不详，罗氏序仅云朱为抚之临川人，博学多闻，踪迹遍海内，然考郡志，不载姓名。而绝不及其余。

然近年乌程张钧衡所刊《适园丛书》中所收有《贞一斋诗文稿》二卷，即朱思本所撰。据之略可得思本之行事。今先刺取材料以征其行履，次及关于舆图之著述。

《贞一稿》有至治三年范梈、刘有庆及欧阳应丙《序》，泰定二年虞集《序》，泰定四年吴全节《序》，天历元年柳贯《序》。其欧阳应丙《序》云：

> 本初大父以科举仕宋，至淮阴宰。

刘有庆《序》云：

> 吾友朱公本初，故礼义家。

吴全节《序》云：

> 临川朱本初，儒家子也。

据上所言，可知其家世。又吴《序》云：

> 为黄冠，与予同道。居龙虎，与予同山。处京师，与予同朝。雅志诗文，与予同好。

---

① 《广舆图》之首所载朱思本之《自序》，与《贞一斋杂著》所载者往往有异同："建安《混一六合郡邑图》"作"《樵川混一六合郡邑图》"，"今秘府《大一统志》"作"《皇元一统志》"，"详者又未可信"末下有"必"字。此其著者，其余小异从略。

刘《序》云：

厌世溷浊，霞裾星弁。访历名山大川，与太初溟涬，游于无穷。而嗜圣经史传诸子百家，若饥渴然。

据之可知其曾入南方道教之中心张天师所住之江西信州龙虎山为道士。明吴宽《跋》此集言其出家上清宫。范椁《序》亦称上清朱君，与吴《跋》所言合。

元世祖重道教，至元十三年平江南，召三十六代天师张宗演，待以客礼。其后三十七代天师张与棣、三十八代天师张与材、三十九代天师张嗣成等历被世祖、成宗、武宗、仁宗各帝所优遇，其最被信用者为张宗演之门下张留孙其人，初与张宗演同入朝时称世祖旨，留主大都（即燕京）崇真宫，命为天师，固辞。后累进遂至开府仪同三司、上卿、辅成①赞化保运玄教大宗师、知集贤院事、领诸路道教事，至治元年年七十四卒。吴全节嗣其道为玄教大宗师，后至特进上卿，称崇文弘道玄德真人。吴全节于至元二十四年至京师，从张留孙见世祖，自此遂留大都。朱思本始入大都在何年不明，据与之交游最密、诗文应酬最多之虞集泰定二年《序》云：

集与朱君本初相从于京师，二十有余年矣。

或在大德年间三十岁前后时。初师事张留孙，后助吴全节从事管理江南道教，吴全节在成宗朝奉命代天子致祀五岳四渎等名山大川，思本其后亦屡次受同样使命。柳贯《序》云：

比年奉将使指，代祀名山，车辙马迹，半天下矣。

思本诗稿中亦有如下诗题：

至大四年辛亥，予年卅九。承应中朝，奉诏代祀海岳，冬十二月还京师云云。

又《衡岳赋序》云：

---

① 张留孙之赐号据《元史·释老传》及《贞一斋杂著·开府大宗师张公诔》。《祭玄教大宗师张上卿文》，“辅成”二字作“辅相”。

仁宗皇帝践祚之初元（即皇庆元年），思本以外史承应中朝，奉诏代祀。

又《游庐山记》云：

延祐三年冬，余行役江淮。

其关于地理学之知识多得之于此时期中。

思本至至治元年张留孙卒时犹在大都，据其《祭玄教大宗师张上卿文》及《开府大宗师张公诔》可知。其《圣治太平宫神龙记》有：

至治三年冬十一月，予被玄檄，至江州圣治太平宫。

同年范椁《序》：

来南州，君主玉隆别馆。去年冬，行县田，有乌山小兵，驰田间，得君寄诗二章。

同年刘有庆《序》：

暨主教玉隆，余来江右……

则自至治二年间住江西玉隆宫。《送相师沈无庵序》：

泰定改元春暮，访予玉隆。

则直至此年犹在玉隆宫也。又《游庐山记》：

泰定二年春三月，奉诏芘卫玄教，思本乘传，播告江南云云。

此事以后，又入大都佐吴全节，其至江南，特不过为一时播告而已。又诗稿中有《至顺二年夏五月二十八日自通州登舟南归》诗题，其时作《发都中》诗：

畴昔居上京，结交翰墨场。壮志日以舒，归心已遗忘。重来感班鬓，故旧半存亡……浩然发幽兴，驾言还旧乡。（下略）

由此可知其居大都前后二次，此时又复南归。

思本之生卒，据集中诗得知其生年，卒年未详。

> 至大四年辛亥，予年卅九。承应中朝，奉诏代祀海岳，冬十二月还京师。与欧阳翰林同舍守岁。赋诗和东坡龙钟卅九劳生已强半韵。至治元年辛酉，又与欧阳偕留京师。除夕用韵述怀。迩来十年，春秋五十有九矣……

此诗序与诗并与序合，即有：

> 戊辰年腊月，大雪弥旬……

序诗：

> 蹑来五十六，老态日夕至。

戊辰为天历元年，上推至至大四年，与诗序中所云密合。由此可推定思本实生于元世祖至元十年。至其卒年，无足征资料。但吴全节《序》有：

> 予长于本初四岁。

据《元史·释老传》，全节卒年八十二岁。是则至大辛亥吴全节四十三岁，至正十年吴全节卒，而《贞一稿》之诗文无涉及于吴全节之死殁者，或朱思本卒于吴全节死以前欤？以此假定其卒在顺帝之初年元统后至元间，当无大误。

思本诗文之才为当时学士大夫所推重，为其集作序之虞集道园为元代第一大家，与思本交谊极笃。序中称：

> 其治事也，论如议礼，严介若持宪。立志之坚确精敏类如此。施之功业，必不苟且循习而已。然既从事于道家之学，不屑于世用，乃折而托之文章，宜其过人之远也。

无论已。范椁称其诗："六朝庚、鲍而唐太白之流也。"欧阳应丙称："其年四十余时，排体五言学工部，长句与文，则驰骤老坡间。"又称之云："久之文进于韩，复进于选。迄代十有余年，其所进方未已也。"明吴宽跋《贞一稿》亦云：

> 故元文章之盛，虽方外道流，亦有其人。如吴全节、薛玄卿、张伯雨辈是已。此则朱本初所著《贞一稿》，观其所得，尤

为精深。

则同时学者之称扬，必非出之于从谀可知。且即思本之所作又毋宁谓为适于儒家文人喜与公卿大夫交游者，甚至与之同臭味之吴全节因此对之亦不免颇有微词。吴《序》中云：

> 予自四十来，言语词章，渐刊落而无为。非无为也，吾闻诸教父曰为道日损，损之又损，以至于无为，无为而无不为矣。今观本初示予《贞一斋稿》，其文皆四十后作，而用志方锐也。用志锐则学日益矣。损与益二者又不可同日语焉。或曰本初其亦良贾之深藏者欤！方其处山林也则以损，及升于朝也则以益。盖山林以道相尚，而朝廷以才学相雄长，本初亦不得不资益之道以自混其处焉。亦孔子、齐人之猎较也。若是者又岂吾之所望于本初乎！孔子曰："行有余力，则以学文。"是则本初之志哉。

然思本之长处固不专在文词，即其性行，亦有通儒之风。集中有《星命者说》及《答族孙好谦书》，详述反对星命术士之理由，以君子居易为其主持。又《送相师沈无庵序》，明言不信相术，甚至一概抹杀前代之被称为善相者唐举、许负若人之俦。《与欧阳南阳书》戒其服燥烈药饵，其识见超凡类此，非羽流黄冠所能企及，其思想全出儒家。其诗文亦恰如其为人，有作家之风，无一般如宋之白真人等之道家特色。盖元明之际，僧家亦如全室与文人作家同一趋向，所作诗文，所谓无蔬笋之气，按《朱思本集》可知当时道家亦不外此潮流，似时世风气使之然也。

试分作三部分论述朱思本之《广舆图》：第一书名；第二其著述之年代，用意及当时之评骘；第三后人之引用。

朱思本之原图，恐今已不存，现可据之最旧本即题为《广舆图》之罗念庵本。然《贞一斋杂著》所载序文有《舆地图自序》，且罗念庵《广舆图序》：

> 于是悉所见闻，增其未备。因广其图，至于数十。

由是可知朱思本原本单称《舆地图》，罗念庵增补之际，始改称为《广舆图》。

其次，其著述之年代，据前录《自序》言自至大辛亥迄延祐庚申而功始成之文，知此书为思本自三十九岁至四十八岁十年间所成。其原因之形式体制如何？罗念庵《序》云：

访求三年，偶得元人朱思本图。其图有计里画方之法，而形实自是可据。从而分合，东西相侔，不至背舛。

又：

朱图长广七尺，不便卷舒。今据画方，易以编简。

又朱思本《自序》有：

博采群言，随地为图，乃合而为一。

由是知朱氏始制为各地之分图，再合之为长广七尺之大图，以计里画方之法，期其正确。

但在中国地图计里画方之法，实不始自朱思本，其起始远在晋代裴秀之《禹贡地域图》。《禹贡地域图》今虽不存，然《晋书·裴秀传》曾载其序文。因当时秘书院既无三代之地图，汉萧何所得秦之图籍亦已不存，仅有汉代之舆地及其括地诸杂图，既各不设分率，又不考正准望，于是秀作地图十八篇，其论制图之体云：

制图之体有六焉：一曰分率，所以辨广轮之度也。二曰准望，所以正彼此之体也。三曰道里，所以定所由之数也。四曰高下，五曰方邪，六曰迂直，此三者各因地而制宜，所以校夷险之异也。有图像而无率，则无以审远近之差。有分率而无准望，虽得之于一隅，必失之于他方。有准望而无道里，则施于山海绝隔之地，不能以相通。有道里而无高下、方邪、迂直之校，则径路之数必与远近之实相违，失准望之正矣，故以此六者参而考之。然远近之实定于分率，彼此之实定于道里，度数之实定于高下、方邪、迂直之算。故虽有峻山钜海之隔，绝域殊方之迥，登降诡曲之因，皆可得举而定者。准望之法既正，则曲直远近无所隐其形也。

清胡渭《禹贡锥指》引之，加以解释：

今按分率者计里画方，每方百里五十里之谓也。准望者辨正方位，某地在东西，某地在南北之谓也。道里者人迹经由之路，自此至彼，里数若干之谓也。路有高下、方邪、迂直之不同，高谓冈峦，下谓原野；方如矩之钩，邪如弓之弦；迂如羊腹九折，直如鸟飞准绳；三者皆道路夷险之别也。人迹而出于高与方与迂也，则为登降曲折之处，其路远。人迹而出于下与邪与直也，则为平行径度之地，其路近。然此道里之数，皆以著地人迹计，非准望远近之实也。准望远近之实，必测虚空鸟道以定数，然后可以登诸图，而八方彼此之体皆正。否则得之一隅，必失之他方，而不可以为图矣。

是则西晋之初已有计里画方之法，且具高下、方邪、迂直之算，比之后世之中国地图，极为精密。[裴秀以晋泰始七年（271年）卒，年四十八。] 但近代清马徵麟谓裴氏十八篇以二寸为千里，实不能详其有何据。其后唐贞元时宰相贾耽又制计里画方图。据《新唐书》耽传：

图海内华夷，广三丈，从三丈三尺。以寸为百里。并撰《古今郡国县道四夷述》四十卷，中国以《禹贡》为首，外夷以班史发源。古郡国题以墨，今郡国题以朱。

由是知贾耽所撰除计里画方法外，其朱墨题字更为后世如王光鲁之《阅史约书》，六严之《历代地图》等朱套本地图之祖。贾耽图今虽不存，而《阜昌石刻禹迹图》盖存其遗制者。此者为伪齐刘豫阜昌七年四月（晗按：阜昌七年即南宋绍兴七年、金天会十五年、1137年）所刻石，现存西安碑林中。长广各曲尺（日本尺）二尺六寸许，画为横七十方纵七十三方，每方为地百里，载《禹贡》山川名、古代州郡名、古今山水地志。因为石刻，虽不能分朱墨，亦可视为贾耽图之缩本。且在西安有与此图同时之阜昌七年十月所刻之《石刻华夷图》，虽不用计里画方之法，而可推定其为同一人所作。《华夷图》之缘边举有外夷之国名，中有“唐贾魏公（耽封魏公）所载凡数百余国，今取其著闻者载之”等语，则此图与《禹迹图》同出于贾耽图无疑。据此则贾耽之计里画方图且至宋犹存。思本所见滏阳、安陆之《石刻禹迹图》、建安《混一六合图》等与《阜昌禹迹图》有无关系，今虽不可得而知，而思本之计里画方图之必有所本则可由此推知。罗念庵谓：

至其所为画方之法，则巧思者不逮也。

又清李兆洛题《贞一斋杂著》谓：

盖地图之计里定方，自思本始也。

似为失考。

思本之作《舆地图》亦见范椁《序》中，而极力称扬之者则虞道园也。其序云：

至于职方之学，尤所遍善。遇輶轩远至，辄抽简载管，累译而问焉。山川险要，道径远近，城邑沿革，人物土产风俗，必参伍询诘，会同其实。虽靡金帛费时日不厌也。

以此与其自序参看，可见其用心之勤，可知其学在当时已为学者所重。

思本地图被引为典据之时代垂数百年。罗念庵重辑《广舆图》后经二十年，嘉靖四十年浙江布政使胡松增《倭》、《琉球》两图为之刊行。其后数年，嘉靖四十五年韩君恩又为补刊，至万历七年钱岱为之重刊，此观现存罗图各序可知，至此刊本时犹存朱思本及罗念庵序。其后万历三十二年汪作舟刊《广舆考》完全删去《朱序》、《罗序》以下可征朱图之源流各序，然图中以朱图为证，据之痕迹仍存，犹不可全掩也。

《贞一斋杂著》中《舆地图自序》后有《北海释》、《和宁释》、《八番释》、《两江释》四条。盖节取释图中地志之文者也。其《和宁释》曰：

和宁即哈喇禾林，乃圣武始都之地。今岭北行中书省治所，常以勋旧重臣为之。外则诸王星布棋列，于以藩屏朔方，控制西域，实一巨镇。

然罗图有《朔漠图》，又载明成祖北征之地名。其原图出于朱思本之证据，据罗图：

> 和宁即哈喇禾林，元初建都于此，名元昌路。太宗建万安宫、迦坚茶寒殿，于图苏湖迎驾殿。后为岭北行中书省，常以勋旧领之，元之巨镇也。

上文，仅与朱文互有详略，其因袭之迹甚明。（译者按：《图书集成·坤舆典》第九十八卷《舆图部汇考》五十六元二："太宗乙未年城和林，作万安宫。丁酉治迦坚茶寒殿，在和林北七十余里。戊戌营图苏湖迎驾殿，去和林城三十余里。"一则迦坚茶寒殿与图苏湖迎驾殿非一地甚明，此疑有误。而汪作舟之《广舆考》亦有《朔漠图》，关于和宁之文释与罗图一字不异，是汪图亦据罗图，至为显明。

至明末陈组绶著《皇明职方图》。据其卷首所载或问云：

> 地图之修，肇于乙亥之春王正月，越八月而编次讫。丙子初夏而剞劂竣。凡十有六月图成。

则此图成于崇祯八、九年（1635—1636）间，著者于或问中声辩其虽仍罗念庵《广舆图》之旧而所以改定书名者，由其与罗图不同广，谓《广舆图》所载北不及和林，南不至交趾，东不及日本，西不抵织皮，又谓著者已见利玛窦之《万国图》，而对于所谓五大洲者则存而不论，所载仅限于明之职方司所司区域，其实《广舆图》所载之《朔漠图》依然收载其中，且其关于和林之文释与《广舆图》、《广舆考》全然一致。

以上为余所见之古地图属于朱思本地图之系统者，此最后所成之《职方地图》，实在思本成图三百十六年后，其用为典据之痕迹犹得辨之甚明。余于清初之地图未加研究，恐至由耶稣会宣教师之手所成之《康熙内府地图》时，《广舆图》始不流行也。

但在朱思本图成后，仍有不属于其系统之其他地图流行亦历然有证。西本愿寺所藏明建文二年朝鲜所制之《混一疆理图》，都会见明代之地名，而大体依据元代之地图甚明显。小川如舟博士尝谓其制图之法与载于《元史·天文志》西域仪象中"苦来亦阿儿子，汉言地理志也”者符合。然此图与朱思本图，余研究至今尚不能发现其有何等关系之痕迹，因之不能不断定为同时代所流行之不同地图。

参考：

至元十年（1273 年），大德元年（1297 年），至大辛亥即四年（1311 年），皇庆元年（1312 年），延祐元年（1314 年），至治元年（1321 年），泰定元年（1324 年），天历元年（1328 年），至顺二年（1331 年），元统元年（1333 年），后至元元年（1335 年），至正元年（1341 年），延祐庚申即七年（1320 年），阜昌七年（1137 年），嘉靖四十年（1561 年），万历七年（1579 年），崇祯八年（1635 年），建文二年（1400 年）

附记：

据近时印行图际恒之《好古堂书目·地理部》有：

《舆图》（元朱思本）大本一本。

然则朱思本之原图至康熙间犹存也。

译者跋尾：

内藤湖南先生此文先连续刊载于大正九年一、二月《艺文》第十一编第一、二号。上篇考朱思本行历，下篇论舆图及辨正李兆洛氏以计里画方法为始于朱氏之非，及其源流版本。昭和四年收入所刊《读史丛录》。其考朱思本行历一据《适园丛书》本《贞一斋稿》。搜罗讨索，朱氏之学行粗具。

按湖南先生据《贞一斋稿·舆地图自序》及罗洪先《广舆图序言》定朱氏原图名《舆地图》，经罗氏增广，始改称为《广舆图》。考《千顷堂书目》卷六有罗洪先《广舆地图》四卷，卷六、卷八并载有：

朱思本《广舆图》二卷（临川人）。

则罗图改名，原为《广舆地图》，卷六、卷八所录之本，疑经后人妄改，致与原名不符，或经罗氏增广本，伪为朱氏原本也。此据

《明史·艺文志》“罗洪先增补朱思本《广舆地图》二卷”及孙星衍《孙氏祠堂书目内编》二：

> 《增补朱思本广舆图》一册（明罗洪先撰）。

与黄目所差，不过落去“增补”二字可知。

《贞一斋稿》之见于著录者亦始于黄氏，《千顷堂书目》卷二十九：

> 朱本初《贞一稿》。
>
> 临川人。从吴全节宗师，居大都，敷祀名山。所著考求地里，作《地图考》。集有虞邵庵、范德机、柳道传《序》。

其详述朱氏与历造就者，则始于阮元，其所辑《四库未收书目提要》卷五云：

> 《贞一斋诗文稿》二卷。
>
> 元朱思本撰。思本字本初，豫章临川人。常学道于龙虎山中，贞一其号云。顾嗣立《元诗》四集称思本尝从吴全节居都下，博洽文雅，见称于时。所著诗文稿世无刻本，仅存范椁、刘有庆、欧阳应丙、虞集、柳贯、全节六序，俱诸人手书，藏吴中刘损夫家。此本乃丛书堂吴宽手钞，凡二卷，上卷为杂著文，下卷则古近各体诗。思本好学远游，遍历名山大川，几半天下。尝以昔人所刻《禹迹图》、《混一六合郡邑图》，皆有乖谬，乃参阅《郡县九域一统》等志，考订古今，校量远近，成《舆地图》一书。计里开方之法，至思本而始备。今文稿内有《舆地图自序》一篇可证也。大约思本之学，地理为长也。

所言“计里开方之法，至思本而始备，”正与内藤所考若合符节。其言稿本源流，亦足补内藤所未及。瞿氏铁琴铜剑楼亦收录此书，藏书目录卷二十二：

> 《贞一斋杂著》一卷，《诗稿》一卷（钞本）。
>
> 元朱思本撰。思本字本初，江西临川人。学道龙虎山中，从张仁靖真人扈直两京。又从吴全节居都下。后主席玉隆万寿

官。尝以周游天下，考核地理，竭十年之力，著有《舆地图》二卷，刊石于上清之三华院，惜今不传。集中有自序，可见其概。卷首有临江范梈、眉山刘有庆、临江欧阳应丙、蜀郡虞集、元教大宗师吴全节、东阳柳贯序。是书世无刻本，诸家书目，亦鲜著录，此从丛书堂钞本传录。

言朱氏《舆地图》曾勒石上清，亦为内藤文所未及。其他藏书家著录是书者有杭州丁氏《八千卷楼书目》卷十六：

《贞一斋诗文稿》二卷，元朱思本撰（钞本）。

思本之学久湮失，数百年来虽经黄、阮、瞿、丁、诸家之著录传钞，乌程张氏之刊行遗稿，然于其学问创获，人品行事，尚无有系统之表扬。内藤先生此文发潜表幽，使数百年前之学者得复现音容于今日，使后学者得稍悉其学问原委，厥功实多。爰于课暇迻译为华文，并以所知附录于后。

1933年3月16日吴晗于清华

（原载《国立北平图书馆馆刊》第7卷第2期）

汉唐之尺度及里程考*

［日］足立喜六　著
吴　晗　译

上　汉唐之尺度

一、古代尺度之研究法

研究中国历代之尺度，求出其与现代尺度之精确的比率，有几多学者尝从事于此问题之探讨。《隋书·律历志》尝举历代之尺度，分为十五等而辨其异同。宋、元、明、清之学者，亦尝注意及此，在日本亦有中村迪斋之《三器考》、中根原珪之《律原发挥》、荻生徂徕之《度量衡考》、伊藤东涯之《制度通》、狩谷掖斋之《本朝度量权衡考》、最上德内之《度量衡说统》、猪饲敬所之《读礼通考》、斋藤高寿《井田图说》等精深之研究甚多，且现代学者之论文亦复不少。然终未能达到一使人首肯之结果，实为遗憾。

古来诸学者从事尺度研究之方法，大体可分如次二种：

一、以古代尺度之现存者的规准，如建初尺、象牙尺、律尺、周尺等，求其相互关系，冀发现其间之一定比率之法也。然其尺度因时代之错综，决定殊难。又即使为同时代之尺度，因制作之形式不同，其长度亦有多少之差异。例如正仓院之镂牙尺与法隆寺之红牙尺，虽古今之学者俱认为唐尺，而正仓院尺之一尺，当日本曲尺

---

* 原稿“二、汉朝之尺度”内有汉代钱币图六幅，“三、唐朝之尺度”内有唐代钱币图五幅，因《人文月刊》距今较久，加之纸张、印工不良，这些图漫漶难识，且不收亦不影响文意，故未能收入。——编者注

之九寸八分；法隆寺尺之一尺，则当曲尺之九寸七分八厘。此孰为标准尺度固为难题，亦学者因之异说日多之所以也。此等尺度，装饰美丽，而分度则不精确。以此不能不令人致疑其果为实用尺度或为用于仪式与装饰之物也。以此等尺度用为研究之规准，则其意义之颇为薄弱，又可想而知。

二、择取泉货、剑戟、衣冠、帛绣等物之尺寸见于典籍者，以今尺度之，而寻求古今尺度比率之法也。此则决定当时之尺度不易，而遗物不完整，或无以实测，或不止于一事，则困难更多。

中国古代之度量权衡，据《隋书》、《六典》等书所记，有一定之规准，与其适用之方法，《六典》卷二十太府寺条言：

> 凡官私斗、秤、度尺，每年八月诣寺校印署，无或差谬，然后听用之。

甚至年年举行度量衡之检查。然而未必如今之根据原器制度为划一而彻底之施行也。其品质用铜、铁、象牙、竹、木等不同之物，其形式亦因以异，其间必有多少之讹长可以推知。唐制有大小二种尺度，其适用范围亦经规定，但往往混用，甚至有用汉尺者。由来对事物不划一而融通利用之巧妙，则固中国人之通性也。例如，仅在长安附近即使用三种衡器，清政府用库平，西安城内用议平，三原县则用布平，彼等借以巧为斤量授受，而从其中得利。尺度则更甚于此，有量地工尺、匠尺、裁衣尺、海关尺等，皆异其制。缎绣铺即用二三种之尺度以乱顾客耳目。近时宣传币制之改善，提倡度量衡之统一，甚嚣尘上，然在国民性若是之国家，疑其终未必有成耳。此固属浇季习俗，然从世态推测，研究中国古尺，而必求其一时代之标准尺度，以决定其正确之比率，颇非易事。要不过言某时代以某种尺度为最通行而已。尺必有多少之讹长，或亦混用大小尺等，混乱情形自在意中。故研究中国古尺，而只凭一二事实以轻率断定，颇有危险，宜从可及的多方面，综合各种推定而论定之，或庶几乎。

如上述之中国古尺，研究虽颇困难；然汉唐古钱现存遗物最多，其直径、斤量具为《汉书》及《唐书》所明记。以泉货为资料，而研究汉唐之尺度，固亦为古人所屡试之方法也。但在古钱学之幼稚时代，此法亦不足信赖，近则此学大有进步。在中国内地不难得真古泉，因之此法亦成为颇有兴味之问题。

故本文亦师古人之法，就汉唐之古钱币，选其直径有明记可征者，自古钱学上之见地鉴定其确为原铸，以游尺测径器，精测其直径，以发现日本曲尺与汉尺及唐尺之比率，进而考究汉唐之里程制度。

二、汉朝之尺度

《汉书·食货志》云：

> 王莽居摄，变汉制，以周钱有子母相权，于是更造大钱，径寸二分，重十二铢，文曰“大钱五十”。

今取大泉五十钱，而精测其直径，当日本曲尺之九分二厘。据此则汉尺一尺，实当曲尺之七寸六分。

又《汉书·食货志》云：

> 又造契刀、错刀，其环如大钱，身形如刀，长二寸，文曰“契刀五百”。错刀以黄金错，其文曰“一刀直五千”。与“大钱”、五铢钱凡四种并行。

“大钱”即前记之大泉五十钱。又契刀为契刀五百钱，错刀为一刀平五千钱，《汉书》并改为契刀五百，及一刀直五千。

今取契刀五百钱与一刀（金错）平五千钱，先精测其环之直径；各当日本曲尺之九分二厘，与大泉五十钱同大。次精测自刀之尖端之最长距离，各为一寸五分二厘。由是知汉尺一尺，仍当曲尺之七寸六分。

《汉书·食货志》云：

> 小钱径六分，重一铢，文曰“小钱直一”。

精测小泉直一钱之直径，当日本曲尺之四分五厘。此则汉尺一尺，当日本曲尺之七寸五分。

又《汉书·食货志》云：

天凤元年，复申下金、银、龟、贝之货，颇增减其贾值，而罢大、小钱，改作货布，长二寸五分，广一寸，首长八分有奇，广八分，其圜好径二分半，足枝长八分，间广二分，其文右曰“货”，左曰“布”，重二十五铢，直货泉二十五。

是即前此之大泉五十钱与小泉直一钱所改造者。精测货布之各部，求汉尺与日本曲尺之比率如此。

部分	汉尺	日本曲尺（实测）	汉尺一尺当曲尺
长	二寸五分	一寸九分一厘	七寸六分
广	一寸	七分六厘	七寸六分
首长	八分有奇	六分四厘	
首广	八分	六分一厘	七寸六分
圜好径	二分半	一分九厘	七寸六分
足枝长	八分	六分一厘	七寸六分
间广	二分	一分五厘	七寸六分

又《汉书·食货志》云：

货泉径一寸，重五铢，文右曰“货”，左曰“泉”，枚直一，与货布二品并行。

实测货泉之直径为七分六厘。故汉尺一尺，相当于日本曲尺之七寸六分。

据精测以上诸钱之结果加以考察，王莽时代之汉尺一尺，当日本曲尺之七寸六分，确然无疑。小泉直一之比率不同，则应是制作之误差，货布之间广，以其部位有多少之差异，故测得之结果亦异也。

周汉以来以大小数种之钱相互计较而定其价。所谓子母相权者颇为烦杂。故王莽改其币制，铸为新钱。于居摄二年（7 年）造大泉五十、契刀五百、一刀平五千。始建国元年（9 年）造小泉直一以之为单位。定大泉为其五百，金错刀为其五千。五年以后，天凤元年（14 年）悉废之而新造货泉以为单位，货布值其二十五。如此则王莽曾屡改币制，而非改正度量衡之制度也。故研究此等古钱不仅可得王莽尺之比率，即视为汉尺之比率亦可。且得以推定周尺及秦尺之与汉尺殆无差异，即改算汉以前之尺度，亦可适用此比率也。

三、唐朝之尺度

《新唐书·食货志》云：

> 武德四年铸开元通宝，径八分，重二铢四累，积十钱重一两，得轻重大小之中。

开元通宝，《六典》作开通元宝，新旧《唐书》以下则多作开元通宝，此则暂从两《唐书》之称。今就开元通宝之原铸，而精测其直径，当日本曲尺之八分。据此则唐尺一尺，相当于曲尺之一尺也。（开元通宝之直径，据成岛柳北之《明治新撰钱谱》第一集。）

又《新唐书·食货志》云：

> 乾元元年经费不给，铸钱使第五琦铸乾元重宝钱，径一寸，每缗重十斤，与开元通宝参用，以一当十，亦号乾元当钱。

精测乾元十当钱之直径，当日本曲尺之一寸。故唐尺一尺，当曲尺之一尺。

又猪饲敬所《读礼通考》下卷云：

> 周尺之度，古今诸说纷纷，长短不一，莫若征于古物。《汉志》谓王莽货布长二寸五分，唐李台《钱志》谓一寸九分。今本邦好友家有藏货布者，长铁尺一寸九分，本邦铁尺即唐大尺，一寸九分为周、汉二寸五分，以四乘之则知周、汉一尺当今七寸六分。

即证明周、汉尺所测，均得同一之结果；是唐尺与曲尺固全然属同一制度也。

以古钱研究为尺度研究之出发点者大抵均得到同样之结论。平田笃胤、屋代弘贤、猪饲敬所、藤井贞干、荻生徂徕等研究之方法虽不同，然皆同主唐尺与日本曲尺全然相等之说。

四、唐朝之大尺与小尺

《六典》卷三户部条云：

> 凡积秬黍为度量权衡诸，测钟律，测晷景，合汤药及冠冕之制则用之。内外官司悉用大者。

测泉货之大小，既用大尺，则等于曲尺之唐尺，即大尺也。又云：

> 凡度以北方秬黍中者一黍之广为分，十分为寸，十寸为尺，一尺二寸为大尺，十尺为丈。

先定小尺之原基及制度，决定小尺与大尺间之比率。即唐制有大小二种之尺度，其小尺即所谓黍尺，其十分之十二为大尺。然《汉书·律历志》言：

> 度者……本起黄钟之长，以子谷秬黍中者一黍之广度之，九十分黄钟之长，一为一分，十分为寸，十寸为尺，十尺为丈，十丈为引。

则黍尺即小尺，同于晋前尺，即秦汉之尺，唐小尺约当日本曲尺之七寸六分，其十分之十二即日本曲尺之九寸一分，相当于唐之大尺。但此长度与前得结果不符，又视小尺即黍尺，当于晋前尺即汉尺者，只从比较《汉书》与《六典》之文而得，全为案上之推定，别无佐证。颜师古注子谷犹言谷子秬，即黑黍，《六典》解“子”字为方位，以为北方之秬黍，颇为滑稽，是不过以为唐之小尺仍袭古尺，别创新自秬黍之大小算出之事而已。谓汉以后至唐大凡六百年间，必经数次之尺度改正，而汉尺曾经多少伸缩则至当，谓为完全相等则不可。如未发现可决定小尺长度之直接资料时，则不能求出自小尺至大尺之长度。然前述唐大尺等于日本曲尺之研究，以其为自多数实证所得之结果，故至可信。以此逆溯前所推论，推定大尺（日本曲尺）之十二分之十为小尺之说，理论上实可成立。由之可断定：

唐大尺等于日本曲尺。

唐小尺相当于日本曲尺之八寸三分三厘。但此推论，证据薄弱，遽尔信从，或有鲁莽之嫌。然试用以解决后列之难题而通，则此结论之价值亦自明矣。

五、大小尺之适用

欲知《六典》所定大小尺适用之范围是否一律厉行，不能不就其国民性与当时之情形加以考察。试就左列四问题加以解释：

（一）开元通宝钱之直径

开元通宝钱，直至近世，犹用为中国铸钱之标准。但以改铸、私铸、盗铸盛行，其种类非常繁多之故，居今而欲鉴定其原铸，颇为困难。以此或有搜集多种之开元通宝，以其直径之平均数，为其标准直径者。但此实无意味。又原铸钱虽品质优良，而基于经济的原则，历时久者，陷于粗恶贫弱，则又历史上之事实也。

以此亦有人以为原铸钱最大，改铸、私铸、盗铸之钱必应较小，而以最大之开元通宝钱为标准钱时，则开元通宝中直径有八分三厘者甚多，则其结果，唐之八分，较日本曲尺之八分为上矣，是不足取也。于此明为私铸、盗铸者无论已，后世改铸如南唐开元者若除去；其背有郡名之文字者，有点画者，挑元字之第二画者，虽难认为原铸，姑就此等种类中，选取品质、字体、制作、古色等优良之物，而精测其直径，则最大者乃所为爪形开元钱，其直径当日本曲尺之八分三厘。此为今日存留最多者。最小者为右肩挑起之开元钱（开字之上连续且元字第二画之右端向上挑起者），直径当日本曲尺之七分六厘。其他之开元钱悉包含于此两者间。前举之直径，当日本曲尺八分者（背文无点画）极易得。然则《唐书》所记开元通宝钱之径八分者究何所谓？日本曲尺八分三厘当唐之小尺一寸，曲尺七寸六分当汉尺一寸。原来据武德四年（621年）之制定，造开元通宝钱之直径，虽为大尺之八分，而爪形开元钱之小尺之一寸为直径，挑肩开元钱以汉尺之一寸为直径造成。当时铸钱已有二十余炉，在开元时则全国且至八十四炉，因得铸造如斯标准不同之开元通宝钱。然则《唐书》总括此等之大尺之八分，小尺之一寸，汉尺之一寸等等，示其略数而记为径八分，亦未可知也。而以此等种种之开元通宝钱为标准，而滥行改铸、私铸者，其种类历经岁月而愈多，据曾经调查学者之说，已知者已达六百余种之谱。以此如某学者之仅以开元通宝而决定尺度，实至危险。是故上文所用以决定唐尺基准之开元通宝，不过例证之一，实则如王莽钱或乾元通宝钱之异制不多，且通用期间甚短，而被埋藏于土中者，其考证的价值较大。

（二）又《新唐书·食货志》云：

> 乾封元年，改铸乾封泉宝钱，径寸，重二铢六分，以一当旧钱之十。

精测此乾封泉宝钱之直径，当日本曲尺之八分五厘。较开元通宝有直径五厘重量二分弱之增加。若乾封泉宝钱之径寸为大尺，则当日本之一寸；按之所定重量，钱之厚度当颇薄，与实物迥然不类。故径寸实为小尺之寸（曲尺八分三厘），徒大其祢耳。而以抵开元通宝十个之价，故为非常之恶钱。恶钱出而良货被驱逐，为 Gresham 之法则；钱价下落则物价腾贵，又为经济之原则。《新唐书·食货志》云：

> 踰年而旧钱多废，明年以商贾不通，米帛踊贵，复行开元通宝钱。

民不堪恶钱之弊，翌年遂不能发乾封泉宝，而复行开元通宝钱。故乾封泉宝钱之直径，决非八尺一寸，而为小尺之一寸可知。

（三）《新唐书·食货志》云：

> 第五琦为相，复命绛州诸炉罢铸重轮乾元钱，径一寸二分，其文亦曰“乾元重宝”，背之外为重轮，每缗重二十斤，与开元通宝钱并行，以一当五十。

精测重轮乾元重宝钱之直径，当日本之曲尺一寸一分三厘。《新唐书》之径一寸二分，如用大尺则仅不足七厘，如用小尺则当曲尺之九分九厘六毛，与记录之差至一分三厘三毛。故此直径为大尺之一寸二分，实仅缩少七厘。或鉴于乾封泉宝钱之失败而用大尺稍紧以铸者欤?

（四）《新唐书·食货志》云：

> 史思明据东都，亦铸得一元宝钱，径一寸四分，以当开元

通宝之百，既而恶“得一”非长祚之兆，改其文曰“顺天元宝”。

得一元宝钱与顺天元宝钱之直径，如为大尺一寸四分，则其钱颇大。今试精测其直径，得一元宝钱当曲尺之一寸二分，顺天元宝当曲尺之一寸二分三厘，与大尺之一寸四分相去甚远。若为小尺之一寸四分时，则当日本曲尺之一寸二分六厘，得一元宝钱及顺天元宝钱之直径实测数约略一致。由是知此径一寸四分实用小尺。

要之唐朝有大小二种之尺度，其适用之场合，虽经《六典》明白规定，实际上则固应时与地而随便利用也。总之在唐代有等于曲尺之大尺，与其十二分之十即相当于曲尺八寸三分三厘之小尺并行，实为至明白之事实。

下　汉唐之里程

一、汉朝之里程

里程原出于田亩之制，而田亩之制，则基于井田之法。《汉书·食货志》说明井田之法曰：

六尺为步，步百为亩，亩百为夫，夫三为屋，屋三为井，井方一里，是为九夫。八家共之，各受私田百亩，公田十亩，是为八百八十亩。余二十亩以为庐舍，出入相友，守望相助。

井田之法者，于方一里即方三百步之地分为九等，分作井字形，中央之一区为公田，四周之八区为私田，八家各私有其一区。周制以广一步长百步之田为一亩，故各区之面积各百亩。八家在私田之外各耕公田十亩，而其余之二十亩则为八家之庐舍。是则每家耕私田百亩为自己所有，耕公田十亩以为公租也。所谓人人先公后私进而纳什一之税之法也。周代之里程与此田制同，以六尺为步，三百步为里。《史记·始皇本纪》有“六尺为步”之文，是秦之里程全袭周制，两汉仍之未改。汉尺当日本曲尺七寸六分，则汉之里程：

一　里

一里

	百步	百步	百步
百步	夫（私田百亩）	夫（私田百亩）	夫（私田百亩）
百步	夫（私田百亩）	夫（公田百亩）	夫（私田百亩）
百步	夫（私田百亩）	夫（私田百亩）	夫（私田百亩）

一尺当日本曲尺之七寸六分。

一步当日本曲尺之四尺五寸六分。

一里为三百步，当日本之三町四十八间。

《康熙字典》引《司马法》：“凡人一举足曰跬，跬三尺也；两举足曰步，步六尺也。”则步者今言二步也。普通人之二步当日本曲尺之四尺五六寸。由此推论，周尺当曲尺之七寸五六分，汉尺同。自汉至隋，其间尺度数更，若一一考定，殊感烦苦，且与本文直接有关者甚尠，故视为无特别差异，如有计算此期间之尺度或里程之必要时，适用以汉之尺长或里长。

二、唐朝之里程

《六典》卷三户部条云：

凡天下之田，五尺为步，二百有四十步为亩。

夏侯阳《算经》云：

杂令诸产地，以五尺为一步，三百六十步为一里。

又云：

在京诸司及诸州，各给称、尺，并五尺度、斗、升、合等样，皆铜为之。

夏侯阳《算经》为唐国子监算学学生教科用之算学书，今收入武英殿聚珍版丛书中，据清代学者之考证，夏侯阳为隋人，其中所引用之杂今、田令、田曹皆隋制。此说如确，则五尺为步、三百六十步为里之制已起于隋，而唐袭用之，颁为定制也。故唐之里程：

一尺当日本曲尺之一尺。

一步为大尺之五尺，当日本曲尺之五尺。

一里为三百六十步，即一千八百尺，相当于日本之五町。就事例而考之：

（一）《旧唐书·地理志》述洛阳（即东都）之广袤，为南北十五里二百八十步，东西十五里七十步，周围六十九里三百二十步。既云三百二十步，则其不用三百步一里之制可知。

（二）宋代所作《长安志》记述用唐之里程，其卷六长安宫城条，东西四里，南北二里二百七十步，则周围当为十二里五百四十步，而云十三里百八十步，是可知其用三百六十步一里之制计算。且《长安志》卷十四记："至凤翔府扶风县东界十一里三百二步。"此亦其不用三百步一里制之证也。

（三）长安城郭之里程，以《隋书》、《六典》、《旧唐书》、《长安志》及《新唐书》、《长安志图》所记之长安城郭之里程互较，可证明隋、唐实施三百六十步为一里之制度，同时订正此等典籍相互之误谬（括弧内为订正之数值）。

	皇城东西	皇城南北	宫城东西	宫城南北	宫城周围	京城东西	京城南北	京城周围
《隋书》（唐）						一五里一一五步	一五里一七五步	
《六典》（唐）	五里一一五步	三里一四〇步				一八里一一五步	一五里一七五步	
《旧唐书》（五代）						一八里一五〇步	一五里一七五步	
《新唐书》（宋）	一九一五步	（一一二〇步）一二〇〇步	一四四〇步	（九九〇步）九六〇步	四八六〇步	（六五九五步）六六六五步	五五七五步	一四一二步
《长安志》（宋）	五里一一五步	三里一四〇步	四里	二里二七〇步	一三里一八〇步	一八里一一五步	一五里一七五步	（六七里二二步）六七里
《 长安志图》	五里一一五步	三里一四〇步		二里二七〇步	一三里一八〇步	一八里一一五步	一五里一七里步	（六七里二二步）六七里

比较此表，发现如下诸项：

1. 各书皆据三百六十步为一里计算。何以云然？因《长安志》固以三百六十步制计算者，而他书所见之数悉与同也；则其计算之法，自必与同。

2. 除《新唐书》外，各书大概同一数目，为适用同一算法之证。《旧唐书》以下诸书，均照袭《隋书》与《六典》之数，似均未加以实测，正足以知此时代一般所信之长安城郭里程如此。

3. 长安之京城为方形。计算其周围时，《隋书》、《六典》皆作六十七里二百二十步，《长安志》与《长安志图》作六十七里者，盖举其大略之数而已。

4. 《新唐书》之里程，仅就他书之里程，以三百六十五步为一里之计算，改算为步数。

5. 《新唐书》之里程改算有如下之误谬：

a. 皇城南北一千二百步为一千二百二十步之误。此与他书之数比较自明。

b. 宫城之南北九百六十步为九百九十步之误。此自东西及其周围计算，再与《长安志》之数比较，即知其误。

c. 京城之东西六千六百六十五步是六千五百九十五步之误。此自京城之南北及其周围计算，与《长安志》一较即明。

d. 京城之周围二万四千百四十步，与《长安志》之略数六十七里同，而非京城东西之距离与南北之距离之和之二倍。

故长安之宫城、皇城及京城之广袤周围，前表画有黑线里步之数实可信。而此等数字与长安城之实测正相一致（参阅另文《隋唐之长安城》第四节《唐长安城遗迹之调查》）。因得以证明以大尺五尺为一步说之可信。

三、唐里之大程与小程

如上所述，大尺五尺为步，三百六十步为里之法，至少唐时曾用以测量两京；而小尺六尺为步，三百步为里之古制亦往往用之。

夏侯阳《算经》云：

> 田曹以六尺为步，三百步为里。

又同书之开端述算法云：

> 里之求步三百之，步之求尺六之。

故唐时有两种制度，其一，五尺为步，三百六十步为里；其二，六尺为步，三百步为里也。今姑名一者曰大程，二者曰小程。据唐制，度地当用大尺，则大程无论已，即小程亦当用大程。然则小程一步当日本六尺，去步之固有观念甚远矣。盖以六尺为步，三百步为里者，周、汉以来所谓先王古法，而计之亦宜以近古之小尺也，然当时大程一步为大尺五尺，小程一步为小尺六尺，其实相等。以故往往有计用小程而测用大尺同五尺一步三百步一里为一者。次举杜氏《通典》之守拒法即其一例。试将唐里之大小作一比较：

大程　一步大尺五尺，一里三百六十步，即大尺千八百尺，当日本曲尺千八百尺。

小程　一步小尺六尺（大尺五尺），一里三百步，即小尺千八百尺，当日本曲尺千四程百九十九尺四寸。

次举用小程之事例：

（一）《旧唐书》及《新唐书》的《天文志》所记日晷观测事。即自滑州白马县顺次，混北八尺树之表于各所，以测其晷影，至豫州之上蔡武津，合计其总里数为五百二十五里五百七十步。《天文志》记："大率五百二十六里二百七十步，影差二寸有余。"此明言以三百步为一里计算也。

（二）杜氏《通典》卷百五十五兵五守拒法：

> 一步五尺之城，计功二百三十五人，一百步计功三万三千五百人。三百步计功七万五百人。率一里则十里可知。

一步五尺乃大尺之五尺，可作为小尺之六尺。而"三百步计功七万五百人。率一里"，则以三百步一里计算。故守拒法之大尺五尺（小尺六尺），一步三百步一里之计算即小程也。

（三）唐洛阳、长安间之距离：

就长安、洛阳之距离论：

a.《后汉书·郡国志》京兆尹一条：

京兆尹（注秦内史，武帝改，其四县建武十五年属，洛阳西九百五十里。）

然汉之洛阳在今河南府东十九中国里。长安（未央宫）在今西安城西北二十中国里，以之换算为汉里得五十三里。扣除此数，则唐之长安与洛阳之距离，为八百九十七汉里。

b. 又《旧唐书·地理志》河南府条：

西京之东八百五十里。

又在两京间之华州条下：

京师东一百八十里，去东都六百七十里。

又在长安西之凤翔府条：

京都西三百十五里，去东都一千一百七十里。

长安与洛阳相离八百五十唐里固无可疑。

c. 次据东亚同文书院研究部调查，现在河南府与观音堂间有铁道，自观音堂至西安府则须步行。皆为邮路，系最短距离，其实测数为七百三十六中国里。

d. 又据陇海铁道技师在 1912 年所测之成绩，河南、潼关之间百三十四哩，潼关、西安之间八十三哩。故洛阳、长安之距离为二百十七哩。

e. 又据同文书院研究部所调查之自河南府及西安府之经纬度计算其距离，为日本之九十一里二分。即：

A. 河南府　北纬三四度四三分　　东经一百一二度二八分

B. 西安府　北纬三四度一六分　　东经一〇八度三八分

$\angle a=30^{\circ}50'$　　$\angle b=27'$

R=6 377.4Km……Rod. of Equator

1 里=3.927Km

$r=R\cos 34^{\circ}16'$

$BD=R\sin\frac{1}{2}a=R\sin\frac{1}{2}x$

$$\mathrm{R}\sin\frac{1}{2}x=\mathrm{R}\cos 34°16'\sin\frac{1}{2}$$

$$\sin\frac{1}{2}x=\mathrm{Cos}\ 34°16'\sin 1°55'$$

$$\angle x=3°10'40''$$

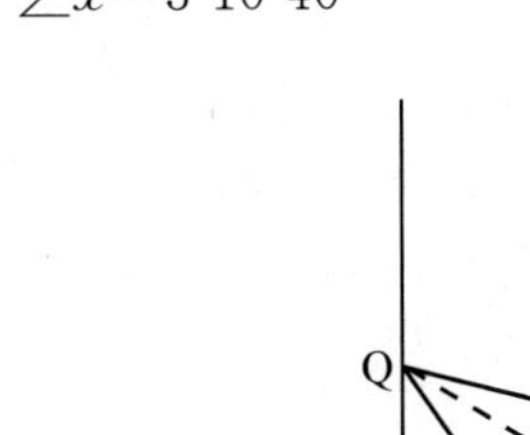

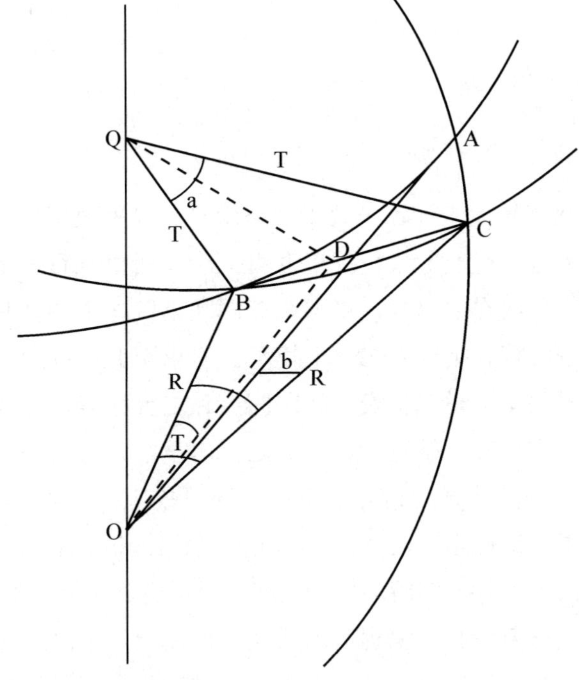

据球面三角之公式则

$\mathrm{Cosr}=\mathrm{Cos}\alpha\mathrm{CosB}\beta$

$\angle\alpha=27'$　　$\angle\beta=3°10'40''$

$\mathrm{Cos}=\mathrm{Cos}\ 27'\mathrm{Cos}\ 3°10'47''$

$\mathrm{ICosr}=\mathrm{ICos}\ 37'+\mathrm{ICos}\ 3°10'40''$

$\angle \mathrm{r}=3°12'56''$

但其角甚小，故不用七位以上之对数表时，须应用 Napier 之公式，以 Tangent 代 Cosine 计算

次求弧 AB 之长

$$\mathrm{AB}=\frac{6377.4\mathrm{Km}\times 2\pi\times 3°13'}{360°\times 3\,927\mathrm{Km}}=91.2\ 里$$

改算前述之汉里、唐里、中国里及哩数等为日本里数比较如下：

原据		改算日本里程		与计算距离之差
《后汉书》	897汉里		10里20町×8.97=94里7	3.5
《旧唐书》	850唐里	大程	11里20町×8.5=98里2	7.0
		小程	13里32町×8.5=118里1	26.9
东亚同文书院研究部 铁路及邮路	735中国里		14里17町×7.35=106里4	15.2
东亚同文书院研究部 经纬度			91里2	
陇海铁道之技师之实测	218		89里3	−1.9

行路距离当然大于计算，大于铁路距离。汉里及唐里（小程）仅大于计算距离者三里至七里，汉里九百五十，唐里八百五十，不过省其一位之数。故实在之里数，略与东亚同文书院之实测数相一致。若以唐里之大程计算，则约差二十七里矣。研求至此，汉唐时代里程测量之方法，及关于各时代长安、洛阳间道路之变移等，乃成为必要的研究问题，以太枝叶，姑置不论。总之，唐里之长安、洛阳间之八百五十里，乃用小程计算，其合于事实，固可推定。且再就其他地方，试以《旧唐书・地理志》之里程，与实测里程比较，则固皆用小程也。同时可知《汉书》及《旧唐书》所记载之里程决非无稽之数字。

再就以上诸例考察，大程为隋或初唐所制定，以之适用于两京城坊，但未经普通厉行，而地方之里程、天文，又如《司马法》等旧习惯之不易更改者，仍用近于旧制之小程。

由此亦可窥见不划一不急进之中国国民性焉。日本大宝令杂令之：

凡度五尺为步，三百步为里。

当亦采用此种小程者也。大程自唐末至宋代似渐普通行用。《宋史》、《长安志》、《新唐书》之类皆用之，如延喜式之杂式改为：

其度以六尺多为，以外如令。

以6×300=1 800尺同于唐大程之5×360=1 800尺，故仿唐制改大程为小程也。此唐制之大程、小程之存在及变移之可以推知者也。

要之唐里有五尺一步三百六十步一里之大程，与五尺（小尺六尺）

一步三百步一里之小程，在唐代小程盛行，于长安与洛阳之城郭适用大程，固确无可疑也。

四、清朝之尺度及里程

宋、元以后尺度之讹长愈多，由使用之目的而尺度之制作因之而异，其关系更趋复杂。但此非本文范围所及。唯在本文中记现在之距离，使用清之尺度及里程处甚多，以此略将其与日本尺度、里程之关系附记于此。以今西安（长安）府地方之清朝普通尺与日本曲尺比较，清一尺为曲尺之一尺四分二厘。清一尺较唐大尺或日本曲尺仅长四分二厘。光绪十九年十月舆图馆测绘陕西省城图云：

> 今实测城周四千三百九十丈，为二十四里三分零；东西距一千三百七十丈，为七里六分零；南北距八百二十五丈，为四里五分零。

是则清之里程用一千八百尺为里之计算法甚明。以是清一里当日本曲尺及唐大尺之一千八百七十五尺，相当于日本之五町十二间六分。故清之尺度及里程与唐制颇接近，两者之差异极微。

五、汉、唐、清之尺度及里程与日本曲尺比较表

求得中国各时代尺度之理论的比虽颇困难，今利用以上之大体的研究之结果，制为一览表，以试用于长安研究。若在长安研究上能得精确适用之好结果时，则以应用于广大之其他场合必不致误，由此可得间接证明也。

第一表

尺		曲尺	米突	里程
汉		尺 〇.七六〇	米 〇.二三〇〇	
唐	小尺	〇.八三三	〇.二五二〇	
	大尺	一.〇〇〇	〇.三〇三〇	
清		一.〇四二	〇.三一五七	
步				
汉	六尺	尺 四.五六〇	米 一.三八一	

续前表

尺	曲　尺	米　突	里　程
唐 小尺　六尺	四.九[尺]八八	一.五[米]一四	
唐 大尺　五尺	五.〇〇〇	一.五一五	
里			
汉　三.〇〇步	一三六八.〇[尺]	四一四.五[米]四五	四町八四
唐 小程(小尺)　三〇〇步	一四九九.四	四五四.三六三	四町〇九四五尺
唐 大程(大尺)　三六〇步	一八〇〇.〇	五四五.四五四	五町
清　一八〇〇尺	一八七五.六	五六八.三六一	五町一二间三.六尺

第二表

(汉、唐、清里程换算日本里程表)

	汉	唐 大程	唐 小程	清
一里	三[町].四八[间]	五[町]	四[町].〇九[间].五[尺]	五[町].一二[间].三[尺].六
二里	七.三六	一〇	八.一九.四	一〇.二五.一.二
三里	一一.二四	一五	一二.二九.三	一五.三七.四.八
四里	一五.一二	二〇	一六.三九.二	二〇.五〇.二.四
五里	一九.〇〇	二五	二〇.四九.一	二六.〇三.〇.〇
六里	二二.四八	三〇	二四.五九.〇	三一.一五.三.六
七里	二六.三六	三五	二九.〇八.五	一[里].〇〇.二八.一.二
八里	三〇.二四	一[里].〇四	三三.一八.四	一.〇五.四〇.四.八
九里	三四.一二	一.〇九	一[里].〇一.二八.三	一.一〇.五三.二.四
十里	一[里].〇二.〇〇	一.一四	一.〇五.三八.二	一.一六.〇六.〇.〇
二十里	二.〇四.〇〇	二.二八	二.一一.一六.四	二.三二.一二.〇.〇
三十里	三.〇六.〇〇	四.〇六	三.一六.五五.〇	四.一二.一八.〇.〇
四十里	四.〇八.〇〇	五.二〇	四.二二.三三.二	五.二八.二四.〇.〇
五十里	五.一〇.〇〇	六.三四	五.二八.一一.四	七.〇八.三〇.〇.〇
百里	一〇.二〇.〇〇	一三.三二	一一.二〇.二三.二	一四.一七.〇〇.〇.〇

此文原为《东洋文库论丛》第二十之一《长安史迹之研究》第二章，昭和八年十二月出版。作者足立喜六，日本静冈县盘田郡袖浦村字冈人，明治三十一年卒业于东京高等师范学校，同三十九年春应清政府之聘，任陕西省西安府高等学校教习，侨居该地至四十三年春，以讲习之暇从事于西安府内外之史迹调查，著为此书，至

昭和元年始勒成定稿，于昭和三年春提出请桑原博士校阅，继桑原寝疾，以此书嘱其高弟那波利贞继续校阅。历时数年，订削三过始就。书中尤致力于唐代尺度、里程之实长之研究，论旨稳健，研究着实，成一家之言。今为译出，以饷国人。译稿承吾师钱稻孙先生改削纠正，于此志谢。

译者附志　1934 年 3 月 13 日于清华园

（原载《人文月刊》第 5 卷第 6、7 期，1934）

附　录

附录一：

经党中央批准北京市委决定为“三家村”冤案彻底平反

新华社北京8月2日电　经中共中央批准，中共北京市委正式决定为林彪、“四人帮”和那个顾问制造的所谓“三家村反党集团”冤案彻底平反。

北京市委在《关于“三家村”冤案的平反决定》中指出：林彪、“四人帮”和那个顾问诬蔑邓拓（原北京市委书记兼北京市委党刊《前线》主编）、吴晗（原北京市副市长）、廖沫沙（原北京市委统战部部长）三同志是所谓“三家村反党集团”，并强加以叛徒、特务、反革命分子种种罪名，完全是出于篡党夺权的罪恶目的而有组织、有计划地制造的大冤案，应予全部推倒。经中央批准，决定撤销原中央专案审查小组办公室对邓拓、吴晗、廖沫沙三位同志所作的错误结论，恢复这三位同志的政治名誉；恢复邓拓、吴晗同志的党籍，恢复廖沫沙同志的组织生活；为被林彪、“四人帮”残酷迫害致死的邓拓、吴晗同志举行追悼会。召开平反昭雪大会，宣布平反决定；宣布为凡因“三家村”冤案受到株连的同志和家属一律平反。

决定还宣布，北京市委1966年5月25日关于撤销《北京日报》、《北京晚报》、《前线》编委会和撤销范瑾同志（原北京市副市长、《北京日报》社社长）党内外一切职务的决定都是错误的，应为上述单位和个人恢复名誉。决定指出，在林彪、陈伯达、江青、张春桥、姚文元和那个顾问的压力下，1966年4月16日，《前线》、《北京日报》的《关于“三家村”和〈燕山夜话〉的批判》一文的

“编者按”和材料是不实事求是的，应予撤销。

林彪、“四人帮”一伙制造震惊中外、祸延全国的“三家村”冤案，从一开始就激起了人们的极大愤慨。粉碎“四人帮”以后，广大干部和群众强烈要求为这个大冤案平反。北京市委的这个决定下达后，全市人心大快。大家表示：一定要发扬社会主义民主，加强社会主义法制，决不能再让林彪、“四人帮”这类的野心家、阴谋家逞凶肆虐，决不能再让“三家村”这样的冤案在社会主义的中国重演。

（原载《北京日报》，1979年8月3日）

附录二：

中国共产党的好党员、坚强的革命战士、著名历史学家、原北京市副市长

吴晗同志追悼会在京隆重举行

吴晗同志的夫人袁震同志追悼会同时举行

叶剑英、邓小平、李先念等送花圈，李先念、乌兰夫、方毅、胡耀邦、彭真、周建人、许德珩、胡厥文、朱蕴山、史良等参加追悼会，林乎加主持追悼会，贾庭三致悼词

本报讯　中国共产党的好党员、坚强的革命战士、著名的历史学家、原北京市副市长吴晗同志的追悼会9月14日下午在八宝山革命公墓礼堂隆重举行。中国共产党的好党员、吴晗同志的夫人袁震同志的追悼会同时举行。

吴晗同志因受林彪、“四人帮”和他们那个顾问一伙的恶毒诬陷和迫害，不幸于1969年10月11日含冤逝世，终年60岁。袁震同志受到株连，于1969年3月18日含冤逝世，终年62岁。

中共中央副主席叶剑英、邓小平、李先念，中共中央政治局委员乌兰夫、方毅、邓颖超、胡耀邦、聂荣臻、倪志福，人大常委会副委员长彭真、廖承志、周建人、许德珩、胡厥文、朱蕴山、史良，政协全国委员会副主席沈雁冰、康克清、季方、杨静仁、胡子昂、刘澜涛、陆定一、胡愈之、王昆仑送了花圈。

送花圈的还有：全国人民代表大会常务委员会、中国人民政治协商会议全国委员会、中共中央组织部、中共中央宣传部、中共中央统战部、新华通讯社、人民日报社、教育部、文化部、中国社会科学院、中国民主同盟和其他各民主党派、全国青年联合会、中共浙江省委和省革委会、中共义乌县委和县革委会。

中共北京市委和市革委会、政协北京市委员会送了花圈。中共北京市委第一书记、市革委会主任林乎加，中共北京市委第三书记、市革委会副主任贾庭三，市委、市革委会其他负责同志送了花圈。送花圈的还有北京市各民主党派和人民团体。

吴晗同志的生前友好还送来了许多挽联和挽诗。

党和国家领导人李先念、乌兰夫、方毅、胡耀邦、彭真、周建人、许德珩、胡厥文、朱蕴山、史良，政协全国委员会副主席康克清、季方、杨静仁、胡子昂、刘澜涛、胡愈之、王昆仑，中国社会科学院院长胡乔木参加了追悼会。

市委、市革委会、北京卫戍区负责同志林乎加、贾庭三、杨俊生、刘绍文、叶林、王纯、赵鹏飞、毛联珏、李立功、王宪、陈鹏、刘坚夫、刘祖春、白介夫、刘导生、佘涤清、叶子龙、吴烈、潘焱、郭献瑞、李巧云参加了追悼会。

会场正中悬挂着吴晗同志和袁震同志的遗像，安放着骨灰盒。吴晗同志的骨灰盒上覆盖着中国共产党党旗。

追悼会由林乎加同志主持，贾庭三同志致悼词。

悼词说，吴晗同志的逝世，是我们党和国家的损失，是我国史学界的重大损失。

悼词说，吴晗同志1909年生，浙江义乌县人。1934年在清华大学毕业后，长期从事高等教育工作，曾先后担任清华大学、云南大学和西南联合大学教授。他治学严谨，教学认真，热爱祖国，痛恨国民党的卖国独裁统治，坚决拥护中国共产党的主张。1943年他在昆明参加了中国民主同盟，为争取民主、反对独裁进行了不懈的斗争，深受进步青年和学生的爱戴。1945年初，党组织决定成立“民主青年同盟”（简称“民青”），吴晗同志帮助他们建立了秘密印刷厂，翻印党的文件和毛泽东同志的著作，对“民青”的发展起了积极作用。抗日战争胜利后，吴晗同志积极响应党提出的停止内战、成立民主联合政府的号召，英勇地投入反内战、反独裁的民主运动。震惊全国的“一二·一”惨案发生后，吴晗同志与进步学生并肩战斗，积极组织教授罢教，发表声明，抗议国民党反动派的法西斯暴行，有力地支持了学生的正义斗争。

1946年7月，吴晗同志在北上途中惊闻民主战士李公朴、闻一多殉难噩耗，悲愤填膺，彻夜不眠，含泪疾书《哭公朴》、《哭一多》等悼念文章，并在上海各界人士举行的李公朴、闻一多烈士追悼大会上发表了痛斥国民党反动法西斯暴行的演说，充分表现了他的伸张正义、无私无畏的革命精神。北上后，在党领导的反饥饿、反内战、反迫害等一系列民主运动中，与广大进步学生休戚与共，并肩战斗，为中国人民解放事业做出了可贵的贡献。1947年秋，在国民党反动派强行解散民盟的紧急关头，吴晗同志立场坚定，旗帜鲜明，进行了针锋相对的斗争。在党组织的帮助下，他领导北平市民盟组织转入地下，坚持斗争。1948年秋，吴晗同志积极响应党中央召开新政治协商会议的号召，偕同夫人袁震同志奔赴解放区，受到毛泽东同志和周恩来同志的亲切接见和热情鼓励。

悼词说，全国解放后，吴晗同志怀着满腔热忱，投身于社会主义革命和社会主义建设，深得党和广大人民群众的信任。他历任第一、二、三届全国人民代表大会代表，第一届全国政协委员，第二、三届全国政协常务委员，北京市第一、二、三、四届人民代表大会代表，第一、二、三、四届北京市政协委员、常务委员、副主席等职。他还先后担任了清华大学历史系主任、文学院长、校务委员会常务委员、副主任委员，中央人民政府文化教育委员会委员，以及全国青联副主席、秘书长等职务。从1949年11月起，他担任北京市副市长，分管首都的文化教育和民政工作。他经常深入基层，联系群众，调查研究，认真贯彻执行党的方针政策，为提高首都中、小学教育质量，普及文化科学知识，做出了积极的贡献。在整理发掘保护首都文物古迹和卫生、民政工作方面做了大量工作，取得了显著的成绩。吴晗同志还担任中国科学院哲学社会科学部学部委员，中国科学院历史研究所学术委员，《历史研究》编委，北京市历史学会会长等职。他致力于历史研究几十年，对明史的研究造诣尤深，是我国少有的明史专家。他写的《朱元璋传》曾得到毛泽东同志的好评。他遵照毛泽东同志的意见，组织力量标点《资治通鉴》，为历史科学研究做出了贡献。他努力运用马列主义观点，从事著述，先后出版了《历史的镜子》、《史事与人物》、《灯下集》、《春天集》、《投枪集》、《学习集》等著作。吴晗同志是一位独具风格的散文作家。

吴晗同志以极大的热情，积极进行历史知识的普及工作。由他倡议和主编的《中国历史小丛书》、《外国历史小丛书》、《中国历史常识》等读物，主题明确，内容丰富，形式活泼，深受广大群众的喜爱。在贯彻党的统一战线政策和知识分子政策方面，吴晗同志的工作也很出色。解放后，他一直担任中国民主同盟北京市委员会主任委员，1958年以后，还担任了民盟中央副主席。在民盟工作中，努力贯彻执行党的方针政策，广泛接触和团结文化教育界和学术界的新老知识分子。他诚恳、热忱、爽朗、直率、平易近人。他组织领导北京市历史学会，经常通过各种形式的活动，开展生动活泼的学术讨论，坚持“百花齐放，百家争鸣”的方针。

悼词说，吴晗同志认真学习马列主义和毛泽东思想，不断改造世界观。他在党的长期教育下，经过社会主义革命和社会主义建设的长期锻炼和考验，1957年加入中国共产党，终于由一位旧学校培养出来的高级知识分子成为光荣的无产阶级革命战士。入党后，他更加认真地力求做好他所担负的各种工作，刻苦地从事学术研究。他与邓拓、廖沫沙同志一起，为中共北京市委理论刊物《前线》撰写的《三家村札记》，在宣传马列主义、毛泽东思想和党的方针政策，反对资产阶级思想和各种歪风邪气，反对唯心主义和形而上学方面起了积极作用。他根据中央负责同志的建议，响应毛泽东同志发出的要学习海瑞刚直不阿精神的号召，写了《海瑞骂皇帝》、《论海瑞》和历史剧《海瑞罢官》。这些文章和作品的内容都是正确的，博得广大群众的赞扬。

悼词说，吴晗同志的一生，是不断革命坚持战斗的一生，全心全意为人民服务的一生。我们沉痛地悼念吴晗同志，要学习他热爱党，热爱毛主席，忠于党的革命路线，忠心耿耿为社会主义事业鞠躬尽瘁的革命精神；学习他刻苦钻研，孜孜不倦的学习精神和坚持实事求是的科学态度；学习他刚直不阿，光明磊落的高尚品德；学习他热情诚恳，平易近人，密切联系群众的作风；学习他认真负责，勤勤恳恳的工作态度。

悼词说，在“文化大革命”中，林彪、“四人帮”和他们那个顾问，竟恶毒诬陷吴晗同志，并把他的著作诬蔑为反党反社会主义的大毒草，制造了骇人听闻的文字冤狱，他的夫人袁震同志和女儿也被迫害致死。

袁震同志是湖北光化县人。1949年10月参加革命工作，1951年1月加入中国共产党。曾任清华大学历史系教员，北京市人民委员会办公厅科员、秘书等职。袁震同志青年时代，追求真理，热爱祖国。在湖北女师和清华大学上学时，积极参加民主运动和抗日救亡活动。1939年随吴晗同志前去昆明。由于接近我党同志，了解党的主张和中国革命应该走的道路。她不顾体弱多病，热情支持吴晗同志为争取民主反对国民党独裁统治的斗争。抗日战争胜利后，回到北平。她支持和协助吴晗同志参加反饥饿、反内战、反迫害民主运动；在配合我党营救被反动派迫害的进步学生，传抄解放区电台的广播材料，掩护我党地下工作同志等方面，做了大量的工作。

悼词说，全国解放后，袁震同志怀着革命热忱投入社会主义革命和社会主义建设事业中。她热爱党，热爱毛主席，热爱社会主义事业，认真学习马列主义、毛泽东思想，努力改造世界观。她坚持原则，实事求是，认真贯彻党的方针政策，经常深入基层，搞调查研究，勤勤恳恳地工作，及时完成党交给的任务。她在历史研究方面是有成绩的。

悼词最后说，在沉痛悼念吴晗同志、袁震同志的时候，我们要化悲痛为力量，紧密团结在党中央周围，高举马列主义、毛泽东思想的伟大旗帜，认真贯彻执行党的十一届三中全会和五届人大二次会议精神，为加速实现四个现代化，把我国建设成为伟大的社会主义强国而奋斗。

贾庭三同志致悼词以后，党和国家领导人以及市委、市革委会负责同志，向吴晗同志、袁震同志的亲属表示亲切慰问。

参加追悼会的还有中共中央和国务院有关部门、各民主党派和群众团体、北京市有关部门的负责人，吴晗同志和袁震同志的生前友好，史学界以及首都各界人士，共一千多人。

（原载《北京日报》，1979年9月15日）

在吴晗、袁震同志追悼会上的悼词

贾庭三

今天，我们怀着沉痛的心情，悼念中国共产党的好党员、坚强的革命战士、著名的历史学家吴晗同志，同时沉痛地悼念他的夫人，好党员、好干部袁震同志。“文化大革命”中，吴晗同志面对林彪、“四人帮”和康生、谢富治一伙的恶毒诬陷和人身摧残，大义凛然，宁折不弯，不幸于1969年10月11日被迫害致死，终年60岁。吴晗同志的逝世，是我们党和国家的损失，是我国史学界的重大损失。袁震同志受到株连，遭受迫害，于1969年3月8日含冤去世，终年62岁。

吴晗同志1909年生，浙江义乌县人。1934年在清华大学历史系毕业后，长期从事高等教育工作，曾先后担任清华大学、云南大学和西南联合大学教授。他治学严谨，教学认真，热爱祖国，痛恨国民党的卖国独裁统治，坚决拥护中国共产党的主张。1943年他在昆明参加了中国民主同盟，为争取民主、反对独裁进行了不懈的斗争，深受进步青年和学生的爱戴。1945年初，党组织决定成立“民主青年同盟”（简称“民青”），吴晗同志帮助他们建立了秘密印刷厂，翻印党的文件和毛泽东同志的著作，对“民青”的发展起了积极作用。

抗日战争胜利后，吴晗同志积极响应党提出的停止内战、成立民主联合政府的号召，英勇地投入反内战、反独裁的民主运动。震惊全国的“一二·一”惨案发生后，吴晗同志与进步学生并肩战斗，积极组织教授罢教，发表声明，抗议国民党反动派的法西斯暴行，有力地支持了学生的正义斗争。1946年7月，吴晗同志在北上途中惊闻民主战士李公朴、闻一多殉难噩耗，悲愤填膺，彻夜不眠，含泪疾书《哭公朴》、《哭一多》等悼念文章，并在上海各界人士举行的李公朴、闻一多烈士追悼大会上发表了痛斥国民党反动法西斯暴行的演说，充分表现了他的伸张正义、无私无畏的革命精神。北上后，在党领导的反饥饿、反内战、反迫害等一系列民主运动中，与广大进步学生休戚与共，并肩战斗，为中国人民解放事业做出了可贵的贡献。

1947年秋，在国民党反动派强行解散民盟的紧急关头，吴晗同志立场坚定，旗帜鲜明，进行了针锋相对的斗争。在党组织的帮助下，他领导北平市民盟组织转入地下，坚持斗争。1948年秋，吴晗同志积极响应党中央召开新政治协商会议的号召，偕同夫人袁震同志奔赴解放区，受到毛泽东同志和周恩来同志的亲切接见和热情鼓励。

全国解放后，吴晗同志怀着满腔热忱，投身于社会主义革命和社会主义建设，深得党和广大人民群众的信任。他历任第一、二、三届全国人民代表大会代表，第一届全国政协委员，第二、三届全国政协常务委员，北京市第一、二、三、四届人民代表大会代表，第一、二、三、四届北京市政协委员、常务委员、副主席等职。他还先后担任了清华大学历史系主任、文学院长、校务委员会常务委员、副主任委员，中央人民政府文化教育委员会委员，以及全国青联副主席、秘书长等职务。从1949年11月起，他担任北京市副市长，分管首都的文化教育和民政工作。他经常深入基层，联系群众，调查研究，认真贯彻执行党的方针政策，为提高首都中、小学教育质量，普及文化科学知识，做出了积极的贡献。在整理发掘保护首都文物古迹和卫生、民政工作方面做了大量工作，取得了显著的成绩。

吴晗同志还担任中国科学院哲学社会科学部学部委员，中国科学院历史研究所学术委员，《历史研究》编委，北京市历史学会会长等职。他致力于历史研究几十年，对明史的研究造诣尤深，是我国少有的明史专家。他写的《朱元璋传》曾得到毛泽东同志的好评。他遵照毛泽东同志的意见，组织力量标点《资治通鉴》，为历史科学研究做出了贡献。他努力运用马列主义观点，从事著述，先后出版了《历史的镜子》、《史事与人物》、《灯下集》、《春天集》、《投枪集》、《学习集》等著作。吴晗同志是一位独具风格的散文作家。

吴晗同志以极大的热情，积极进行历史知识的普及工作。由他倡议和主编的《中国历史小丛书》、《外国历史小丛书》、《中国历史常识》等读物，主题明确，内容丰富，形式活泼，深受广大群众喜爱。

在贯彻党的统一战线政策和知识分子政策方面，吴晗同志的工作也很出色。解放后，他一直担任中国民主同盟北京市委员会主任委员，1958 年以后，还担任了民盟中央副主席。在民盟工作中，努力贯彻执行党的方针政策，广泛接触和团结文化教育界和学术界的新老知识分子。他诚恳、热忱、爽朗、直率、平易近人。他组织领导北京市历史学会，经常通过各种形式的活动，开展生动活泼的学术讨论，坚持“百花齐放，百家争鸣”的方针。

吴晗同志认真学习马列主义和毛泽东思想，不断改造世界观。他在党的长期教育下，经过社会主义革命和社会主义建设的长期锻炼和考验，1957 年加入中国共产党，终于由一位旧学校培养出来的高级知识分子成为光荣的无产阶级革命战士。入党后，他更加认真地力求做好他所担负的各种工作，刻苦地从事学术研究。他与邓拓、廖沫沙同志一起，为中共北京市委理论刊物《前线》撰写的《三家村札记》，在宣传马列主义、毛泽东思想和党的方针政策，反对资产阶级思想和各种歪风邪气，反对唯心主义和形而上学方面起了积极作用。他根据中央负责同志的建议，响应毛泽东同志发出的要学习海瑞刚直不阿精神的号召，写了《海瑞骂皇帝》、《论海瑞》和历史剧《海瑞罢官》。这些文章和作品的内容都是正确的，博得广大群众的赞扬。

吴晗同志的一生，是不断革命坚持战斗的一生，全心全意为人民服务的一生。我们沉痛地悼念吴晗同志，要学习他热爱党，热爱毛主席，忠于党的革命路线，忠心耿耿为社会主义事业鞠躬尽瘁的革命精神；学习他刻苦钻研，孜孜不倦的学习精神和坚持实事求是的科学态度；学习他刚直不阿，光明磊落的高尚品德；学习他热情诚恳，平易近人，密切联系群众的作风；学习他认真负责，勤勤恳恳的工作态度。

在“文化大革命”中，林彪、“四人帮”和康生、谢富治一伙，意恶毒诬陷吴晗同志，并把他的著作诬蔑为反党反社会主义的大毒草，制造了骇人听闻的文字冤狱，他的夫人袁震同志，女儿吴小彦也受到株连，被迫害致死。

袁震同志是湖北光化县人。1949年10月参加革命工作，1951年1月加入中国共产党。曾任清华大学历史系教员，北京市人民委员会办公厅科员、秘书等职。

袁震同志青年时代，追求真理，热爱祖国。在湖北女师和清华大学上学时，积极参加民主运动和抗日救亡活动。1939年随吴晗同志前去昆明。由于接近我党同志，了解党的主张和中国革命应该走的道路。她不顾体弱多病，热情支持吴晗同志为争取民主反对国民党独裁统治的斗争。抗日战争胜利后，回到北平。她支持和协助吴晗同志参加反饥饿、反内战、反迫害的民主运动；在配合我党营救被反动派迫害的进步学生，传抄解放区电台的广播材料，掩护我党地下工作同志等方面，做了大量的工作。

全国解放后，袁震同志怀着革命热忱投入社会主义革命和社会主义建设事业中。她热爱党，热爱毛主席，热爱社会主义事业，认真学习马列主义、毛泽东思想，努力改造世界观。她坚持原则，实事求是，认真贯彻党的方针政策，经常深入基层，搞调查研究，勤勤恳恳地工作，及时完成党交给的任务。

1957年以后，袁震同志因病长期休养。在此期间，仍带病协助吴晗同志从事历史研究工作，编辑整理历史资料，是吴晗同志的得力助手。她勤奋学习，写了《宋代户口》、《宋代度牒考》、《武则天出生在哪儿》等文章，在报刊上发表。她在历史研究方面是有成绩的。

吴晗同志和袁震同志离开我们已经十年了。在沉痛悼念吴晗同志、袁震同志的时候，我们要化悲痛为力量，紧密团结在党中央周围，高举马列主义、毛泽东思想的伟大旗帜，认真贯彻执行党的十一届三中全会和五届人大二次会议精神，为加速实现四个现代化，把我国建设成为伟大的社会主义强国而奋斗。

吴晗同志、袁震同志安息吧！

附录三：

一场惊心动魄的反革命夺权事件
——论“三家村”冤案

原《前线》杂志编辑部部分同志

“文化大革命”一开始，林彪、江青一伙策动的对“三家村”的“批判”，是他们一手制造的特大冤案，是一场惊心动魄的反革命夺权事件。他们的目的是借批“三家村”之名，行打倒当时的北京市委之实，进而搞乱全国，乱中夺权。因此，“三家村”事件绝不仅仅是三个人的冤狱，而是牵连极广、祸及全国的一桩公案。

现在，是彻底清算林彪、“四人帮”这一反革命夺权阴谋的时候了，是为邓拓、吴晗、廖沫沙三同志平反昭雪和因“三家村”事件而被株连的无辜受害者平反昭雪的时候了。

一

粉碎林彪、“四人帮”以后所揭发出来的大量事实表明：打着高举毛泽东思想旗帜反对毛泽东思想，打着“无产阶级文化大革命”的旗帜反对“无产阶级文化大革命”，是林彪、“四人帮”篡党夺权所惯用的反革命伎俩。林彪、“四人帮”是一伙欺世盗名的大野心家、大阴谋家，他们是靠搞阴谋起家的，也是在阴谋败露之后完蛋的。人们要问：江青、张春桥、姚文元这些坏蛋，在“文化大革命”之前，并不是什么有名的人物，可是为什么从“文化大革命”一开始，几乎在一夜之间，就成了名噪一时的风云人物？答案的重要一条就是：因为他们一手制造了一个所谓“三家村”反党集团的重大政治事件。

所谓“三家村”反党集团，是以邓拓、吴晗、廖沫沙同志所写的杂文《燕山夜话》和《三家村札记》被打成“反党反社会主义”的“大毒草”而构成其罪名的。为了揭穿林彪、“四人帮”的反革命政治阴谋，有必要先说明这些杂文的写作真相。

1961年，我国正处在暂时经济困难时期。《北京晚报》编辑部从提倡读书、丰富知识、开阔读者眼界、振奋人们精神的目的出发，决定请邓拓同志写一些知识性杂文。在报社反复要求下，邓拓同志答应每周写两篇杂文，为了顾到北京地区的特点和晚报的特点，专栏就定名为《燕山夜话》（以下简称《夜话》）。题材的来源一部分是作者看书所得，一部分由编辑部代为收集，一部分是读者来信提供的。杂文陆续发表后，也引起一些领导同志的兴趣，诸如《昭君无怨》等杂文，就是谢老（觉哉）出的题目。从1961年3月到1962年9月，共写了150余篇。这些杂文，受到了广大读者的欢迎，在全国许多地方引起热烈反响。这就是《夜话》写作的始末。

在邓拓同志为《北京晚报》写稿的过程中，《前线》杂志编辑部向作者提出了类似的组稿要求。邓拓同志感到一个人力不胜任，在他的提议下，编辑部又邀请了吴晗、廖沫沙同志。因是三个人的随笔，专栏题目就定为《三家村札记》（以下简称《札记》）。从1961年10月至1964年7月，每人各写稿20篇左右。

需要指出的是，无论《夜话》还是《札记》，没有一篇稿子曾送给当时北京市委的任何负责同志审查过，报刊编辑部采取的原则是文责自负。

林彪、江青一伙在向“三家村”发难之前，曾派出人马多方打探，到处摸底，对于上述情况是了然于心的。可是他们为什么无中生有一口咬定“三家村”的杂文是“有组织、有计划、有领导的反党事件”呢？“项庄舞剑，意在沛公”。林彪、江青一伙向“三家村”开刀，包藏的祸心是“夺取北京，控制全国”，其罪恶渊源至少可以追溯到三年以前。

1963年5月，那个时刻梦想“露峥嵘”的江青，在张春桥之流的帮助下，炮制出一篇“批判”廖沫沙同志《有鬼无害论》的文章。她自供说，跑到上海请“支持我们的”人“帮助组织”“第一篇真正有分量的批评文章”，作为“攻”北京的一颗炮弹。此后，她就频频来往于京沪之间。在她和张春桥的直接策划下，姚文元那篇“在沉闷空气下准备的”“保密了七八个月”的“评”《海瑞罢官》的文章出笼了。张春桥得意地说：“看来文章出来后会有大战。”江青更是一语道破天机：“一个吴晗挖出来以后就是一堆啊!”那么同谁“大战”，“一堆”指谁？它的广泛含义无须我们多作解释，十余年来人们已经充分领教了。但是按照林彪、江青一伙反革命的阴谋步骤，此时此刻首先是针对北京市委。

《札记》的三位作者，一个是北京市委书记，一个是北京市副市长，一个是北京市委统战部部长。他们的党政职务，正是林彪、江青一伙搞阴谋最有用的东西。请看反动文痞姚文元精心擘划的“三家村”角色安排：吴是“开路”的先锋，廖是“执鞭”的“兄弟”，邓是领军的“主将”。接着，他们又说：“将”上还有“帅”。他们就是要借此名目大兴问罪之师，将北京市委置于死地。

怀抱着上述政治目的，林彪、江青一伙迫不及待地向“三家村”举起了屠刀。他们利用当时已经控制的舆论工具，开动了全部宣传机器，一时，“批判”文章铺天盖地而来，声势规模之大前所未有。

有一张最简单的时间表，可以帮助人们回顾这场“围剿”战是如何有组织、有计划、有预谋地进行的：

1966年5月8日，江青主持写作的化名“高炬”的文章《向反党反社会主义的黑线开火》以显著地位刊登在《解放军报》上。这是发动全面攻势的紧急动员令，它不仅给“三家村”定下了“反党反社会主义的黑线”的基调，还发出了打倒一大批的叫嚣。

同日，《光明日报》以显著版面刊登关锋化名“何明”的文章《擦亮眼睛，辨别真假》。中心强调北京市委“包庇”“三家村”，与“高炬”文章相呼应。

同日，《解放军报》、《光明日报》联合刊载预先炮制好的《札记》和《夜话》的材料摘编，每段都加上耸人听闻的“编者按”，定了具体的“批判”口径。

相隔两天，姚文元在5月10日上海《解放日报》和《文汇报》上同时抛出《评“三家村”》的大块文章，对《札记》和《夜话》极尽罗织罪名之能事。姚文元杀气腾腾地还要揪所谓“后台”。他叫嚷道：“不管是‘大师’，是‘权威’，是三家村或四家村，不管多么有名，多么有地位，是受到什么人指使，受到什么人支持，受到多少人吹捧，全都揭露出来，批判它们、踏倒它们。”

5月11日刊出的《红旗》杂志，戚本禹的《评〈前线〉、〈北京日报〉的资产阶级立场》出笼。这篇“后来居上”的文章，除了用一连串的“谁”来暗指北京市委，把《前线》、《北京日报》、《北京晚报》诬蔑为“猖狂向党向社会主义进攻的工具”、“资产阶级的阵地”，还干脆采取对历史问题诬陷栽赃的办法，明目张胆地对《札记》作者进行政治陷害。

从上面可以看出，林彪、“四人帮”一伙攻击“三家村”，其目的还是在于揪出它的所谓“黑后台”，即北京市委。

于是，他们强加给市委“十大罪状”，诬陷彭真同志、刘仁同志为首的市委是“反党集团”、“独立王国”。北京市许多部门被诬蔑为“三家村”的“桥头堡”、“黑据点”。这样，他们就全盘否定了北京市十七年的工作成绩，抹掉了毛主席革命路线的主导地位，为他们夺取全国党政军大权作了组织上、舆论上的准备。而在这场对北京市委的大围剿中，充当“急先锋”的，就是反动文痞姚文元。

二

姚文元在《评“三家村”》的洋洋大文中，一上来就给《夜话》和《札记》定了性。他写道：“在《燕山夜话》和《三家村札记》中，贯穿着一条同《海瑞骂皇帝》、《海瑞罢官》一脉相承的反党反人民反社会主义的黑线：诬蔑和攻击以毛泽东同志为首的党中央，攻击党的总路线，极力支持被‘罢’了‘官’的右倾机会主义分子的翻案进攻，支持封建势力和资本主义势力的猖狂进攻。”罪名真是大得很啊！

那么，邓拓、吴晗、廖沫沙三同志是否像姚文元说的那样，犯了十恶不赦的弥天大罪呢？还是让我们对《夜话》和《札记》做一扼要分析吧。

邓拓、吴晗、廖沫沙三同志亲笔撰写的62篇《札记》和邓拓同志写的《夜话》，运用杂文的形式，从古人读书治学、科学研究、生产活动、行军打仗、选将任人、从政得失等方面，为我们总结和介绍了一些可资借鉴的历史经验；他们还用自己的杂文，对现实中的各种不良倾向和错误的思想方法、工作作风提出了批评，对社会主义的新人新事给予赞颂，对青年的学习修养给予引导，对一些历史人物和事件作了评介，对古今中外的文化科学知识作了广泛的介绍，对资本主义的腐朽现象和现代修正主义的丑恶嘴脸给予揭露和鞭挞。他们的杂文，不但形式活泼，内容丰富，文笔流畅，独具风格，富有思想性、知识性、趣味性，更主要的是，不少篇幅，可以在政治上给人们以启示，思想上给人们以教益，学习上给人们以指导。这正是《札记》和《夜话》受到那么多读者欢迎的原因。我们不能说《札记》和《夜话》每篇都完美无缺，确实在200多篇文章中有的也不免存在这样或那样的缺点和不足。但是文章的主流是积极的、健康的，其中一些文章，就是在进一步肃清林彪、“四人帮”的流毒和影响，恢复和发扬党的优良传统和作风，加快实现四个现代化步伐的今天，读起来也感到很有意义。

但是，就是这样的深受读者欢迎的好文章，却被江青、姚文元扣上了种种罪名。那么姚文元用了什么魔术，把美的变成了丑的，香花变成了毒草呢？

先扣帽子，再用穿凿比附，随意引申的手段罗织罪状，是姚文元运用得十分纯熟的一种手法。比如，他先把一顶“支持被‘罢’了‘官’的右倾机会主义分子的翻案进攻”的帽子扣到你的头上，然后规定两条：只要你的文章提到“某某皇帝”，那一定是影射攻击无产阶级领袖和党中央；提到罢官、遭贬、冤狱，那一定“是为被罢了官的右倾机会主义分子鸣冤叫屈”。根据这样的“公式”和“定理”，于是《夜话》中《陈绛和王耿的案件》、《为李三才辩护》等等，不管你讲的是哪朝哪代，文章的中心思想说的是什么，也不管你所讲的历史人物是被罢官，还是自己辞官回家，更不管你是否对历史人物作了一分为二的阶级评价，都统统打入“为右倾机会主义分子和其他反党分子喊冤”之列。如果你要问：上边几篇，总还和“罢”字或“官”字沾边，怎能把《两座庙的兴废》这种纯粹谈历史文物的维修和保护的文章也和“罢官”联系起来呢？本来作者根据自己实地考察，以京郊的杨家庙和张公庙为例向市文化保护单位建议要他们对历史古迹多做调查研究，不要该修的不修，不该修的修了。但姚文元却硬说：“杨家庙”那是指党，指毛主席；“张公庙”那是指所谓被罢了官的右倾机会主义分子。采用这种穿凿比附，随意引申的手法构人以罪，还有什么文章不能上纲为“反党”，还有什么历史学家不应该打倒！

在《札记》中，邓拓同志写了一篇《伟大的空话》。文章通过一个小学生在诗中罗列“东风是我们的恩人，西风是我们的敌人”等空洞无物的大字眼的事，批评了那些专讲空话、爱说大话的人。通篇谈的是文风问题。毛泽东同志一向反对讲空话，说大话，他给党八股开列的第一条罪状就是“空话连篇，言之无物”，要求我们“禁绝一切空话”。《伟大的空话》是完全符合毛泽东思想的。姚文元却据此断定这就是“取消毛泽东思想”，“攻击”“东风压倒西风”的科学论断。“东风压倒西风”这个科学论断本身是一回事；提到“东风”和“西风”的词句是否就算好诗是另一回事。姚文元故意把两者混为一谈，进而大肆发挥，充分说明了他的文痞本色。

正面文章反面解释是姚文元的手法之二。

无论什么好的文章到了他的手里，经他稍加解释，就成了十恶不赦的大毒草。我们不妨以邓拓同志的《堵塞不如开导》和《智谋是可靠的吗?》为例，来领教一下姚文元那种正面文章反面解释的奇特手段。

《堵塞不如开导》一文，以历史上鲧和禹治水采取不同方法得到不同结果的传说为例，说明人们对不停地运动的事物有两种相反的态度："一种是堵塞事物运动发展的道路；一种是积极开导使之顺利发展。前者是错误的，注定会失败；后者是正确的，必然会胜利。"显然，作者这里是运用历史的经验来告诫我们，为了把社会主义事业搞得更好，就必须尊重客观规律，按客观规律办事。这难道不是很正确的吗？然而，姚文元却大张挞伐，什么邓拓"要求我们对'一切事物'，即包括反社会主义的事物也不要'堵塞'，也要'使之顺利发展'"呀，什么这是"要我们实现资产阶级自由化，向正在刮起来的'单干风''三自一包'风……屈膝投降"呀等等，你瞧，本来很正确的东西，经姚文元略施小技，稍加解释，就完全变成反动的了。再来看看《智谋是可靠的吗?》一文。这篇文章反复说明的只是这样一个道理，"所谓聪明智慧只能来源于实际知识。而任何个人的实际知识，都比不上广大群众的实际知识那样丰富"，"可见任何智谋都不是神秘的，不是属于少数天才的，而是属于广大群众的。完全否定任何智谋，这固然不对；但是，过分相信智谋，甚至于依靠智谋，以求出奇制胜，那就更不对了"。多么精辟的论述啊！这些基本思想和后来毛主席批判林彪的"天才论"时所讲的意思多么符合啊！就是这么一篇闪烁着毛泽东思想光辉的好文章，到了姚文元手里，却变成了"公开要求把复辟资本主义的'计谋'变成党的路线，恶毒地咒骂党中央"的大毒草了。这种正面文章反面解释的例子，在姚文元的批判文章里比比皆是，我们无须一一列举。现在的问题是，姚文元之流为什么一见谈按客观规律办事，谈群众路线、集体智慧这些马列主义、毛泽东思想的基本原理就火冒三丈呢？原来他们和林彪一样，信奉的是"天才论"和"唯意志论"。所以，姚文元之流就非把这些马列主义、毛泽东思想的基本原理，歪曲、阉割不可。

姚文元的手法之三是断章取义、恶意歪曲。

邓拓同志的《专治"健忘症"》一文，通过明代陆灼《艾子后语》中一则讽刺健忘症患者的故事，斥责了"自食其言"、"言而无信"、"不堪信任"的人。实际上反对的是那种明明自己做错了事，掉过头来就不认账的伪君子、两面派的作风。这种人过去有，将来也不会绝种。这样一篇杂文，却被姚文元定为“十分恶毒的反共文章”，说作者“简直要想把无产阶级革命战士一棍子打死”，“让修正主义上台”。根据何在呢？就是文中谈治疗健忘症的两段话。作者写道：“古代有的巫医，主张在发病的时候，马上用一盆狗血，从病人的头上淋下去，然后再用冷水冲洗，可使神志稍清……不过这是巫医的做法，没有科学根据，不足置信。”作者又说：“现代西医的办法，有的是在发病的时候，用一根特制的棍棒，打击病人的头部，使之‘休克’，然后再把他救醒。不过这种办法一般的也不敢采用。”白纸黑字，清清楚楚。经过姚文元掐头去尾，断章取义，病人变成了无产阶级革命战士；作者并不赞同的古代巫医“狗血淋头”和现代西医“棍棒击头”的办法，统统变成了作者“赤裸裸”地“攻击”党的主张。作者这篇杂文在姚文元煞费苦心的恶意歪曲下，就这样落入了他们的文网。

《交友待客之道》，是讲我们在国际交往中，“既不要低声下气，又不要高傲怠慢”，也就是不卑不亢的意思。这是文章的主题。从这一基本思想出发，作者有针对性地批评了一种倾向：“有的人对于‘不及者’倒还可以团结，而对于比自己强的人却不能虚心团结。”由此，进一步指出：“要欢迎朋友比自己强，这对自己有好处，因为可以向他学习，提高自己。目前参加国际运动竞赛的同志，应该好好体会这个意思。”只要不是怀着恶意，稍许注意一下事实，就会发现在《夜话》中，紧靠着《交友待客之道》的，前边有一篇《初生之犊不怕虎》，后边有一篇《评〈三十三镇神头图〉》，三篇文章尽管侧重点不同，但都是针对当时在北京举行的“第二十六届世界乒乓球锦标赛”而发的。姚文元之流既不顾三篇文章在内容上的联系，更不管作者针对的是什么问题，而一刀把“目前参加国际运动竞赛的同志，应该好好体会这个意思”这句话砍掉，恶意歪曲说，邓拓要“学习”“团结”“比自己强”的国家，“欢迎朋友比自己强”，就是“鼓吹向赫鲁晓夫修正主义集团学习”。断章取义、恶意歪曲、无中生有到了如此卑鄙无耻的程度，只有姚文元这样的文痞才能做得出来。鲁迅曾说："人们遇到要支持自己的主张的时候，有时会用一支粉笔去搪对手的脸，想把他弄成丑角模样，来衬托自己是正生。"姚文元之流干的，正是这种极端下流的勾当！

姚文元所施用的种种伎俩，归结起来不过是颠倒是非、混淆黑白、栽赃诬陷、无中生有的流氓、恶棍、无赖的作法，在他们那里是找不出什么真正道理来的。他们的目的只有一个，就是搞臭"三家村"，打倒北京市委，搞乱全国，篡党夺权。

三

"三家村"冤案的后果是严重的。随着林彪、江青一伙策划的这一反革命阴谋的得逞，一小撮叛徒、特务、野心家、阴谋家、反革命两面派爬上了中央文革的宝座，窃取了"文化大革命"的领导权。那个与林彪、江青一伙沆瀣一气、充任"顾问"的人，明明是在《汇报提纲》上画了圈的，转过脸来就不认账；就是这个翻手为云、覆手为雨的伪君子、变色龙，在1966年2月份还指派关锋做他的代表，面见《夜话》作者，对其才华表示"推重"，掉过头去在讨伐"三家村"时骂得比谁都凶。所以他"一贯正确"，步步高升。可是，野心家的欲壑是填不满的。"文化大革命"领导权的旁落，标志了林彪、江青一伙全面篡党夺权的开始，预示了我们民族的一场大灾难已经发生。

就"三家村"冤案本身而论，林彪、江青一伙至少是在以下几个重要方面，作了最大胆、最野蛮、最疯狂的尝试，为他们以后的肆虐横行铺了路，开了先声。

一、肆意践踏社会主义的民主和法制

林彪、江青一伙对"三家村"的"批判"尽管充塞了所有报刊，持续数月之久，但是真理的力量决不能用"二加二等于四"的数学公式来计算。只要准许被批判者讲话，各种诬陷不实之词一戳即穿。可是被批判者，开始就失去了为自己申辩的权利，连人身安全都没有保障。这个先例一开，从此民主法制一扫空，是非功罪无准绳。人类中的一小撮渣滓，高居于法律之上，口含天宪，俯视众生。不仅林彪、江青的一喜一怒可以决定一个人乃至党的高级干部的命运；就连姚文元、戚本禹之流的信口雌黄，都是“无产阶级司令部”的声音。谁敢稍表异议，立刻给你戴上“炮打”的帽子。一个人有罪还是无罪，不是根据党纪国法的裁决；一种精神产品是香花还是毒草，不是靠实践检验，人民评判，全凭他们的一篇文章、一句话来论定。

二、大兴现代文字狱

邓拓、吴晗、廖沫沙同志受害的直接原因，是因写作遭到无妄之灾。这个事件是林彪、“四人帮”大兴现代文字狱的开端，是用“笔杆子杀人”的典型。受害者的血，为他们染红了顶子。从此，文网棋布，冤狱迭起。任何一种精神产品，甚至没有形成文字也毫无错误的几句话，只要一经他们深文周纳，准能给你锻造出罪名。就在“三家村”事件演进的过程中，陈伯达炮制的《横扫一切牛鬼蛇神》的黑文出笼，吹响了他们在整个上层建筑、意识形态领域“横扫一切”、“打倒一切”的反革命号角。凡是有成就、有影响的哲学家、经济学家、史学家、文艺工作者、科学教育工作者、新闻工作者等等，一批批被打倒，他们的著作和作品统统被定为毒草示众。罪名五花八门，无奇不有，手法都是“批判”“三家村”的故伎重演和变本加厉的发展。

三、大开无限株连之风

“三家村”冤案究竟殃及了多少无辜，现在已无法统计。在三位受害的作者当中，邓拓同志早已含冤死去。吴晗同志一家老少四口，夫妻惨死，女儿由疯而亡，只剩下一个孤零零的孩子，长期没有栖身之地。一代知名的历史学家、共产党员，在 20 世纪 60 年代的中国竟遭到这样的厄运，他在九泉之下也是难以瞑目的。唯一幸存的廖沫沙同志长期丧失自由，身心受到极大摧残。北京市大批干部和群众被打成“‘三家村’黑帮分子”、“马前卒”、“小三家村”、“黑店伙计”等。在宗法封建制社会里，一人获罪，株连九族。林彪、江青一伙搞的是株连九州。他们大搞层层揪，层层抓，追后台，往上把矛头对准敬爱的周总理和一大批革命的老干部，往下从一般革命干部、知识分子到工农群众，真是革命有罪，法西斯横行。就连给《前线》杂志、《北京日报》、《北京晚报》写过稿，有过工作来往甚至家里有一本《前线》的人，也不免受审查，挨批斗。某地一位喜欢《夜话》的读者，托北京的亲戚代订了一份《北京晚报》，也被追查同“三家村”的“关系”，每天罚跪板凳，“交代”了三个月，“罪”还没有赎清。有些地方报刊，曾仿照《北京晚报》形式开辟杂文专栏，于是从山东到云南，从广东到黑龙江，到处揪“三家村”、“四家店”。以“三家村”事件作发端，无限株连的阴风席卷祖国大地，越刮越盛。一人蒙难，牵十挂百，一狱既成，冤案重生。终“四人帮”之世，真不知多少生灵遭涂炭，多少英华被断送。

四、推行反革命舆论一律

如果说，姚文元“评”《海瑞罢官》的黑文抛出后，人们还能听到坚持真理、主持正义的呼声，到了他们“批判”“三家村”时，便成了一面“声讨”之词。难道所有的人都被打蒙了吗？诚然，任何坏事都有一个暴露过程，人们有个认识过程。即使如此，他们也只能暂时蒙蔽和愚弄一部分不明真相的群众，绝不能一手掩尽天下人的耳目。所以出现前后不同的局面，就在1965年底他们还鞭长莫及，羽翼未丰，要想窒息一切不同的声音，势所不能。半年以后，江青、张春桥、姚文元之流已经从“评”《海瑞罢官》中捞取了发迹的资本，这时的主要宣传舆论机构，已经完全控制在他们手中，对“三家村”冤案了解底细而不肯说假话的人统统被封住了口。谁敢对“批判”有不同看法，马上就会大祸临头。这是“文化大革命”以来，林彪、江青一伙在人民内部推行反革命舆论一律第一个得意杰作。从此，更助长了他们钳制人民舆论的反革命气焰。不准人民各抒己见，只准他们一“帮”独鸣，说真话有罪，说假话有功的最恶劣文风和学风，流毒全国。这是他们视人民如草芥的疯狂表现，也是他们色厉内荏的虚弱反映。

“文化大革命”已经结束了，昨天已成为历史。历史是无情的。历史是非功过将由人民和实践来裁决。“四人帮”已被人民押上了历史的审判台，被“四人帮”捏造和歪曲的历史已被颠倒过来。人们将沉痛地汲取历史的教训，防止悲剧的重演。在深入揭批林彪、“四人帮”的斗争中，人民正在彻底清算他们的反革命滔天罪行。在华国锋同志为首的党中央领导下，林彪、“四人帮”制造的一个个冤案、错案、假案已经和正在昭雪平反，在他们猖狂时受到迫害的一切人们，在进一步获得解放的今天，将迸发出无比的干劲和热情，努力为加快实现四个现代化而奋斗！

（原载《邓拓全集》，第1卷，广州，花城出版社，2002）

附录四：

一桩触目惊心的文字狱
——为《三家村札记》、《燕山夜话》恢复名誉

任文屏

1966年5月，“文化大革命”刚刚开始，江青、张春桥、姚文元一伙利用他们窃取的那部分权力，首先从几家重要报刊入手，发起了一场对所谓“三家村”、“反党反社会主义黑店”的“批判”。其规模之大，来势之猛，调门之高，在建国以来思想战线历次运动中是罕见的。5月8日，江青一伙化名“高炬”、“何明”，同时抛出两篇定调的文章，疯狂叫嚣要向所谓“反党反社会主义的黑线开火”。紧接着，他们的党羽戚本禹、林杰之流蜂拥而上，对《三家村札记》和《燕山夜话》大打棍子，大扣帽子，发动了全力围剿。5月10日，姚文元在上海《解放日报》和《文汇报》上抛出了黑文《评“三家村”》。全国报刊，都奉命转载。这一场围剿，是这帮隐藏在党内的大奸继《评新编历史剧〈海瑞罢官〉》之后，精心制造的一场更大的文字狱，是他们扭转“文化大革命”方向，改变“文化大革命”性质的一个重要步骤。

这场反革命的文字狱使《三家村札记》和《燕山夜话》的作者邓拓、吴晗、廖沫沙三位同志横遭迫害。邓拓同志很快就被迫含冤而死；吴晗同志在残酷的打击迫害下，也离开了人世；廖沫沙同志在精神上和肉体上也遭受了极大的创伤。林彪、“四人帮”一伙不仅“株连九族”，而且实行“瓜蔓抄”，用所谓“支持‘三家村’”的罪名，迫害北京市委的许多领导干部，以及《北京日报》、《前线》、

《北京晚报》的领导干部和编辑人员。不少省市的报刊因为也办过一些类似的专栏，许多作者因为也写过几篇杂文，便同样遭到迫害。林彪、“四人帮”一伙就是用这种狠毒残暴的手段，使我国上层建筑各个领域，在相当长的时间内出现了“万马齐喑”的可悲局面。

林彪、“四人帮”对邓拓同志、廖沫沙同志和吴晗同志的所谓“批判”，纯属政治诬陷。现在，我们应当把加在这三个同志身上的一切诬蔑不实之词统统推倒，还历史以本来面目，为“三家村”申冤平反！

一张凭空捏造的“时间表”

反动文痞姚文元在《评“三家村”》一文的开头就耸人听闻地给邓拓、吴晗、廖沫沙三同志的写作活动定了性质，说什么这是“经过精心策划的、有目的、有计划、有组织的一场反党反社会主义的大进攻”。为了证明这一假设，姚文元“经过精心策划”，开列了一张“三家村”怎样开场、怎样进攻，怎样退却的“时间表”，据说“只要一看时间表，立刻可以得到异常深刻的印象”。但是，人们只要把这个“时间表”同“三家村”的全部写作活动对照起来看一看，就会发现这完全是毫无事实根据的诬陷。

1961年春节前，《北京晚报》约请廖沫沙同志写了一篇迎新春、鼓干劲、搞好农业生产的杂文《“腊鼓催春”小记》。文中引用古籍中“腊鼓催春”一词，鼓励农业战线的同志们鼓足干劲搞好生产。这是一篇鼓舞干劲、文情并茂的杂文。在发表于2月份的另一篇杂文《“史”和“戏”》中，廖沫沙同志就《海瑞罢官》的演出谈“史”和“戏”的关系，他认为“史”和“戏”门户之见历来很深，而吴晗同志“‘破门而出’了，历史学家却来写‘戏’。所以我说，这真是难能可贵”。吴晗同志在回信中建议廖也能动笔写点戏。这本来都是很正常的事。姚文元却无中生有地断定“三家村”“认为进攻的时机已到”、“真有点拼一拼的样子”。于是凭空编织了所谓“摩拳擦掌”、“破门而出”“要‘大干’一场”的罪状。

邓拓同志为《北京晚报》的《燕山夜话》杂文专栏写稿，是1961年3月至1962年9月的事。在这期间，《前线》杂志开辟了《三家村札记》杂文专栏。当时，正值我国国民经济暂时困难时期，《北京晚报》编辑同志多次请邓拓同志写些杂文，激励先进，策励后进。邓拓同志有感于一些人沉迷于个人生活的小圈子里，不珍惜大好光阴，便写了《燕山夜话》的首篇：《生命的三分之一》，鼓励人们应当多劳动、多工作、多学习，不要让时间白白地浪费掉。这也是邓拓同志从事《燕山夜话》杂文专栏写作的主要目的。这篇杂文受到了广大读者的欢迎。而姚文元却说这是主将“登台”、“上马”，想从腐蚀人们的“生命的三分之一”开始，直到全部生命腐蚀掉，是为“和平演变”组织力量，以便“颠覆整个无产阶级专政，实现资本主义复辟”。请看这个刀笔吏颠倒黑白到了多么可耻的地步！

《燕山夜话》问世不到一年，党中央召开了扩大的中央工作会议，认真总结建国十三年来党的工作的经验教训。毛泽东同志在会上号召大家发扬社会主义民主，认真实行“三不主义”。毛主席语重心长地指出：“没有高度的民主，不可能有高度的集中，而没有高度的集中，就不可能建立社会主义经济。我们的国家，如果不建立社会主义经济，那会是一种什么状况呢？就会变成修正主义的国家，变成实际上是资产阶级的国家，无产阶级专政就会转化为资产阶级专政，而且会是反动的、法西斯式的专政。”毛泽东同志的讲话，一扫我国政治生活中的沉闷空气，人民群众敢想敢说敢干的革命精神有了发扬。

这以后的一段时间里，包括《人民日报》在内的许多报刊，坚决贯彻党的“双百”方针，从内容到形式，有了较大的改进。很多报纸副刊的专栏办得生动活泼。例如，《人民日报》副刊开辟了由夏衍、吴晗、廖沫沙、唐弢、孟超等同志负责撰写的杂文专栏《长短录》。在这种比较生动活泼的政治空气的鼓舞下，邓拓同志继续利用工作之余的一点时间，在《燕山夜话》中写了150多篇，在《三家村札记》中写了18篇。吴晗、廖沫沙同志也在繁忙的工作之余，陆陆续续地为《三家村札记》和其他报刊写了不少文章。后来《燕山夜话》结集成书，前后共印行了30万册之多，受到读者的好评。可见，“三家村”的写作活动，与党中央、毛主席倡导的社会主义民主精神和“三不主义”有密切联系，没有这些，就没有那些丰富多彩、议论活跃、风格独具的杂文。姚文元闭口不谈这些重要事实，不谈毛主席的重要讲话，妄图根本否认1962年扩大的中央工作会议的精神，抹杀毛主席倡导的社会主义民主在我国政治思想战线上发挥的巨大推动作用。

1962年9月2日，《北京晚报》的同志给邓拓同志送去一本《三十六计》的油印本，并要求他讲一讲“中国古代兵家用计”的事。邓拓同志应约写了一篇《三十六计》。由于其他原因，邓拓同志的杂文没有继续写下去，因此，这成了《燕山夜话》最后一篇。姚文元别有用心地说，这是因为9月召开了党的八届十中全会，“牛鬼蛇神心惊胆战，受到极大的震动。‘三家村’见势不妙，开始了退兵”。姚文元说得活灵活现，像煞有介事。天下有这种先发表声明再“溜”的事吗？何况这篇文章是写在八届十中全会之前呢！而《前线》的《三家村札记》专栏，一直保留到1964年7月，在八届十中全会以后近两年的时间里，邓拓、吴晗、廖沫沙三同志继续发表了大量文章。在客观事实面前，姚文元完全是闭起眼睛说瞎话！

《燕山夜话》和《三家村札记》的200来篇文章，多数是就各种各样的社会问题有感而发的，或褒或贬，切中时弊。也有知识小品，帮助读者增长知识，提高认识能力。还有关于学习方法的短评以及历史考证、地方掌故。《燕山夜话》中有28篇是读者出题目，作者写文章。有些题目，是中央负责同志出的。据当时有关的编辑同志追忆，在《燕山夜话》的文章陆续发表期间，每天都收到读者欢迎这个专栏的信件，也有个别读者对某篇文章提出不同的看法，但没有一封读者来信说是“大毒草”。难道成千上万的读者都不懂什么是“反党反社会主义的黑话”，只有江青、姚文元才有特别的识别能力？当然不是。他们不过是以《海瑞罢官》为导火线，以“三家村”为突破口，重操秦桧的“莫须有”故伎，大兴文字狱，从而攫取“文化大革命”运动的领导权，为篡党夺权捞取政治资本。

构筑文字狱的卑劣手法

为了把“三家村”杂文打成“反党反社会主义的大毒草”，姚文元从《三家村札记》和《燕山夜话》200多篇杂文中挑出24篇当靶子，对其余的大量作品，或装聋作哑，或含糊其辞。然而，就从姚文元对这20多篇所谓“毒箭”、“毒草”的“分析”中，我们也可以看出这个反动文痞是怎样采取阴险卑劣的手法来构筑文字狱的。

手法之一是：寻词摘字，断章取义。

我们已经在上述“时间表”中，看到姚文元用拼凑法凑出了“三家村”如何出场的妙文。他又用同一手法，拼凑出了一个所谓“三家村”1962年“对形势估计”。他先从吴晗同志《说浪》里，挑出一个“浪”字，再从邓拓同志一篇谈春节民间习俗的杂文《今年的春节》中，摘出“解冻”二字，然后强拉到一起，胡说：“浪”就是“一股冲击党的领导和无产阶级专政的逆流”。对别人的文章先进行“肢解”，再根据自己的需要进行“接肢”，这是姚文元的一个创造！

为了捏造邓拓同志“竭力鼓吹向赫鲁晓夫修正主义集团学习”的罪名，姚文元抓住一篇谈接待外宾工作的杂文《交友待客之道》，从中挑出几个词，凑成了这样一句话，邓拓“鼓吹要‘学习’‘团结’‘比自己强’的国家，‘要欢迎朋友比自己强’”，然后便宣布邓拓“这是恶毒攻击我们反对现代修正主义的斗争，要求把修正主义请进门，引狼入室”。这又是“莫须有”的罪名。这篇杂文的真实写作背景是：当时正在举行二十六届世界乒乓球锦标赛，各国朋友云集北京，编辑同志请作者写一篇中国人民交友待客习俗的文章，以利做好接待工作。在文章结尾，作者明明白白写着：“要欢迎朋友比自己强，这对自己有好处。因为可以向他学习，提高自己。目前参加国际运动竞赛的同志们，应该好好体会这个意思。”无奈邓拓同志指出的“这个意思”不符合姚文元的需要，于是他一刀砍下，硬把向各国运动员学习歪曲成“学修正主义”，欢迎各国运动员就变成“欢迎修正主义”了。

手法之二是：索隐发微，牵强附会。

姚文元一伙是十足的主观唯心主义者和实用主义者，他们衡量事物的标准只有一个，就是是否有利于他们篡党夺权的需要。从这种需要出发，“三家村”杂文成了他们索隐发微，牵强附会的材料。

邓拓同志的《两则外国寓言》，是被姚文元视为极其“疯狂”的“黑”文之一。这两则寓言，讽刺了一个声称能跳得最远而实际根本不行的运动员，又讽刺了一只夸口要烧干海水的山雀以及那些带着汤匙到海边等着喝鱼汤的人们。杂文发表于 1961 年 11 月。当时组稿的同志一眼就看出作者意在讽刺前不久苏共二十二大上赫鲁晓夫吹的“一国进入共产主义”、“土豆烧牛肉的共产主义”那一番牛皮。这篇杂文既骂了赫鲁晓夫，又不露痕迹，文章做得很巧妙。事情过了四年多，当事人还在，姚文元却硬说成是“恶毒地嘲笑我们党为克服困难而采取的自力更生的方针”，真是欲加之罪，何患无辞！

《专治“健忘症”》是使姚文元认为可以抓住把柄大做文章的又一篇杂文。在这篇杂文中，邓拓同志引据明代陆灼《艾子后语》中的一则故事，叙述“健忘症”的症状，开列出各种治疗方法。由于这篇杂文没有点明讽刺对象，也没有区别“治疗”手段的性质，因而人们可以作不同的解释。姚文元乘此空隙扣上一顶帽子，胡说“这篇文章恶毒诬蔑党的负责同志患了‘健忘症’”，用心十分险恶。其实《专治“健忘症”》中所说的“自食其言，言而无信”的这种社会现象是客观存在，对这种客观存在的社会现象进行抨击又有什么过错呢？

手法之三是：混淆事物性质，无限上纲。

“三家村”杂文中，许多是歌颂党和人民革命斗争事业的，也有不少是以古喻今，对我们社会的某些现象有所批评或讽刺，有所建议和倡导。在写作手法上，有的直截了当，有的比较含蓄曲折。对我国社会生活中的某些不良现象，实事求是地进行批评、讽喻，以达到改进的目的，是社会主义民主给予每个公民的政治权利，也是一个作者对党的事业负责的表现。姚文元蓄意混淆事物的性质，把对个别领导人作风的批评说成是对党对毛主席的诬蔑，把批评某种与社会主义格格不入的东西，说成是对社会主义制度的反对和攻击，把艺术风格上的“百花齐放，百家争鸣”说成是资产阶级自由化。对姚文元说来，对于任何一个“问题”，如不上升到“自觉地反党反社会主义反毛泽东思想”这个“纲”，他是绝不住手的，活现出一副政治流氓的嘴脸。

《三家村札记》、《燕山夜话》批评和讽刺得最多也最深刻的，是那种吹牛皮、说大话、不依靠群众、不按客观规律办事的现象。纸上谈兵的赵括，言过其实的马谡，自称活了数千岁的方士，夸口养了三千食客的季孙氏等，就是这样的典型。作者通过这些生动的古代故事，告诉人们要引以为戒。《伟大的空话》一文，更辛辣地嘲讽了那些爱讲空话的人，奉劝专爱说“伟大的空话”的人们及早去“休息”。这些意见，写得尖锐辛辣，但仍然不失为一种善意的批评，今天读起来仍然有极大的现实意义。姚文元抓住文章列举的空话中有“东风是我们的恩人，西风是我们的敌人”这一句，硬说这就是“明目张胆地咒骂‘东风压倒西风’这一马克思列宁主义的科学论断是‘空话’”，从而把整篇杂文说成是对毛泽东思想的攻击。这一来，一方面把正常的批评打成了恶意攻击，堵塞了言路；另一方面又为以后社会上形形色色的“伟大的空话”大开绿灯，使之泛滥成灾。

姚文元把所谓“为右倾机会主义者翻案”当成他打人的最得意的棍子，谁敢说一点真话，讲一点不同意见，谁就是反党。邓拓同志的《智谋是可靠的吗?》一文，通过历史上几则故事，讽刺了那种喜欢自己逞能，不接受下面群众意见的现象，提出“任何智谋都不是神秘的，不是属于少数天才的，而是属于广大群众的”。姚文元一口咬定“要‘皇帝’‘博采广谋’”，就是“要党中央接受他们支持的那条修正主义路线”。其实，杂文中提到几个古代著名人物和帝王，无非是从领导者要注意“广谋于众”这个角度讲的，根本没有专指哪一级领导机关或哪一位领导人；退一步来说，即使这些意见就是专讲给党中央、讲给领导人听的，又有什么了不得呢？难道我们伟大、光荣、正确的党不应该听取群众的意见吗？听取了群众的意见就不伟大、不光荣、不正确了吗？姚文元表面上是在维护党中央，实质上是要把党中央同群众隔绝开来，把党中央描写成虚弱得连一点群众不同意见都经受不起。

姚文元把“三家村”打成“反党反社会主义黑店”所使用的手法，是林彪、“四人帮”一伙的看家本事，是他们对人民实行“全面专政”，建立封建法西斯专制主义王朝的一个法宝。从《评〈海瑞罢官〉》到《评“三家村”》，从《评周扬》、《评陶铸的两本书》，直到九年之后的《评三项指示为纲》，使用的都是这种构陷之术。这一点也不奇怪，既要加害于人，又没有什么根据，只好乞灵于造谣、诬陷了。

篡党夺权的严重步骤

《评“三家村”》，是林彪、陈伯达、江青、姚文元一伙野心家篡党夺权全盘计划中的一个严重步骤，是他们在全国大规模地残害革命干部和广大人民群众的一个重要开端。姚文元在文章中曾经杀气腾腾地叫喊：“不管是‘大师’，是‘权威’，是‘三家村’或‘四家村’，不管多么有名，多么有地位，是受到什么人指使，受到什么人支持，受到多少人吹捧，全都揭露出来，批判它们、踏倒它们”，并要挖出什么“最深的根子”。上揪之外，还要下扫“三家村”“在新闻、教育、文艺、学术界中”的“赞赏者和追随者”。这就是说，他们一伙的屠刀不仅要杀向北京市委，而且要杀向全国各地各级党政领导机关，杀向文化、学术各界，要横扫一切，打倒一切。果然，随着《评“三家村”》的出笼，一场政治大迫害的腥风血雨便迅速遍及全国了。

随着林彪、“四人帮”的垮台和揭批查运动的深入，他们那一套法西斯“理论”和手法也已经或正在被扫进历史的垃圾堆。前事不忘，后事之师。我们应该从这一严重事件中吸取历史的教训，作为我们继续前进的一个借鉴。

这场大文字狱及其后果给我们的主要教训，就是在我们社会主义的国家里，绝对不可以没有民主和法制，否则，就很可能被野心家、阴谋家钻空子，让他们把对敌人的专政变成对人民的专政。多年来，林彪、“四人帮”一伙所以能够肆无忌惮地制造那么多的文字狱和政治冤案，使国家和人民在政治、经济、文化和社会生活各方面受到严重摧残，其原因就在于无产阶级的民主被践踏，社会主义的法制被破坏，人民失去了最起码的说话权利。

严酷的事实不正是这样吗？邓拓、吴晗、廖沫沙等同志，本来是堂堂正正地写文章，公开发表在报纸刊物上。他们的观点是对是错，白纸黑字，有目共睹。如果文章有缺点，有错误，也应该和只能通过批评、争论来辨清是非。然而，由于社会主义的民主和法制失去了保障，林彪、“四人帮”一伙的胡言乱语竟成了“王法”。姚文元们的黑笔杆一挥，就把“三家村”打成“黑店”，把邓拓打成“黑店的掌柜和总管”，把吴晗打成“急先锋”。戚本禹在一篇黑文中胡说一句“现已查明，邓拓是叛徒”，邓拓同志因此就成了“钦定”的“叛徒”！长期以来，林彪、江青、姚文元和那个“理论权威”胡说谁是“叛徒”、“特务”、“坏人”，谁就真的被打成“叛徒”、“特务”、“坏人”。他们运用这个强盗逻辑，粗暴地践踏社会主义法制，破坏党内外的民主生活准则，堵塞言路，不许人们讲话，更不许讲批评的话。结果，长期以来，在社会政治生活中造成了许多“禁区”。时至今日，不少同志还心有余悸，怕帽子，怕棍子，其实质就是怕不民主、怕专制的问题。我们一定要通过对林彪、“四人帮”的彻底清算，拨乱反正，扫除迷雾，使毛泽东同志提出的“双百”方针真正得到贯彻落实，使人民民主真正得到发扬，促进安定团结、生动活泼政治局面的形成，以适应我们全党工作重点的转移。

（原载《人民日报》，1979年2月22日）

附录五：

吴晗的原名、常用名、字、笔名等

原　名：吴春晗

常用名：吴　晗

字：辰　伯

笔　名：

西　生	辰	吴辰伯	山　民
梧　轩	刘　勉	刘勉之	勉　之
友　声	吕　庆	旧　史	公孙器之
何无忌	燕　萧	燕　明	韩　武
草　白	章　白	高　兄	赵　彦
吴子直	刘恢之	章　武	震
敏	卢　恭		

吴晗和邓拓、廖沫沙合用的笔名：吴南星

附录六：

吴晗著作书目

胡应麟年谱（人物年谱）	1934年商务印书馆出版
江苏藏书家小史（人物传记）	1934年北京图书馆出版
两浙藏书家史略（人物传记）	1932年《清华周刊》第37卷第9、10期
十六世纪前期之中国与南洋（历史论著集）	1936年清华大学油印本
西汉经济状况（历史论著集）	1940年上海大东书局出版
明太祖（人物传记）	1944年重庆胜利出版社出版
由僧钵到皇权（人物传记）（此书与《明太祖》是内容相同的一本书，两个书名）	1944年重庆胜利出版社出版
历史的镜子（杂文集）	1945年生活书店出版
史事与人物（历史论著、散文、杂文集）	1948年生活书店出版
皇权与绅权（历史论著集，吴晗、费孝通著，收吴晗作品五篇，费孝通作品一篇）	1948年上海观察社出版
朱元璋传（人物传记）	1948年三联书店出版
朱元璋传（人物传记）	1955年中国科学院油印本
读史札记（历史论著集）	1956年三联书店出版
投枪集（杂文集）	1959年作家出版社出版

海瑞的故事（人物传记）	1959年中华书局出版
灯下集（杂文集）	1960年三联书店出版
春天集（杂文集）	1961年作家出版社出版
海瑞罢官（京剧剧本）	1961年北京出版社出版
学习集（杂文集）	1963年北京出版社出版
朱元璋传（人物传记）	1965年三联书店出版
三家村札记（杂文集，吴南星著。吴南星是吴晗与邓拓、廖沫沙三人共同的一个笔名，吴是吴晗；南是邓拓取其笔名马南邨中的南字代表邓拓；星是廖沫沙的笔名繁星二字中的星字，代表廖沫沙。这本书中收吴晗作品21篇，邓拓作品18篇，廖沫沙作品21篇，李筠、李光远等四人作品5篇）	1979年人民文学出版社出版
吴晗杂文选（杂文集）	1979年人民文学出版社出版
长短录（杂文集，夏衍、吴晗、廖沫沙、孟超、唐弢著，夏衍用的笔名是黄似，吴晗用的笔名是章白，廖沫沙用的笔名是文益谦，孟超用的笔名是陈波，唐弢用的笔名是万一羽。收吴晗作品5篇，夏衍作品9篇，廖沫沙作品7篇，孟超作品13篇，唐弢作品2篇，另外收张毕东作品1篇）	1980年人民日报出版社出版
明史讲座（历史论著，《北京师范学院学报丛书》）	1979年北京师范学院出版

明史简述（历史论著，《明史讲座》的重印本，改书名为《明史简述》）	1980年中华书局出版
江浙藏书家史略（人物传记）	1980年中华书局出版
朝鲜李朝实录中的中国史料（历史资料）	1980年中华书局出版

附录七：

吴晗主编和参加编辑的杂志

清华周刊	清华大学的校刊。
民主周刊（昆明版）	中国民主同盟云南省支部编辑出版的刊物，1944 年 12 月 8 日在昆明创刊，1946 年 8 月停刊。
民主周刊（北平版）	中国民主同盟编辑出版的刊物，1946 年 1 月 21 日在北平创办，1947 年 1 月改名《民主半月刊》，同年 3 月停刊。
时代评论	
自由论坛	
中建半月刊	
新建设（月刊）	
历史研究	
自由文丛（北平）	

附录八：

吴晗主编的丛书

一、《中国历史小丛书》

1. 编辑委员会

主　　编　吴　晗

编　　委　尹　达　白寿彝　刘桂五　任继愈　吴廷璆　何兹全　何家槐　何干之　汪　篯　周一良　邱汉生　金灿然　邵循正　季镇淮　陈乐素　陈哲文　侯仁之　郑天挺　胡朝芝　马少波　翁独健　滕净东　潘絜兹　戴　逸

助　　编　北京教师进修学院历史教研室

2. 出版者　中华书局

3. 出版时间　1959—1965年，出版近150种。1966年发生“文化大革命”，吴晗遭受林彪、“四人帮”的迫害，这套书的编辑出版工作被迫停止。1976年粉碎“四人帮”后，1978年，中华书局又恢复出版这套书，并进行续编工作，这套书先后共出版204种。

4. 种数　204种

5. 书目

蓝田人	黄慰文编写
北京人	贾兰坡编写
仰韶文化	安志敏编写
半坡村遗址	刘昭豪编写

龙山文化	佟柱臣编写
夏代文化	李　民编写
郑州商代城遗址	陈显泗编写
安阳殷墟	杨建芳编写
老子	喻松青编写
孔子	李启谦、徐志祥编写
墨子	胡新生编写
孟子	董洪利编写
庄子	阎振益编写
荀子	朱砚夫编写
韩非	任继愈编写
王充	梁运华编写
范缜	王国轩编写
李贽	邱汉生编写
黄宗羲	王政尧编写
顾炎武	陈祖武编写
王夫之	杨廷福编写
秦始皇	周琤杰编写
汉高祖刘邦	胡士冈编写
汉文帝	阎应清编写
汉武帝	范福元编写
汉光武帝	雷大受编写
魏孝文帝	肖　黎编写
唐太宗	袁定基编写
周世宗	陈开树、王一川编写
宋太祖	龚延明编写
元世祖忽必烈	曾庆瑛编写
朱元璋	管玉春、吕武进编写
努尔哈赤	胡昭静编写
康熙皇帝	商鸿逵编写

夏完淳	张习孔编写
王昭君	王克骏编写
冼夫人	万绳楠编写
文成公主	万绳楠编写
孙武	崔高维编写
吴越和孙膑	周深远编写
宋毅和田单	陈福林编写
廉颇和蔺相如	梁世清编写
项羽	安平秋编写
韩信	高宏亮编写
飞将军李广	冯惠民编写
卫青	崔高维编写
霍去病	赖家度编写
马援	黄　葵编写
班超	魏连科编写
郭子仪	彭士杰编写
周公	宋　峻编写
管仲	王业猷编写
子产	周　干编写
晏婴的故事	秋　楠编写
商鞅	冯惠民编写
李斯	冯惠民编写
张良	郭文富编写
萧何	邓经元编写
贾谊	吴忠烈编写
曹操	张习孔编写
诸葛亮	宋国柱编写
魏徵	曹曾祥、李家林编写
刘晏	吴　慧编写
颜真卿	吴　慧编写

寇准	湛　之编写
范仲淹	李涵、沈学明编写
包拯	沈锡麟编写
王安石	龚延明编写
耶律楚材	李桂枝编写
赛典赤	洪　源编写
况钟与周忱	廖志豪、叶万忠编写
海瑞的故事	吴　晗编写
张居正	胡宜柔编写
屈原	李　力编写
陶渊明	王绍龄编写
李白	乔象钟编写
杜甫	李宪昭编写
韩愈	倪其心编写
白居易	褚斌杰编写
柳宗元	陶剑琴编写
欧阳修	袁行云编写
苏东坡	陈华昌编写
李清照	蔡国黄编写
陆游	齐治平编写
辛弃疾	杨牧之编写
王实甫和《西厢记》	潘兆明编写
吴承恩和《西游记》	潘兆明编写
扁鹊、华佗、孙思邈	张晓晨编写
张衡	曹曾祥编写
祖冲之	曹曾祥编写
郭守敬	薄树人编写
李时珍和《本草纲目》	齐　苔编写
贾思勰和《齐民要术》	吴雁南编写
沈括和《梦溪笔谈》	胡昭静编写

王祯和《农书》	万国鼎编写
徐光启和《农政全书》	于化民编写
宋应星和《天工开物》	邱　锋编写
苏武	高宏亮编写
李纲和宗泽	胡昭静编写
岳飞	史崇书编写
文天祥	万绳楠编写
于谦	北京市第二十七中学史地教研组编写
戚继光	王业猷编写
袁崇焕	邓　珂编写
史可法	张习孔编写
郑成功	王育济、纪鸿文编写
长勺之战	羽　白编写
泓水之战	子　殷编写
城濮之战	周自强编写
桂陵、马陵之战	雪　华编写
韩信破赵之战	尹湘豪编写
成皋之战	雷大受编写
昆阳之战	张　侠编写
官渡之战	张习孔编写
赤壁之战	羽　白编写
彝陵之战	李赓序编写
淝水之战	张习孔编写
采石之战	雷大受编写
东岳泰山	崔秀国编写
西岳华山	党军编写
中岳嵩山	张家泰编写
南岳衡山	衡阳师专史地组编写
北岳恒山	史塞、德斌编写
长城史话	罗哲文编写

故宫史话	单士元编写
颐和园史话	田　力编写
避暑山庄史话	郭秋良、刘建华编写
西湖史话	何乐之编写
敦煌艺术	郭宗纾编写
秦陵兵马俑	王学理编写
赵州桥史话	张　彬编写
西安史话	武复兴编写
唐代长安	姚　坚编写
洛阳史话	苏健、蔡运章编写
南京史话	蒋赞初编写
开封史话	单运慕编写
杭州史话	林正秋编写
北京史话	阎崇年编写
苏州史话	廖志豪、叶万忠编写
太原史话	玄　常编写
天津史话	南炳文编写
广州史话	徐俊鸣编写
桂林史话	徐君慧编写
五谷史话	万国鼎编写
蚕业史话	章　楷编写
丝绸史话	陈娟娟、黄能馥编写
货币史话	俞沛铭编写
邮电史话	童新远编写
漕运史话	于耀文编写
古代桥梁史话	潘洪萱编写
古代建筑史话	张　彬编写
古代飞行的故事	张　鸿编写
张骞通西域	冯惠民编写
旅行家法显	靳生禾编写

唐僧取经	杨廷福编写
陈胜、吴广起义	崔高维编写
绿林、赤眉起义	陈　振编写
黄巾起义	罗秉英编写
隋末农民战争	万绳楠编写
黄巢起义	宁　可编写
王小波、李顺起义	师道刚、崔凡芸编写
方腊起义	胡大冈编写
钟相、杨幺起义	单元慕编写
元末农民大起义	郑英德编写
刘六、杨虎起义	任雪芳编写
李自成起义	严绍璗编写
清代苗民起义	南炳文编写
清代中叶的白莲教起义	夏家骏编写
葛成起义	廖志豪、李茂高编写
《尚书》史话	马　雍编写
“二十四史”简介	吴树平编写
司马光和《资治通鉴》	冯惠民编写
《永乐大典》史话	张忱石编写
《四库全书》史话	刘汉屏编写
鉴真东渡	张慰丰、耿鉴庭编写
郑和下西洋	刘如仲编写
徐霞客	侯仁之编写
丝绸之路	陈振江编写
汤显祖和《牡丹亭》	蔡国黄编写
孔尚任和《桃花扇》	曹曾祥编写
曹雪芹和《红楼梦》	冯尔康编写
蒲松龄和《聊斋志异》	冯伟民编写
汉字史话	胡双宝编写
中国古代数学史话	李俨、杜石然编写

书法史话	萧燕翼编写
绘画史话	潘絜兹编写
报刊史话	方汉奇编写
造纸史话	黄　河编写
京剧史话	陶君起编写
活字印刷史话	张秀民、龙顺宜编写
科举制度史话	张晋藩、邱远猷编写
古代藏书史话	许碚生编写
春秋五霸	张景贤编写
三家分晋	张景贤编写
卧薪尝胆	王斯谛编写
玄武门之变	徐敏霞编写
安史之乱	徐敏霞编写
唐代藩镇	申　君编写
宋代的花石纲	单远慕编写
明代的锦衣卫和东西厂	韦庆远编写
明代庚戌之变和隆庆和议	戴鸿义编写
明代援朝抗倭战争	周一良编写
明末东林党	李尚英编写
清代文字狱	孔　立编写

二、《外国历史小丛书》

1. 编辑委员会

主　　编　吴　晗

编　　委　齐思和　朱庆永　刘宗绪　吴于廑　李纯武
周　平　周谷城　陈翰笙　陈翰伯　徐景秋
张芝联　戚国淦　程秋原　黄绍湘　杨生茂
潘炳皋　邝平章

助　　编　北京教师进修学院

2. 出版者　商务印书馆

3. 出版时间　吴晗倡议并主编的《中国历史小丛书》出版后，备受读者欢迎。1961年，吴晗遵照周总理的提议，又承担主编《外国历史小丛书》的任务，“文化大革命”前，这套书由商务印书馆出版50种。1966年发生“文化大革命”，吴晗遭受林彪、“四人帮”的迫害，这套书的编辑出版工作被迫停止。1979年，由陈翰笙主编、续编这套书，仍由商务印书馆出版，至1990年，这套书先后共出版407种。

4. 种数　407种

5. 书目

达·芬奇	贺熙煦编写
杰出的雕刻家米开朗琪罗	朱龙华编写
“画圣”拉斐尔	朱龙华编写
英国伟大戏剧家莎士比亚	赵仲远编写
不朽的音乐大师贝多芬	张　弓编写
赫尔岑	农　林编写
俄国著名文学家列夫·托尔斯泰	秦得儒编写
影坛巨星卓别林	龙　飞编写
著名西班牙人文主义作家塞万提斯	黄道立编写
伟大的德国文学家歌德	魏家国编写
英国浪漫主义诗人拜伦	陈伯通编写
讽刺艺术大师果戈理	龙飞、孔延庚编写
英国文坛勃朗特三姐妹	王国庆编写
印度近代伟大作家泰戈尔	张光磷编写
未铸成的文坛巨人二叶亭四迷	田久川编写
美国现实主义作家杰克·伦敦	罗达尊编写
苏联著名诗人马雅可夫斯基	雍桂良编写
杰出的美国作家海明威	王国庆编写
希腊悲剧之父——爱斯奇里斯	刘志鹗编写
薄伽丘和他的《十日谈》	吴泽义编写
奥地利著名音乐家莫扎特	蒋锡瑾编写

法国伟大作家司汤达	包承吉编写
伟大的德国革命诗人海涅	陈顺基编写
法国浪漫主义文学旗手雨果	陈伯通编写
英国批判现实主义文学大师狄更斯	傅先俊编写
欧洲近代雕塑大师罗丹	龙飞、罗世平编写
杰出的英国戏剧家萧伯纳	鲁效阳编写
缅甸爱国诗人德钦哥都迈	王介南编写
伊索与《伊索寓言》	沈之兴编写
但丁和他的《神曲》	吴泽义编写
莫里哀	唐　枢编写
法国著名戏剧家、小说家仲马父子	周颐、夏慧编写
英国浪漫主义诗人雪莱	罗达芸编写
巴尔扎克	郑克鲁编写
安徒生和他的童话	林　雷编写
《国际歌》作者鲍狄埃和狄盖特	马启莱编写
俄国著名作曲家柴可夫斯基	龙飞、孔延庚编写
何塞·马蒂	陈佳荣编写
著名西班牙画家戈雅	王文光编写
普希金	南海、碧波编写
波兰的伟大音乐家肖邦	凌云、郑婧编写
别林斯基	陈之骅编写
俄国著名小说家屠格涅夫	涓云、姚新编写
俄国著名作家陀思妥耶夫斯基	高然、益申编写
车尔尼雪夫斯基	陈之骅编写
契诃夫	朱仲玉编写
苏联伟大作家高尔基	何瑞、鲁南编写
马卡连柯	吴裕成编写
金字塔	金德华编写
古代世界七大奇迹	张玉祥编写
古代两河流域的文化	涂厚善编写

阿拉伯文化　唐宝才、马瑞瑜编写
希腊神话故事　朱西昌编写
荷马史诗　魏杞文编写
希腊古典雕刻　朱龙华编写
古代罗马艺术　刘志鹗编写
古代印度河流域的文化　涂厚善编写
吴哥文化　陈显泗编写
古代印度的文化　涂厚善编写
艺苑奇葩——印度阿旃陀石窟　罗照辉编写
古代希腊建筑艺术　罗静兰编写
拜占庭造型艺术　朱孝远编写
墨西哥壁画史话　徐忠礼编写
古代美洲的玛雅文化　景振国编写
古代南美洲的印加文化　刘文龙编写
阿兹特克文化　虞　琦编写
古希腊著名数学家阿基米得　梁锡智编写
伟大的天文学家哥白尼　李家善编写
实验物理学的开拓者伽利略　李　迪编写
科学巨人牛顿　俞　鸣编写
著名电学家富兰克林　邓托夫编写
科学进化论的奠基人达尔文　李光羽编写
大发明家爱迪生　曹玉千编写
星际航行理论的先驱齐奥尔科夫斯基　梁锡智编写
放射学的奠基人玛丽·居里　邢润川、金吾伦编写
著名物理学家爱因斯坦　金秋鹏编写
阿拉伯的科学成就与名医阿维森纳　唐宝才编写
俄罗斯科学之父罗蒙诺索夫　朱成光编写
原子核物理学的奠基者卢瑟福　熊　柯编写
杰出的俄国生理学家巴甫洛夫　海　林编写
现代地质学的奠基者莱伊尔　吴凤鸣编写

“昆虫汉”法布尔	胡成业编写
微生物学的奠基人巴斯德	李光羽编写
元素周期表的创制者门捷列夫	李光羽编写
布鲁诺	刘明翰、刘丹忱编写
揭开血液运动之谜的科学家哈维	董泉珍编写
伟大的数学家高斯	吴仕杰、谢世杰编写
电学大师法拉第	任　洪编写
诺贝尔	斯文、陈文荣编写
德国唯心主义辩证法大师黑格尔	国林、文光编写
德国唯物主义哲学家费尔巴哈	国林、文光编写
英国古典政治经济学体系的创立者亚当·斯密	胡企林编写
英国古典政治经济学的完成者大卫·李嘉图	于俊文编写
法国空想社会主义者圣西门	杨建昌编写
法国空想社会主义者傅立叶	高　崧编写
英国空想社会主义者欧文	郭一民编写
柏拉图和《理想国》	周新廉、彭琦编写
莫尔和《乌托邦》	施茂铭、林正秋编写
康帕内拉和《太阳城》	黄达强编写
法国空想共产主义者让·梅叶	汪家熔编写
法国空想共产主义者巴贝夫	江　泓编写
法国启蒙运动学者孟德斯鸠	严仲仪编写
法国启蒙思想家伏尔泰	汪守本编写
法国启蒙思想家卢梭	杜长安、宋丽荣编写
法国近代百科全书之父狄德罗	凌言、单桂珍编写
苏格拉底	张树栋编写
德谟克利特	杨家振编写
亚里士多德	张竹明编写
伊壁鸠鲁	江爱沪编写
西塞罗	陈文明编写
弗朗西斯·培根	杨荣华编写

格劳秀斯 李家善编写
西方"历史之父"希罗多德 张广智编写
修昔底德与《伯罗奔尼撒战争史》 张广智编写
古罗马杰出的历史学家塔西佗 张广智编写
马可·波罗和他的游记 唐锡仁编写
原始社会历史学的奠基人摩尔根 黄淑娉、庄孔韶编写
杰出的工人运动活动家魏德迈 韩成栋编写
美国社会主义运动的先驱左尔格 洪肇龙、李景治编写
蔡特金 丁建弘编写
日共创始人——片山潜 李威周编写
捷尔任斯基 许林森编写
杰出的国际共产主义运动活动家季米特洛夫 武克全编写
布哈林 叶书宗编写
国际共运的著名活动家葛兰西 詹方瑶编写
俄国革命民粹主义者和国际无政府主义运动活动家克鲁泡特金 陈之骅编写
普列汉诺夫 陈启能编写
美国工人阶级的光荣战士和领袖福斯特 顾学稼、姚波编写
白求恩 唐枢编写
中国人民之友胡志明 岳禹编写
南斯拉夫人民的伟大领袖铁托 卢秉群编写
伟大的共产主义战士柯棣华 任鸣皋、李文业编写
印度古代的佛教君主——阿育王 葛维钧编写
君士坦丁大帝 郑如霖编写
俄国第一位沙皇——伊凡四世 于沛编写
普鲁士国王——弗里德里希二世 李兰琴编写
统一尼泊尔的普·纳·沙阿大君 鲁正华编写
印度章西女王 李文业编写
日本明治天皇 付大中编写
阿拉伯英雄萨拉·丁 王明美编写

伊丽莎白一世　郑如霖编写
彼得大帝　周颖如编写
俄国女皇叶卡特林娜二世　任　洪编写
非洲南部古祖鲁王国国王恰卡　郑家馨编写
俄国末代沙皇尼古拉二世　李永昌编写
古罗马改革家格拉古兄弟　张殿吉编写
古罗马帝制的奠基者凯撒　玉　璋编写
法国资产阶级革命家罗伯斯比尔　孙　娴编写
法兰西第一帝国皇帝拿破仑　俞曾元编写
法国近代外交家塔列朗　王小曼编写
美国总统林肯　邓　珂编写
印度革命活动家提拉克　彭树智编写
缅甸救国英雄昂山　韩学文编写
埃及反帝反封建的英勇战士纳赛尔　畅　征编写
美国第一任总统华盛顿　余志森编写
埃及的穆罕默德·阿里　陆庭恩编写
法兰西第三共和国首任总统梯也尔　魏黎明编写
铁血宰相俾斯麦　武树元编写
圣雄甘地　任鸣皋编写
坐在轮椅上的美国总统罗斯福　何　迪编写
印度的首任总理尼赫鲁　梁洁筠编写
戴高乐　周剑卿编写
英国资产阶级革命领袖克伦威尔　高仲君、李学智编写
为自由与民主而斗争的托马斯·杰斐逊　冯纪宪编写
神圣同盟组织者之一梅特涅　孙宝珊编写
格莱斯顿　李佩芬编写
提出门户开放政策的美国总统麦金莱　黄柯可编写
英国著名政治家丘吉尔　萨本仁编写
土耳其共和国的缔造者凯末尔　罗洪彰编写
以身殉职的智利总统阿连德　陈才兴、刘文龙编写

印度社会改革家罗伊	培伦、曹焰编写
巴基斯坦的国父真纳	畅　征编写
墨西哥伟大的爱国者胡亚雷斯	罗　捷编写
墨西哥改革家卡德纳斯	林　宁编写
恩克鲁玛	艾周昌编写
泰国资产阶级革命家比里·帕侬荣	徐启恒、商文编写
希波战争	任凤阁、张殿吉编写
伯罗奔尼撒战争	王兴运编写
亚历山大远征	李春元编写
布匿战争	钟　嵩编写
德国农民战争	吴　钧编写
朝鲜壬辰卫国战争	李景温编写
三十年战争	夏龙珠编写
阿富汗三次抗英战争	彭树智编写
西班牙民族革命战争	周希奋编写
克里木战争	张桂枢编写
英缅战争	贺圣达编写
日本西南战争	米庆余编写
朝鲜甲午农民战争	宋祯焕编写
美西战争	李庆余编写
英布战争	张谦让编写
日俄战争	研　军编写
巴尔干战争	张联芳编写
第一次世界大战	张瑞德编写
古罗马内战史话	张振宝编写
古代犹太战争	邓新裕、潘光编写
十字军的兴衰	刘正培编写
英法百年战争	张振宝、刘志禹编写
胡斯战争	吴泽义编写
美国独立战争	郭圣铭编写

希腊独立战争（1821—1829）　王延生编写
普法战争　吴机鹏编写
埃及民族独立运动（1879—1882）　潘光、邓新裕编写
菲律宾独立战争　许永璋编写
埃塞俄比亚抗意战争　罗洪彰编写
阿尔及利亚独立战争　赵慧杰、张士智编写
斯巴达克起义　培　文编写
罗马晚期奴隶起义　蔡鸿生编写
英国瓦特·泰勒起义　李景云编写
俄国十二月党人起义　李淑璧编写
俄国普加乔夫起义　徐云霞编写
“千岛之国”的反殖怒火——爪哇人民大起义　余思伟编写
印度民族大起义（1857—1859）　潘香华编写
苏丹马赫迪起义　赵淑慧编写
缅甸咖咙会抗英起义　韩学文编写
古代西西里奴隶起义　刘培华编写
扎克雷起义　钟　嵩编写
越南西山农民起义　朱桂昌编写
美国谢司起义　杨增书编写
法国里昂工人起义　符月英编写
伊朗巴布教徒起义　李希泌、刘明编写
巴西卡努杜斯起义　方回澜、蔡树立编写
狂飙突进　许迪蒙编写
俄国民粹派　部彦秀编写
巴黎公社　刘宗绪编写
十月社会主义革命　刘继兴编写
日本“米骚动”　戴永玲编写
德国1918年十一月革命　汪宏玉编写
1919年匈牙利革命　汪宏玉编写
震撼世界的1926年英国总罢工　蔡树立编写

印度尼西亚八月革命	梁英明编写
尼德兰革命	吕禾冠编写
英国资产阶级革命	孙仲发编写
英国工业革命	王民同编写
俄普奥三次瓜分波兰	刘邦义编写
意大利的统一	赵克毅、辛益编写
俾斯麦统一德国	姜德昌编写
1910年墨西哥资产阶级革命	施兴和编写
英国东印度公司	李文业编写
英国鸦片贸易150年	俞　源编写
震动法国的德雷福斯案件	周剑卿编写
华盛顿会议	童少华编写
印度比尔拉财团的今昔	华碧云编写
美国跨国公司的昨天与今天	文　砚编写
印巴分治的前因后果	尚会鹏编写
麦卡锡主义——美国的法西斯主义	黄安年编写
古代非洲与中国的友好交往	陈公元编写
中日友好史话	杨家振编写
日本遣唐使	管玉春编写
罪恶的黑奴贩卖	吴秉真编写
斯里兰卡古代历史故事	邓殿臣编写
印度洋上的岛国——斯里兰卡	王　兰编写
英属马来亚的开发	彭家礼编写
中世纪的西欧城市	黄健荣编写
沙俄在欧洲的扩张	张之毅编写
奥林匹克运动会的今昔	殷　波编写
世界田径史话	殷　波编写
从弓箭到导弹——武器发展史话	龚学军编写
1905年俄国革命	向子祥编写
英帝国与英联邦	张　天编写

美国早期的门罗主义　　王　玮编写
国际联盟　　杨　穆编写
巴拿马运河　　方　生编写
近现代建筑科学史话　　吴焕加编写
犹太教史话　　王仲义编写
佛教史话　　王邦维编写
基督教史话　　吴清心、于可编写
教皇史话　　孙庆芳编写
古代摩尼教　　林悟殊编写
东正教　　乐峰编写
英国新教及其流派　　于可、陈志强编写
胡格诺战争　　李俊英、丁占双编写
《圣经》史话　　文　庸编写
《圣经》中的耶稣　　文庸、筱燕编写
经院哲学　　杨荣华编写
马丁·路德　　马立臣编写
让·加尔文　　金佩林编写
佛经史话　　李富华编写
日本高僧空海　　黄道立编写
穆罕默德　　李运明编写
伊斯兰教史话　　李希泌、刘明编写
18世纪法国大革命　　刘宗绪编写
拉法叶特　　高韵青、张宗诚编写
罗伯斯比尔　　孙娴编写
马拉　　刘北成编写
丹东　　楼均信编写
罗兰夫人　　郭华榕编写
圣茹斯特　　姜　芃编写
拿破仑　　俞曾元编写
非洲古代名将汉尼拔　　于贵信编写

阿根廷独立战争　王春良编写
巴西独立战争　周世秀编写
古巴独立战争　方幼封、洪永珊编写
秘鲁民族英雄图帕克·阿马鲁　张　铠编写
海地革命的领袖杜桑　陆国俊编写
“南美洲的华盛顿”——圣马丁　方　祥编写
“解放者”西蒙·玻利瓦尔　王春良编写
自由人的将军——桑地诺　陆国俊、李祥编写
汉谟拉比和他的法典　王兴运编写
印度社会中的种姓制度　陈佛松编写
古代罗马的奴隶制度　张左系编写
古代雅典民主政治　任寅虎编写
500 年的西欧农奴制度　马克尧编写
日本幕府政治　王立达编写
英国文官制度的今昔　魏黎明编写
第二次世界大战　罗荣渠编写
慕尼黑阴谋　潘际埛编写
敦刻尔克撤退　李巨廉编写
日本偷袭珍珠港　刘昌持、夏廷和编写
斯大林格勒大血战　王文庆、林峰编写
诺曼底登陆　王育民编写
美、英、苏三国的雅尔塔会议　林汉隽、丁利刚编写
朝鲜民族英雄李舜臣　严圣钦编写
朝鲜近代农民革命领袖全琫准　陈显泗、杨昭全编写
朝鲜 1884 年的政变　杨昭全编写
朝鲜爱国志士安重根　杨昭全、安清奎编写
著名的朝鲜学者丁茶山　王玉林编写
日帝霸占朝鲜始末　杨昭全编写
朝鲜反日义兵斗争　杨昭全编写
三千里江山的怒吼——朝鲜三一运动　程秋珍、林雷编写

非洲探险史话	杨瑛编写
地理大发现	郭圣铭编写
哥伦布	朱寰、金志霖编写
亚美利哥探险与美洲命名	罗　捷编写
葡萄牙著名的航海家——达·伽马	程　纯编写
世界第一位环球航行家——麦哲伦	黄道立编写
英国航海家——库克	张　天编写
非洲探险家——利文斯通	舒运国编写
古代埃及	周庆基编写
巴比伦王国	朱龙华编写
亚述帝国	戴可来、楚汉编写
波斯帝国	卢　苇编写
古代希腊	吴　默编写
斯巴达	刘家和编写
古代罗马	于贵信编写
古代印度	崔连仲编写
贵霜帝国	王素色编写
扶南王国	郭振铎编写
西非最早的国家——古加纳	葛公尚编写
拜占庭帝国	葛定华编写
法兰克王国	丁占双、李俊英编写
缅甸贡榜王国	王介南编写
基辅罗斯	尹曲、王松亭编写
神圣罗马帝国	李祖训编写
奥斯曼帝国	刘　明编写
印度莫卧儿王朝	陈翰笙编写
莫斯科公国	尹　曲编写
佛罗伦萨共和国	朱龙华编写
西非古国桑海	宁　骚编写
西非王国阿散蒂	韩惟德编写

东非古国阿克苏姆　　何芳川编写
日本大化革新　　禹硕基编写
日本明治维新　　武安隆、王家骅编写
日本的民权运动　　米庆余编写
日本土地制度的演变　　倪心一编写
日本工业化史话　　王振锁编写
战后日本经济的复兴　　刘予苇编写
1848 年匈牙利革命　　韩承文编写
1848 年捷克斯洛伐克革命　　徐云霞编写
1848 年波兰革命　　程人乾编写
1848 年法国革命　　韩承文编写
1848 年罗马尼亚革命　　韩承文、徐云霞编写
1848 年德国革命　　王宏吉编写
匈奴西迁　　曹焕旭编写
古代日耳曼人　　林悟殊编写
日耳曼人大迁徙　　杨邦兴编写
北欧海盗　　斯文、王磊编写
古代斯拉夫人　　马细谱、辛田编写
印第安人史话　　任雪芳编写
南非种族主义　　张谦让编写
南非印度人　　颜　芙编写
吉卜赛人史话　　文中、辛亮编写
印第安人的保护者拉斯·卡萨斯　　孙家堃编写
墨西哥资本主义发展史话　　任雪芸编写
著名的黑人历史学家——杜波依斯　　吴秉真编写
古代雅典著名政治改革家梭伦　　盛志光编写

三、其他

1.《中国历史常识》（8 册），中国青年出版社出版。

2.《元明史料笔记丛刊》，中华书局出版。

3.《历史故事》(6集)，北京出版社出版。

4.《地理小丛书》，中国青年出版社出版。

5.《语文小丛书》，北京出版社出版。

附录九：宣言、呼吁书、电文、声明、评论*

云南各界护国起义纪念大会宣言**

今天是护国起义的第二十九周年。护国起义这个伟大的历史事实之所以值得我们纪念，是因为它曾在全民族反对独夫政治、反对封建余毒的胜利中，为我们奠定了民主政治的基础。谁能否认这是一个全中国人民所珍惜、所心爱的日子呢？对于政府这次经过一番慎重考虑之后，居然把它规定为全国人民的纪念日，无疑地我们是竭诚拥戴的。因此，为仰答政府的盛意，特别是今年这个护国纪念日，我们更应该热烈的庆祝一番了。

然而，我们纪念二十九年前的护国起义，不能不更关怀于当前的救国抗战；庆祝昔日护国起义的成功，不能不更焦心于今天救国抗战的胜利。

讲到八年抗战的成效，我们实在不忍心，然而又不能不承认以下的这些事实：纲纪废弛，贪污成风，这是我们的政治；富人的黄金让它冻结在国外，国内不值钱的通货却以几何级数的速度让它膨胀，这是我们的财政；朋友得罪完了一个，再得罪一个，这是我

---

* 这里选录的宣言、呼吁书、电文、声明、评论等，有的是由吴晗起草，闻一多修改的；有的是由吴晗起草，闻一多修改，罗隆基补充而成的；有的是由别人写，吴晗等人签了名发表的；这些也是了解、研究吴晗的一批珍贵史料，因而特别作为附录收入本卷。——编者注

** 这篇宣言是由吴晗起草，闻一多修改而成。1944 年 12 月 25 日，昆明文化教育界和各界人士为纪念云南护国起义二十九周年，在云南大学举行盛大的纪念会。在会上，吴晗、闻一多就云南护国首先起义，反对袁世凯称帝，拥护共和而掀起的护国运动的历史意义和现实意义发表了演讲，会上宣读通过了这篇宣言，会后并举行群众大游行。——编者注

们的外交；借党化之名，行奴化之实，这是我们的教育；兴建既没有计划，管理也没有方法，这是我们的交通运输；至于军政，讲起来更令人痛心，平时则征兵全是弊端，训练同于虐待，战时又统率毫无方针，赏罚只凭好恶，怎么能怪他士气消沉，还没有见着敌人就溃退呢？这成什么抗战啊？政治和军事脱了节，财政和军事分了家，外交跟军事为难，教育给军事抽腿，交通运输更没有替军事卖力。这成什么抗战啊？军队不能与人民合作，军队与军队又不能合作，后方不能与前方合作，政府尤其不能与人民合作。

看啊！短短数月的期间内，由洛阳而郑州，而长沙而衡阳，而柳州而桂林——这一连串的军事溃败，和陪伴着军事溃败的物资损失，和人民流离失所与死亡，乃至同样严重的，国际声誉一落千丈，盟邦友人不但失望，而且痛心。看啊！这便是八年来内部腐烂的后果，中华民族有史以来空前的危机！

闯了这样大的乱子，造成这样严重的局面，又岂是调动几个行政官吏，分出或裁并几个行政机关所能补救的？要晓得抗战是要动员全体人民的，整个中华民族的命运还得要整个中华民族来拯救。保证抗战胜利唯一的方法还是民主政治，而所谓民主政治当然不仅是一些空洞的诺言和漂亮的宣传，或审查条例、特务组织和集中营等等花样的加紧运用所能了事的。要实施民主政治，就得有具体的方案和明确的步骤。根据上面的原则，我们今天郑重的提出下列三项要求：

一、结束一党训政。化一党的国家为全民的国家，以期实现真正的全民动员。

二、召集人民代表会议。集全国各党各派及无党无派的优秀人才于一堂，群策群力，共赴国难。

三、组织联合政府。由人民代表会议选举各党派代表人物及全国众望所归的领导人才，负国家民族安危的重任。

我们认为，只有这样，才能使人民与政府一体，军队与人民一体，后方与前方一体，而政治、财政、外交、教育、交通运输自然也与军队一体了——只有这样，人民才是为民族的解放而战，为国家的光荣而战，那就是，人民为人民自己的生存与自由而战——只有这样的全民战争，才能驱除敌寇，收复失地，才能保证最后胜利必属于我。

民族解放的工作是艰难的，它必需全体人民的群策群力才能完成。一个人大权独揽的君主专制政体，或少数人大权独揽的一党专制政体，都不足以担当这样艰巨的责任，何况权力的独占，其势必流于权力的滥用的恶果呢？二十九年前护国起义的先烈们知道国体改变了，国家民族的生存便受了威胁，所以他们不辞艰险，就在这个城市里振臂一呼，举起了打倒独夫政治、根绝封建余毒的大纛。二十九年后的今天，国家民族的生存实际已经危在旦夕了，我们纪念护国起义，更凛然于当前危机的症结就在少数人大权独揽的一党政治。护国起义的意义，加强了我们对当前局势的认识；护国起义的精神，警醒了我们对当前局势的责任；护国起义的成功，也鼓励了我们对改正当前局势的工作的信心。只要中国人民有了护国先烈的大智与大勇，中华民族的前途便永远是光明的。让我们高呼吧：

民主政治万岁！中华民族解放万岁！

（原载闻黎明、侯菊坤编，闻立雕审定：《闻一多年谱长编》，武汉，湖北人民出版社，1994）

怎样渡过难关*

国事最近到了一个紧急严重的关头，这是不可隐讳的事实。日寇在窃据桂林后，一再广播要进扰贵阳、昆明、成都，并企图威胁重庆。当然，以整个远东战局来说，这是日寇的临死挣扎，回光返照。但以中国的形势来说，万一黔境军事再有失利，陪都感受威胁，抗战前途的困厄，实真不堪设想，世界全盘战事的结束，尚须一年至两年的时间。结束时期，同盟胜利，因之中国亦有最后胜利，这绝无问题。不过倘西南危急加深，我们国家怎样支持这一年到两年的时间，却成了大问题。这问题全国上下，政府及人民，应各本天良，各竭其诚，坦白商讨，全力应付。开诚布公说，今日渡过这个困难期，下止是军事，实际是个政治问题，是个全国上下精神团结的问题。军事上我们应倾我全力，中央力量，地方力量，军队力量，民众力量，动员全副力量与敌寇争此国家民族最后托身寄命之所。这点我相信政府必能做到。不过就是如此努力，我们只是可能成功，不是必定成功。今日问题的症结，还在政治。国内党派真能团结。全国人民对政府真能百分之百的信心与拥护。倘这两个条件不具备，则今后国家牺牲之惨，困难之大，国命之危，民命之苦，直不堪想象。对于应付当前局势的方案，据重庆四日专电，《大公报》最近又

---

* 《民主周刊》是中国民主同盟主办的一种杂志，李公朴、闻一多、吴晗等人发起，吴晗被推选为主编。1944年12月8日在昆明创刊，出版第1卷第1期，没有发刊词。在第1卷第1期第一面发表时评《怎样渡过难关》一文代发刊词。这里将篇文章编入本卷中。

1945年8月15日，抗战胜利后，西南联大停办，北京大学、清华大学复员迁回北平，南天大学复员迁回天津。1946年8月，吴晗回到北平，吴晗和张光年等人在北平创办《民主周刊》北平版，后改名《民主半月刊》仍由吴晗主编，1948年被国民党查封停刊。——编者注

有这样的呼吁："党外人士必须参与国事，及决定国策，舍此不能与政府以新生命。"其实这是半年来全国各党派及全体民众一致的要求。《大公报》深和民情趋势，故一再呼号。时至今日，我们的确认定是民族生命存亡的问题，不是党派政权得失的问题。是全民怎样担负责任的时期，不是党派怎样保持实权的时期。召集国是会议，共同协议国事，组织举国一致的联合以共同渡过危急难关，这于任何人任何党无损失，而国家民族得以挽救。我们竭诚盼望当权在位的人，对这种举国一致的要求，毅然加以接受。时不我与，稍纵即逝，当机立断，免受其患，全国人民实有厚望！

（原载《民主周刊》（昆明版），1944 年 12 月第 1 卷第 1 期）

昆明文化界关于挽救当前危局的主张*

中国到了今天，更迫切地需要实行团结、实现民主了。以整个的国际局面来说，盟国大军，东西夹击德国，乘胜直驱柏林，欧洲战事，短期即可结束。在太平洋方面，跟着菲律宾的解放，硫黄岛的占领，空前强大的美国海空军，行将掩护空前强大的美国陆军，或直捣日寇本土，或在中国沿海登陆，以清算日本法西斯侵略者的罪行。这一举是决定盟国在远东战场上军事胜利的关键。同时，本年4月25日，中、美、苏、英将在旧金山召开联合国会议，依照敦巴顿橡树会议及克里米亚会议建议的方针，树立世界永久和平制度。这一举又是决定同盟国家“和平胜利”的关键。

以上这些重大事件，无疑地是中华民国抗战建国成败的大关键，这些重大事件无疑地将决定中华民族今后生死存亡的命运。

我们眼看着盟国迎接全面胜利，并着手奠定世界永久和平，回顾中国，是个什么样的状态？国家今日所处的环境，是中华民族有史以来空前的危机！在短短的一年内，敌军如入无人之境，由郑州而洛阳，而长沙，而衡阳，而桂林，而柳州，而曲江，而赣州，一连串的军事溃败，沦丧好几省国土，损失无量数物资，使万万人民流离失所，颠沛死亡。不止如此，最近日寇又在湘桂积极增兵，并在安南解除法军及安南军武装，夺取全部安南，以为在大陆上临死挣扎的军事布置。日寇此种行为，更使我国托身寄命的西南一隅，若昆明、成都、重庆等重要城市，遭受威胁，而国命的存亡断续，

---

* 这篇呼吁书共有四稿，初稿原题是《昆明文化界对时局的紧急呼吁》，由吴晗起草，闻一多修改，罗隆基补充而成。第三稿是闻一多钢版刻写后又作了一些修改。后来他们又进行了一些修订补充成为第四稿，改题目为《昆明文化界关于挽救当前危局的主张》，本书收录的是第四稿。——编者注

更将不堪设想了！

在这样严重的局面下，政府当局竟没有警惕悔悟的表示。独裁专制，贪污成风，这依然是中国的政治；富人的黄金让它安全存储国外，政府完全靠苛捐杂税与恶性通货膨胀过日子，这依然是中国的财政；借党化之名，行奴化之实，这依然是中国的教育；诚不足以结友，量不足以容人，这依然是中国的外交。最近所谓革新行政，改进人事，也只是对调几个部长，变更几个官衔，旧瓶还装旧酒，原汤仍熬原药，这不只使国人痛心，并且使盟友失望。

盟国正在迎接胜利与和平的时候，中国政府却在坐误时机，自毁前途。大家平心问问，造成这样严重现象的根本原因是什么？每一个愿意尊重事实的人，都知道正确的答案，那就是，国民党内的少数分子要继续维持权位，所以他们不惜抹杀全国民意，拒绝实行民主，对于全国人民一致呼吁的保障言论、出版、集会、结社等自由权利，废除特务制度与集中营等组织，释放政治犯，召集国是会议，组织联合政府并与全国各党派开诚合作共挽危局等等要求，始终不肯接纳。最近国共谈判又宣告破裂，团结一线希望，复被断送。谁能否认我们的政府是在拒绝抗战胜利？

3 月 1 日蒋主席为解释不能团结的原因，发表了一篇演说，允诺在本年 11 月 12 日召集国民大会，通过宪法，实行宪政。这实际只是蒙蔽国际观听，拖延国内民主的技术。谁都知道，宪法是十年前一党包办的草案，国民代表是十年前一党包办的选举。试问以这样的代表，通过这样的宪法，再来选举大总统，产生新政府，这样的民主有真实的意义吗？试问这样迂回迁延的方式，能够挽救当前千钧一发的危局吗？其实国人呼吁的各党派会议及联合政府，只是目前团结合作的方案，谓如是而后共商政策政纲，如是而后共负抗建责任，如是而后实施宪政，实行民主。目前的团结合作，并无移交政权于各党派、还政于民之说，而蒋主席必斤斤以此辩白于天下，这倘不是搪塞粉饰之词，那就是固执一党独裁的成见了。

迩来重庆、成都各界人士又一致起来发表签名宣言，提出具体主张，呼吁民主团结——用民主的精神实行团结，用团结的国家实现民主，义正词严，举国同声。我们昆明文化界人士，自知不能推卸国民一分子的责任，不忍坐视国家前途的毁灭，民族生命的沦亡，因此，根据我们共同的信念，坦白提出关于挽救当前危局的主张，以为前趋者之应，以为首倡者之和。我们的主张是：

一、政府应立即邀约全国各在野党如中国共产党、中国民主同盟等各自推选的代表，而后会同各政党代表共同推定社会上无党无派各界进步人士，共同举行国是会议，决定战时的政治纲领，并重行起草国民大会组织法及选举法，筹备召集真能代表人民的国民大会，以通过宪法，实行宪政。

二、国是会议为战时过渡的最高民意机关，由该会议产生举国一致的民主联合政府，以执行战时政治纲领，并共同负担抗战及参与一切国际会议、奠定世界和平的责任。

三、现政府应立即宣布解散特务组织，取消言论、出版、登记、检查制度，释放全国政治犯，切实保障人民身体、思想、言论、出版、演剧、集会、结社、居住、旅行、通信等等自由。

四、彻底改组国家最高统帅部，使统帅部成为超党派的国家机构，以统一全国军事指挥，集中全国军事力量，以便配合盟军反攻，彻底消灭日寇，争取抗战胜利，并保障在民主政治基础上实现军队国家化的原则。

（签名者）丁力、丁则明、丁修六、文国运、方映天、方庶民、丹娜、王逸、王庚、王瑶、王斑、王逊、王一峰、王永康、王世清、王世钦、王金陵、王金钟、王牧园、王受昌、王朝声、王悖萍、王振远、王振华、王漱园、王菊英、王龙甫、王赣愚、牛车、卞之琳、白予、白澄、白璐、白文、白麦浪、甘娥、仝洛、石岭珉、史舵、光军、光未然、江逸、江枫、江萍、江涛、江篱、江骥、吕剑、艾茜、朱江、朱宁生、朱维藩、沙草、沙鸥、沙之骆、伯韩、辛毅、辛汉文、辛毓庄、沈从文、沈传良、沈宪道、何方、何庄、何鹤、何善周、余翼、余湘、余冠英、余晏清、杜平、杜宣、杜光昭、杜乃祥、杜迈之、宋舒、邱文郁、邱星海、祁仲安、李朋、李扬、李埏、李琼、李公朴、李文宜、李仁荪、李立里、李孔昶、李克兢、李和生、李何林、李永力、李步颜、李承慧、李家治、李广田、李俊昌、李杰民、李润之、李宁军、李兰纳、吴菁、吴晗、吴达元、吴乾元、吴富恒、吴惟诚、吴佩瑾、吴征镒、尚钺、金隄、金若年、周辂、周小光、周禾书、周仲覃、周思明、周新民、周铭功、周基堃、周钢鸣、孟浪、孟平黄、邵翰馨、林路、林慧、林文铮、林石父、林之藩、林乃祥、林成耀、林毓瑞、侯枋、马亚、马大猷、马君玠、马惠英、马鹤鸣、马龙图、洪谦、胡毅、胡绍南、胡国钊、胡庆燕、俞铭传、郎彤光、姚翔、姜寅清、姜震中、范宁、范崇武、凌鹤、凌琯如、奚立德、夏康农、屏山、唐世瑛、唐立镔、康朗、琴妮秀、梁星、梁秀如、梁汉伦、高山、高履平、徐植、徐守廉、冯素陶、陆钦墀、孙倬、孙金秋、孙世瑞、孙玲英、孙昌熙、孙敦乐、孙剑秋、孙晓桐、郝竹英、时怀铭、袁度、袁震、袁之方、袁敏兰、常任侠、纳静波、温寓海、郭瑶华、章名涛、邹镤森、许杰、许立明、许维遹、徐令德、曹春、曹明、曹佥、陆群、陆逸君、张客、张威、张炜、张莺、张小楼、张文渊、张立藩、张亚西、张卓然、张志明、张时俊、张世彝、张孝明、张雨峰、张曼筠、张学元、张学文、南方虹、陈琦、陈健、陈廪、陈立人、陈文龙、陈光国、陈定民、陈良直、陈绍花、陈国符、陈新生、陈森泉、陈遵妫、陈学诗、程漠、程力方、程明远、程流金、程漪芸、曾雨峰、曾遂庵、曾昭抡、庄永烈、费孝通、游国恩、傅漓、黄任、黄鉴、黄世晔、黄敏慧、黄碧鸥、黄曙秋、闻隆、闻一多、闻家驷、楚图南、万稼轩、蔡之俊、蔡超尘、叶思悚、叶露茜、杨明、杨澍、杨光玉、杨亚宁、杨谷香、杨春洲、杨秀芬、杨克强、杨须知、杨素辉、杨绍廷、杨佩珍、杨德洪、杨静慧、杨贤如、杨维书、蒲柳、黎敏、黎茄、汉萍、赵沨、赵光平、赵建中、赵纯一、赵瑞兰、赵嗣卿、熊伟、郑康、郑易里、郑伯华、郑秉璧、郑独步、诸葛明、刘北汜、刘吉耀、刘卓如、刘怀武、刘渔邨、蒋锐、蒋君超、谈苏、潘光旦、晓龙、欧阳德荫、阎振兴、谢明、谢加因、穆芷、薛小宋、薛沈之、萧凡、萧荻、瞿白音、魏蟠、魏承斌、蓝驶明、罗志雄、罗喜闻、罗肇发、罗隆基、颜武伟、苏均持、苏滋禄、苏鸿纲、顾元、顾光中、顾建中、顾默、龚德光、思慕、叶雨、陆儒桑、洪道、张祯、张溥仁、吴南山、袁玳蒂、田鲁、陈文德、万声、宋小珍、郭萍、陈世忠、何丕承、吴持恭

（原载闻黎明、侯菊坤编，闻立雕审定：《闻一多年谱长编》，武汉，湖北人民出版社，1994）

昆明文化界人士为国民党取消文化工作委员会等组织致顾颉刚、郭沫若的声援信*

颉刚、沫若两先生：

报载你们二位所分别领导的辞典年表编纂处、《文史》杂志社和文化工作委员会等机关，都先后被无故取消了。对这不幸的消息，我们虽然愤慨，却毫不惊异，因为我们知道这事件的发生，是中国反民主势力又一罪恶的政治表演，它使这荒淫无耻的大后方仅有的几个庄严工作据点，又受到严重打击而停止，这确乎是我们大家的不幸，但这绝不是我们的致命打击，反之，从这一次打击上，我们全国民众倒更可以解除一些错觉的蒙蔽和幻想的羁绊，因而更能坚定今后努力的决心。

抗战八年以来，和你们一样，我们也是在文化教育机关担任工作的。八年如一日，我们的信心和忍耐，并没有动摇，然而还是挽回不了国家的颓势。在抗战过程中，国内的破绽愈来愈大，使胜利和民主政治的前途也愈来愈远。但我们仍然在隐忍和宽恕的心情中期待又期待。直到今天，我们仍在隐忍和宽恕的心情中，期待又期待。直到今天，我们的隐忍和宽恕几乎变成了一种罪恶，期待变成了无底的失望。眼前政治的腐败，经济的破产，军事的挫折，以及社会上贪污无耻的公然横行，与夫你们这次所受到的可耻的打击，都是这一事实无可掩饰的说明。

---

* 这封信是闻一多的修改稿及抄写稿，现存于中国革命博物馆。

1945 年 4 月 14 日，重庆《新华日报》发表了《昆明文化教育界慰问郭沫若先生的信》。——编者注所幸现在我们完全明白了，明白了我们险恶的环境，艰苦的前途，也明白了我们责任的重大！新的挫折，只是提高了我们新的警惕，增加了我们新的勇气。

“雾重庆”的时代已经过去，文明与黑暗的阵营渐渐分明了。请两位坚守着我们文化界庄严工作的堡垒，紧握着我们文化界庄严的大纛，来争取我们国家民族的生命线——民主政权。请相信我们是你们的声援，如同你们相信广大的民众是你们的后盾一样，你们不是孤立的。

最后，为了你们这次所受到的光荣的迫害，请你们和协助你们工作的诸位朋友，接受我们这点同情与敬意。

我们永远是你们的忠实同伴！

（签名者）闻一多、吴晗、萧涤非、陆钦墀、白澄、闻家驷、洪谦、俞铭传、吴征镒、李广田、沈从文、尚钺、林石父、光未然、李公朴、林涧青、楚图南、常任侠、姜震中、罗隆基、谢加因、金若年、吕剑、麦浪、杨须知、苏均持、周新民、费孝通、周钢鸣、何家槐、郑伯华、欧阳德荫、袁度、庄永烈、黎敏、羊醉秋、林士诒、蓝驶明、□建初、余湘、杨祺、吴传启、李昌庆、穆芷、郑康、彭桂萼、彭桂蕊、卜兴杜规、吉□宗、杨亚宁、杨秋帆

（原载闻黎明、侯菊坤编，闻立雕审定：《闻一多年谱长编》，武汉，湖北人民出版社，1994）

昆明文化界致国民参政会电*

国民参政会参政员诸公公鉴：

际兹抗战八周年纪念日，诸公不避溽暑，甘触虎疫，跄跄济济，集会陪都，将以承旨"拾遗"，希意"补阙"，诸公之事劳则劳矣，然窃恐劳而无功，不徒无功，抑且将开罪于国家民族也。诸公既以所谓国民代表之名义参政，同人等请即以国民之立场，敬献数言，幸垂察焉。

窃以国民参政会之设立，原系出于人民之要求。抗战初起时，人民以为非团结无以贯彻抗战之目的，非民主无以争取抗战之胜利，故人民最初所期望之国民参政会，乃一团结党派之合作机关，实现民主之过渡步骤也。今参政会成立，已届七年，诸公试一为扪心自问，对于上项目的，果成功乎？抑失败乎？虽然，事实俱在，有目共睹，同人不敏，愿略陈梗概。

一、就团结党派而言。第一届参政会成立时，全数参政员二百余名额中，在野各党派每党仅由政府分配代表七名，而当权党竟占全体代表人数十分之八以上，是当权党与在野党派代表人数，在比例上，已大欠公允。然当时在野党派，犹得自行推定其代表，而其余由政府指定之无党派人士中，亦尚多社会上之名流硕彦。以是代表质量虽未达理想标准，而各方意见，仍能有所表现。此后历届之参政员人选，则改由政府圈定，经过此种私意圈定之挑选与淘汰，在野党派中仅存之有限代表，实际已不足提案之法定人数，无怪其

---

* 这份电文今存四稿：一稿为罗隆基起草，闻一多修改；二稿为闻一多钢版刻印件；三稿为闻一多在油印上再作修改稿，附有签名名单；四稿为根据闻一多的修改稿排印的铅印传单。1945 年 7 月 1 日报上发表了这份电文。闻一多钢版刻写的油印件的修改稿现存于中国革命博物馆。现在这里选录的是第四稿。——编者注

在会议场中，除被利用为点缀装饰品外，绝对不能发挥交换政党意见与增强政党团结之效用也。至最近数届会议中，参政会不但不能主持公道，调解党争，且每每以冒牌民意机关之名，供一党排斥异己之用，卒使重要在野党派之代表，深惧被迫同流合污，裹足不敢列席。于是国内党派之分裂冲突，乃不得不愈演愈烈，而所谓国民参政会者亦已名存实亡矣。

二、就实现民主而言。直至今日，国民参政会之组织、职权、工作，乃至其一切表现，殆无一不与民主精神背道而驰。

方第二届参政会之进行改组也，一党包办之省参议会已普遍成立，于是政府乃修改参政会组织法，规定大部分参政员由参议会选举。此种革新，表面上一似民选代替官圈，实际则各省候选名单，事先已由政府指定，并电令各省参议会照单填写，更由国民党地方党部严加监视。以上皆公开之秘密，凡曾为省参议员者，俱可充当人证。此关于国民参政会组织之实况也。

参政会之职权，限于咨询顾问，一切决议，概无法律效力，而最后且尚须经过最高国防委员会之核准。是所谓参政会也者，其作用之渺小，不唯不及清末之咨议局，且不及英国千年前之御前大会议。吾人每见参政会一次会议中，通过案件，动辄达一二百起，此其议事效率，仿佛超过英美国会一年之工作，实则各案之命运，不外四途：一曰送政府采择，二曰送政府斟酌，三曰送政府参考，四曰保留。一切决议，既皆系官样文章，则诸公身为参政员者，究竟所参者何政？究竟有何政可参？恐不过照例举手，甘心作应声虫而已。此关于国民参政会职权之实况也。

至参政会一切提案，事先必经过秘书处之审核，而主席团且有权禁止某种议案提出大会讨论，此尤古今中外民意机关未有之奇闻，而为中国当局蹂躏准民意机关之实例。要之，为官意加民意之糖衣，为党治充民治之伪装。此又关于国民参政会工作表现之实况也。

由上观之，今日中国之国民参政会，直视昔年英国之“牛尾巴巴里门”犹不如，乃不明真相之国际人士，竟有认其为中国“战时巴里门”者，宁非怪事乎？实则今日中国之国民参政会，不过独裁者用以蒙蔽世人观听、粉饰国家门面之一套手法。此种机构，不特已阻碍中国人民民主生活之发展，抑且将繁殖法西斯细菌于无穷。此种机构，中国人民固咸认其早当废止，而号称人民代表之诸公，愿忍坐视其继续存在乎？

最近，政府宣布在本年 11 月 12 日召集国民大会，实行宪政。姑无论国民对此国民大会，赞成与否，总之，国家在短期内当实行宪政，乃必然之势，而在宪政国家，当依宪法产生真正民意机关，又为必然之事。明乎此，则今日由一党操纵、政府圈定之国民参政会，其无长期存在之余地，而有立即废止之必要，更无疑义。同人等固知我数百参政员中，不乏德高望重之民众领袖，亦知国家一旦举行真正民选，诸公未必不为人民所一致推崇。然则为诸公计，与其充政府圈定之工具，蒙羞忍诟于今日，何如为人民推戴之代表，扬眉吐气于将来？孰得孰失，何去何从，明达者当知所抉择矣。尚望我参政员诸公顾名思义，毅然决然，对此妨碍民主之国民参政会，拒绝出席，并迅即回返民间，一面扩大人民民主运动，一面促成正式民意机关之建立，与夫民主联合政府实现，则庶几诸公因历年受人利用，而致贻误国家民主前途之宿愆，犹不失其最后自赎之机会也。亡羊补牢，转祸为福，唯诸公实利图之！

（签名者）丁月秋、于振鹏、王瑶、王健、王世钦、王若明、王若移、王振华、王菊英、方庶民、白澄、白麦浪、田实、田曰灵、甘娥、光未然、朱新宇、伯韩、辛毅、何庄、何丕承、吕剑、杜平、杜宣、杜迈之、汪钱、宋云彬、李文宜、李仁荪、李克兢、李公朴、李何林、李俊昌、李义襄、李实中、李整理、李德家、吴晗、吴乾就、吴征镒、林路、林慧、林文铮、林石父、林乃祥、尚钺、季镇淮、孟心田、孟心坚、金若年、周小光、周振飞、周基堃、周钢鸣、周慧仙、祁仲安、思慕、姜震中、胡钊、胡绍南、洪道、施沛、南方虹、范宁、侯达虔、孙晓桐、孙镜秋、唐其昌、胡毅、凌鹤、凌琯如、高履平、夏康农、夏继诚、袁震、时怀铭、郭勇、冯素陶、常任侠、陆钦墀、许杰、许立明、许维遹、梁秀如、费孝通、张客、张莺、张小楼、张时俊、张曼筠、张进修、张学文、张澜庆、徐守廉、徐兰芳、陈健、陈鹏、陈天佑、陈定民、陈丹南、陈仓亚、陈新生、陈祥珍、曾昭抡、程力方、程流金、黄新波、黄慧敏、杨林、杨洛、杨澍、杨须知、杨炳超、杨锦山、杨维书、杨淑慧、杨鸿魁、叶雨、叶露茜、楚图南、章楠、彭淑端、闻一多、闻家驷、赵沨、赵仲邑、赵爱清、谈苏、刘北林、郑伯华、郑独步、潘大逵、潘光旦、钱毅超、龙文池、简竹坡、薛沉之、薛琴芳、谢航、谢加因、瞿白音、萧涤非、罗喜闻、罗隆基、龚德光、游国恩

（原载闻黎明、侯菊坤编，闻立雕审定：《闻一多年谱长编》，武汉，湖北人民出版社，1994）

告国际友人书*

全世界民主阵线上的朋友们：

我们，中国的民主主义者们，渴爱自由的中国知识分子们，中国文化界教育界的工作者们——教师们、大学教授们、科学家们、著作家们、诗人们、文艺作家们、戏剧家们、演员们、音乐家们、画家们、新闻记者们、编辑们、出版家们，以及在各种文化岗位上的工作者们，精神劳动者们……我们，在为了中国的民主运动而艰苦奋斗的时候，无时不渴望着和你们——国际友人们，紧密地携起手来！

中国人民在这次反抗日本法西斯的战争中，流血和受苦，已经八年多了。现在日本虽已投降，但是中国民族解放与人民解放的艰巨任务，却正待我们努力奋斗去完成。在这期间，你们曾以战友的资格，不断地对我们寄予深切的同情。“援助中国”的呼声，曾经响彻了全世界。八年来，每一次从你们的政府或人民那里来的道义的支持或物质的援助，使我们在苦闷之余，感到无限友情的温暖。正是为了这个，我们愿代表我国广大的受难人民，向你们表示最高的谢意和敬意。

今天，中国人民的心情，是十分沉重的。近百年来的深长的苦难，加上十年内战的悲惨经历，再加上八年来日本法西斯强盗的血腥的宰割，和我们自己的顽固的统治者们，最近几年中在前线和大后方所不断造成的严重的错误，这些都像重重的枷锁，套在我们的身上，使我们的抗日和争民主的伟大解放事业，表现为你们不能想

---

* 1945年8月14日，日本天皇宣布无条件投降，中国人民经过艰苦卓绝的八年抗日战争胜利结束。同日，报上发表了这封由闻一多、吴晗等207人联名的《告国际友人书》。——编者注

象的复杂和艰苦！所以，亲爱的友人们！目前中国人民争取民主的斗争，就需要你们比从前更多地给予真切的同情和支持。而更重要的，是需要你们更进一步地认识中国，了解中国人民的苦痛和要求，从而使你们的同情和援助，不至于浪费和落空。这就是中国人民对于你们的最低限度的，也是最现实的要求。

摆在中国面前的现实问题是：团结呢还是内战？民主呢还是独裁？彻底的胜利还是廉价的和平？朋友们，让我们向你们保证，中国人民坚决地选择了第一条路——团结胜利的道路，民主的联合政府的路。但是八年的岁月，无情的事实，在证明了今天我们执政的独裁者和顽固派，他们一切的政令和措施，都是和这条光明之路背道而驰的。这些顽固的自私的统治者，是贪污腐化的大集团。他们在前方丧师辱国，在后方欺压人民，每一个公正的外国记者和旅客们都可以证明，中国人民和自由主义的知识分子们从来得不到任何人权的保障，得不到集会、结社、言论、出版、演剧、画展、旅行、通信的民主自由；教授和作家们时常被捕和失踪；监狱和集中营里，囚禁着无数的知识青年和爱国的政治犯。当大大小小的官僚们，变成战时的暴发户时，广大的中国人民、士兵和知识分子们，却在半饥饿状态和传染病的威胁中受难。而最近，这些反民主的统治者，在国际民主的大洪流中，为了欺骗人民和欺骗盟友，却也像西班牙和阿根廷的独裁者一样，装模作样地，披上了民主的外衣，而其实却正在将那从盟国租借法案中所得到的物资和现代武器，用来摧毁人民的抗日活动，并作为屠杀人民与断送国脉的内战的资本。

但是，中国人民的力量，已经在历史的千锤百炼中，空前地发展和壮大起来了。人民深信其自身力量的继续发展与壮大，必能亲手解除其自身的苦痛，深信在驱逐日本侵略者和建立民主的联合政府的斗争中，必能得到最终的与完全的胜利。大多数的中国人民和进步的知识分子们，对于现存的各党各派及其组织的本身，并没有什么成见。人民和我们中间的绝大多数，至今也都还是无党无派的自由主义者。因此，我们对于目前党派问题的看法，是从现实主义出发的。凡是民主的党派，其主张与表现有利于人民的，我们便同情他，支持他；凡是反民主的党派，其主张与行为违反人民利益的，我们便厌弃他，反对他。而且我们坚信：任何一个单独的党派，现在或今后都不能包办中国的政治。只有主张抗日与民主的各党各派和无党无派的人民力量，共同组织一个民主的联合政府，才能领导人民走向抗日的胜利和战后的建设。中国各阶层的人民和知识分子们，誓愿为此光辉的目的而奋斗到底。在这里我们诚恳地希望全世界民主阵线上的朋友们，积极地同情和支持我们；最低限度，也不要在中国问题上造成错误，因而迫使我们在这个斗争中冤枉地付出更多更惨的代价。

亲爱的美国朋友们！你们过去和现在，都是十分关怀我国的，你们的一部分的战士，还在我国的天空和地面上，和我们并肩作战，这种崇高的友情，是中国人民所永世不忘的。正因为两国关系的深切，和互相影响的重大，盼望你们能够真切了解中国人民的苦难，如像你们公正的新闻记者们所做的那样，经常地提醒你们的政府（你们的政府和我们的不同，是民主的政府，容许人民说话的），使其在中国问题上，采取公正和现实的观点。一定要使你们的宝贵的援助，成为促进中国民主与胜利的条件，而不要成为妨害中国团结和进步的条件。一切的援助于我们是需要和宝贵的。但是，不使一切的援助如经济与黄金的援助，成为中国官僚与资本家剥削中国人民大众的资本；不使一切军火的援助，成为军事独裁者屠杀人民的工具，却是更需要更宝贵的。我们是坚决反对内战的，而事实上，中国内战的炮声已经响了。6 月 6 日，陈诚部长曾公开声称将以盟国租借武器进行内战。到 7 月间，内战的炮声，果然在陕西淳化、绥南、绥西、苏浙皖解放区等处同时响起来了！在上述地区，国民党军胡宗南、顾祝同等，共计调动军队 20 万人以上，所使用的都是美国武器，而且还有美国顾问参加，帮助国民党军策划指挥。表面上，好像只是国共两党军队的冲突，但实际上，这是中国法西斯主义者对民主主义者的战争，也是中国专制主义者反对全国人民的战争。这种屠杀人民的内战，如果不被制止，其结果必然破坏国际和平，延缓人民的世纪的奠定。我们中国人民为了自己的生存和解放，一定要团结起来反对内战，用全力来制止内战。但是这不仅是中国人民的任务，同时也是美国人民的任务，因为你们美国驻华大使赫尔利与美军驻华总司令魏特迈，他们的政策与行为实际上也是助长国民党军进行内战。他们的政策与行为，绝对违反美国人民的公意。因此你们也就有责任起来纠正他们的错误，并且督促你们的政府，使它对于中国最广大人民的呼声加以严重的注意。要知道中国是属于中国人民的，而不是属于少数独裁者的，你们的外交政策违反了中国人民的意志，必然要损害或失去中国人民的友谊。我们诚恳希望你们的同情和援助，不要再滑失方向，因之助长了我们内部的纷乱，从而也毁灭了你们这个远东市场。战后的中国，在顺利的建设和繁荣的条件下，无疑地是你们大量工业品的重要市场之一。但是战后中国的顺利的建设和繁荣的前提，是举国一致的民主联合政府的建立。你们如果把任何希望，寄托于今天这一群贪污腐败而反动的执政者身上，那必将使你们失望。亲爱的美国朋友们，千万不要因为一时的疏忽，而造成永久的遗憾啊!

亲爱的英国朋友们！你们悠久的民主传统，是我们一向所衷心钦慕的。经过这次反纳粹战争的锻炼，我们相信，你们将来定能建立起一个更民主更美好的社会秩序。在此我们谨代表着中国人民，祝贺你们的胜利与成功，并愿更进一步地向你们表示一点意见：我们中英两国邦交的历史，是特别悠久的，过去两国旧时代政治家的作风，我们知道而且相信你们英国人民是不会同意的，正如站在中国人民的立场，我们也不能同意他们一样。因此希望你们今后还要更多的体察中国人民的痛苦与愿望，而经常地提醒你们的政府和被派到远东的官员们，千万不要有意无意地助长了中国法西斯的恶势力，因而在客观上阻碍了中国的进步与发展，打击了正在生长和壮大中的中国人民的民主力量。亲爱的朋友们！凭着你们不列颠人的机智与远见，我们深信，你们是不会拒绝我们这点恳求的。

亲爱的苏联朋友们！自1917年十月革命胜利之后，你们一直就是世界人类解放的曙光与被压迫民族谋取独立自由的灯塔。你们是第一个自动废除对华特权并和我们订立平等条约的国家，二十多年来我们不但在求解放的斗争中得到你们最珍贵的援助，而且从你们最进步的文化中，吸取了于我们最有益的东西。这次你们在反纳粹的战斗中，是牺牲最大而又贡献最多的。我们中国人民和知识分子们，对于你们——英勇而坚定的社会主义国家的劳动人民们，尤其怀着最高的敬佩和友爱。我们对于国际的顽固分子和中国的反动分子所不断制造的反苏的阴谋和谰言，一向是深恶而痛绝的。我们坚信，中苏两国人民的互爱互助，是安定远东和平的重要保证。现在你们已经对日宣战，并实际开始了对日作战，正因你们的坚强作战，加速了日本投降，这实在大有助于中国人民的解放事业。苏联的朋友们！你们过去曾经给过我们许多鼓励和援助，希望今后更友爱地支持我们的斗争吧！

亲爱的法国朋友们！当你们国家的命运一度地被断送在贝当、赖伐尔之流的手中的时候，我们中国人民和知识分子们，曾经表示了最大的关怀和悲愤。因为在同一期间，我们中国的贝当们和赖伐尔们，正打算通过同样的阴谋，把中国人民带向无底的深渊。今天，通过你们的英勇斗争，一个新兴的进步的法兰西，终于在劫火中诞生了。而我们这里种种甘心步贝当和赖伐尔之后尘的反动派，还在继续玩弄着和出卖着中国民族利益，这就是我们对于新兴的法兰西的人民所以怀着这样多的艳羡和敬佩的原因。亲爱的法国朋友们，你们的国家在复兴中，你们正在向四方寻求你们的朋友，当你们的眼光射到中国的时候，你们应该知所选择啊！只有中国人民才是你们最可靠的战友。

全世界被压迫的民族，一切殖民地半殖民地国家的人民们啊，让我们共同携手吧！我们的苦痛，不减于你们所受的苦痛；我们的困难，不减于你们所面临的困难，让我们用彼此的同情和互助，把我们大家带向自由解放的大道吧！我们坚决地主张，《大西洋宪章》，应该适用于一切殖民地国家，而且相信，如果没有全世界一切殖民地和半殖民地国家的彻底的与无保留的解放，则人类和平，仍然得不到最后的保证。而且认定，过去列强在殖民地和半殖民地所惯用的错误政策，如像挑拨与分化的政策，政治上、经济上与文化上的奴役政策，扶植殖民地和半殖民地国家内部的反动势力的政策，今天如果有谁还要拿出来应用，谁就一定会自食其恶果的。亲爱的苦难中的朋友们，让我们互相勉励互相警惕吧！

全世界民主阵线上的朋友们！我们中国的民主主义者们，渴爱自由的中国知识分子们，中国文化界教育界的工作者们，我们希望今天这个意义重大的文件，能越过重重封锁着我们的特务组织的检查网，很快地达到你们的眼前。至于我们，凡是在这文件上签了名的人，随时都准备迎接法西斯分子的迫害，因为我们是甘心把我们的一切贡献给人民的。在我们中间，有不少的人曾经在欧美受过民主教育，我们从先进国家的人民那里，学习了争取自由与民主的榜样。我们将继续和我们的人民一同斗争下去，直到取得了最后的与完全的胜利，直到一个民主的美好的新中国出现的时候！

（签名者）丁聪、丁文波、丁月秋、丁力、于振东、王瑶、王健、王天栋、王志诚、王若明、王若移、王兆祺、王念慈、王为一、王菊英、王振华、王朝声、王树根、方庶民、毛清秋、白澄、白麦浪、甘娥、石炎、田鲁、田曰灵、田朝凡、丘学炎、江湖、江爱钟、西铁卿、光未然、艾秋飚、朱景良、朱新愉、吕剑、辛毅、辛毓庄、祁仲安、何平、何善周、邢庆兰、杜迈之、江巩、宋云彬、李埏、李小明、李文宜、李公朴、李何林、李克兢、李俊昌、李德家、李鲸石、李赋宁、吴茵、吴靭、吴晗、吴穆、吴壬林、吴敏中、吴富恒、吴乾就、吴征镒、宗扬、宗玮、季镇淮、尚钺、芮霖、孟南、孟超、孟健、孟心坚、岳庄、金震、金若年、林路、林珊、林慧、林士诒、林乃祥、林石父、周化、周小光、周天行、周依维、周新民、周慧仙、周钢鸣、马雍、马国亮、洪遒、姜震中、施沛、俞铭传、姚翔、胡钊、胡毅、胡宗澧、徐平、徐欣、徐兰芳、徐梦麟、凌红岭、高博、袁度、袁绛、袁震、孙慎、孙铮、孙金鉴、孙晓桐、郭勇、郭文芹、冯法祀、冯素陶、许杰、许立明、许秉铎、许维遹、梁秀如、章楠、章泯、章国昌、陆钦墀、曹伯韩、常任侠、陈吾、陈鹄、陈鹏、陈志鹏、陈光国、陈天祐、陈丹南、陈祥珍、陈清林、张客、张莺、张小楼、张工心、张文元、张进修、张时俊、张敬凤、张崇扬、张曼筠、张学文、张庆芬、张澜庆、特伟、彭淑端、彭丽天、农慕之、曾昭抡、费克、费孝通、黄纪孟、黄相荣、黄敏慧、黄叶绿、楚图南、闻隆、闻一多、闻家驷、董祚楷、叶齐祥、叶笃庄、蔡超尘、杨洛、杨澍、杨人鸿、杨素辉、杨须知、杨淑慧、杨芬君、杨锦山、赵沨、赵词清、蒋锐、蒋明德、郑康、郑独步、潘大逵、潘光旦、谈苏、刘思慕、刘桂武、刘渔邨、钱铮、钱玲娟、卢静、钟秋岩、欧德荫、薛沉之、谢加因、蓝驶明、蓝馥心、颜锡嘏、萧凡、萧虚里、瞿白英、韩北屏、罗隆基、苏茵、严恭、严素经、顾文若。

（原载闻黎明、侯菊坤编，闻立雕审定：《闻一多年谱长编》，武汉，湖北人民出版社，1994）

昆明教育文化界庆祝抗战胜利大会宣言*

在停泊于东京湾的密苏理号旗舰上，日本的投降代表已经正式签订了降约，最后一个最顽强的法西斯军阀政权，到今天，可算完全屈膝了。这是全世界人民力量的光荣成就，而我们中国人民，首先揭起反法西斯的义旗，历尽艰辛苦难，不屈不挠，苦斗了八年的中国人民，对于这成就的贡献，尤其伟大。

事实摆在眼前，在中国人中间，八年来谁在抗战？谁在流血流汗？谁贡献了人力？又贡献了物力？票子、谷子、儿子，不全是由人民担负的吗？偏偏是无力的出了最大量的力，无钱的出了最多数的钱，这样熬了八年，才熬出今天的胜利。今天，凡是有良心的人都应承认：一切光荣属于人民。

人民既赢得了胜利，人民便有权利在胜利的基础上，再为着自己未来的日子，赢得永久的不可摇撼的和平，以建立民主的团结的进步的新中国。因此，在这举世欢腾、庆祝胜利的今天，我们以一部分中国人民的资格，为了保证我们自己的胜利的果实不致落空，郑重的提出如下的具体意见：

一、为迅速根绝内战危机，我们主张：

甲，目前正在进行中的国共两党的谈判，必须随时对全国人民公开，尊重人民的意见，在人民的监督与支持之下，实现团结。

---

* 这篇宣言共有三稿：初稿原标题是《昆明教育文化界对于胜利后国是的意见》，吴晗起草，闻一多修改；二稿是闻一多抄写后又作了修改；第三稿是吴晗抄写稿。1945年9月4日晚上，西南联大、云南大学、中法大学三校学生自治会和中华全国文艺界抗敌协会昆明分会、中苏文化友好协会昆明分会、《民主》周刊社、《自由论坛》社、《大路周刊》社、《人民周刊》社等团体为庆祝抗日战争胜利，在西南联大东会堂联合举办“从胜利到和平”盛大晚会，由闻一多主持，晚会将结束时，闻一多宣读了这篇宣言。

这篇宣言的三份稿件，现在由中国革命博物馆收藏。——编者注乙，立即实施一切民主改革，迅速召开包括国共两党、民主同盟，及无党无派的公正人士的政治会议，组织联合政府。

二、为酬答人民抗战的功绩，我们主张：

甲，立即完全停止征粮、征购、征借、征兵、征工等战时措置，以减轻人民负担。

乙，切实保证抗战军人或其遗族的生活。

丙，迅速扶助民营工业，广泛救济沦陷区人民，并调整公务人员的薪俸待遇。

丁，迅速恢复交通，并资助人民还乡，扶植华侨生计。

三、为惩办战争罪犯及破坏抗战的各种不肖分子，我们主张：

甲，彻底消灭日本法西斯，从政治上经济上军事上解除敌人武装，惩办战争罪犯，建立民主的日本，以保障远东及世界和平。

乙，通令全国人民依法检举明暗的汉奸、贪官污吏及奸商囤户等，立即逮捕归案。

丙，组织人民法庭，公审上述人犯，分别处刑。

丁，没收上述人犯的财产，作为建国之用。

一切胜利属于人民，一切光荣属于人民。让我们高呼：我们已经有了胜利，我们更要和平！要民主！要团结！

（原载闻黎明、侯菊坤编，闻立雕审定：《闻一多年谱长编》，武汉，湖北人民出版社，1994）

昆明各界人士为庆祝胜利及和平建设新中国通电

全国各界同胞们！日本投降条约已在 9 月 2 日正式签字了！八年来中国人民的艰苦抗战及全世界反法西斯战争已胜利地结束了！多少年来的耻辱与压迫已清算了！和平建设的日子已降临人间。这的确是中华民族一个空前伟大胜利的日子，在这日子里，怎叫人不高兴，狂欢，和热烈的庆祝呢！

抗战是一个神圣艰苦的工作，八年来，中国人民含辛茹苦，牺牲一切，在敌人残酷的进攻下，坚持抵抗，用自己的血肉，粉碎了敌人的迷梦，奠下了胜利的基础；更在极端困难的环境里，与我们的盟友密切合作，伸张正义，歼敌强权。现在胜利终于来到了，一片灿烂的曙光已展开在我们面前，这是我们中国人民的功绩，我们今天应该伸出双手，热烈的迎接这伟大不朽的胜利。这胜利是我们的，这胜利将引导我们到一个新的时代。

我们都这样相信：这新的时代应该是和平的，民主的，团结的，无论在国际国内都是如此；因为和平、民主是我们这次对法西斯作战的目的，而团结则是使这次战争胜利的基本因素。今后我们要和平建设新中国，民主、团结是绝对不能缺少的。就国际方面看，我们相当乐观，由英、美、苏三大国领袖的历次会商，联合国的几次集会和这次划时代的中苏友好盟约的订结，使世界上主要的强大国家团结起来，摧毁了曾经猖獗过一时的法西斯暴政，并在积极阻止其再生，而使今后世界的和平、民主有了强固的保障。说到国内，我们决不能否认，今天在我们中国还存在着许多破害和平、民主、团结的危机，直到今天，敌人的军队，还没有在中国境内完全解除武装，汉奸国贼更没有得到他们应得的膺惩，反而正在计划伪装自己，想摇身一变而为“曲线救国”的英雄，借以保留其法西斯余力，企图再起，扰乱和平。在政治上，民主设施还未见端绪，国共两党关系还没有合理解决，有些专制主义者，还在想打内战。至于由于战争的过重负担以及在战争中由于通货膨胀及发国难财者所造成的经济紊乱，民生凋敝，更是万分严重。而接受沦陷区、建设新中国的问题更多。这许多现象与问题，如不能妥善协商，合理解决，则中国前途实不堪设想。然而，我们也确切相信，只要大家努力，一切以人民利益为主，则实现和平、民主、团结，是一定可以做到的。现在中共领袖毛泽东先生已来重庆与蒋主席会商，中国民主同盟也发表了对目前时局的意见，而全国人民的要求，亦正是如此。我们除开对这次谈判明确表示我们的态度，认为国共两党应该竭诚相见，以人民利益为重，采用公开方式，邀请其他民主党派及进步人士参与协商外，我们更应正视现实，贡献出一切力量，为这次谈判的圆满解决及和平、民主、统一、富强的新中国而奋斗。这里我们提出我们的主张：

一、根据《波茨坦宣言》，彻底消灭日本法西斯，采取一切有效办法，制止其再生，以维护世界和平。

二、严厉惩办战争罪犯及其帮凶汉奸走狗。

三、彻底实施民主改革，释放一切爱国政治犯，立即取消一切妨碍人民自由的法令，并召开政治会议，成立全国一致的民主政府，根据各地人民意愿，选派各地方官吏，建立新中国的政治基础。

四、立即组织联合统帅部，解决军队统率问题，使各地真正抗日部队，就目前驻防地区，从速分区接受日本投降，收复失地。

五、切实优待嘉奖抗日军人，抚慰阵亡将士家属，停止征兵，并从速办理复员。

六、立即停止征实、征借，废除一切苛捐杂税，减轻人民负担，改善人民生活，并有效帮助一切有利民生的民营工商业，以奠定新中国的经济基础。

我们认为要解决今天一切问题，真正展开建国工作，决不是空谈高调，口是心非，对付拖延，阴谋欺骗所能为功。必须痛下决心，根据人民意愿，从现实问题着手，寻求解决之道。以上六点实为我们衷心的要求，亦为全国人民的意愿，我们郑重提出，希望全国各界同胞以从事抗战之伟大英勇精神共同努力，促其实现。

（签名者）张光年、章泯、祁仲安、王健、李公朴、黄叶绿、李实中、蓝驶明、潘大逵、陆钦墀、冯素陶、尚钺、罗隆基、夏康农、张曼筠、王振华、李何林、宋云彬、孟超、杨怡士、白澄、王汉斌、张源潜、潘汝谦、王瑞沅、许铮、谭正儒、洪继凯、何孝达、康伣、周新民、李文宜、彭允中、杨须知、洪道、王念平、詹开龙、沈叔平、杨明、王云、曾昭抡、吴晗、胡钊、曹聚仁、楚图南、季镇淮、何善周、许维遹、王瑶、范宁、潘光旦、费孝通、闻家驷、辛毅、袁震、施载宣、刘美菊、王景山、萧松、李政道、闻立雕、闻立鹏、闻名、闻翺等

（原载闻黎明、侯菊坤编，闻立雕审定：《闻一多年谱长编》，武汉，湖北人民出版社，1994）

致马歇尔特使书*

马歇尔将军麾下：

12 月 15 日杜鲁门总统对华政策的声明传到中国，把我们多日忧虑的心情一扫而清。民主的美国又一度坚强了世界上爱好和平的人民对它的信任。在这声明传到之前，我们中间有很多人感觉到惶惑，因为自从美军协助我们受降以来，许多措置多少表现了有加强中国内部分裂的嫌疑。我们并不愿贸然怀疑美国有着传统保证的对华友谊，但是中国内战的爆发增加了推行美国支持中国团结政策的困难。假如因技术上的过失而引起中国人民对美国有所误会，那才是一件极不幸的事件。正在这个紧张的关口，杜鲁门总统能发表这一个有历史性的文告，真是令我们不能不衷心感激。接着又接到你被任为特使，迅即来华执行上述的声明的消息，更增加了我们无限的希望。你过去的历史已保证你完成这任务的把握，哪里还有一个比曾在中国服务过，曾亲眼看见过中国人民耐苦忠厚的性格以及他们过去所受种种黑暗势力所压迫，又曾两次为世界的和平效命疆场、运筹帷幄的人，更能担任这相当复杂和有关四万万生灵的严重任务？

我们在欢迎你的时候，心里又充满着惭愧。中国人民怎么不知道引起内战的责任是全部应当由我们自己担负的？又怎么不知道我们的内战会威胁世界和平？我们不但已尽力向武装冲突的双方呼吁和平，停止内战；而且为此，我们相信你也已知道，我们曾牺牲了生命，受到了生命的威胁。但是，我们应当承认，这些努力，在现有的局面中，并没有发生效力。当然，我们并不气馁，我们还是相

* 这篇《致马歇尔特使书》由费孝通执笔。——编者注

信一个违反人民意志的内战是决不能持久的。我们依旧要为这目的而继续努力。美国人民在这时能作此严正的声明，实在是给我们为和平为民主而工作的中国人民一个有决定性的援助。我们惭愧自己不能把自己的家务整理明白，有劳我们的好友的斡旋；但是我们也不会忘记你们在中国历史上的伟大功绩。

我们充分了解而且同意你的任务是贤明和正确的。美国人民有权利要求和促进太平洋东岸的同盟邻国实现民主。这一次世界大战的目标就在建立世界的永久和平。人类的历史告诉了我们世界上任何反民主的国家必然会引起战祸。在现代交通所已缩小了的地球上，一切违反民主的行动，不论发生在任何角里，都会牵引起大规模的毁灭和残杀。为了人类共同的幸福，美国以及其他同盟国绝没有坐视中国内战的理由。这种关切以及有效的制止办法和以往国际干涉在性质上是不同的。干涉别国内政以达到本身个别的利益是帝国主义的行为；但是为了世界的和平，人类共同的幸福，而发生的关切和行为是今后维持人类生存所必需的，也是正当的政策。关于这一层，我们可以向你保证，美国绝不会因此引起中国人民的误会，因为我们相信，像其他同盟国一般的相信，你将执行的政策并不是以美国个别利益为出发点的。

惭愧的心理使我们自问为什么我们中国人民并不能有效地制止这次没有意义的内战？为什么我们中国人民并不能迅速地建设民主的中国？我们相信一定有很多的美国朋友会发生类似的问题，甚而对于中国人民实现民主的热忱和能力发生怀疑。因之，我们想先把这些问题作一答复。在此我们愿意说明中国民主运动所遭遇的困难，这些困难是我们美国朋友所没有机会经验到的。

我们相信你和所有的美国人民一定同意说自由是人性基本的要求。从这信念上，我们才能想象世界的和平秩序，也才能想象人类的光明前途。但是实现人类的自由却曾要我们付出极重的代价，这说明了人间的确存在着许多反自由势力。中国人民决不是低估了自由的价值，而是因为反自由的势力在中国，比之在美国，雄厚得多。让我们在这里对这势力作一分析。

一切的现状有它历史的造因，中国目前的混乱并非例外。在纪元前1世纪的时代，中国已在秦始皇的手上用武力形成了大一统的局面。一个专制君主用了一个有效的官僚机构统治着东亚一片大陆上从事于小农经济的广大人民。20个世纪以来，在政治上尽管易朝换代，但是极权统治的形式和小农经营的经济基础一直维持着。现代法西斯蒂国家的特色特务组织，在中国历史上早有前例。但是为了山川阻隔，交通不便，君主权力所能直接控制的不过限于官僚机构和育养官僚的士大夫阶级里。一般小农则被分散在小社区里，只享受着有限度的地方自治。君主的开明或昏庸决定了人民的幸福和灾难。生活的水准降到了不能维持的程度时，农民的暴动给予野心家利用登极的机会，回复到历史的循环里。这传统解除了人民的广大组织，限制了他们争取自由的力量。但是分散的小农经济加上普遍于乡村里的手工业给了一般人民小康的生活，养成了朴实耐苦的性格。他们更靠了家族制度和邻里组织得到相当的生活保障。开明的君主，由于交通的阻塞，和传统习惯的限制也很少干涉小农的基本生活权利。这样维持了二千年变迁不很多的历史。

海禁开放，中国和西洋文化的接触，展开了一个新的局面。一方面现代的交通和武力加强了统治者的控制力量和范围；一方面因传统手工业遇到现代工业的打击而崩溃的结果，使一般人民的生活日趋穷困。政治和经济的双重因素造下了中国近三十年来反自由和争自由的冲突。

中华民国的建立并没有改变传统政治的本色。袁世凯用了总统的名义承袭了满清的统治。他开始训练现代化的军队为他私人服务，更组织特务来钳制一切反对力量。他更得到了日本帝国主义的借款，用来维持他统治的机构。在表面上他已经近于完成了武力统一的迷梦，但是集中权力的结果却损害了人民所剩余的自由。他在一片反抗声中结束了洪宪的企图，和他自己的生命。可是他却创立了假借民主的外貌实行独裁的前例。

助长这极权政治的是当时的经济。在不平等条约的束缚下，中国的现代民族工业没有发展的机会，它并不能及时代替民间手工业来安定中国的经济基础。乡村里的小农却因手工业的崩溃而遭到了严重打击。农民收入的下落，侵蚀了农业资本，加速了土地的枯涸和荒废。生产事业的凋敝使农村无力维持拥挤的人口。农民放下锄头流浪四处，给统治者雇佣来当兵的机会。这样造下了个人私有的军队。中国经济的窒息，也驱使了上层社会的人士向官僚机构中去钻营，利用权力来谋取丰富的收入。这又给独占权力的独裁者收买和豢养官僚和特务的机会。可是这也腐化了中国的行政机构。衙门成了收容所，贪污成了风气。私有军队的膨胀和行政机构的腐化更加重了人民的负担，促进农村的破产。这样构成了一个恶性循环。

匮乏和威胁是相联结的，匮乏和威胁牺牲了人民的自由。为了自由的丧失，中国人民曾一而再、再而三地不避流血来反抗这极权统治，但是在经济和政治的因素没有彻底解决的时代，这些斗争并不能收到效果，虽则这不断的反抗可以充分表示了人民要求自由和民主的决心。

从袁世凯的统治到现在，中国政治的本质并没有重大的变化，虽则在名义上又添了很多新的花样。当然，这次抗战我们曾寄以过分的奢望，冀希在反法西斯蒂的战争中，中国能走上民主的道路，使人民能获得以往政治所夺去的人民的自由，但是事实使我们失望。

中国在这八年的长期抗战里，人民的生活已经从穷困到了不可终日的境地。过去几十年来穷困所引起的种种恶果，并没有消灭，而且因穷困的加深更为变本加厉了。在抗战过程中，人民为了成全抗战的努力，容忍政府种种限制人民自由的措置。但是一党专政的政府却利用这容忍，一步步地加强它的极权性。思想、言论、行动，以及生存的自由无一不被夺取。这些事实我们相信你已有充分的情报，若是还不足的话，最近昆明的屠杀学生一事也已足够暴露过去几年来的政治本质了。

日本占领了中国政治富庶之区，把中产阶级所凭借的财产破坏了。在后方，中国政府一贯的以通货膨胀的政策来筹划战费，使公教人员的收入极度缩减，使正常的工业受到打击，使资本集中到投机性的商业，造成发国难财的特殊阶级。这特殊阶级又因投机商业必需凭借权力，所以财富和权力得到更密切的联系，统治集团不但是权力的独占者，而且也是财富的独占者。最令人痛心的是军队给养的不足，鼓励了走私和腐化、士兵饿毙而长官发财的现象。在这种政策里，中国贫富的悬殊愈益加深。中产阶级的没落，减弱了争自由争民主的领导力量。这个社会财富的重分配和高度集中，所发生的恶果显然将影响战后中国的安定。

人民是容忍和忍耐的，但是容忍和忍耐是有它们的限度，他们要求政府采取合理的政策，但是在现有的政治组织中人民的言论是不发生作用的，而且在特务和检查制度之下，这种言论根本就很少发表的机会，因此凡是不满于政府又不能容忍缄默的只有采取反抗的形式。我们知道很多美国朋友觉得奇怪，为什么中国政党必须倚恃武力才能存在。这原因就是在当权的政府不容许异见，异见就是叛逆，就是邪说，就得戡平。我相信若是美国民主党执政而以暴力禁止其他政治团体公开活动，恐怕共和党也立刻会武装起来。中国一党专政的结果造成了不是党徒就是叛徒的分野。我们并不袒护在野而有武力的共产党，我们也反对任何政党私有武力，可是造成这局面的原因，不是中国人除了用武不懂政治，而是由于中国在朝党用暴力禁止异见。

中国内战暴露了中国迄今并没有民主的事实。

我们庆幸在内战爆发不久，美国人民能认清这种混乱局面会影响世界和平，而采取有效的劝阻。可是内战是果，并不是因。要消弭内战必需民主，必须使人民参加政治，能不凭借武力来发表政治主张。我们也庆幸杜鲁门总统在他的声明里已指明这症结，而且在莫斯科会议已得到苏联和英国的共同支持。中国的政治协商会议也已经在开幕中，但是我们还愿意贡献我们的意见，作你的参考。

在这次政治协商会议中，我们不敢希望有任何奇迹可以在极短的时期中诞生一个民主的中国，但是我们也不愿低估这个会议的价值，我们认为这是中国命运的转机。从这个会议中若不能立下中国民主政治的基础，这会议是失败的，这会议的失败必然会引起更凶险的局面，造下国际战争的种子，使这次大战一无收获。

所谓民主的基础，最基本的是保障人权的具体办法，要使中国人民能享受无虞威胁的自由。依我们的分析，以往中国政治不能走向民主是因为军队私有和特务组织的活动。军队私有是一件事实，不论在名义上是否国军或党军。在一党专政之下，合法的军队只有党军，在独裁政治下，所有党军也是最高权力私人的武力。所以解决自私军队不在改换任何名义和符号，而是在取消党治和独裁。党治和独裁既是建立在武力之上，所以要取消党治和独裁势非把军队彻底改组不可。这本是一个难解的症结。我们在美国的善意斡旋中看到一个希望。这希望就在美国能有效地劝阻武力的运用，使政治能离开武力，从事协商，取消党治和独裁。

这里我们要指出的："停战"不过是一种暂时的办法，军队私有问题不彻底解决，中国政治不会有转机，解决的办法是在从速复员。现在军队里的士兵是征兵制下召集来的，他们战时的服役义务已结束，本来就应当解甲归田。在这时还要维持这样庞大的军队，非但是不合理的而且是不可能的。中国已到了民穷财尽的关头，不是为了对日战争、争民族的生存，是没有理由要人民负担这样大的维持军队的费用。何况，中国今后要生存必需从事建设，政府最大的支出应当是在生产事业里。军费必须核减到最低的数额。尤其是我们一方面要向别国借款，而一方面却把自己的财力消耗在维持军队，那是万万说不通的。

已有的军官凡不愿或不能改业的，得改编成维持治安的武力，和从事于现代的军事训练，以备应付国际和平机构所需中国担负的责任。所有的军队须脱离党籍，由代表民意的政府加以统率。

为了消灭党治和独裁，更重要的是取消特务组织。军队是公开的武力，特务是秘密的武力。因之特务绝不能容其存在。取消特务的方法是在法律上加以禁绝，经济上加以断绝供给。现有的特务是以国库来维持，所以今后的政府在预算中应当根本不承认这一项目的开支，而且要预防利用其他名目来维持这种民主的敌人。

在消灭了私人或政党的武力之后才能谈得到人身、言论、结社、集会的自由，才能不致发生像昆明惨案等一类的悲剧。

我们在上面的分析中已经指明造成中国现有混乱局面的重要的经济因素。中国人民的生活程度若是不能提高，则政治上的腐化和权力的滥用是永远没有澄清的希望。经济的建设固然是长期的事业，但是目前那种违反人民利益的经济设施应当立刻制止。在这些设施中最重要的是通货膨胀，破坏交通，坐视私人企业的崩溃，管制外汇，滥征滥购兵粮，和无限制地拉用民工。这种种都是促进财富集中在少数有权力者的手上，促成民生凋敝的手段。在根本上，中国人民应当要求在清理侵略者和发国难财者的办法上去谋国家的收入。换一句话，赔款和征收高度所得税，应当占国家收入的大宗。这事和美国是关联的，因为赔款问题是同盟国共同决定的事，美国可以给我们主持正义。关于征收高度财产税，也和美国有关，因为在战时集中的财富有一大部分已流出中国，聚积在美国银行和其他企业中，我们若得不到美国的合作，是无法清算这一笔不义之财的。

外汇管理政策的流弊已经尽人皆知。在法定汇额中，中国的货币价值不合理的提高，使掌握外汇的权力可以上下其手控制国际贸易，甚至国际往来。只有权力所核准的人，才能用少数的国币购买大宗外汇。这是等于叫人民来津贴特权阶级的国际贸易和对外投资。这种现象若容其继续，则美国所主张的自由贸易政策在中国就无法实现。这是世界经济繁荣的障碍。

交通的破坏固然是内战所引起的恶果，但是我们还要指出的是另外一种无形的破坏交通，那就是交通的检查制。在现有情形中，凡是没有特权的人是无法获得交通工具的方便。这种检查制又不幸而操在特务手中，成了行动自由的破坏者。

在利用权力来控制经济的过程中，私人的小企业已经受到不断的打击。在胜利声中，后方的小工厂大多因为物价的波动而无法维持。中产阶级的消灭使今后经济建设中小企业的发展也必然不容易。在这情形下，发国难财的少数特殊阶级将形成独占的局面。这对于一般人民的生活是有害无益的，所以美国今后对华投资所采取的方式应当特别慎重。我们希望你能看重一般人民生活程度的提高，因为这样才可以保证你们的市场和远东以及世界的和平。

中国最大多数的人民是农民，他们在这次战争中因征兵征实征购已经尽了最大的贡献。可是这些还只是法定的担负，法外的担负更是无从估计。利用农民的驯服，腐化了的行政机构不断地向农村吸血。目前农村已是凋敝到了极度。若是这些剥削的行为不停止，在一切经济建设计划没有生效之前，农民已经可以因生活的压迫不能忍受而发生变乱了。

若是经济建设目的在提高人民生活程度，最重要的对象自然应当是农村经济的改善，因为农村经济的发展可以使生产过程中所获取的利益得到最广大的分配。关于具体的办法，我们在这里不能多述。这里只能提到这原则，希望将来要协助我们建设的美国朋友们能加以注意。

我们不惮繁杂地把造成中国内战的原因，和因政治不上民主轨道而引起的种种痛苦略述如上，现在我们想说一说杜鲁门总统在他声明中所提到的扩大政府基础，容纳各党各派参加，以建立民主中国的问题。我们完全同意：政府的改组是消弭内战的必要手段，民主的中国才能保障世界和平。对于这个原则，我们庆幸，各党各派在表面上均已接受。但是利用民主招牌来实行独裁是中国几十年来执政者的惯技。所以若要达到民主中国的目标，我们希望同盟国的朋友们决不应被名义和形式所欺骗，应该注意实质。

目前最主要的问题是怎样建立民主政治中心的民意立法机关。国民党至今还是坚持在抗战之前所选举的国民大会。可是我们认为这个国民大会的代表，即使当时确是能代表民意的，到现在因时间的变迁也已失效，何况这次选举是一党专政时代的产物呢？我们相信你对于欧洲类似政治下选举的结果必有明白的认识。选举的意义是在人民能自由表示意见。在言论没有自由，在政党不能公开活动，在特务监视之下，选举不过是一种形式。民主政治的民意机关是决不能在一党专政下产生的。因之，我们觉得除非我们能以假民主为满足，国民大会的代表必须改选，而且要在各政党能公开活动，言论、结社、集会得到自由之后，才能选举出这种代议制的民意立法机关。

最后，我们愿意再强调的要求你的注意，就是中国过去的政治中已经发生了名和实的分离。在口头所说的是一套，所作的却又是一套。民主，民主已经喊了三十多年，而三十多年中，我们所遭受的却是和民主相反的政治。名实分离不够，还可以造下种种骗局。譬如新闻的检查是取消了，可是在收复区又订下了许多限制报纸登记的办法，甚至可以以纸张的缺乏为口实，停止供给不属于官方的报馆。即在已经取消审查机关的地方，至少新闻的稿件还须经过党部的检查，方能登出。其他如特务的活动、威胁利诱，使事实上和政府不利的舆论不能有发表的机会。

为了要避免任何政治集团的伪装方法，我们希望新闻的自由必须坚持，而且希望国际的公正记者能利用这自由对公众有确切的报导。国际间舆论的自由交换是给予为民主工作者莫大的援助。民主工作者需要的是事实的公开检讨和批评，因为瞒蔽即是欺骗。

我们冗长的向你提出这备忘录，其中虽则有很多地方并不是你所代表的政府所能为力的地方。中国的问题最后只有我们中国人民自己来解决。但是杜鲁门总统既然已承认中国内战将威胁世界和平，而维持世界和平是同盟国的共同责任，所以我们愿意在这种备忘录中详细分析造成内战的原因。同时，我们也竭诚地希望，在你被派遣到中国的短短时期内，你能到中国各处跑一次，一面自己观察，一面就上面的分析，自己进一步地找些印证。你最近将要到平、津视察，希望你于平、津归来后，向西南的几个中心，包括昆明、成都、贵阳在内，也走一遭。我们相信你和一般同盟国的友人，对于中国的关心，并不只是消极性地只要国共不相互放枪即可满意，而是积极性的，要促进中国的民主。要实现中国的真正民主政治，则上述的许多问题必须予以考虑。内战只是症候，不是病源。病源不除，症候是无法好转的。我们盼望国际的友人，为了世界和平，不但要劝阻国共交锋，而且能有效地在政治上和经济上给予建设民主的助力。

我们对于你的服务不但感激而且有信心。我们也希望你对于中国人民渴求民主有认识，对于中国人民民主的前途也有信心。敬祝你在历史上留下为我们后世子孙永志不忘的伟绩。

闻一多　潘光旦
费孝通　吴　晗

（原载《民主周刊》（昆明版）第2卷第23期，1946年1月13日）

释放政治犯再不能拖延了
——兼为羊枣先生的暴死集中营控诉！

本月 10 日，蒋主席在政治协商会议闭幕词中，宣布释放政治犯。在他说了而没有做的第三天，被捕七月余的名记者羊枣先生（杨潮）竟以“突”患急病死于集中营了。这是上海《时代日报》13 日的消息：“《释放政治犯声中，羊枣突患急病死去》：名记者羊枣于昨日在杭州监狱中，突患急病逝世。按羊枣曾任衡阳《大刚报》主笔，福建建瓯研究院院长。后在美新闻处工作时被捕以迄于今。”

羊枣先生早没有死，迟没有死，恰好在蒋主席宣布释放政治犯，而没有立即实行的第三天才死，而且不是患普通的病死去，而是“突”患“急病”死去，这个“急病”，实不能不令我们为三十余万政治犯的生命安全“急”出“病”来！羊枣先生真的患“急病”死去欤？他的被捕七月，既不见政府公布其罪状或提起公诉，死后又不公布其病状死因，死后就这样用“突患急病”死去，可以草草埋没其死因了吗？我们要追究责任，不能放过刽子手的罪恶，如果羊枣先生可以用“突患急病”而掩饰其死因，那恐怕受尽特务迫害虐待的三十余万政治犯，会在释放之前，通通在集中营“突患急病”死光了！

羊枣先生之在政协会会议期中于集中营“突患急病死去”（?），告诉了全中国以至全世界人民，谁是中国法西斯的祸者，他的死，又一次有力地暴露了国民党一党独裁和特务制度的罪恶。如所周知的，羊枣先生是一个无党无派的新闻工作者，初在清华学校肄业，后在交通大学学工程。但作为一个有良知的科学家，他能躲在工厂实验室安心工作吗？在政治环境的低气压下，爱光明、爱民主的羊枣先生，终于抛下了他的本行，投身新闻工作，更直接地为中国民主实现而贡献他的力量了。他的一生，如同每一个爱光明、爱民主的中国人一样，遭受了无数残酷的迫害，终于以“急病”死于集中营里。在1939年至1941年间，他在香港《星岛日报》任军事记者，每次撰写“一周国际”，他尖锐的笔锋，曾挑起了多少青年人对法西斯的仇恨，和对于民主光明的热爱，他是受到无数读者的爱戴和拥护的。为了他酷爱光明，在是年6月间，遭到国内法西斯压力的迫害，而与金仲华、邵宗汉、郁风等同时被迫离职。香港《光明报》创刊后，他又参加《光明报》的撰述编辑工作。太平洋大战爆发后，他回到国内主持衡阳《大刚报》的编务和笔政，为了坚持他一贯爱光明、爱民主的立场，他又因为举办了一次“民意测验”而去职。1944年湘桂战起，他应福建省政府之聘，赴永安创办建瓯社会科学研究院，担任院长，兼在美新闻处东南分处任高级职员。至去年7月，突被第三战区以“莫须有”之罪名加以逮捕。他的被捕经过，至今闻之还是令人悲愤发指的。

当他日间在美新闻处办公时，第三战区突派大队武装包围该处，并以机关枪威胁强行逮捕。当时该处处长提出严重抗议无效，提出数条件如不能用刑、每日由处派人探视送食物等，第三战区口头答应后，竟背信弃义囚之集中营，全未履行诺言。此后下落不明，亦未见当局加以公开起诉及宣布罪名。就这样，一生为光明为民主而奋斗的羊枣先生，经过七个多月的禁闭，和饱受了无数痛苦后，就突然以“急病”（?）死在集中营，永远离开我们了。

羊枣先生今年才四十余岁呢，他还年轻，苦难的中国还需要他，他还能为争取民主做许多工作的，他不能死去，他不应该死去，但血淋淋的事实告诉我们，羊枣先生终于在反动的势力迫害下死去了！他的死，是中国民主事业的莫大损失，是青年们的损失。他的高度的工作能力，他对于民主自由的渴望和斗争的韧性，他扶植后进的苦心和爱护青年人的真诚，凡是和他接触过或读过他著作的人，都会永远留下一个不可磨灭印象的。他的死，控诉了国民党特务制度血腥的罪恶，加强了全中国人民争民主的决心。他的死，暴露了国民党释放政治犯的“诚意”和可能存在的阴谋。他没有死，他永远生存在爱民主、爱自由的人们心里。作为他的同学、朋友和学生的我们，没有悲哀，没有眼泪，我们会在悲愤莫名的痛苦下抬起头来，更坚定的擎起你所遗下的民主自由旗帜，继续走完你的旅程。

为了羊枣先生的死，我们不能不向全国人民和政协会诸代表，喊出了我们有力的呼吁和控诉：

“释放政治犯再不能拖延了!”

因为羊枣先生之死是死得不明不白的，可能是一种政治阴谋的暴露。他的死，并不止是他个人的问题，而是关系目前三十余万尽受迫害的政治犯的生命安全问题。为了这样，我们要向政协会议诸代表提出了我们对释放政治犯的具体主张：

一、要求政府调查公布羊枣先生被捕原因、被捕经过，及在集中营患何“急病”死去。并严惩主凶的第三战区负责者，及厚恤杨先生家属。(羊枣先生原名杨廉正，后改名杨潮，湖北人，其妹杨刚系全国知名之女记者。现任《大公报》驻美派特员。他素无积蓄，身后萧条，遗有一妻，无子女。)

二、政府释放政治犯的诺言，要立即兑现，不能拖延，或所谓“按次序办理”。并保证不能再用任何阴谋使“政治犯”在集中营突患急病死去。如果确系在集中营患病死去，必须公布其病状及诊断经过，并请社会公正人士会同检验，不能视人命为草菅。

三、政治犯要全部释放，政府再不能玩弄花样，要在野党派提名始逐一予以解放。因为在“不满政府即系异党分子”的情形下，被政府目为政治犯而加以逮捕的，绝大部分为爱民主、爱自由的青年，而无任何党派关系的。如果一定要在野党提名始逐名释放，则许多无党无派青年，势将还要继续受到残杀迫害。

四、释放出来的三十余万无辜青年和政治犯，如有残废及患病者，政府应负责抚恤和治疗的费用。

五、政府应明确解释何谓“危害民国之行为”，不能含糊其辞，乱加政治犯及无辜青年以大帽子。因为事实告诉我们，政府是惯于使用这套伎俩的。最近四川大学学生李实育案，就是一个最有力的例证。

六、政府要做到保障人民的自由，就要立即废除在当政十八年中残害无数纯洁青年的集中营和特务制度，此外各地的邮电检查，海陆空的交通检查，收复区的新闻检查及一切束缚人民自由的法令，应立即一律废除。

七、在蒋主席宣布除“司法与警察机关，不得拘捕审讯”后，宪兵及其他任何军事机关应停止私自逮捕人民的权力。（宪兵英文为Military Police，意为军事警察，仅供维持军队风纪及调整军民争执之用，不能管民事。）且美英等国家之宪兵组织，并不如中国宪兵组织内设有特务机构。

中国人民无辜的血流得太多了，国民党十八年来一党独裁和特务制度，特别在抗战八年间，曾经迫害残杀了数以十万计的纯洁青年。如果目前三十余万的政治犯和无辜青年，不能立即无条件从集中营中放出。如果特务制度这些最龌龊的东西，不能从此在中国绝迹，那么非但羊枣先生和无数被迫害的政治犯，会死不瞑目，全中国爱民主自由的人民，也会不惜以鲜血洗涤这大地的腥膻的。

释放政治犯再不容拖延了！

闻一多　李　源
吴　晗　胡　钊

（原载《民主周刊》（昆明版）第2卷第24期，1946年1月20日）

昆明教育界致政治协商会议代表电

重庆政治协商会议秘书处转各代表公鉴：

诸先生此次在渝集会，协商国是，诚国家民族兴衰隆替之机，团结、民主、和平奠基之日。诸先生责重任远，固当捐除私见，为人民立言，为子孙造福，群策群力，必其成功。同人等义切救焚，责无旁贷，愿陈数事，用作准绳，诸希明察是幸。

甲：政治协商会议结束以前，应切实办到下列各事项：

一、立即停止军事冲突，此项工作由马歇尔将军会同国共双方以外之公正人士监督实行。

二、开放言论、出版、通讯、集会、结社及其他基本自由，一切报馆及通讯社听任私人或党派自由经营，其曾经政府控制支持者，一律停止其控制及支持。

三、取消一切特务组织，立即释放一切政治犯。

四、组织联合政府，在宪法实施以前，以联合政府为中华民国之最高统治机关，政府人员应由全国贤能领袖公平分担，任何党派所占员额不得超过全数三分之一，军政、财政两部并不得操于一党之手。

乙：下列各事项由联合政府办理：

一、缩编全国军队，并提高其品质，以期达到高度现代化之目的，全国军队之数量，平时以五十师为最高限度。

二、改组并刷新各地方政府之行政机构，其主要人员不得由任何一党包办，并不得由现役军人充任。

三、制定制宪会议之组织及选举法，于联合政府成立后六个月内，办理选举，并召开会议。

（签名者）张奚若、钱端升、朱自清、金岳霖、王赣愚、袁家骅、李继侗、吴之椿、费孝通、潘光旦、汤佩松、费青、胡毅、闻家驷、潘大逵、卞之琳、尚钺、夏康农、李广田、苏鸿纲、姜震中、顾元、王康、陆钦墀、廖宝昀、袁方、徐毓枬、周新民、楚图南、沈嘉瑞、向达、陈定民、杨业治、闻一多、林文铮、徐嘉瑞、胡庆钧、全慰天、陈美觉、冯素陶、俞铭传、张兆麟、孟超、杨一波、赵沨、郑伯华、张默涛、林彦群、许之乔、刘北汜、张书田、陈遵妫、黄绮、张子毅、李荫远、张东祺、程溯洛、吴晗、李若明、罗应荣、汪子嵩、吕德申、叶方恬、汪志华、金先杰、何善周、李荣、刘锡铭、张璧华、刘禹昌、张国廉、唐敖庆、姚宝汉、邱家农、范宁生、程应鎏、彭兰、马忠、王振华、许维遹、杨明、丁维铎、余冠英、吴谟、尹科云、林慧、李埏、杨天堂、王鎏、陈钟远、胡宗礼、谢广美、陈阅增、王树勋、曾宪邦、吴征镒、董申保、池际尚、陈德明、王瑶、江枫、钦俊德、王通裕、季正怀、张澜庆、金孟肖、张炳熺、李学应、俞和权、殷汝棠、孙本旺、苗华殿、凌德洪、周家炽、蔡德惠、张行煜、钟景文、杨德森、刘邦瑞、余培忠、吴彬、颜锡嘏、王溶、冯秀明、文波、田方增、刘心务、娄康俊、赵全章、崔士英、徐绍龄、李俊昌、郝锡宏、戴玉贞、赵崇汉、杨鹏魁、王金钟、胡维菁、卢福康、朱绍侯、程力方、龙文池、范宁、赖才澄、陆永俊、许杰、黄为、王志诚、张德成、陈峰、陈志鹏、何陶如、余世光、龙敏惠、莫翰文、彭丽天、孙瑞谷、迟中陶、杨光社、陈尔谢、陈德祥、阎昌麟、许醒农、仲谷仁、李建武、钱介福、萧前桂、康伣、萧前瑛、王万俊、武子桢、赵宝煦、王筌、向大甘、谭正儒、王乐周、游象乾、张绍桢、高国泰、唐品喻、刘舒心、蓝仲雄、马毓泉、邓汉英、郭沂曾、杨捷、胡向恒、焦瑞身、杨东灿、王晓云、刘源、杨体隽、刘宗汉。

（原载《民主周刊》（昆明版）第2卷第24期，1946年1月20日）

《民主周刊》（北平版）发刊词

《民主周刊》是中国民主同盟的正式刊物。这是主要的理由，为什么在北平市业已有好几种进步的与内容丰富的刊物之今日，还要发行不同北平版？不过本刊虽然是由同盟主办，却绝对没有包办的意思，里面所载许多文章，都是同盟以外的朋友写的。甚至短评方面，也有一部分采用外稿。我们始终相信，民主与"清一色"是互不相容。要讲民主，就得讲理，就得容忍别人不同的意见，而且还要勇于改过。当然在这小小的刊物里，一部分文章，将要代表同盟的立场。所以要登出这类文章的道理，倒不着重在宣传，而是在向广大的民众，请求批评，请求指教。剩下若干篇幅，甚盼各界朋友，不吝赐稿，我们很愿意，拿这不多的篇幅，贡献给大家作为公开言论的园地。主张和我们是否相同，丝毫没有关系。甚至见解与我们相反，也没有什么。在拥护民主与反法西斯的最高原则下，只要篇幅容得下，什么样的文章，都可以登。如此说明以后，万一将来在某期中，发现同时登载的两篇文章，彼此观点互相冲突，请读者不要奇怪。我们所最讨厌的，就是单调的"清一色"宣传文字，所以很想努力不蹈覆辙。

说起《民主周刊》的历史来，本刊是 1944 年 12 月 8 日在昆明创刊的。原来在那年夏天，一切都筹备好了，准备假"七七"抗战的纪念日创刊。却不料风声传出，立刻遭到无情的打击，非法的压迫。请求登记的申请书，被压住不予递上。审查图书杂志机关，不肯审查，而且越法阻碍了本刊的登记申请与发行准许。在当日环境下，本刊再三难产。侥幸未致流产，已经可说是近乎一种奇迹。

经过千辛万苦，叫某一方面人头痛的《民主周刊》，终于在前年的 12 月 8 号，初次问世。创刊日期，挑在"一 二·九"伟大纪念日的前夕，并不是一件偶然的事。从那天起，昆明的青年们，开始自动拿起学生运动的大旗来。在多年日伪压迫之下，北方的青年运动，一时被窒息了。代之而兴者，有我国西南角上的昆明，“五四运动”的传统，随着学校的南迁，在这辽远的山城里，生长起来，壮盛起来，从此昆明一变而成中国民主运动的主要中心之一。当然对于这种具有历史的意义发展，本刊同人，自认贡献无多，绝不敢以此居功。只觉得在大运动当中，能够配合在一起，担任一名跑龙套的角色，已经是无上的光荣。

本刊创办成功以后，麻烦并没有了。在去年7月初政府宣布新闻自由以前，差不多整整一年，本刊遭受图书杂志审查机关无数次“莫须有”的骚扰。在昆明我们变成了审查的主要对象。负责审查的先生们，干涉到每一期每一篇的稿件。扣的扣，压的压，任意删减，删减了还不准“开天窗”。这样不断的麻烦，无非是想把这初生的婴儿窒死。

时代转变了。审查条例，终于在中外舆论联合反对之下，被迫取消。虽然名符其实的言论自由与新闻自由，此刻在后方各省，亦迄未实现，但是有限度的这种自由，确是被人民争取到手了。在这种相当成功的斗争当中，本刊亦会联合性质类似的民主刊物，勉尽绵薄。不幸检查制度，虽在后方已在名誉上予以撤销，而在所谓收复区则反而变本加厉。今日华北各地言论与新闻之受钳制，不但远过于抗战最紧张阶段之后方，抑且可与日伪统治时期媲美，在日本业已正式投降以后三个月，这真是一件叫人痛心的事，上海文化界的朋友们，早在几个月以前，就在闹着争取言论自由了。最近甚至连上海市政府，也已经呈请中央，请求废除新闻检查。唯独华北方面，除开天津的中学生，在反甄审运动当中，曾经提出言论自由的口号以外，其他迄今竟是无声无臭，听之受之，难道这七百年来的古都，真是像空了心的老树吗？昔日“五四”的光荣，到哪里去了？不。我们决不相信，古都就会这样沉寂下去。在沉寂的表面底下，蕴藏着无限的力量。也许我们对于季候的感觉，比一般人特别来得早一点吧。

《民主周刊》在昆明也曾遭遇过很大的经济困难。讨厌我们的人，总宣传我们的经费如何有办法，其实完全与事实不符。除开偶尔找到几位同道的朋友，捐助一部分印刷以外，我们一向是力求自给自足。编辑部同人，开不出饭，买不起菜，是常有的事。最初发行的时候，是印的两千份。中间有几期，销路落到一千份左右。嗣后经过几度努力，刷新内容，改良印刷，到了去年 11 月初，升到三千份以上，最近居然在昆明一地，突破万份。目前本刊内容，缺点依然甚多，固然不容讳言，不过能如此突飞猛进，绝不是偶然事件。在一个人口不过 30 万左右的城市（北平现在听说有 200 万人），居然能销这样多的份数，可见本刊多少终有其存在的价值。

近来本刊在昆明之所以销路激增，无疑是因为在真实消息被歪曲的场合中，本刊独能主持正义，报道真正的消息。经过昆明同学们血的奋斗，两个法西斯主义者与杀人凶犯——李宗黄、关麟徵——被打下了擂台（可惜没有明正典刑）。本刊同人得附骥末，深以为荣。

北平版的《民主周刊》，是否会和在昆明一般呢？这事有待于历史的证明。其决定因素，则在于读者对这小小的刊物，是不是肯予爱护提携。

（原载《民主周刊》（北平版），创刊号，1946 年 1 月 21 日）

中国民主同盟南方总支部成立大会宣言

由八年抗战的胜利结束一直到现在，国际和国内的情势，都不断地发生变化，而其变化的轨迹则在达到和平、合作、民主的目标。

就国际讲，当前的三大强国美、英、苏，谁都不愿意再发生战争，而努力于维护和平，加强合作，争取民主，这不但是全世界人民的一致要求，并且还合于三国本身的利益。自然，最重要的关键却是民主，因为美、英、苏唯有以共同争取世界的民主才更能加强他们的合作，也唯有以不断加强合作才更能维护持久的和平。

不错，现在国际间还存在着法西斯的残余势力，以及不少的孤立主义者和绥靖主义者，他们反对民主，并且狼狈为奸而不断在美英和苏联的中间尽其挑拨离间的能事，以破坏合作，破坏和平。但是他们仅占世界人民的一极小部分，他们的这一种反动力量决不能对抗全世界人民的进步力量，他们的这一支逆流决不能阻碍全世界向着和平、合作及民主前进的主流。最近如三国外长会议的成功，以及联合国筹委会的顺利结束和联合国大会的即将举行，都证明了美、英、苏和其他各国对于和平及合作的努力。而这样的努力又是有利于全世界的民主的。

就由于和平、合作及民主乃是世界的主流，再加上中国人民的一致要求，中国所应走的道路便只有一条——和平、团结、民主、统一。今后的中国一定要成为一个和平、团结、统一的国家，一定要成为一个民主的国家，今天中国的政府也知道不能违背世界的主流，但是目前他不但没有走上民主的道路，而且还没有走上和平的道路，更谈不上团结和统一了。尽管表面上要用民主做一块招牌，可是实际上仍是继续其一贯政策，钳制人民自由，打击民主运动，以维持一党专政。例如去年8月10日虽公布了人身保护法，但人民仍不能免于非法被捕，无故失踪，乃至于公然失踪；又本年10月1日虽取消了检查制度，但言论、出版的不自由依然如故；甚至国民大会还要以十年前政府圈定的代表来包办。而且更使得人民痛心疾首的，乃是挑起不幸的内战而危害了世界和平。

然而反民主的倒行逆施压阻不住广大人民的民主运动。恰恰相反，加强的压迫反而促成民主运动的扩大和深入。而目前全国人民的反对内战，就可算是民主运动的具体的有力的表现之一。反对内战的昆明学生，虽然国民党当局竟不惜以刺刀、冲锋枪、机关枪及迫击炮横加压迫而造成大流血惨案，可是他们仍高喊着英勇不屈的口号："与其因内战而死，不如为反内战而牺牲!"这种可歌可泣的学生反内战运动，不仅证实了内战的责任将属谁，同时还证实了国内并没有一点民主的迹象。就以全国的军人而论，他们反对内战的情绪也在高涨着，如第十一战区副司令长官高树勋将军及中国远征军"反对内战同盟"的反对内战的表示，都是显著的例子。

如所周知，被看作革命发源地的中国南方，民主思想早已灌注于民间。在抗战没有结束以前，南方的民主运动虽由于敌伪的阻碍而缺乏统一的领导，但在两广各地早已有相当的发展。而在敌人投降以后，广东当局的加强压迫言论、出版的自由以及特务的加紧活动，却使得民主运动有普遍的展开和集中领导的必要。同时南洋一带的侨胞，为着促成全国的民主团结，也关心国内的民主运动而自愿参加。再加上美国驻华特使马歇尔的来华以及政治协商会议的即将召开，南方的民主运动也应有积极的表现。由于目前的需要以及总盟的决议。我们现在便成立了中国民主同盟南方总支部，我们的任务就在巩固国内的民主团结。发展南方民众及侨胞的民主运动，而争取民主政治的尽速实现。以下是我们的要求：

一、立即停止内战。

二、立即取消一党专政。

三、尽速建立民主联合政府。

四、保证言论、出版、集会、结社及身体的自由。

五、释放政治犯（汉奸除外）。

六、取消特务制度。

最后，我们还要连带提到的是，我们赞成杜鲁门总统对华声明的精神，但同时要求美国立即撤退驻华的美军。

中华民国三十五年一月一日

（原载《民主周刊》（北平版），创刊号，1946年1月21日）

为本刊*及昆明四刊物横遭阴谋破坏对玩火者警告，向人民申诉

全国以及全世界人民所瞩望的政治协商会议在开会，在研讨根绝内战，建立民主，巩固和平的方案，国民政府主席蒋介石先生也“又一度”在开幕词中宣布政府决定实施事项，明明白白指出第一项“人民之自由”，人民享有身体、信仰、言论、出版、集会、结社之自由。第二项“政党之合法地位，各政党在法律之前，一律平等，并得在法律范围之内公开活动”。墨沈未干，人民的记忆犹新，十三天后昆明的各民主期刊便遭受到意外的迫害，政府的诺言立刻受到考验。

事情的经过很简单，23 日下午《民主周刊》送稿付排，印刷厂婉辞拒绝。事实上是 21 日晚某几方面曾经举行过联席会议，正如两个月前的情形相仿佛。接着 24 日上午十一时昆明四个大印刷厂的负责人又被某方面召集训话。釜底抽薪，印刷工具被彻底控制了，《民主周刊》便无法如期出版。连带波及的还有《时代评论》、《昆明新报》、《中国周报》、昆明《学生报》等民主刊物。

这是玩火者的又一次阴谋!

明松暗紧，上松下紧，口松手紧，是玩火者的拿手杰作。给人民以一切自由，给各政党以合法地位，表演民主政治，是明松，是上松，是口松。同时控制交通，控制邮电，更进而控制印刷工具，把信仰、言论、出版一切自由又一笔勾销是暗紧，下紧，手紧。朝三暮四，暮四朝三，变来变去还是一样!

我们对玩火者提出严重的警告，你们的诺言已经提供得太多了，

---

* 本刊指《民主周刊》(昆明版)。——编者注

这一次的诺言是最后的兑现机会。

我们向全国父老兄弟姊妹申诉：

第一，玩火者侵犯、破坏他自己所允诺的信仰、言论、出版等自由。

第二，玩火者侵犯、破坏他自己所允诺的政党合法地位，当中国民主同盟的代表正在国民政府大礼堂开会的时候，民主同盟的正式机关刊《民主周刊》被非法阻碍出版。

我们正式提出下列要求：

第一，兑现蒋主席的四项诺言。

第二，废除邮电检查所、航空检查所及一切特务机构。

第三，废除政府对各部门工业独占及控制制度，特别关于造纸业和印刷业等文化工作部门，政府不得加以控制或操纵。

最后，我们要指出，当印刷工具、集会场所、通讯机构、交通系统被一党或一集团所非法控制，民营工商业随时随地被一党或一集团所任意威吓利诱，政府不遵守他自己的诺言，任意破坏法纪的时候，民主政治是不可能也不会实现的。

这不但是对政府的一个最后考验，也是给饱受折磨的政治协商会议一个严正的考验！

（原载《民主周刊》（北平版）第3期，1946年2月11日）

昆明《民主周刊》、《学生报》社、《时代评论》社、《中国周报》社为横遭阴谋破坏敬告各界人士书

全国各党派领袖，重庆政治协商会议诸位代表，全国各期刊、各报馆、各通讯社暨各界人士公鉴：

为商讨和平建立民主的政治协商会议正在重庆开会，国民政府主席蒋介石先生并于会议开幕之日再次郑重宣布保障“人民之自由”等四项诺言。虽政治协商会议犹在研讨方案，未获最后结果，蒋先生宣布之四项诺言，亦尚在拟具办法，未见政府立即实施，但我们对于今后国内和平民主的前途，固具有最大的信心。乃当此之际，本刊等突被昆明当局横施压迫，无端干扰，骇愤之余，尤觉痛心，谨将被扰经过，简述于次：

本刊等在昆出版，向系包由厂商承印。本刊等固知体恤商艰，各厂商亦多能爱护文化工作，以是双方合作，素无间言，顺利出版，从未中断。过去各厂商虽嗜受特种分子警告，尚未酿成不幸事故，迨本月 21 日《时代评论》社将第十三期原稿发交鼎新印刷厂后，厂方突受某方严重警告，勒令停止排印，排妥稿件于 23 日上午十时左右，全被拆毁。《民主周刊》由鼎新厂承印将近一年，双方并订有长期合同，当日下午本刊送稿付排，亦经厂方婉辞谢绝，希望本刊能予原谅云云。《中国周报》亦由鼎新厂承印，当日送稿亦遭婉拒。《学生报》系由崇文印刷厂承印，23 日发稿时，厂方亦以十分抱歉而又无可如何的态度拒绝。本刊等深知变化之来，绝非偶然，为顾念厂商痛苦起见，先后撤回稿件，并未坚持履行合同。

事后据各方调查：此种压迫厂商拒印各刊物之举动，确系某数

方面有计划的卑劣阴谋。本月 21 日晚间某三方面高级人员举行联席会议，当场决定采用釜底抽薪之毒计扼杀各刊物，并定出不露痕迹及不负责任之原则，命令执行人员不留任何文字的证据，并严命各厂商不得泄漏主动机关与执行人员之名称姓名及丝毫真实情形。22 日，某同业公会理事长被某方派员勒令转命印刷厂商拒印各刊物，同日，鼎新与崇文两厂负责人经某方传问，并警告“现在是新旧交替的时候，局势混乱，你们切不要卷入旋涡，免得对你们不利”云云。24 日上午十一时，某方又正式召集各大印刷厂负责人训话，谓今后承印任何刊物须首先查明其有无登记证，并审阅内容是否“反动”，如未登记及内容“反动”者即不得承印等语。虽各厂人员到者寥寥，一场训话至下午四时始告完毕，但恫吓厂商压迫本刊等之阴谋固已初步成功。

本刊等遭此无理压迫，愤痛莫名，除努力设法解决印刷问题，坚决支持，绝不停刊，并誓死力争言论、出版、印刷之自由外，特郑重向压迫者提出严重的抗议，并向各界人士发出沉痛的申诉：

一、昆明某数官方此种横暴的举动，既属违反蒋主席宣布之四项诺言，显亦蔑视政治协商会议及国民政府力求和平团结民主合作之至意，其剥夺人民自由，充为乖谬不法，罪无可逭。我们要求政治协商会议及国民政府，迅速查明真相，将主动人员交付法办。

二、昆明某数官方不仅侵害本刊等之出版自由，抑且侵害正当商人之正当营业，此风一长，则我商界同胞之正当权益，将备受蹂躏。为此，我们呼吁全体商界人士一致反对此种无理的举动，本刊等愿为后盾。

三、此次某数方面所采压迫本刊等之方式，可谓不负责任，极尽卑劣之能事，而其狠辣阴毒较之明令查封公开禁止尤有过之。我们除对此卑鄙而不负责任之阴谋表示抗议及鄙弃外，尤望文化出版界人士群起注意，并给我们以援助。

最后，我们严正提出：

一、人民基本自由绝对不容侵犯，蒋主席宣布之四项诺言，必须立即实施。

二、正当商人之正当权益应有保障，商人正当营业之自由，绝对不容妨害。

三、彻底废除官办与统制印刷造纸等工业之自杀政策，解除妨碍文化发展的桎梏。

四、废除邮电检查，撤销特务机构，不许扣禁人民及在野党派自办之报章杂志。

五、废除出版法及电影戏剧检查，取消收复区报纸杂志图书检查制度。

六、全国各报馆、各杂志、各通讯社一致起来，未登记者拒绝登记，已登记者撤回登记，务必达到言论、出版之绝对自由而后已。

三十五年一月二十六日

（原载《民主周刊》（北平版），第3期，1946年2月11日）

致马歇尔将军书

马歇尔先生勋右：

正如你所预料，在你离开中国的三十八天内，你所确指的“顽固分子”果然竭尽全力破坏，撕毁了停战协定、五项协议和整军方案。

“顽固分子”顽固到全盘否认了屡次给予的诺言，并企图在宪法中建立法西斯式的总统独裁制，和绝对违反中山先生遗教的中央集权制，同时他们还把“中统”、“军统”的特务人员在伪装的形式下分布到警察和交通机构中，使万恶的特务制度更强固化合法化了，以便震慑中国人民，从而保持其为人民所深恶痛绝的一人独裁一党独裁的所谓“法统”和既得利益。

他们在二中全会中制造了“党意”，在参政会中制造了“民意”之后，随即便展开了大规模的内战。想来这四十几天来的真实情形，你一定比被封锁被滞塞的我们知道得更清楚。

对于代表美国人民来帮助我们解决问题的你，正如拉法耶将军之于美国人民一样，我们的感激之情是非语言文字所能形容。正因为如此，为了不使你过去的努力被顽固分子的勾当所抵消，你现在的好意不致被顽固分子的阴谋所玷辱，我们愿以中国人民的立场，提出解决当前危机的几个要点，来供你参考。

第一，中国人民绝对反对内战，东北问题是政治问题。唯一符合东北人民利益的方案，是遵从他们自己的愿望，彻底实行政协五项决议，承认东北民主联军和人民自治政府。实现这方案的必要的先行步骤是：（一）美军立刻停止为国民党运输军队。（二）美国停止供给国民党军武器配备。（三）在执行小组监视之下，东北立刻停战。

第二，国民党政府必需做到以下几件事：

A. 立刻释放政治犯和惩办“一二·一”、“二·一〇”以来各地暴行的凶手。

B. 对国民党政府中的著名顽固分子予以彻底清除。

C. 公布依据政协协议而修改的国府组织法，确定国府委员的名额，民主党派应保有三分之一以上的否决权。

D. 行政院和国府同时改组。

E. 确定国民大会为制宪会议，制宪唯一的依据是根据政协的修宪原则而起草的新宪法。

第三，在前两项未能完全办到之前，更具体地说，在各党派合作的新政府成立之前，我们希望并要求美国政府不以任何形式的借款贷予国民党政府，因为这样只有帮助国民党政府屠杀更多的中国人民，并延缓中国民主政治的实现。

最后，我们不能不指出最重要的一点，那便是：国民党军用以进攻和屠杀中国人民的一切武器装备和运输工具，都是贵国以援华的名义所供给它的。恕我们坦白地向你表示：只有有效地促进中国的和平、民主、团结，才是今天巩固中美友谊的最好机会。

我们确信你和你所代表的美国是决不肯错过这机会的。

（签名者）闻一多、潘光旦、楚图南、费孝通、吴晗、潘大逵、费青、朱驭欧、向达、闻家驷、冯素陶、尚钺、吴富恒、陈定民、许杰、陆钦墀、许维遹、余冠英、姜震中、赵崇汉

（原载《民主周刊》（昆明版）第3卷第8期，1946年5月2日）

昆明学术文化工作者痛悼“四八”殉难烈士*

周恩来先生并转中共代表团及延安中共中央全体诸先生鉴：

若飞、希夷、博古、邓发、黄济生诸民主斗士的死，不止是中国共产党的无可估计的损失，而且是全中国人民的最重大的损失。他们的死，是为了保卫政协协议，为了和平，为了团结，为了民主，一句话是为了中国人民。我们，昆明的学术文化工作者，含着眼泪，谨以最哀痛的心情，向你们致唁，劝你们节哀，并请转向死难诸斗士的家属致最诚恳的慰问。我们认为唯一可使死者瞑目的方法，是全中国人民在保卫政协协议的大纛之下，继承死者的努力，排除万难，必其实现。

（签名者）闻一多、李何林、王振华、潘大逵、楚图南、姜震中、尚钺、丁月秋、吴晗、袁震、赵沨、陆钦墀

（原载重庆《新华日报》，1946年5月2日）

---

* 1946年4月8日，在重庆参加和国民党谈判的中国共产党代表、中共中央委员王若飞、秦邦宪和在重庆被国民党关押、刚出狱的新四军军长叶挺和他的夫人李秀文、女儿叶杨眉、儿子阿九，出席巴黎世界职工大会归来的中共中央职工委员会书记邓发，著名教育家黄济生，八路军中校参谋李绍华，副官赵登俊、魏万吉，延安鲁迅文学艺术学院教员黄晓庄，及美军机组人员兰奇上尉等共十七人由重庆飞返延安途中，因遇恶劣天气，在山西省兴县黑茶山飞机触山失事遇难，称为“四八烈士”。——编者注

中国民主同盟华北总支部对北平“四·二一”血案的严正声明

北平“四·二一”血案，是国民党反动派反民主罪行的表演。就惨剧的经过情形，事后市政当局的措置及御用报纸的造谣诬蔑看来，这次血案是事先布置好了的。显然是特务机关、党政当局及其御用报纸勾结一气，欺压北平人民，用恐怖政策来强迫北平市民承认他们非法包办的选举。这是非常严重的犯法行为，一定会引起全国人民的愤怒。

血案的造成，是由于北平市国大代表选举协进会为检讨非法的选举而举行演讲会。包办选举的人们，不许人民批评他们，便派出大批打手捣乱会场，造成流血惨剧。非法包办的选举，老百姓应不应该反对呢？平津当局包办国大代表选举的惊人黑幕，许多报纸都曾揭露过。老实说，根本不是选举，那是明目张胆地强奸民意。试读 4 月 24 日《大公报》刊载的天津市立师范附小教员任意单被暴徒当街枪杀毙命的消息，任君临死前于昏迷中说：“选举票事，与我无关。”可见非法包办的选举，为了怕人民的反对，已经到了必须用打手、暴徒、砖石、木棍以至枪弹来强迫人民承认的蛮横程度。我们中国民主同盟华北总支部特此严正声明：我们对于以如此蛮横手段制造出来的所谓平津国大代表，万难予以同意，并望全国民众一致力争！

由北平 50 余人民团体共同发起组织的北平市国大代表选举协进会，为反对北平市不合法的国大代表选举，举行公开的市民大会，邀请名流学者学术权威主讲，代北平市民伸张正义，乃是一种纯洁的自发的民主运动，不容任何人加以诬蔑。我们对于这种纯洁自发的民主运动，十分尊重而且十分同情。对于特务暴徒以鸡蛋、砖石、木棍、长枪等武器，捣乱会场，殴伤群众和主讲人，则十分愤怒，十分鄙弃。在此，我们仅以中国民主同盟华北总支部的名义，对当日无辜流血受伤或受辱的法学权威陈瑾昆教授，知名学者江绍原教授，国际友人傅士德先生，大会主席张豫苓先生，各报记者及男女群众，表示我们衷心的慰问和敬意。

我们认为，北平“四·二一”血案的意义非常重大。国民党特务竟不惜用暴动流血来保障其不合法的选举，这是为的什么？国民党在平津两地违法包办选举的情形是如此，在其它的地区又是怎样？在今天竟采取如此不合法的手段包办选举国大代表，在十年前恐怖专政的内战期间包选国大代表的情形又是怎样的？国民党以如此一贯的作风来强奸民意，制造代表，包办国大，其用意居心究竟何在？国民党用这样的方式来“还政于民”、“实行民主”，那将是什么样的民主？其实，这些问题都是用不着我们解答的，国民党自己已经解答的很清楚。从昆明“一二·一”血案，重庆较场口血案，捣毁《新华日报》及《民主报》事件，西安火烧《秦风工商日报》案件，二中全会和国民参政会，对政协决议的翻案和篡改，一直到最近的北平“四·二一”血案，透过这一系列的不法行为，已经是“司马昭之心，路人皆知”了。今后的情势能否好转点，特务分子能否稍稍敛迹一些，那就要看国民党的最后觉醒和在各党派及全国人民的继续争取了。

“四·二一”血案发生后，当局为了掩饰自己的罪行，不惜指示御用的宣传机关中央社、《华北日报》、《世界日报》，恣意捏造事实，极尽造谣诬蔑之能事。其中一向扮演三花脸角色的《世界日报》，除了捏造一大套白昼见鬼的所谓两团体“互殴”的谣言报道外，并根据自己一手制造的谣言写出含血喷人的社论，该报的新闻道德及报人人格竟堕落到这样无耻的程度，实堪寒心。当日在场的数千市民，都是公平的见证人，可以证明这些御用的宣传机构是何等的无赖！他们对发生在北平的血的事实可以任意造谣，其对于重庆、昆明、东北各地的报道和评论，是否会不造谣，那就不问自知了。饱受欺侮的北平市民，一定永远记得中央社、《华北日报》、《世界日报》的这种帮凶行为！瞪着眼睛骗人，昧着良心自欺，这是它们自身道德的破产，我们希望大多数公正的新闻界人士，赶快振奋起来，团结起来，共同保卫神圣的新闻道德。

1946 年 5 月 12 日

（原载《中国民主同盟北京市委员会重要文件选编》，1991）

反对内战呼吁和平告全国同胞书

全国同胞公鉴：

政治协商会议闭幕，于今已四阅月矣。四项诺言，既未履行；五大协定，复被破坏，团结托诸空谈，和平已成泡影，竟至东北发生空前残酷激烈之内战，杀人盈城，流血遍野，国家何罪？人民何辜？而遭此浩劫！

武力不能用以解决党争，政治问题必用政治方式解决，乃全国人民一致之呼吁，亦为蒋主席一再所声明。今者中共军队既已于本月22日退出长春，国军亦于次日进入，国共双方自应就此时机，立刻停止军事冲突，一切问题由政治协商会议综合小组求取全盘彻底合理之解决。政府负责人曾屡次宣称国军进入长春后，即可重开谈判，乃既进长春以后，又复扬言必武力接收哈尔滨、齐齐哈尔、安东等城，此实为一意孤行扩大延长内战之明证。唯中华民族之生命，中国人民之生存，今日不能再遭受内战之损害，此为举世共同承认之事实，国家需要和平与民主，更为全国一致之要求，转祸为福，端在今日，朝野党派如再故违民意，甘冒不韪，视人民如草芥，则人民必视之如寇仇，本自救自存之旨，奋起制裁。

更有进者，目前政府将一切海、陆、空交通工具停止民运，专以运输川滇各处军械军火，以扩大加强内战力量，使流离失所之人民，有乡不能回，有家不能归。又假运粮救荒之名，行运输军粮之实。对外战争早已结束，近又征集高中毕业学生集中施以强迫军事训练，奴化青年，摧残教育。凡此种种，均为积极进行内战之措施，救灾造灾，救荒造荒，窒碍交通，助长物价，断人民之生路，陷国家于绝境，我全国人民实一致坚决反对。

东北为东北人民之东北，为中国人民之东北，东北非一党一派之地盘，亦非任何邻邦之殖民地，今者苏军既已完全撤出东北，其他友邦果尊重中国之独立自由，亦应知所自处。第一，不牵涉于中国内战旋涡之内，立刻撤军，立刻停止为单方面运军运械。第二，不以军械军火及借款供中国人自相屠杀之用，以助长中国之内战。此亦我中国人民愿掬诚相告者也。

又政府行将实施警员警管区制度，此制实日本、普鲁士、帝俄等君主专制国家奴役人民之恶毒制度，亦为法西斯主义者压迫统制人民之残酷措施。视人民为奴隶，化特务为警员。不特完全剥夺人民之自由，抑且侮辱人民之人格。此而可忍，孰不可忍！

上举各端，实全民共同之意志，愿一致共起，誓死力争，以恢复国家之和平，实现国家之民主，幸甚！幸甚！谨电。

（签名者）罗隆基、史良、鲜英、郑初民、周新民、吴晗、汪望尘、张雪岩、吴藻溪、沈体兰、沈起予、焦敏之、沙汀、萧隽英、艾芜、王亚平、力扬、臧克家、臧云远、叶淑勋、柳倩、袁庶华、徐崇林、甘桐同、王卓然、向林冰、董每戡、丁易、苏东、叶守翔、许师谦、王少燕、李学民、程谦谋、周时生、戴霖、萧澄、江篱、张荣、柳劲草、张明泛、辛德培、胡人语、唐弘仁、黄昌、马嘉、沈源、饶国模、王方绥、梁公任、黄明豪、敬树诚、林仲易、李文宜、朱蕴山、郭刚沉、刘王立明、袁霖、王深林、郭冠杰、严信民、林阴青、祝公健、张志渊、杨慧琳、吴华梓、李康、胡静之、潘绿明、董华、周瑛、温代惠、冯衡、唐莫宁、刘大川、秦燕士、王颖、罗涵先、李明、欧阳琼、王道衡、王梦华、张砮、石灰五、唐义、杜□、刘康、施恒、林□、陆慧年

（原载《民主周刊》（北平版）第 8 期，1946 年 6 月 8 日）

北平各大学教师四三七人反对美扶日政策特联合签名致司徒雷登抗议书

北平各大学教师四三七人为反对美国扶日致司徒大使书：

司徒雷登先生大鉴：

贵国政府远反波茨坦协议，极尽扶植日本军国主义之能事，事实昭昭在目，而阁下竟妄谓“余以为无任何人能提出日本军力之任何部分现正予以恢复之证据”。天地间之事实，决非谎言所可隐藏，阁下身为贵国大使，较吾人当更洞悉贵国政府之阴谋行动，然竟如此撒谎欺骗，岂不“损害”阁下之“地位与名誉”？兹为消除阁下之烟幕，特将贵国政府恶意扶植日本恢复军国主义之事实略述如后：

一，陆军方面：

允其警察由1932年之六万一千名，扩充为今日之三十万名，等于其战前常备陆军及警察之总数。又允其“训练特别非常部队”，等于训练正规陆军。

二，海军方面：

交还驱逐、潜水等舰二十八艘，允其设立“海上保安厅”后扩充至一三五艘。更允其拥有扫雷艇一百艘，其最大军港佐世保、横须贺及吴港，非特未予拆除，且正按美国设备积极扩充。

三，空军方面：

保留其各地飞机场与防空设备，以及中岛飞机制造厂四十五所，更于青森增开“强大空军基地”，复运往日之神风队飞行员赴美训练。

四，政治方面：

保留战争罪魁天皇，姑息战争要犯东条、土肥原、松井石根等，释放法西斯领袖陆军大将真崎甚三郎、前台湾总督海军大将小林跻甩及飞机大王中岛知久平等要犯数十名，侵华陆军总司令冈村宁次、侵华海军总司令长谷川清，及其他万千战犯，则迄未逮捕法办，对其历次伤害华侨及压迫韩人之行为，更极力怂恿；对其人民势力之抬头，更极力钳制，务希全日人民永远沉沦于封建法西斯苛政之下。

五，经济方面：

允其提高钢铁年产量至八一五万吨，保留商船四百万吨，每年造船能力四十万吨，纺锭则恢复至一千万枚，水电、火电则全部保存。其他如硫酸、硝酸、灰碱等工业，则皆超过1935年水准，以上皆直接或间接属于军需工业。

上列数端仅为荦荦大者，其他种种扶植措施尚不及备举。面对此种事实，阁下尚可断言“无任何人能提出美国有使日本军力永不再起以外任何用意之证据”乎？阁下有云“日本侵略之基础，系在其本土以外之帝国统治地”，此种因果倒置之谬论，至为愚蠢。试问如不先行侵略，“本土以外之帝国统治地”由何而来？日本恢复“七七”事变前夕之景况后，自可随时对外侵略。中国与日近在咫尺，则吾人尚可如阁下所云“尽可安心”乎？贵国政府借“反共”、“反苏”以扶植日本军国主义，使其东山东起，第二次世界大战，前日本军阀与德意法西斯亦借口“反共”、“反苏”以发展工业，扩充军备，然首遭其殃者果为共产主义与苏联乎？抑为中国与西欧各国？此仅为目前之历史教训，阁下何健忘至此？日本之经济须“恢复”至“能以自给之程度”，吾人固极赞同，然贵国政府允其“恢复”至1935年水准，是则远超“能以自给之程度”，而可大肆侵略矣。其对中国之威胁，阁下竟可“余否认之”耶？如欲提高日本人民生活水准，使其获得丰衣足食，自应在日本国内实行土地改革及合理之分配制度，而不得以中国为供应原料与推销商品之殖民地也！阁下素以“协助增进中国学生之幸福”自居，然阁下6月4日之书面声明，对中国学生之反扶日运动予以侮辱与威胁，使中国人民洞察阁下之真面目，为阁下思之，实属不智。贵国政府扶日之举，直接攸关我民族之存亡与世界之和平，故中国学生之反对，实代表全中国人民之利益；其呼声，实代表全中国人民之呼声。阁下信口雌黄，诬为“自愿被利用”及“其他阴谋”，实乃大失体态，岂中国人民人人俯首听从贵国政府扶植日本军国主义宰割中国，即可获得不“被利用”之“名誉”乎？阁下“一生之大部分时间消磨于中国学术界中”，而竟对中国实情如此盲昧不知，吾人深为阁下叹息。阁下为贵国政府之错误政策辩护，强词夺理，掩饰事实，使中国人民痛恨不置。第二次大战期间，贵国与中国并肩作战，乃为两国之共同利益，击败两国之共同敌人。贵国政府如以恩人之姿态，君临中国人民，岂不可笑？日本投降后，贵国政府自命“协助陷于悲惨环境中之中国”，然中国人民并未获得贵政府之“协助”，与此相反，正因贵国政府干涉中国内政，恶意“协助”已使中国内战拖延扩大，已使中国人民生灵涂炭。“诸君必须准备承受行动之结果”，阁下此种无理威胁，中国学生与知识分子以及全体人民，决不介意，盖贵国政府之侵略魔爪早已伸入中国，吾人已领教有素矣！吾人深信中国人民之力量足以击溃任何外来之干涉与压迫，吾人深信贵国绝大多数良善人民亦必与中国人民立于一条战线上，击溃贵国政府之反动政策。贵国政府若不立即改变其继续扶植日本军国主义之政策，吾人当以阁下之言转告阁下曰：贵国政府“必须准备承受行动之结果”！

（签名者）丁晌、于永忠、弓文俊、王鸿祯、王序、王大纯、王振名、王炜钰、王超群、王遵明、王祈宣、王希祜、王瑶、王晋华、王有秋、王祖唐、王先冲、王英杰、王维屏、王丰年、王维庭、王钧衡、王汝弼、王汉光、王之轩、王树勋、王英华、王成柏、王达津、王岷源、王锦江、王莲、王进奎、尹莘芸、尹绍鸿、尹崇斌、文重、方亮、白美玉、石峻、石毓导、甘永祥、安治义、申宗珊、申宗圻、江泽培、江滚泉、江作昭、艾景海、仲毅仁、任泽雨、朱德熙、朱声绂、朱畅中、朱华安、任翘青、米景森、全慰天、祁开智、吕端墀、吕启愚、吕德申、宋春青、汪奠基、杜惜春、李广田、李觊高、李秀贞、李景均、李文达、李光亮、李寿龄、李德方、李学智、李世忠、李成林、李琬、李建武、李瑞麟、李连仲、李相崇、李宇、李长之、李英、李素珊、李伟华、李酉开、李濂、李荣、李鲸石、李松筠、李美珍、李文佑、李光荫、李自然、杜恒俭、承纪元、邵一麟、余冠英、何水清、何成钧、何东昌、何申、何端僧、余长昭、余大陶、汪志华、汪瑄、宋振玉、沈元、沈幼、沈勤、沈克琦、沈兆鹏、沈霭如、宗孔德、周荣德、周大澄、周昕、周明牂、周长海、周纪荣、周白吾、吴恩裕、吴光磊、吴之椿、吴存亚、吴蔚升、吴晗、吴柳生、吴鉴源、吴徵镒、吴鸣锵、吴继林、吴维诚、季羡林、孟昭威、孟庆基、孟庆哲、孟文铎、季镇淮、芮沐、尚爱松、武永兴、林灏、林书闵、金忠厚、金文海、金继汉、金承藻、金起元、金建中、金恒乎、俞渭江、愈铭传、洪川诚、洪继英、凃长晟、胡人澄、胡尤毅、胡祖炽、胡国璋、胡东明、施熙琛、施泽旱、郝诒纯、殷之青、殷汝棠、柴定芬、范维诚、孙念台、孙文荣、孙国华、孙楷第、孙兆年、孙训方、孙可宗、孙瑞藩、徐叙瑢、徐仁、徐世诏、徐利治、徐毓楠、徐华舫、徐福男、梁思叡、梁东汉、梁世通、梁濂、梁晋文、梁秀彦、梁家骥、袁翰青、袁艮宝、袁永年、袁作仁、袁方、袁永厚、袁泰（清华）、袁泰（北大）、容肇祖、马祖圣、马春山、马继兴、马万钧、马藩之、马俊明、马恺、马世雄、马坚、马芳若、马宗芗、唐电、唐慧卿、唐伟英、唐翔华、耿情永、夏翔、娄隆俊、莊孝、章士敢、张光奎、张锡纯、张志三、张忠胤、张慰榛、张汉、张荦群、张济舟、张沛风、张徵、张恩护、张骏骥、张家骅、张黯、张岱年、张维正、张方波、张简夫、张龙翔、张友仁、张德荃、张开元、张文秀、张培林、张兰芬、张卓英、张文郁、张锡川、张立山、陈兆衡、陈述、陈光远、陈道英、陈汤铭、陈介白、陈燕、陈占元、陈冠庸、陈文澜、陈玉人、陈阅德、陈慎旃、陈光旭、陈延熙、陈尚中、陈道、陈启民、常凤录、常迥、常石开、陶宏、高之秋、高景德、陆式薰、陆咏沂、郭日修、郭润主、郭毓彬、郭卅康、郭象贤、郭永东、郭迪诚、郭沂曾、郭时钦、梅相鸾、许汝鋆、许京骐、许德珩、屠守锷、盛澄华、戚祐烈、焦菊隐、曹鳌、曹锡华、曹荫之、曹恺孙、黄敬、黄有华、黄克欧、黄国璋、黄仕琦、黄文清、华振海、冯康、冯锺芸、稽钚、彭立鬯、彭瑞临、曹佑莹、曾寔、程溯洛、费青、费孝通、叶智、叶汝琏、叶竞耕、叶方恬、杨寿考、杨鸿藻、杨翼骧、杨永秀、杨贵贞、杨崇礼、杨曾艺、杨芳林、杨起、杨捷、杨光中、万伯彬、闻家驷、解沛基、董玉振、董申保、董愚得、董振远、葛择、赵荣普、赵元桐、赵圭身、赵中立、赵捷、赵擎寰、赵淑梅、赵隆勷、赵绵、赵仲邑、赵树林、赵连璧、熊尧、臧玉淦、蔡润玉、蔡陛星、齐良骥、齐声乔、楼绍江、慈云程、刘金□、刘会泽、刘□钢、刘其端、刘裕中、刘漾、刘禹昌、刘仪、刘光远、刘光新、刘世泽、刘文祯、刘永库、刘中宝、刘次元、刘寅生、刘在天、刘迪生、刘冠、刘心务、诸有琼、邓艾民、邓稼先、赖锺岳、蒋丽金、蒋光远、蒋明德、蒋仁渊、樊弘、樊恭然、潘光旦、郑玉璋、郑昕、郑炳宗、郑祖武、郑哲敏、郑垚、郑禄彬、郑淮敏、钱顺之、钱伟长、钱宗润、边鸿志、薛愚、谢启美、谢冰莹、谢光道、韩道之、戴衡、戴声琳、戴世伦、戴萃辰、缪祥松、简镇坡、关祖宗、钟一谔、钟士模、钟盛森、罗士苇、罗福颐、罗远祥、罗远祉、聂和民、颜竣嘏、萧雷南、萧英华、萧前玲、蓝仲雄、谭元堃、谭承泽、谭振会、严镜清、兰宝森、龙礼、籍孝宏、顾髓、顾功叙、顾冠群、何学纶、吴良镛

1948年6月8日

（原载北平《世界日报》，1948年6月13日）

北平文化界致张表方先生的慰问信*

敬爱的表方先生：

报载先生因在蓉主持李、闻追悼会，遭反动分子妒恨，他们派特务捣乱会场，又公然侮辱和殴打先生，我们闻悉之余，一致切齿痛恨。其实反动分子之嫉恨先生，不仅是因先生主持追悼李、闻，使他们的颜面太难堪，而且是因先生一向不屈不挠领导中国民主运动，年高德劭，众望所归，先生的光辉越高，宵小的嫉恨便愈切。因此他们在动手殴打之前，便利用其造谣通讯社，制造出“民盟内讧”的谰言，以图减低先生的威信。经先生严厉驳斥，计未得逞，便不惜再度冒举世之众怒，而公然动手殴辱。殴辱之后，尚嫌不足，更制造出先生脱离民盟另“组新党”的无耻谣言，真是白昼见鬼！但反动分子的手段越卑劣，反映先生的精神愈崇高，造谣中伤，殴辱暗害，何损乎日月之光辉？不过蜉蝣撼大树多见其不自量耳。临风依依，诸希珍摄，俾伤愈后继续领导全国人民为民主自由之最后胜利而奋斗！

（签名者）吴晗、沈浮、陈北鸥、江绍原、马彦祥、孙承佩、许蓝、韩涛、白杨、光未然、沈一帆、侯莹

（原载《民主周刊》（北平版）第10期，1946年9月12日）

---

* 张表方即张澜。张澜（1872—1955），名澜，字表方，四川南充人，清末秀才。曾任中国民主同盟主席。1946年8月18日，张澜在四川成都蓉光电影院主持四川各界人士追悼李公朴、闻一多大会，散会时，张澜遭受国民党特务殴打，头部受伤，这件事立即引起全国各界人士的愤怒和抗议。这里收入的是吴晗和沈浮等人代表北平文化界致张澜的慰问信。——编者注

中国民主同盟对于当前时局意见

中国今天正遭受着一个历史上空前大规模的内战，这尽管还在讳言其事，而国内人人心里明白，国际上亦都看得清楚的，过去还是“边谈边打”，谈无诚意，打无决心。今天竟是打有决心，谈却是掩饰与欺骗的烟幕了！

这个残酷的内战，不止毫无意义，而且绝对可以避免的。这就从 1 月 31 日政协会蒋主席愉快的闭幕词，对于大问题都很满意而充分证明；这又可以从 2 月 25 日整军方案，共产党亦愿签字而充分证明。所以假使在政协闭幕后，五项决议很快执行，政府亦立即把四项诺言兑现，而没有一连串的反政协行动。国家便可以走上和平统一的途径。试问那里来的内战？——这是第一次错过机会。

4 月 24 日蒋主席在重庆召集政协综合小组茶话，还敦促各代表从速到京协商，如其 5 日还都以后，真本着此意，遇事协商，则亦必无不可解决之事。不幸从 4 月 24 日到现在整整四个月了，虽经各党派一再要求召开政协，政府却坚决拒绝。政府根本放弃了政治协商会议。党争既不肯用协商方法解决，那自然只有内战的一条路。——这又是再一次错过机会。

6 月 7 日政府下令休战十五天，其后继续休战八天，在那二十几天中，由军事三人委员会协商东北停战、恢复交通及整军等三个问题。到了 6 月 30 日，三个问题已有百分之九十以上得到了结论。实际上这又是和平统一的一机会。即在政府代表中也有人认为可以签字。所余重要的困难点不过是苏北等地中共撤兵后的地方制度问题。第三方面当时会请一面签字，一面由政协综合小组商决之。无奈当局竟不肯签字。——这又是再一次错过机会。

7 月 1 日以后，政府代表陈、邵、王三人奉命与中共代表磋商的几个驻军地点问题，到12日无结果，苏北大战遂由此而作。其实整编与统编的时间不过一年。假使国共两党都有军队国家化的诚意，愿把党的武力都交出来，那么今天苏北、承德归谁驻兵有什么问题?以此为这样大规模的内战理由，实在是说不过去的。我们要代全国人民坚决抗议这没有理由的内战。

到了今天，政府亦口口声声说要实施政协决议。不过我们要严重声明，实施政协决议的步骤，一面全国停战，一面重开政协会议，或重开政协综合小组会议。政协决议不是供政府参考或采择施行的方案，还不能由一党单独来执行的。例如改组政府，倘一党用邀请的方式非经过各党派协商的手续，这就违背了政协精神，破坏了政协决议；又例如召开国民大会制定宪法，倘不尊重政协通过的宪草为唯一的草案，而用所谓会集各方意见提供参考的方式，这就违背了政协精神，破坏了政协决议。很坦白地说我们民主同盟是坚决拥护政协决议的，凡是依据政协决议而进行的事，即可以促进中国的和平团结，我们民盟必竭诚参加，全力拥护。倘假执行政协决议之名，而行破坏政协决议之实，这类行为，适足以扩大中国的内战，造成中国分裂，影响世界和平，我们民盟必坚决反对。这是我们民盟对当前国是的态度。

最后，我们民盟愿向全国及全世界人士申诉：尽管政协开会时，有承认各党派平等合法地位的话，我们民盟却是一直遭受无理压迫，除过去政协代表被搜查，言论机关被封闭，各地盟员被压迫为众所周知外，最近一月来更是变本加厉。从昆明李公朴、闻一多两先生的暗杀案以后，有北平孙中原先生的绑案，有成都暴徒殴辱张澜主席案。这一连串的暴行，我们认定是对民盟有计划地普遍打击，绑架孙中原先生的汽车是北平警备司令部所有牌号。杀闻一多先生的凶手是昆明警备司令部的现役军官。这就说明了一切。这些事件的责任，应该由什么人来负担，用不着我们来解释，民盟是个用和平办法的方式争取民主的政团，绝对没有武力。以我们而遭受压迫，这正说明我们在今天的中国，和平民主的政治团体得不到合法的保障，没有生存的机会。

现在当权负责的国民党，一再向全国全世界声言，要实行民主，要保障人民的自由权利，要保障各党派人士的安全与自由。我们不知道他对此事实，将何以自解？政府有没有走上民主宪政的决心与诚意，这不是言辞辩论的问题，这必定要政府用事实来向全国向世界证明了。

1946年8月25日

（原载《民主周刊》（北平版）第10期，1946年9月20日）

中国民主同盟对目前时局之严正态度

一、“和平或者战争，统一或者分裂”的问题。自从中共要求政府军停止进攻张家口的抗议书与备忘录及政府宣传部长彭学沛的声明先后发表后，这问题已发展到最严重的关头，民盟从来主张提前实施宪政，决不反对召开国大，尤不反对参加国大，但必须有益于和平统一。反之，如果因为召开国大而引起长期的痛苦亦即分裂，民盟非但不参加，还要挺身出来反对。

彭部长的文件还提到国府委员的名额及军队驻地的问题，这应该由中共答复，但其中府委名额牵涉民盟，民盟不能不有所说明，这问题，民盟在政协会当时即称，“决不因府委名额，而使国家分裂”。当时政府坚决十二名，中共坚持十四名，以保证运用否决权。政府不同意中共要求，双方争执不下，民盟为了求得和平，愿意帮助解决这一问题，就是说中共要求的十四名内，可以有四名是民盟的，即等于中共放弃四名，以使僵局转化。后来政府果然同意，但，现在政府变了态度，说是愿意分一名给中共指定的无党派人士，一共凑成十三名，这种指派性质，完全违背政协精神，民盟反对！关于驻军问题，实际上，如果彻底实行和平建国纲领，便没有这问题存在。因为纲领中，明白规定“党政分治，军政分治”，当军队已经国家化了，军队不干涉政治了，有如今日英、美的军队，哪里还有军队驻区的问题呢？现在把驻地当成地盘，所以发生了问题，而且永远谈不好，永远不统一。

二、“民盟对美国的态度”。民盟决不反美，亦不反苏，更不拉美反苏，亦不拉苏反美，而且希望美、苏合作。在中国建国的过程中，还希望美、苏都能协助我国。但，民盟之同意美国人民发起而由中国人民响应的“美军撤退中国”运动，民盟坚决反对美军驻华，因为世界没有任何一个独立自主的国家驻有外国军队，尤其是在内战中的中国。美军的驻华显然助长了中国的内战。然而美“军”退出中国，并不就是美“国”退出中国，我们欢迎美国物资协助中国建国，只要不干涉内政，不助长内战，民盟一体欢迎。美军如不撤退，民盟敢于对美国说“中国的内战，美国要负责任!”

三、“民盟对于李、闻案的看法”及“整个民主运动”的问题。民盟不满意闻案的结束，尤其不满意李案至今尚未了结，民盟至今仍在督请政府负起责任，火速惩凶!

关于整个的民主运动，在内战中遭受了不小的打击与挫折，例如最近上海市的大量没收书刊，完全是反民主的举措。没收的刊物中，有不少是同民盟有关系的，即使同民盟没有关系，例如《再生》，也不应该没收，民盟坚决反对此种反民主的手段!

总之，无论时局如何恶劣，民盟仍然坚决反对内战，反对分裂，而主张民主。

（原载《民主周刊》（北平版）第12期，1946年10月16日）

民盟的态度
——拥护政协，反对内战

中国民主同盟的目的是实现中国民主。但团结、统一、和平是国家实现民主的先决条件。因此，民盟从成立的时候起，就决定站在第三者的立场，努力调解国共的武力冲突。一个分裂的国家，一个继续不断从事内战的国家，是不会有民主的。我们在过去是这样的看法，在今天还是这样的看法。

本年 1 月举行的政治协商会议，的确为解决国是开辟了一个明确而且光明的途径。倘当权负责的政党真能依据政协决定的程序及早实行了五项决议，我们绝对相信中国局面必早有了进步，不幸过去十个月中许多次的团结、统一、和平的机会都错过了。

从本年 2 月起直到今天，民盟始终坚守两个原则：第一，民盟拥护政协。因为民盟是政协的参加者，所以我们有遵守政协决议的义务，同时我们有督促各方实行政协决议的责任。政协决议是参加会议各党派的一种契约，这亦可说是中国求得和平与民主的一种大宪章。国民大会要依据协议的步骤而召集，宪法要依据协议的草案而制定。这可说明政协决议的重要与尊严了。倘这种契约参加的任何一方可以任意撕毁，那么今后中国就谈不到法治，更谈不到宪政与民主。第二，民盟反对内战。民盟是个没有武力的政党，民盟绝对相信无论当权或在野的政党拥有武力，国家不会有和平，更永远不能走上民主的正轨。并且今天中国全国老百姓一致反对内战。因此，十个月来，民盟始终是超然独立的第三者，努力调解国共两党间的武力冲突。这两件事是相互关联的。因为要有和平才能实行政协五项决议；要忠诚实施政协五项决议，才能保障中国的永久和平。这说明十个月来民盟一切工作的途径及其苦心。

10月21日民盟政协代表接受政府代表的邀约，与其他党派政协代表及社会贤达共同来京，我们一切努力始终未离开上面两个原则。我们一面争取依据政协决议程序实行五项决议；一面呼吁和平谋取停止武力的党争。直到11月14日的夜间，国大开幕的前夕，所谓的第三方面，竭尽心力，犹未能挽救时局，同时其他党派及社会贤达，亦各就其立场最后决定了他们自己的行动，我们民盟代表才迫不得已暂时停止了我们的调解工作。智所不达，力尽而止，这是我们愿求谅国人的一点。

民盟拒绝参加11月15日举行的国民大会，理由很简单，这次召集的国大违背了政协决议的整个精神，破坏了政协决议的程序，并且这次国大不是全国团结统一的制宪会议，这是举世共同承认的事实。民盟既已历次宣言拥护政协，并历次宣言绝对不参加任何方面可以增强分裂的行动，民盟今天自应谨守诺以取信国人。民主宪政的基础，是全国人共同立法，全国人一致守法。必先有共同立法的实质，而后才能得到一致守法的实效。制宪是国家的一件重大事业。宪法内容固然重要，而产生宪法机构的法律根据更为重要。基本大法来源的合法与非法问题，常常引起国家长期的纷争与分裂。世界历史上往例固多，中华民国历史上的实例亦多。我们明知民盟即令参加当前的国大，除自身陷于自毁政协决议的错误而外，无补于将来的宪政，更无补于当前国家的团结、统一与和平；因此我们只有超然置身事外的途径，以求良心之所安。

民盟这种态度，绝对不是消极。今天中国现实政治，必先求得国共两党停止武力冲突，而后有和平。必先有了和平，而后才能有宪政与民主。从老百姓的立场来说，人民必先有生存的机会，而后才能谈到宪法。必先停止这残酷不仁的内战，而后人民才有生存的机会。中国当前有无数个问题待解决，但最迫切最紧要的问题是停止国共两党的武力战争。我们民盟认清楚了这个重大关键，因此我们愿保持在内战环境中超然独立的第三者地位，在调解武力党争上继续尽其最大的努力，以争取国家的真和平，促成国家的真统一，建立中国的真宪政，实现中国真民主。

（原载《民主周刊》（北平版）第15期，1946年12月18日）

中国民主同盟北京市盟员为抗美援朝奋斗到底发表宣言

今天，美国帝国主义正在扩大侵略战争，它不但想奴役朝鲜人民，并且明目张胆地叫嚣着要侵略中国。美帝的海军已公然地侵略我台湾，美帝的飞机已多次地侵犯我领空领海，屠杀我同胞；美帝的侵朝高级将领更进一步公开表示要侵占我国领土，竟敢无耻地企图否认鸭绿江是我国边界。美帝的这种侵略行动，已严重地威胁了我国的安全，严重地危害到我国的和平建设！

我们知道：近 90 余年来中美之间的历史，就是一部美帝侵华史。美帝的侵华野心，几十余年如一日，它对中国人民的胜利，是不会就此甘心的，它变本加厉地企图用侵略的魔爪来攫取我们的土地，奴役我们的人民。所有这些事实都说明了美帝是中国人民的死敌！

同时，从历史上看，中朝两国是唇齿相依的兄弟国家，朝鲜被侵，中国亦即被侵。过去日寇侵华的史实，充分说明了这一点。今天美帝侵华的战略，明显的是循着日寇侵略的路线，因此，我们不能听任休戚相连、存亡与共的朝鲜兄弟被美帝侵略而置之不理。

我们更须认清：美帝是今天全世界人民最凶恶的压迫者，它企图奴役全世界的人民，它妄想建立一个世界帝国。因此，粉碎美帝的侵略计划，就是保卫世界的和平；援助朝鲜兄弟抗击美帝，就是保障亚洲的和平。我们坚决拥护周总理的报告：“中国人民决不能容忍外国的侵略，也不能听任帝国主义者对自己的邻人肆行侵略而置之不理。”我们坚决拥护各民主党派联合宣言：“誓以全力拥护全国人民的正义要求，拥护人民在志愿基础上为着抗美援朝保家卫国的神圣任务而奋斗。”

所以，我们抱定决心，要为抗美援朝保家卫国而奋斗到底！我们决心献出所有的力量，来击退美帝的侵略，来争取持久和平与巩固人民民主，为全人类的自由幸福而斗争。

吴晗、闻家驷、曾昭抡、吴昱恒、闵刚侯、严信民、林仲易、李何林、陈鼎文、张曼筠、李健生、陶大镛、关世雄、范宁、叶笃庄、常任侠、沈一帆、王麦初、叶丁易、李清哲、杨成章、许宝骙、胡一声、汪金丁、谭宗尧、吴文金、佟韶华、任凌霄、费振东、李铁民、王雨亭、张殊明、庄希泉、周叔迦、张旭侯、孙润甫、孙真愚、徐旭、贾启晨、丘仰飞、许之一、麦若鹏、王竹琴、王述会、徐安如、刘容茜、郭濯岸、余人凤、王芝九、陶同善、王大鲁、张祚延、李志宏、陈长松、朱公颖、李文京、孟雨村、丘锷寿、李贻萍、邹若军、金志远、李邦权、陈端仪、胡序昌、王文靖、黄大能、盛桓生、李淑世、罗虚牧、刘瑞苓、罗涵先、吕耀声、沈宝基、金若年、艾志诚、王烈望、魏均沛、刘震东、邓昭、葛翔、张子光、胡瑞梁、姚佐绶、蔡静山、龙一飞、左林丞、李应元、弓达、刘汉杰、袁熙之、钟成贤、吕杭生、陈健中、丘克辉、程嘉哲、刘深、戴礼、薛强生、张西园、李牧时、牟揆中、石小川、汪华东、罗海涛、王毓榛、耿寿伯、董作人、李又民、王位中、陈同娟、王乐明、潘光旦、余冠英、季镇淮、孙毓棠、杨保康、刘心务、刘颖达、刘静纯、曹恺孙、王遵华、周昕、毕树棠、涂铁仙、游珏、全慰天、唐惯方、周久庵、姚均、许维遹、王丰年、朱荫章、胡节、陆祖德、唐嗣霖、龙业雅、马汉麟、沈蔽园、王瑶、陆永俊、冯钟芸、郭良夫、吴组湘、李毓珍、王逊、郑尧、苏汝江、李国鼎、梁慧霞、金建巾、见百熙、沈绍基、孟昭威、高景德、李麟谟、庞家驹、曾佑莹、刘次元、赵宝熙、张友仁、李由义、汪子嵩、王大纯、叶汝链、孟庆哲、梁慧颜、赵名榛、邵宗汉、孙承佩、丘林、韩逸云、陆慧年、张白、钮静愈、谢公望、田际康、苏西林、徐亦安、蔡国华、巴波、高天、胡愈之、邓初民、罗隆基、马叙伦、柳亚子、周新民、李相符、牛平青、李文宜、千家驹、沈志远、彭泽民、郭则忱、曾禾尧、周鲸文、葛志成、何序东、汪世铭、周建人、徐寿轩、冯兆林、张东荪、黄卓明、沈兹九、杨逸棠、浦熙修、周家炽、辛志超、史良、沙千里、张伯驹、季方、张默涛、杨默霞、唐万廷、王熙宽、张伯阳、吴冠人、李宏寿、宋玉海、王铸之、余胜椿、吴伯敏、罗自梅、阎秉华、吕光昂、张本源、胡传祥、叶笃义、薛博民、吴春选、毛引、陈钰、张佳璇、张锡媛、孙国云、惕德芳、贾柱南、黄俊民、陈绍华、朱葆儒、疏绍澄、章剑、孙文铨、郑秀琳、毛士英、田蕙青、张从绳、林亨元、王永禄、宋安、崔国翰、宋伟年、程颂之、崔敬之、黄文淑、宋德谦、程大森、高俊辉、刘景荣、李淑英、崔永存、罗璋、王维范、韩伯林、赵麟书、洪静兰、余有王、石坚、王仲英、吴平章、陈文清、疏庆馨、王汝惠、张仲恢、王复加、刘寿春、马良鹿、王泽、李文弼、吴步初、高佶、陈德铨、李渊庭、赵伟之、张正谊、薛艺农、吴百媛、容肇祖、刘子正、储造时、张云冕、叶守济、顾牧丁、刘云桐、仇岳希、刘凌云、苏非、黄载诒、胡铠、张运铿、陈侃、刘干、朱本源、李仲玉、罗展青、陈中正、殷楚经、刘醒群、俞锡恩、周昭德、廖青云、张禹勤、尤戟门、李铸、冷中雪、戚完白、杨福全、熊白施、张映南、封松筠、潘浙、龙圣夫、周雨农、黄觉、刘伯岑、罗履垣、陈励予、刘格非、史维岫、高隽、成恒长、郝宇新、聂树人、白三立、胡超世、孙留云、李壮予、高贞、蒋固节、徐光达、郑必仁、赵文炳、姚华廷、俞启人、尚钺、谢伯龄、傅耕埜、宋君颖、张绅、刘桂五、朱式南、张梓、张衣平、尹栋、张述孔、胡文英、姚以、王一帆、王涛、杨增仁、何钊、全长佑、段辉彩、刘鼎初、霍鼎渊

1950年11月10日

（原载《中国民主同盟北京市委员会重要文件选编》，1991）

附录十:

《中国历史地图集》前言

我们伟大的祖国历史悠久，幅员辽阔，历史资料浩如烟海。远在两千多年前，就出现了杰出的地理著作《禹贡》、《山海经》；以此为基础，很早就产生了一种重视历史地理的学术传统。班固所撰《汉书・地理志》不仅记叙了西汉时代的地理，同时又是一部用西汉地理注释前代地名的历史地理著作。郦道元的《水经注》，也用了大量的篇幅存古迹，述往事。唐宋以来传世的著名的舆地书，祖述班、郦，几乎无一不是由当世追溯到往古。可以说，中国古代所谓舆地之学，审其内容，几乎都与历史地理密切相关。

重视历史地理，当然会导致历史地图制作的兴起和昌盛。中国古代制图史上的权威、3世纪西晋裴秀用“制图六体”制成的《禹贡地域图》，8世纪唐中叶贾耽用古墨今朱法绘成的《海内华夷图》，都是在世界地图学史上有重要地位的历史地图。此二图久已亡逸（见存西安碑林伪齐时上石的《华夷图》和《禹迹图》是贾氏图的缩本），而将近九百年前北宋元符中税安礼所绘《历代地理指掌图》，“始自帝喾”，迄于北宋，“著其因革，刊其异同”，共有图四十四幅，至今犹有翻刻本传世。税氏以后直到清末，传世的木刻本历史地图集不下十余种。

清代集舆地之学大成的杨守敬，在其门人协助下，于20世纪初，编绘刊行《历代舆地图》线装本三十四册，始于春秋，止于明代，古今对照，朱墨套印，见于《左传》、《战国策》和各史《地理志》的地名，基本上都上了图，这是历史地图绘制史上的里程碑，较前此诸图更为详细。杨氏之后民国年代所出版的几种用新法绘制新式装帧的历史地图，内容较杨图远为简略。

任何一个时代的历史地图都反映了当时人们的历史地理知识和绘制技术所能达到的水平。随着近代科学技术在我国的传播和发展，人们迫切希望出现一部用现代制图技术绘制的详细而精确的中国历史地图集。然而为什么直到解放以前，始终没有出过一部这样的图集呢？这主要是由于：一、详细而精确的今地图是制作详细而精确的历史地图的先决条件，而解放前的中国不论在技术上还是在财力上都无法提供这种保证；二、历代疆界、政区、城邑、水系等各项地理要素的变迁极为复杂频繁，而文献记载或不够明确，或互有出入，要一一考订清楚，并在图上正确定位、定点、定线，工作量繁巨，需要大批学者、专家的通力合作，这在解放前的中国自然是很难做到的。20 世纪 30 年代顾颉刚先生倡导成立的禹贡学会，曾经把绘制这种图集作为学会的重点工作之一。可是限于经费和人力，经过三年多的时间，连用作底图的今地图还没有画全，就因日本侵略者的入侵而中断，编绘历史地图的计划，终成泡影。实践证明，这一良好的愿望只有在解放后的新中国才能实现。

1954 年冬，以范文澜、吴晗为首，组成了"重编改绘杨守敬《历代舆地图》委员会"，简称"杨图委员会"。1955 年初，开始在北京展开编绘工作。当时设想只是把杨守敬的图予以现代化，即：把杨图显著讹脱之处改正增补；把以《大清一统舆图》为底图的杨图的历史内容移绘到今地图上；把木版印刷的线装本三十四册改制成几册现代式的地图。"杨图委员会"设在中国科学院哲学社会科学部，编绘工作由复旦大学谭其骧负责，制图工作则由地图出版社负责。

工作开始后，就发现原设想是行不通的，"重编改绘"杨图不能适应时代的要求。在历次"杨图委员会"会议上，对原计划多次进行修改，主要是这么几项：

一、杨图只画中原王朝的直辖地区，甚至连中原王朝都没有画全，而我们伟大的祖国是几十个民族共同缔造的，各少数民族在各个历史时期不论是隶属于中原王朝还是自立政权，都是中国的一部分。我们所画的地域范围应该包括各边区民族的分布地及其所建立的政权版图。

二、杨守敬是清朝人，他所谓的“历代”不包括清代，现在清朝已成历史，对这样一个重要的朝代的疆域当然不能不补绘。

三、杨图以刊行于1863年的《大清一统舆图》为底图，这个底图与根据现代测绘技术所制成的今图差别很大，想直接把杨图“移绘”到今图上是根本不可能的，必须根据历史资料重新考虑定点。

四、杨图内容的脱漏讹误处比我们开始时估计的要多得多，必须一一查检原始资料，仔细考核，并吸收近人研究成果和考古发现，再以最新测绘资料制成的今地图上定点、定线。

五、各史《地理志》对断限一般都不够重视，往往混一朝前后不同年代的建制于一篇。杨图自汉以后各册全部径按《地理志》（或《补志》）编绘成图，一册之内，所收的往往不是同一年代的建制，相去或数十年，或百余年。为了提高图幅的科学性，不应受正史《地理志》的束缚，各时期尽可能按同一年代的政权疆界和政区建制画出，至少在同一政权的直辖区域内不容许出现不同年代的建制。

六、杨图把一代疆域用同一比例尺画成一大幅图，然后分割成数十方块，以一块为一幅，按自北而南、自东而西次序编排装订成册，一个政区往往分见于前后几幅图上，查阅极为不便。应改为按各历史时期的大行政区（或监察区或地理区域）分幅，各幅按其内容的不同密度采用不同的比例尺。

随着原计划的逐步修改，工作量当然也就相应地成倍增加。特别是边疆民族地区，为各史《地理志》记载所不及，全凭从诸史有关纪传和有关群籍中搜集地名，考订方位，编绘的难度更有过于中原地区。同时由于我们缺乏经验，工作中的崎岖曲折远远超出事前的预想，光是底图，就改换了四次之多。每一图组开编时定的编例，在编绘过程中一般都得作出若干改变。这样在探索前进中不得不用去相当多的时间和精力。

随着工作量的增加，编绘、制图队伍也相应地逐渐扩大。1957

年编绘工作移到上海，在复旦大学内组成了一个五人小组，两三年内陆续增加到二十多人，从而在 1959 年成立了历史地理研究室。此后又陆续邀请了中央民族学院傅乐焕等、南京大学韩儒林等、科学院民族研究所冯家昇等、近代史研究所王忠等、云南大学方国瑜等参加各边区图的编绘工作，历史研究所、考古研究所等单位参加原始社会遗址图和其他图的编绘。编绘人员最多时达七八十人，长期参加者也不下二三十人。制图工作在 20 世纪 50 年代末曾改由武汉测绘学院承担，20 世纪 60 年代初又移交国家测绘总局测绘科学研究所负责。主办单位仍沿用“杨图委员会”名称不改，范文澜改任顾问，具体领导工作主要由吴晗、尹达担任。

最后一次“杨图委员会”会议召开于 1965 年夏，根据当时估计，全部编稿大致可在 1967 年完成。会后不久，“文化大革命”开始，各单位的编绘工作全部被迫停顿，测绘科学研究所撤销。三年之后才得复工，但在“文化大革命”极“左”思潮破坏之下，编者能够勉强坚持这一集体事业，所受到的严重的阻碍和干扰，是可以想象到的，这里就不一一缕述。终于在 1973 年完成编稿，交付地图出版社制印。自 1974 年起，用中华地图学社名义，分八册陆续出版内部试行本。

内部本发行后，在受到国内有关学术界热烈欢迎的同时，读者和编者也发现了它还存在着不少缺点和错误，有些是必须予以改正或增补的。1980 年，中国社会科学院考虑到这一情况，及时作出决定，由编者对内部本进行必要的修订补正，争取早日公开出版。

现在这套公开发行本，就是在中国社会科学院主持之下，由复旦大学历史地理研究所和中国社会科学院民族研究所、南京大学历史系、中央民族学院的有关同志，以内部本为基础，自 1981 年起用了一年多时间修改增补定稿，由地图出版社就原版修补制成的。

为了尽快公开出版，我们不可能多做增改，公开本不同于内部本之处主要是：

一、内部本每一个历史时期不管历史长短，都只有显示某一年代疆域政区的一幅全图，看不到这个时期的前后变化。公开本对前后变化较大的若干时期都酌量加画几幅全图，南北朝增至四幅，唐增至三幅，宋、金、元、明都增至二幅。

二、在唐图组内增补了一幅 8 世纪中叶的突厥图；将原来的 741 年吐蕃图改按吐蕃极盛时期的 820 年画出。

三、在内部本有些全图上，各边疆地区所画疆域或政区往往不是同一年代的情况，公开本一律改为按同一年代画出。

四、增改了经近年来的考古发现和研究成果证明内部本中的脱误之处。

五、内部本在着色、注记和边界线画法等方面处理得不够妥善之处，公开本酌情改正了一部分。

此外，各图幅或多或少增改了一些点、线；增补了几幅插图。但“文化大革命”中被无理删除的唐大中时期图组、首都城市图和一些首都近郊插图，被简化为只画州郡不画县治的东晋十六国、南朝宋梁陈、北朝东西魏北齐周、五代十国等图，以及各图幅中被删除的民族注记和一些县级以下地名，若要一一恢复，制图工作量太大，只得暂不改动。内部本有些图例定得不很妥当，有些点、线定位稍有偏差，也就不再改动。

虽然如此，公开本仍然存在着不足之处，主要有下列两点：

一、历史上每一个政权的疆域都时有伸缩，政区分划时有变革，治所时有迁移，地名时有改易；各图组的每一幅图都按照这个时期中的某一年代画，这样做科学性固然比较强，但凡是这个时期出现过的与这一年代不同的疆界和州县名称、治所，除一小部分用不同符号注记或括注表示外，大部分在这套图上是查不到的，读者如要在图上查找这些地名，那就不免失望。

二、古代城址有遗址保存到近现代，曾经考古、历史、地理学者调查考察过而写有报告公开发表或见于有关著作，我们得据以在今地图上正确定位的，只是极少数。极大多数城邑只能根据文献上“在某州县某方向若干里”一类记载定位，因为既没有现成的调查考察报告，又不可能付出大量时间去做这种工作，因此，图中的点、线和历史上的实际位置有误差的，肯定不在少数。特别是古代的水道径流、湖泊形状等，更难做到正确复原。

要消除这两项缺点，不是在短时期内所办得到的。这将伴随着我国历史学、考古学、地理学、民族学等学科的发展而逐步得到改正补充。

当然，除了上述这两项缺点外，其他错误和不妥之处还很不少。在内部本发行后，已有不少读者提出了各种宝贵意见，有的在这次修改中已采用，有的碍于体例或其他原因，未能照办。对这些同志我们表示衷心的感谢！现在图集公开出版，希望有更多的读者进一步予以批评指正。

尽管还存在着缺点和错误，这套图集毕竟是中国历史地图史上的空前巨著。全图集八册，二十个图组，共有图 304 幅（不另占篇幅的插图不计在内），549 页；每一幅图上所画出的城邑山川，或数百，或上千，全图集所收地名约计七万左右。从开始编绘到今天公开出版，历时将近三十年之久。先后参与编绘、制图工作的单位有十几个，人员逾百。有不少人都停止了自己原来的研究计划，夜以继日地投入这项工作达十余年之久。共同的目标只有一个：就是要把我国自从石器时代以来祖先们生息活动的地区的变化，在目前力所能及的条件下，努力反映出来，使读者能够通过平面地图的形式看到一个统一的多民族的伟大国家的缔造和发展的进程，看到在这片河山壮丽的广阔土地上，我国各民族的祖先如何在不同的人类共同体内结邻错居，尽管在政治隶属上曾经有分有合，走过艰难曲折的路途，但是却互相吸引，日益接近，逐步融合，最后终于凝聚在一个疆界确定、领土完整的国家实体之内，从而激发热爱祖国、热爱祖国各族人民的感情，为崇高的人类进步事业而工作。整个编制的成功确实体现了科学研究工作在社会主义制度下组织协作的优越性，体现了全体工作人员的高度觉悟和热忱。所有曾经参加图集绘制工作人员的名单见第八册。

已故毛泽东主席和周恩来总理都很关怀图集的绘制工作，非常遗憾的是，他们没有能看到图集的出版。

吴晗同志是编制图集热忱的倡导者和杰出的领导者，不幸在十年动乱中被迫害致死，这是我们深感悲痛的。

曾为图集的编制贡献过力量的白敏、冯家昇、傅乐焕、胡德煌、施一揆等同志都已先后去世，在此图集出版之际，谨表悼念！

谭其骧

1982年1月

（原载谭其骧主编：《中国历史地图集》，第1册，北京，中国地图出版社，1982）

《中国历史地图集》目录

第一册

战国时期

第二册

秦时期

西汉时期

司隶部……………………………………二百四十五万分之一

　长安附近………………………………………八十四万分之一

并州、朔方刺史部……………………………三百五十万分之一

兖州、豫州、青州、徐州刺史部……………二百八十万分之一

东郡北海间诸郡………………………………二百一十万分之一

荆州刺史部……………………………………三百五十万分之一

　宛县附近………………………………………二百一十万分之一

扬州刺史部……………………………………四百二十万分之一

冀州刺史部……………………………………二百四十五万分之一

幽州刺史部……………………………………四百二十万分之一

　涿郡　勃海郡…………………………………二百八十万分之一

益州刺史部北部………………………………四百二十万分之一

益州刺史部南部　**哀牢**……………………四百二十万分之一

凉州刺史部……………………………………四百九十万分之一

交阯刺史部……………………………………四百九十万分之一

　日南郡南部……………………………………四百九十万分之一

西域都护府……………………………………七百万分之一

匈奴等部……………………………………一千六百八十万分之一

东汉时期

东汉时期全图…………………………………二千一百万分之一

司隶校尉部……………………………………二百四十五万分之一

　雒阳附近………………………………………六十万分之一

豫州、兖州、徐州、青州刺史部……………二百八十万分之一

　颍川郡…………………………………………二百一十万分之一

东郡齐国间诸郡………………………………二百一十万分之一

冀州刺史部……………………………………二百一十万分之一

荆州刺史部……………………………………三百五十万分之一

　宛县附近………………………………………二百一十万分之一

扬州刺史部……………………………………四百二十万分之一

第三册

三国时期

成都附近 ………………………………………… 二百一十万分之一
益州南部（庲降都督） ………………………… 四百二十万分之一

吴

扬州 ………………………………………………… 四百二十万分之一
建业附近………………………………………… 二百四十五万分之一
荆州 ………………………………………………… 三百五十万分之一
交州 ………………………………………………… 四百九十万分之一
龙编附近 ………………………………………… 二百一十万分之一
鲜卑等部 ………………………………………… 一千六百八十万分之一
盛乐附近 ………………………………………… 八百四十万分之一

西晋时期

西晋时期全图 …………………………………… 二千一百万分之一
司州 ………………………………………………… 二百一十万分之一
魏、晋洛阳附近……………………………………… 七十万分之一
兖州　豫州 ………………………………………… 二百四十五万分之一
冀州　并州 ………………………………………… 二百四十五万分之一
幽州　平州 ………………………………………… 四百二十万分之一
雍州　秦州 ………………………………………… 二百四十五万分之一
凉州 ………………………………………………… 三百五十万分之一
梁州　益州 ………………………………………… 四百二十万分之一
成都附近 ………………………………………… 二百一十万分之一
宁州 ………………………………………………… 四百二十万分之一
青州　徐州 ………………………………………… 二百四十五万分之一
荆州 ………………………………………………… 三百五十万分之一
扬州 ………………………………………………… 四百二十五万分之一
建邺附近………………………………………… 二百四十五万分之一
交州　广州 ………………………………………… 四百九十万分之一
龙编附近 ………………………………………… 二百一十万分之一
西域长史府　**乌孙** ……………………………… 七百万分之一

第四册

东晋十六国时期

南北朝时期

齐

扬州　南徐州　豫州　南豫州　南兖州　北兖州

北徐州　青州　冀州……………………………三百五十万分之一

　建康附近……………………………………………一百一十二万分之一

江州……………………………………………四百二十万分之一

广州　越州……………………………………四百二十万分之一

交州……………………………………………四百二十万分之一

　龙编附近……………………………………………二百一十万分之一

荆州　郢州　湘州……………………………三百五十万分之一

司州　雍州　宁蛮府…………………………二百四十五万分之一

梁州　秦州……………………………………二百八十万分之一

益州……………………………………………三百五十万分之一

　成都附近……………………………………………二百四十五万分之一

宁州……………………………………………四百二十万分之一

梁……………………………………………八百四十万分之一

陈………………………………………………七百万分之一

北朝

魏

司、豫、荆、洛等州…………………………二百四十五万分之一

　洛阳附近……………………………………………一百万分之一

兖、青、齐、徐等州…………………………二百四十五万分之一

相、冀、幽、平等州…………………………二百四十五万分之一

　营州…………………………………………………二百四十五万分之一

并、肆、恒、朔等州…………………………二百八十万分之一

武川、御夷等镇………………………………二百八十万分之一

雍、秦、豳、夏等州　沃野、薄骨律等镇………三百五十万分之一

　长安附近……………………………………………二百四十五万分之一

河州　凉州　敦煌镇…………………………四百二十万分之一

　姑臧、枹罕附近……………………………………二百八十万分之一

魏西戎校尉府　焉耆镇　**北凉**　**龟兹**　**于阗**　**疏勒**

第五册

隋时期

唐时期

五代十国时期

第六册

辽　北宋时期

金　南宋时期

第七册

元时期

元时期全图（一） …………………………………… 二千一百万分之一
元时期全图（二） …………………………………… 二千一百万分之一
中书省 ………………………………………………… 七百万分之一
　大都附近 ……………………………………………… 二百一十万分之一
中书省南部 ………………………………………… 二百四十五万分之一
岭北行省 ………………………………………… 一千一百二十万分之一
　和林附近……………………………………………… 五百六十万分之一
　岭北行省北部 ………………………………………… 三千五百万分之一
辽阳行省 …………………………………………… 八百四十万分之一
　大宁、辽阳附近 ……………………………………… 四百二十万分之一
河南江北行省 ……………………………………… 二百八十万分之一
陕西行省 …………………………………………… 二百九十万分之一
四川行省 …………………………………………… 二百九十万分之一
甘肃行省 ……………………………………………… 七百万分之一
哈密力　北庭　哈剌火州 ………………………… 五百六十万分之一
云南行省 …………………………………………… 五百六十万分之一
云南行省中部 ……………………………………… 二百八十万分之一
江浙行省 …………………………………………… 四百二十万分之一
江浙行省北部 ……………………………………… 二百四十五万分之一
江西行省 …………………………………………… 二百八十万分之一
湖广行省 …………………………………………… 四百九十万分之一
湖广行省中部 ……………………………………… 二百四十五万分之一
宣政院辖地 ………………………………………… 八百四十万分之一
　藏布中游地区 ………………………………………… 二百四十五万分之一
　碉门地区……………………………………………… 二百八十万分之一
察合台汗国 ………………………………………… 八百四十万分之一

明时期

明时期全图（一） …………………………………… 二千一百万分之一

明时期全图（二）…………………………………… 二千一百万分之一
京师（北地隶）………………………………… 二百四十五万分之一
附：北平行都司…………………………………………… 四百九十万分之一
顺天府附近…………………………………………… 二百一十万分之一
南京（南直隶）………………………………………… 二百八十万分之一
应天府附近…………………………………………… 二百一十万分之一
山东一……………………………………………… 二百四十五万分之一
山东二（辽东都司）…………………………………… 二百一十万分之一
山西一……………………………………………… 二百四十五万分之一
山西二（山西行都司）………………………………… 三百五十万分之一
河南……………………………………………………… 二百八十万分之一
陕西一…………………………………………………… 三百五十万分之一
陕西二（陕西行都司）………………………………… 三百五十万分之一
四川……………………………………………………… 三百五十万分之一
成都府附近…………………………………………………… 二百一十万分之一
江西……………………………………………………… 二百四十五万分之一
湖广……………………………………………………… 三百五十万分之一
浙江……………………………………………………… 二百四十五万分之一
福建……………………………………………………… 三百五十万分之一
郑氏台湾（1682）…………………………………………… 三百五十万分之一
广东……………………………………………………… 三百五十万分之一
广州府附近…………………………………………………… 二百一十万分之一
广西……………………………………………………… 二百八十万分之一
云南……………………………………………………… 四百九十万分之一
云南中部………………………………………………… 二百四十五万分之一
贵州……………………………………………………… 二百四十五万分之一
奴儿干都司………………………………………………… 七百万分之一
哈密等卫…………………………………………………… 七百万分之一
乌思藏都司　朵甘都司………………………………… 八百四十万分之一
藏布中游地区………………………………………………… 二百四十五万分之一

第八册

（原载谭其骧主编：《中国历史地图集》，第1～8册，北京，中国地图出版社，1982）

《朝鲜李朝实录中的中国史料》目录

前编　高丽史

上卷　恭愍王

三年甲午（元至正十四年，1354年）——二十三年甲寅（明洪武七年，1374年）

中卷　辛禑辛昌附

元年乙卯（明洪武八年，1375年）——十四年戊辰（明洪武二十一年，1388年）

下卷　恭让王

元年己巳（明洪武二十二年，1389年）——四年壬申（明洪武二十五年，1392年）

安祐金得培　李芳宝

郑世云

安遇庆

崔莹

李豆兰

上编　李朝实录

卷一　太祖

元年壬申（明洪武二十五年，1392年）——七年戊寅（明洪武三十一年，1398年）

定宗

元年己卯（明建文元年，1399 年）——二年庚辰（明建文二年，1400 年）

卷二 太宗一

元年辛巳（明建文三年，1401 年）——五年乙酉（明永乐三年，1405 年）

卷三 太宗二

六年丙戌（明永乐四年，1406 年）——十八年戊戌（明永乐十六年，1418 年）

卷四 世宗一

元年己亥（明永乐十七年，1419 年）——十年戊申（明宣德三年，1428 年）

卷五 世宗二

十一年己酉（明宣德四年，1429 年）——二十年戊午（明正统三年，1438 年）

卷六 世宗三

二十一年己未（明正统四年，1439 年）——三十二年庚午（明景泰元年，1450 年）

卷七 文宗

元年辛未（明景泰二年，1451 年）——二年壬申（明景泰三年，1452 年）

端宗

元年癸酉（明景泰四年，1453 年）——三年乙亥（明景泰六年，1455 年）

卷八 世祖一

元年乙亥（明景泰六年，1455 年）——九年癸未（明天顺七年，1463 年）

卷九 世祖二

十年甲申（明天顺八年，1464 年）——十四年戊子（明成化四年，1468 年）

睿宗

元年己丑（明成化五年，1469 年）

卷十　成宗一

元年庚寅（明成化六年，1470 年）——十一年庚子（明成化十六年，1480 年）

卷十一　成宗二

十二年辛丑（明成化十七年，1481 年）——二十五年甲寅（明弘治七年，1494 年）

卷十二　燕山君

元年乙卯（明弘治八年，1495 年）——十二年丙寅（明正德元年，1506 年）

卷十三　中宗一

元年丙寅（明正德元年，1506 年）——十年乙亥（明正德十年，1515 年）

卷十四　中宗二

十一年丙子（明正德十一年，1516 年）——十五年庚辰（明正德十五年，1520 年）

卷十五　中宗三

十六年辛巳（明正德十六年，1521 年）——十七年壬午（明嘉靖元年，1522 年）

卷十六　中宗四

十八年癸未（明嘉靖二年，1523 年）——十九年甲申（明嘉靖三年，1524 年）

卷十七　中宗五

二十年乙酉（明嘉靖四年，1525 年）——二十二年丁亥（明嘉靖六年，1527 年）

卷十八　中宗六

二十三年戊子（明嘉靖七年，1528 年）

卷十九　中宗七

二十四年己丑（明嘉靖八年，1529 年）——二十八年癸巳（明嘉靖十二年，1533 年）

卷二十　中宗八

二十九年甲午（明嘉靖十三年，1534 年）——三十三年戊戌（明嘉

靖十七年，1538年）

卷二十一　中宗九

三十四年己亥（明嘉靖十八年，1539年）——三十六年辛丑（明嘉靖二十年，1541年）

卷二十二　中宗十

三十七年壬寅（明嘉靖二十一年，1542年）——三十九年甲辰（明嘉靖二十三年，1544年）

仁宗

元年乙巳（明嘉靖二十四年，1545年）

卷二十三　明宗一

元年丙午（明嘉靖二十五年，1546年）——九年甲寅（明嘉靖三十三年，1554）

卷二十四　明宗二

十年乙卯（明嘉靖三十四年，1555年）——二十二年丁卯（明隆庆元年，1567年）

卷二十五　宣祖一

元年戊辰（明隆庆二年，1568年）——二十四年辛卯（明万历十九年，1591年）

卷二十六　宣祖二

二十五年壬辰（明万历二十年，1592年）

卷二十七　宣祖三

二十六年癸巳（明万历二十一年，1593年）正月至二月

卷二十八　宣祖四

二十六年癸癸巳三月至四月

卷二十九　宣祖五

二十六年癸巳五月至七月

卷三十　宣祖六

二十六年癸巳八月至十一月

卷三十一　宣祖七

二十六年癸巳闰十一月至十二月

卷三十二　宣祖八

二十七年甲午（明万历二十二年，1594 年）正月至六月

卷三十三　宣祖九

二十七年甲午七月至十二月

卷三十四　宣祖十

二十八年乙未（明万历二十三年，1595 年）正月至八月

卷三十五　宣祖十一

二十八年乙未九月至十二月

卷三十六　宣祖十二

二十九年丙申（明万历二十四年，1596 年）正月至三月

卷三十七　宣祖十三

二十九年丙申四月至五月

卷三十八　宣祖十四

二十九年丙申六月至十二月

卷三十九　宣祖十五

三十年丁酉（明万历二十五年，1597 年）正月至五月

卷四十　宣祖十六

三十年丁酉六月至十二月

卷四十一　宣祖十七

三十一年戊戌（明万历二十六年，1598 年）正月至六月

卷四十二　宣祖十八

三十一年戊戌七月至十二月

卷四十三　宣祖十九

三十二年己亥（明万历二十七年，1599 年）

卷四十四　宣祖二十

三十三年庚子（明万历二十八年，1600 年）——三十五年壬寅（明万历三十年，1602 年）

卷四十五　宣祖二十一

三十六年癸卯（明万历三十一年，1603 年）——三十七年甲辰（明万历三十二年，1604 年）

卷四十六　宣祖二十二

三十八年乙巳（明万历三十三年，1605年）——四十一年戊申（明万历三十六年，1608年）

卷四十七　光海君一

元年己酉（明万历三十七年，1609年）——七年乙卯（明万历四十三年，1615年）

卷四十八　光海君二

八年丙辰（明万历四十四年，1616年）——十年戊午（明万历四十六年，1618年）六月

卷四十九　光海君三

十年戊午七月——十一年己未（明万历四十七年，1619年）七月

卷五十　光海君四

十一年己未八月——十二年庚申（明泰昌元年，1620年）

卷五十一　光海君五

十三年辛酉（明天启元年，1621年）——十五年癸亥（明天启三年，1623年）

卷五十二　仁祖一

元年癸亥（明天启三年，1623年）——四年丙寅（明天启六年，1626年）

卷五十三　仁祖二

五年丁卯（明天启七年，1627年）

卷五十四　仁祖三

六年戊辰（明崇祯元年，1628年）——八年庚午（明崇祯三年，1630年）

卷五十五　仁祖四

九年辛未（明崇祯四年，1631年）——十二年甲戌（明崇祯七年，1634年）

卷五十六　仁祖五

十三年乙亥（明崇祯八年，1635年）——十五年丁丑（明崇祯十年，1637年）

卷五十七　仁祖六

十六年戊寅（明崇祯十一年，1638年）——十九年辛巳（明崇祯

十四年，1641年）

卷五十八　仁祖七

二十年壬午（明崇祯十五年，1642年）——二十七年己丑（清顺治六年，1649年）

下编　李朝实录

卷一　孝宗

元年庚寅（清顺治七年，1650年）——十年己亥（清顺治十六年，1659年）

卷二　显宗

元年庚子（清顺治十七年，1660年）——十五年甲寅（清康熙十三年，1674年）

卷三　肃宗一

元年乙卯（清康熙十四年，1675年）——十二年丙寅（清康熙二十五年，1686年）

卷四　肃宗二

十三年丁卯（清康熙二十六年，1687年）——三十二年丙戌（清康熙四十五年，1706年）

卷五　肃宗三

三十三年丁亥（清康熙四十六年，1707年）——三十八年壬辰（清康熙五十一年，1712年）

卷六　肃宗四

三十九年癸巳（清康熙五十二年，1713年）——四十六年庚子（清康熙五十九年，1720年）

卷七　景宗

元年辛丑（清康熙六十年，1721年）——四年甲辰（清雍正二年，1724年）

卷八　英宗一

元年乙巳（清雍正三年，1725年）——十五年己未（清乾隆四年，1739年）

卷九　英宗二

十六年庚申（清乾隆五年，1740年）——五十二年丙申（清乾隆四十一年，1776年）

卷十　正宗一

元年丁酉（清乾隆四十二年，1777年）——十年丙午（清乾隆五十一年，1786年）

卷十一　正宗二

十一年丁未（清乾隆五十二年，1787年）——十九年乙卯（清乾隆六十年，1795年）

卷十二　正宗三

二十年丙辰（清嘉庆元年，1796年）——二十四年庚申（清嘉庆五年，1800年）

卷十三　纯宗

元年辛酉（清嘉庆六年，1801年）——三十四年甲午（清道光十四年，1834年）

卷十四　宪宗

元年乙未（清道光十五年，1835年）——十五年己酉（清道光二十九年，1849年）

卷十五　哲宗

元年庚戌（清道光三十年，1850年）——十四年癸亥（清同治二年，1863年）

卷十六　高宗一

元年甲子（清同治三年，1864年）——十六年己卯（清光绪五年，1879年）

卷十七　高宗二

十七年庚辰（清光绪六年，1880年）——三十一年甲午（清光绪二十年，1894年）

（原载《朝鲜李朝实录中的中国史料》，第1册，北京，中华书局，1980）

《朝鲜李朝实录中的中国史料》序言

吴晗同志的《朝鲜李朝实录中的中国史料》一书终于出版了，这是史学界一件值得庆幸的事。

早在20世纪30年代初期，吴晗同志在清华大学任教时，为了研究明代史事中的问题，经常到北平图书馆查阅《明实录》和《朝鲜李朝实录》等史料。1934年，他在所写的《〈朝鲜李朝实录〉中之李满住》（这篇文章已收入《吴晗全集》第三卷）一文中说："最近北平图书馆得到一部影印本《朝鲜李朝实录》，记建州初期史实极详尽，从此我们可以拿中国、朝鲜两方实录来对勘会证，重新来写明清史中关于建州的一部分的记载了。过去我曾把这书中涉及中国、朝鲜和朝鲜与建州、建州与明的史料辑录为《朝鲜李朝实录中的中国史料》一书，体例一仍原书。"（载《燕京学报》第17期）这就是吴晗同志编录《朝鲜李朝实录中的中国史料》的缘起。

朝鲜的李朝（1392年至1910年），相当于我国明清时代（1368年至1911年）。李朝自太祖李成桂至最后一王纯宗李坧，凡二十七王。除最后二王高宗和纯宗外，每个国王都按王朝建立以来的传统，特设机关，进行实录编撰工作。各个国王的实录修成后，一般制成五部，分藏在庆尚道奉化郡太白山、江原道平昌郡五台山、平安道宁边郡妙香山、江华岛摩尼山及鼎足山、全罗道茂朱郡赤裳山等处，妥为保存。

《李朝实录》从太祖到哲宗（1392年至1863年）全部计1893卷。日本帝国主义吞并朝鲜后，汉城帝国大学法文学部于1929年筹划影印，主要用太白山本，其中小部分用江华岛本。缩本影印工作于1930年7月开始，至1932年完成，共印30部。吴晗同志当年在北平图书馆所见的本子，就是其中的一部。

至于李朝末期高宗和纯宗二王的实录，是在李朝灭亡之后，日本帝国主义者沿袭旧例，设立机构编撰的。在编撰立场与方针上，都与前代实录迥然不同。不过，所根据的资料，与以前各王统治时期并无区别，也是按日记体例编排的。1953年，日本学习院东洋文化研究所又影印复制《李朝实录》，凡50册。而高宗与纯宗两代实录，则仍付阙如。

1958年8月，中朝两国科学院通力合作，影印高宗、纯宗实录，补足日本学习院所缺两代。影印工作于1959年完成，至此《李朝实录》全部问世。中朝两国影印高宗、纯宗两代实录后，日本学习院又于1967年加以重印。

吴晗同志辑录的《朝鲜李朝实录中的中国史料》，包括中朝两国的政治经济联系、朝贺往来、文化交流等方面的主要记载。这些史料可以印证或补充中国方面的记载，为研究者提供极为有利的条件。

吴晗同志长期致力于此项研究和辑录工作。1961年前后，他将全稿整理校阅一遍，把《李朝实录》中的有关中国史料，一直辑录到1894年甲午战争时期。为了说明元末明初李朝建立前夕的情况，他又从《高丽史》中恭愍王、辛禑及恭让王三朝史事中摘录有关资料。《高丽史》是郑麟趾（1395年至1468年）等奉命编撰的官修正史，1451年成书，共139卷。

吴晗同志此书，将李朝以前史事辑为前编，李朝太祖至仁祖一段列为上编，孝宗以后列为下编。全稿早在1966年以前已经排成，因受林彪、“四人帮”干扰破坏，搁压多年，未能付印。今天，吴晗同志的大冤案已平反昭雪，这部书终于与读者见面，吴晗同志的遗愿终于得到实现，这是多么令人快慰啊！

吴晗同志治学谨严勤奋，解放后，他公务繁忙，社会活动很多，而能够挤出时间，完成这项巨大辑录工作，这是值得我们纪念和学习的。

翁独健

1979年7月

（原载《朝鲜李朝实录中的中国史料》，北京，中华书局，1980）

《吴晗全集》编后记

——纪念 2009 年吴晗一百岁诞辰

一

谈起吴晗和《吴晗全集》，还得和邓拓、廖沫沙二人的全集一起谈。这是 1996 年的事。编辑出版“三家村”邓拓、吴晗、廖沫沙三人的全集，是时任广州花城出版社《随笔》杂志主编黄伟经同志提出来的，但他在广州，工作又忙，在广州查找这三位大家的作品资料是困难的，他无法做这件事，他想到了我，我住在北京，邓拓的老伴丁一岚、廖沫沙的老伴陈海云当时均健在，都住在北京；吴晗的亲属也家居北京，有关这三位大家的事和他们的书稿的事和他们就近联系也较方便。同时，北京还有一个最大的优点是，北京的图书馆多，报社、出版社、高等院校、科研单位和中央部委以及其他单位的资料室、图书馆收藏的文史图书资料也多，这些有利的条件是难得的。伟经同志也知道我编辑过很多老作家的文集。这样，伟经同志就建议我在北京编辑这三位大家的全集，取丛书名《三家村文库》，出版方面由花城出版社承担，事情就这样定了下来。这三位大家都是我敬佩的文学家、历史学家，在过去几十年里，我读过他们很多作品，这次又是第一次编辑出版这三位大家的全集，将会为我们中国的文化宝库增添一份珍贵的财富，这是有着深远的重要的历史意义的工作，特别是这三位大家在“文化大革命”中遭受林彪、“四人帮”的残酷迫害，更令人悲痛、怀念，我更有义务和责任做好这项工作。随后，我分别拜访了丁一岚和陈海云同志，她们完全赞成，并愿意全力支持这项工作，丁一岚说可以让她的大女儿邓小岚帮助查找邓拓的书稿，这样，《邓拓全集》的书稿就有了着落。廖沫沙的书稿，在1979年、1980年，我曾帮助廖沫沙在原来的北京图书馆（今称中国国家图书馆）的报库查找廖沫沙20世纪30年代到60年代在上海、桂林、重庆、香港和北京多种报刊上发表的杂文、时事评论、小说、诗歌等作品150多万字，其中杂文作品编选成一部近50万字的《廖沫沙杂文集》。（1979年至1984年，我编辑了廖沫沙和夏衍、聂绀弩、徐懋庸、柯灵、唐弢等多人的杂文集，当时我在人民出版社工作，《廖沫沙杂文集》是当时人民出版社计划以三联书店名义编辑出版“五四”后一批著名作家的杂文集之一种。）在此基础上，1996年后，我又从图书馆查找到廖沫沙在过去各个时期的作品100多万字，这样就很快编成了《廖沫沙全集》共五卷。《廖沫沙全集》、《邓拓全集》各五卷，很快就由花城出版社安排出版了，因当时还要等待查找吴晗的很多作品等原因，《吴晗全集》未能出版，但我查找吴晗作品的工作一直在进行着。到了2005年4月，经原在《光明日报》工作，现在在中国国际出版集团任主任编辑的祝晓风同志推荐给中国人民大学出版社，随后，中国人民大学出版社的周蔚华总编、徐莉副总编和编辑李红同志三位来看我，我们共同商议决定《吴晗全集》交由中国人民大学出版社出版。随后，中国人民大学出版社和吴晗之子吴彰在北京的一位亲属代表吴彰签订了《吴晗全集》出版合同。2007年8月，吴彰从美国回京，又和中国人民大学出版社重新签订了《吴晗全集》十卷本出版合同。经过十多年的艰苦努力，查找吴晗从20世纪30年代到“文化大革命”前北京、昆明、重庆、上海等地多种报刊发表的作品，又承多位同志的帮助，到2008年12月为止，共查找到吴晗各种体裁的作品共有400多万字，编成《吴晗全集》十卷。现在中国人民大学出版社已排好了版，即将出版。《邓拓全集》五卷、《廖沫沙全集》五卷，加上《吴晗全集》十卷，三人的全集共20卷900多万字，“三家村”三人的全集全部完成了，算是为纪念邓拓、吴晗、廖沫沙三位大家，我又做了一项有着重要意义的工作吧。

我在查找吴晗作品的资料的十余年的工作中，得到多位同志帮助，他们是：中国人民大学历史系李华教授提供了 1978 年北京市委市政府落实政策办公室归还给吴晗的一位亲属的吴晗的一件遗物——一个木箱中找到的吴晗写的《明史》残稿一部和《明代的新仕官阶级，社会的政治的文化的关系及其生活》、《关于吐蕃、朵甘、乌斯藏、西藏几个名词的资料》等几篇吴晗遗稿复印件。中华书局《文史知识》主编胡友鸣同志、《光明日报》编辑姚小平同志、商务印书馆老编辑常绍民同志、《北京青年报》记者陈国华同志、《北京日报》社资料室主任赵纪昌同志、国家图书馆专家唐晶同志、清华大学图书馆张明同志及王桂兰同志等帮助查找并复印了吴晗多篇作品和有关资料。李广田的女儿、北京师范大学李岫教授帮助到民盟中央图书馆查找吴晗在昆明《民主周刊》发表的几篇作品。我非常感谢首都图书馆、中国社会科学院中国近代史研究所图书馆、中国社会科学院考古研究所图书馆等单位在我查找吴晗作品资料时提供的帮助。我还麻烦住在天津的一位老朋友马筱英同志到天津市图书馆查找到吴晗主编的天津《益世报·史学》周刊上吴晗写的《益世报·史学》周刊《发刊词》、《益世报·史学周刊致词》、《高丽女考》等作品。时间过去了六十多年，当年的报纸都变黄，纸张也都部分破碎了，能找到吴晗这些作品，也是十分难得的。在人民出版社工作的我女儿常再昕在帮助我查找吴晗作品方面也做了很多工作。最近，闻一多烈士的侄子、闻家驷先生之子闻立树教授还特地给我送来他珍藏的 20 世纪 30 年代吴晗写给他的老师、清华大学校长梅贻琦和潘光旦、陈梦家、胡昭静、嵇直的信共 10 封的复印件。我还要特别感谢著名作家、吴晗的老友黄裳同志为《吴晗全集》写了序。感谢民盟中央原副秘书长金若年同志、浙江省金华市文物局局长方竟成同志、人民教育出版社原副总编王宏志同志提供吴晗照片的帮助。得到了这多位同志的热情帮助，这样让《吴晗全集》的内容更加丰富了。

到现在为止，《吴晗全集》虽然已经有了十卷 400 多万字，但只能说，吴晗一生写作的作品，大致都找到收入《吴晗全集》中了。吴晗一生最大的一个特点，就是勤奋写作。抗战前北平、上海、天津等地，抗战时昆明、重庆等地的一些报刊还没有找到，一定还有吴晗的不少作品。

这里还要谈谈已经找到吴晗的一些作品而没有收入《吴晗全集》的情况：北京某个单位收藏的本来已经提供给我的20世纪50年代到60年代的吴晗任职北京市副市长期间在一些会议上的讲话、报告等文字，如1954年《在北京市干部文化教育工作会议上的讲话》、1955年《在北京市农村青年文化学习动员大会上的讲话》、1959年《建议成立首都博物馆筹备处》建议书一份、1959年吴晗参加领导写的《国庆工程设计审查报告》一份等文章，这个单位的同志说这些吴晗的讲话、建议文字还要送北京市委领导和中央有关部门审查批准后才能收入《吴晗全集》中。这些，我就不理解了，人民大会堂早已建成，《国庆工程设计审查报告》指的是人民大会堂的内部装修设计，这些事也早已完成了。首都博物馆不久前也已经建成开馆了。20世纪50年代初建国不久，鼓励农村青年加强文化学习，也是非常重要的一件事情。几十年过去了，想当年听过吴晗讲话的青年，文化学习早已提高很多了。吴晗做的这些事都非常重要，我认为这些原始文字有保存收入《吴晗全集》的必要。这些事都过去几十年了，人民大会堂内部工程设计的报告文字当时是得到党中央领导同志审查批准了的，这件原始的报告文字现在还有必要再报请中央领导同志进行审批吗？这不是成了笑话的事吗？我只想把吴晗的报告、会议上讲话和一些好的建议等文字收入《吴晗全集》以便说明吴晗在几十年前为国家做的一些功德无量的事情，让读者了解而已。

吴晗在五十多年前写的批评“右派”的文章，也不能收入《吴晗全集》之中，又是一件遗憾的事！

吴晗还有两篇遗稿：《近百年来的经济变化》（国史论丛之一）、《近百年来的政治变化》（国史论丛之二），看题目，是长篇论述之作，都没有发表过，原由北京市历史学会保存，可惜现在找不到了，亦不能收入《吴晗全集》中。

《吴晗全集》不能全，遗憾！遗憾！

二

这一段，我想谈谈在《吴晗全集》中选录的吴晗的一些老朋友、老同学、老同事和他的学生写的怀念吴晗的文章和一些文章的附录的事。现在一些年轻人不大了解过去的历史了，中国的，外国的，我认为这是应当重视的一个问题。1969 年 10 月吴晗不幸逝世后，吴晗的老朋友、老同学、老同事和他的学生写了大量怀念吴晗的文章，篇篇生动感人，我从中选录了张友渔、薛子正、费孝通、侯外庐、罗尔纲、廖沫沙、千家驹、白寿彝、夏鼐、杜任之、史靖、张习孔、张海瀛等多人的文章，在这些文章中，在对吴晗记述深切的怀念之情的同时，也写了不少关于过去历史的事，从中可以增添很多历史知识，这些文章都是很难得到的。这些文章的作者都是知名的专家学者，不用我多作介绍。其中史靖（原名王康）是吴晗在西南联大任教时的学生，早已是著名的社会学学家了，现在是中国社会科学院社会学研究所的研究员，今年已 89 岁了。张海瀛是吴晗倡议创办并任教的北京师范学院（今称首都师范大学）时的研究生，也早已是著名的明史专家了，曾任山西社会科学院副院长，现在是该院研究员，今年也 78 岁了。

因为《吴晗全集》第一卷书前的篇幅有限，我只选录了这几位大家的文章。

上述这些大家的文章和《吴晗全集》其他几卷选收的其他同志的文章，都要按《吴晗全集》的稿酬标准支付版权使用费。出书后，由中国人民大学出版社分别支付给著作权人。其中有几篇文章，因为联系不到著作权人，其版权使用费只好由中国人民大学出版社交给吴晗之子吴彰所委托的、位于北京市海淀区知春路 23 号量子银座 1401 室的北京市版权代理有限责任公司暂时保管。这几篇文章的著作权人看到《吴晗全集》后，请与这家公司联系领取事宜。

这里，我再说明一下《吴晗全集》中收录的一些文章的附录的事：

例如：1945年12月1日在昆明，这时是解放战争时期，国民党政府为镇压昆明学生反内战运动制造了“一二·一”昆明惨案，在《吴晗全集》第九卷中，我收入了吴晗为纪念“一二·一”运动写作的《种子撒下去了》一篇文章，为了让读者了解这次运动的全部情况，我选录了闻一多写的《“一二·一”运动始末记》一文及昆明学生罢课联合会写的《“一二·一”惨案实录》、昆明中等以上学校学生罢课联合委员会写的《血的控诉!》两篇文章，并把在这次惨案中死难的西南联大学李鲁连、潘琰、荀极中和昆明南菁中学教员于再四位烈士的传略也收录在一起编入书中，这样，读者一看就明白这次惨案的情况了。

在“一二·一”惨案之后，1946年7月12日、15日，在昆明又发生了震惊中外的李公朴、闻一多被国民常特务杀害的重大事件，毛主席、朱德总司令和解放区党的多位领导同志、延安各界著名人士和国统区文化教育界文艺界著名人士、著名作家、民主党派、无党派爱国人士纷纷发表唁电谈话、写文章，哀悼李、闻二烈士，吴晗也立即写了《哭公朴》、《哭一多》、《哭一多父子》、《哭亡友闻一多》、《拍案而起的闻一多》、《闻一多先生之死》、《死不是结束，而是开始》等多篇文章悼念李、闻两位烈士，均收入了《吴晗全集》中。为了让读者了解李、闻二烈士的情况和他们被杀害的情况，我收录了王造时、沈钧儒合写的《李公朴先生事略》及昶辑的《李公朴先生受难详记》、赵铭的《闻一多先生死难详记》等文章。1946年，李、闻二烈士纪念委员会还特别编印了一厚册《人民英烈——李公朴、闻一多先生遇刺纪实》，记述李、闻二烈士的情况更全面了，我也将这本书的目录一并收入《吴晗全集》中，使读者了解李、闻二烈士遭受杀害的惨案，记住这段历史。《吴晗全集》中收录的其他一些文章，我也选收一些必要的附录，供参考。

三

这里，我抄录著名的杂文家、人民出版社原社长兼总编、我的老领导曾彦修（笔名严秀）同志应邓拓的夫人丁一岚的邀请，为1997年中国社会科学出版社出版的《燕山夜话》新版写的《九州忍泪读“燕山”——邓拓〈燕山夜话〉新版代序》一文最后关于邓拓、吴晗等人的一段话：

> 邓拓义不受辱，他在1966年5月18日凌晨以自杀来反抗了民族大难的十年“文化大革命”。继之自杀的是5月23日自缢于中南海书库中的田家英；不久之后是老舍自沉于太平湖；之后是吴晗（以及几乎全家）的被迫害惨死狱中；再后，是翦伯赞夫妇的自杀；之后，又是田汉的被迫害惨死；性质都完全相同。时为夏历丙午年，我把他们称为“丙午六君子”，作为代表而已。在上海则是金仲华、傅雷、李平心、叶以群、孙兰以及在附近不远（浙江金华）的王任叔（巴人）诸君子的分别自杀，我把他们也称为“六君子”，其性质都是完全一样的。
>
> 但是，邓拓并没有死。历史已证明，邓拓是已经成为涅槃了的凤凰，邓拓永生了！他的文章《燕山夜话》等也永生了！
>
> 但愿中华民族在遭此大难后，人们真能从此取得生死存亡的教训，使中华民族和中国人民也得到永生！
>
> 若果真能如此，那么邓拓诸君子就是“死有重于泰山”了。

廖沫沙也是丙午年遭受林彪、“四人帮”残酷迫害的，是和邓拓、吴晗等同一时代人，是和邓拓、吴晗组成的著名的“三家村”的成员之一，也是著名的老报人、文学家、诗人，著作也很多，我看廖沫沙应当列入邓拓等六英烈，一起称为“丙午七君子”。

吴晗之所以在“文化大革命”中遭受残酷迫害，最后惨死狱中，直接的原因就是由“四人帮”炮制的姚文元署名的1965年11月10日在上海《文汇报》刊登的《评新编历史剧〈海瑞罢官〉》这篇黑文。该文对吴晗的剧作《海瑞罢官》进行恶毒的歪曲诬陷，诬陷吴晗这部剧作是为1959年被罢了官的彭德怀翻案。吴晗被扣上了这顶帽子便遭了殃。实际上，吴晗与彭德怀根本就不认识，更没有往来之事。由姚文元署名的这篇黑文，不仅吴晗是其直接的受害者，而且更加严重的是，这篇黑文引发了始于1966年的“十年动乱”的爆发，从而使党和国家蒙受了一场沉重的灾难。1966年5月10日，“四人帮”又在上海《文汇报》和《解放日报》抛出了仍由姚文元署名的另一篇黑文《评“三家村”》。此文导致邓拓于1966年5月18日被迫愤而自杀，以死抗议“四人帮”对吴晗、廖沫沙和他的诬蔑，时年仅54岁。这篇黑文，也是致使吴晗惨死的另一个原因。

这两篇黑文造成了那样极其严重的危害，我们当然要进行痛批狠批。在《吴晗全集》中，除了收入《经党中央批准北京市委决定为“三家村”冤案彻底平反》外，还收录了原《前线》杂志编辑部部分同志合写的《一场惊心动魄的反革命夺权事件——论“三家村冤案”》、任文屏的《一桩触目惊心的文字狱——为〈三家村札记〉、〈燕山夜话〉恢复名誉》、廖沫沙的《〈三家村札记〉后记》、苑兴华及陈子伶的《吴晗和〈海瑞罢官〉》、苏双碧的《评姚文元〈评新编历史剧《海瑞罢官》〉》等，这些文章从正面批判了“四人帮”和由“四人帮”炮制的姚文元署名的上述两篇黑文。另外，为了让读者了解事实真相，本打算将上述两篇黑文作为批判材料附于廖沫沙等人的文章之后，但因其存在版权使用问题没有收入，故在这里做些说明。

2009年是吴晗一百岁诞辰，我在这里再抄录廖沫沙写的一首诗《悼吴晗同志》作为我这篇小文的结束。

悼吴晗同志

（1973年）

有书名号处都是吴晗同志的著作，听说《朱元璋传》是他在1964年《海瑞罢官》被批判时作第四次修改的。修改本曾呈送毛泽东同志审阅，受到称许，但终未能免祸。

《罢官》容易折腰难，忆昔《投枪》梦一般。
《灯下集》中勤考据，《三家村》里错帮闲。
低头四改《元璋传》，举眼千回未过关。
夫妇双双飞去也，只留鸿爪在人间！

感谢中国人民大学出版社周蔚华总编，徐莉副总编，责任编辑李红、吕鹏军等同志和美编同志为这套《吴晗全集》所付出的劳动。

常君实

2008年12月16日晨